普通高等学校土木工程专业新编系列教材
中南大学桥梁工程专业系列教材

桥梁建造与维养

杨　剑　黄天立　李玲瑶　胡　狄　等编著
盛兴旺　主　审

中国铁道出版社有限公司

2023年·北　京

内 容 简 介

本书系高等院校土木工程专业桥梁方向或桥梁工程专业用教材，涵盖了施工、维养、检测与监测等方面的内容，铁路、市政与公路桥梁内容并重。全书共设四篇15章，包括总论、施工基本作业、基础施工方法、墩台与塔柱施工方法、上部结构施工方法、缆索体系施工、桥梁施工装备、桥梁养护管理、桥梁常见病害及成因、桥梁养护与维修技术、桥梁技术状况与适应性评定、桥梁加固方法、桥梁试验检测、桥梁施工监控、桥梁结构健康监测等内容。

全书注重概念、原理和方法讲解，淡化具体操作；注重介绍国内外桥梁现代技术和科技成果。

本书除作为高等院校桥梁工程专业（方向）教材外，也可供桥梁专业研究生和桥梁工程技术人员参考。

图书在版编目（CIP）数据

桥梁建造与维养/杨剑等编著. —北京：中国铁道出版社有限公司，2023.6

普通高等学校土木工程专业新编系列教材　中南大学桥梁工程专业系列教材

ISBN 978-7-113-29993-4

Ⅰ.①桥…　Ⅱ.①杨…　Ⅲ.①桥梁施工-高等学校-教材②桥梁-维修-高等学校-教材③桥梁-护养-高等学校-教材　Ⅳ.①U445

中国国家版本馆CIP数据核字（2023）第035081号

书　　名：桥梁建造与维养
作　　者：杨　剑　黄天立　李玲瑶　胡　狄　等

责任编辑：李露露　　**编辑部电话：**（010）51873240　　**电子邮箱：**790970739@qq.com
封面设计：王镜夷　高博越
责任校对：苗　丹
责任印制：高春晓

出版发行：中国铁道出版社有限公司（100054，北京市西城区右安门西街8号）
网　　址：http://www.tdpress.com
印　　刷：河北宝昌佳彩印刷有限公司
版　　次：2023年6月第1版　2023年6月第1次印刷
开　　本：787 mm×1 092 mm 1/16　**印张：**22.25　**字数：**554千
书　　号：ISBN 978-7-113-29993-4
定　　价：62.00元

编写委员会

（中南大学桥梁工程专业系列教材）

前 言

新中国成立70多年来，我国桥梁建设成就举世瞩目，桥梁总数和各类桥型跨度位居世界前列，与此同时，桥梁结构分析与设计、施工装备与施工方法及工艺、试验设备与技术、安全监测、养护维修、加固与强化技术等同步飞速发展，成为了名副其实的桥梁大国。

实体桥梁工程全生命周期包括设计、施工、运营、养护、维修、检测与安全监测、加固改造直至报废拆除等不同阶段。随着我国"交通强国"战略实施，桥梁建造规模快速增长，并向更大跨度和水深发展，促使桥梁技术人员不断探索新结构、新方法和新工艺。桥梁设计使用寿命长达百年，为确保良好服役性能，除有高品质的设计外，还需有高质量的桥梁施工和完善的运营维养技术，甚至是必要的加固和性能提升。在不久的将来，新建桥梁规模势必下降，长久服役桥梁的劣化问题日益突出，桥梁养护与维修工作量将与日俱增。

现有高校桥梁专业课程体系重视结构构造和设计理论，开设了"桥梁工程"、"混凝土桥"、"钢桥"和"桥涵水文"等课程，以及与施工相关的"桥梁施工"或"桥梁建造"课程，对桥梁维养重视不足，在高校层面存在"重建轻养"的现象。为顺应桥梁现状和发展需求，中南大学桥梁课程体系遵循素质、知识、能力综合培养理念进行改革，其中，将原"桥梁施工"课程拓展为"桥梁建造与维养"，纳入桥梁维养内容，完善"建、养并重"的桥梁课程体系。

本教材内容涵盖桥梁施工及装备、养护维修与加固、管理、评定、试验、检测与安全监测等，覆盖桥梁全寿命中除设计外的各个环节。全书15章，即总论、施工基本作业、基础施工方法、墩台与塔柱施工方法、上部结构施工方法、缆索体系施工、桥梁施工装备、桥梁养护管理、桥梁病害及成因、桥梁养护与维修技术、桥梁技术状况与适应性评定、桥梁加固方法、桥梁试验检测、桥梁施工监控、桥梁结构健康监测。为方便学习和使用，按四篇编排，第一篇为总论(第 1 章)，第二篇为桥梁施工与装备(第 2～7 章)，第三篇为桥梁维养技术(第 8～12 章)，第四篇为桥梁检测与安全监测(第 13～15 章)。

本教材在编写时遵循以下原则：铁路、市政和公路桥梁并重，注重原理与方法层面并淡化操作层面，结合最新桥梁规范，反映桥梁科技创新成果，融入作者教学、科研与生产成果。

本书由中南大学杨剑、黄天立、李玲瑶、胡狄等编著，中南大学盛兴旺教授主审。具体编写分工如下：杨孟刚教授编写第 1 章；杨剑副教授编写第2～7 章、第 13 章(除第 13.2 节)、第 14 章；黄天立教授编写第 8 章、第 10 章、第 15 章；李玲瑶副教授编写第 9 章、第 11 章、第 13.2 节；胡狄副教授编写第 12 章。一些研究生参与了文整工作。

由于编著者水平有限，教材内容覆盖面广，不可避免有不足之处，敬请读者批评指正。

编 著 者

2022 年 8 月

目　　录

第一篇　总　　论

第 1 章　绪　　论 …… 3

1.1　桥梁建造技术概述 …… 4
1.2　桥梁养护与维修概述 …… 12
1.3　桥梁结构试验、检测与监测概述 …… 17
1.4　桥梁加固方法与技术概述 …… 23
1.5　发展展望 …… 24
思 考 题 …… 25

第二篇　桥梁施工与装备

第 2 章　施工基本作业 …… 29

2.1　支架工程 …… 29
2.2　模板工程 …… 34
2.3　钢筋工程 …… 37
2.4　预应力工程 …… 40
2.5　混凝土工程 …… 45
思 考 题 …… 51

第 3 章　基础施工方法 …… 52

3.1　明挖基础施工 …… 52
3.2　桩基础施工 …… 55
3.3　沉　　井 …… 57
3.4　围　　堰 …… 59
3.5　承台施工 …… 63
思 考 题 …… 64

第 4 章　墩台与塔柱施工方法 …… 65

4.1　现场浇筑法 …… 65
4.2　预制拼装法 …… 70
4.3　塔柱施工 …… 71
思 考 题 …… 72

第5章　上部结构施工方法 …… 73
5.1　支架施工法 …… 73
5.2　预制装配施工法 …… 74
5.3　移动模架施工法 …… 80
5.4　悬臂浇筑施工法 …… 81
5.5　悬臂拼装法 …… 91
5.6　顶 推 法 …… 101
5.7　转体施工法 …… 104
5.8　其他施工方法简介 …… 108
思 考 题 …… 111

第6章　缆索体系施工 …… 112
6.1　斜拉索安装施工 …… 112
6.2　悬索桥主缆制作与安装 …… 117
6.3　吊杆、系杆施工 …… 122
6.4　悬索桥主梁架设 …… 126
思 考 题 …… 128

第7章　桥梁施工装备 …… 129
7.1　混凝土制备与输送设备 …… 129
7.2　钢筋加工设备 …… 131
7.3　钢结构设备 …… 132
7.4　预应力张拉设备 …… 135
7.5　吊装设备 …… 136
7.6　基础施工主要设备 …… 140
思 考 题 …… 143

第三篇　桥梁维养技术

第8章　桥梁养护管理 …… 147
8.1　桥梁检查 …… 147
8.2　桥梁评定 …… 150
8.3　桥梁养护与维修 …… 152
8.4　灾害防治与超重车过桥管理 …… 154
8.5　桥梁技术管理 …… 154
8.6　桥梁管理系统(BMS) …… 156
思 考 题 …… 162

第9章　桥梁常见病害及成因 …… 163
9.1　桥面系病害 …… 163

9.2　钢筋混凝土和预应力混凝土梁桥 …… 166
9.3　钢　　桥 …… 172
9.4　拱　　桥 …… 172
9.5　缆索结构 …… 177
9.6　支　　座 …… 182
9.7　墩台与塔柱 …… 185
9.8　基　　础 …… 187
思 考 题 …… 188

第 10 章　桥梁养护与维修内容及对策 …… 189

10.1　桥面系养护 …… 189
10.2　混凝土梁 …… 192
10.3　钢 结 构 …… 196
10.4　拱 结 构 …… 203
10.5　缆索结构 …… 207
10.6　墩台及基础 …… 212
10.7　支　　座 …… 216
10.8　附属结构 …… 217
10.9　铁路桥梁维养特点 …… 217
思 考 题 …… 218

第 11 章　桥梁技术状况与适应性评定 …… 220

11.1　分层综合评定 …… 220
11.2　耐久性评定方法 …… 225
11.3　通行及抗洪能力评定方法 …… 227
11.4　桥梁承载能力评定 …… 227
思 考 题 …… 238

第 12 章　桥梁加固方法 …… 239

12.1　加固常用材料 …… 239
12.2　加固基本原理 …… 241
12.3　构件加固方法及加固计算 …… 244
思 考 题 …… 261

第四篇　桥梁检测与安全监测

第 13 章　桥梁试验检测 …… 265

13.1　桥梁试验检测内容和依据 …… 265
13.2　无损检测技术 …… 267
13.3　静载试验 …… 273

13.4 动载试验 …… 279
13.5 铁路桥梁走行安全性和舒适性指标测试 …… 283
13.6 温度场测试 …… 286
13.7 预应力摩擦系数试验 …… 287
13.8 风场测试 …… 289
13.9 铁路动态检测 …… 290
思考题 …… 290

第 14 章 桥梁施工监控 …… 292

14.1 施工控制系统 …… 292
14.2 施工控制测量 …… 294
14.3 桥梁监控计算方法 …… 297
14.4 施工控制理论和方法 …… 300
14.5 施工控制技术应用 …… 302
思考题 …… 307

第 15 章 桥梁结构健康监测 …… 308

15.1 概述 …… 308
15.2 传感器选型和优化布置 …… 311
15.3 数据采集、传输、存储与管理 …… 315
15.4 数据分析与安全预警及评估 …… 317
15.5 数据预处理与特征提取 …… 321
15.6 信号处理 …… 326
15.7 结构模态参数识别 …… 328
15.8 有限元模型修正 …… 330
15.9 结构损伤识别 …… 336
思考题 …… 341

参考文献 …… 342

第一篇 >>>>>>>

总　论

本篇就桥梁建造技术、桥梁养护与维修、桥梁结构试验、检测与监测、桥梁加固方法与技术几个方面进行综述，介绍相关内容的定义、内涵及其发展历程并对其进行展望。本篇内容为后续各篇章的代序。

第1章 绪　论

我国古代桥梁数量惊人，类型丰富，为世界桥梁建设史增添了光辉灿烂的篇章。至今全国尚存大量古桥，大部分仍在服役。

新中国成立后，我国大力发展交通基础设施，我国桥梁建设规模和成就举世瞩目，在很多方面进入了世界先进行列，实现了“发展与超越”的初步目标，已经成为名副其实的桥梁大国。

桥梁工程全寿命周期涵盖规划、设计、施工、维养、加固与强化、报废拆除等阶段，各阶段内容迥异，技术特征明显，且随科学技术进步不断深化、发展。

桥梁规划和设计遵循安全、适用、经济、美观、耐久和环保的原则，最终实现桥梁施工设计图绘制。

桥梁施工是以桥梁施工设计图为依据，设计并制作必要的施工临时和辅助结构，组织人、料、机等建造桥梁实体结构，使最终的实体结构尽可能地与设计相吻合。

桥梁维养系桥梁养护和维修的简称，是为保持桥梁及其附属物按设计的正常使用性能及其耐久性而进行的经常性保养及维修作业，包括预防和修复桥涵的灾害性损坏及为确保桥涵质量与服务水平而进行的改造，按其工作内容分为检测、保养和维修等。

桥梁加固是指当桥梁主要承重结构、构件及其相关部分局部损坏或承载力不足时，采取的修复、增强、局部更换或调整其内力等工程措施。

桥梁强化是指桥梁主要承重结构、构件及其相关部分并未发生损坏，但需提高其荷载等级等使用能力而采取的工程措施，如重载铁路中轴重的提高、普速铁路的提速、既有公路桥梁的荷载等级提级等。

桥梁加固与强化均属于桥梁维养中大修或专项养护范畴。

在桥梁建造、维养和加固等过程中，为提高过程控制的可靠性和准确性，尚需结合实际需要开展施工监测、结构试验、常规检测、服役期间跟踪监测等工作。

现阶段，我国基础设施设置建设方兴未艾，土木工程建设仍然是主战场，桥梁结构向大跨、轻型且更高工作性能要求发展，建造更精细化、智能化，迫使桥梁技术人员不断探索新的建造技术和施工工艺。

我国既有桥梁基数和规模巨大，同时大批新建桥梁陆续进入服役状态，服役桥梁数量持续增长，桥梁维养工作量大，且不同时期的建设理念、设计标准、建造水平和服役期间的活载等级不同，增大了维养技术难度。20 世纪 80 年代以前修建的桥梁，荷载标准低，承载能力不足，部分桥梁年久失修、养护不够，相当多的桥梁发生了不同程度的破损，正逐步成为危桥和“卡脖子”路段；由于管理不到位，部分服役桥梁由于超载运行造成了技术状况和使用寿命的下降损伤；随着汽车工业高速发展、高速铁路组网运营以及新材料、新结构和新技术等的应用，公路、铁路桥梁的养护面临新挑战。在不久的将来，当基础设施的规模满足了国家经济建设和百姓生活需求时，建设主战场势必将转向服役桥梁的养护、维修、加固和强化等，以确保桥梁的适用性、安全性和耐久性。

本教材以面向桥梁实体工程的建造与维养两方面并重的方式编著，并涵盖了桥梁试验、桥梁检测、安全监测等方面的内容。纳入文物保护的古桥维养及加固技术等内容，因其特殊性，本教材不进行讨论。

1.1　桥梁建造技术概述

人类从倒下的树干，学会建造梁桥；从天然的石穹，学会建造拱桥；从攀爬的藤蔓，学会建造索桥。得益于自然界的启发，人类通过不断实践、创新，超越自然、改造自然，至今建造了大量卓越的桥梁。桥梁建造技术伴随人类认识自然、改造自然能力的提升及科技进步而发展。

1.1.1　桥梁建造史简述

桥梁建造包括桥梁设计与施工两大方面。在科技尚不发达的时期，设计和施工并未形成明确的分工，均由匠人完成，木匠建造木桥、石匠建造石桥；文艺复兴特别是工业革命后，科技发展致使分工更为细致和明确，如形成了桥梁的设计、施工、养护及其相关学科。经过几个世纪的发展，当代在更高层面上回归到学科交叉和交融。下面以中国桥梁建造为主线，简述其发展史。

1)中国古代桥梁

中国首创浮桥和索桥，古代木桥、石桥和铁索桥长时间保持世界领先水平，在世界桥梁发展史上占据重要地位，为世人所公认，其中一些桥梁至今仍巍然屹立，继续服役。

我国古代桥梁发展历史可划分为如下六个阶段：

(1)夏至西周(前 2070—前 771，约 1300 年)：古桥的始创时期。建于公元前 1075—前 1046 年商纣(帝辛)的钜桥，是座多孔木梁骆驰虹桥，比古罗马的桩柱式木桥早 400 年左右。周穆王三十七年(前 965)的浑脱桥，为浮桥，比国外的早 472 年。

(2)东周至秦朝(前 770—前 206，约 564 年)：古桥的发展时期。这个时期索桥结构(如都江堰竹索桥)诞生，多跨木梁木柱长桥(如中渭桥)建成，随着大型水利工程的修建，大量的石梁石柱及水闸桥建成，在黄河上造起了常年使用的浮桥——蒲津浮桥。

(3)两汉、三国(前 206—公元 280，约 487 年)：古桥的成熟时期，梁、索、浮、拱四种基本桥型都已齐全。

(4)晋、隋、唐(公元 266—公元 907，约 641 年)：古桥的鼎盛时期。晋朝创建了黄河上的伸臂木梁桥；我国最早见于文字记载的石拱桥为晋武帝太康三年(公元 282 年)的“旅人桥”(《水经注》)，位于河南洛阳、晋代京师建春门东七里的七里涧上，始建于晋太康三年十一月，至次年四月建成；最早见于文字记载的铁索桥为北魏时新疆地区的铁索桥(杨衒之《洛阳伽蓝记》)。隋朝创建了 40 余孔、全长约 400 m 的石拱联拱桥，李春修建了敞肩拱赵州桥(图 1.1)，但石拱桥比古罗马晚 500 年左右。唐朝东都洛阳就有桥梁 30 余座。

(5)两宋(公元 960—公元 1279，约 320 年)：古桥的全盛时期。两宋期间，科学技术上涌现了四大发明，土木工程领域诞生了《木经》三卷(木工喻皓编写)与《营造法式》(李诫编写)，创建了石梁石墩与浮桥相结合的开启式的广济桥。

建于宋朝(公元 1053—1059 年)的福建泉州洛阳桥(又称万安桥，图 1.2)，是濒临海湾的大石桥。原桥全长 834 m，1996 年修缮后长 731.29 m，共 47 孔 46 个桥墩，每孔用 7 根跨度 11.8 m 的石梁组成，宽约 4.9 m。蔡襄、卢锡等人集思广益，科学地解决了桥梁建筑及固基问题，该桥在基础工程上首创筏形基础，采用牡蛎(蚝)种在潮水涨前的抛石基底和石砌墩身上，使胶结成整体，"种蛎固基法"是世界上把生物学应用于桥梁工程中的先例。洛阳桥的石梁共300余根，每根重20～30 t，采用"激浪以涨舟，悬机以弦牵"的方法架设，利用潮汐的涨落控制船只的高低位置，使石梁浮运、起落，并以"悬机"牵引就位。这是现代浮运架桥的原始雏形。

图1.1 赵州桥

图1.2 洛阳桥

公元1170—1192年建成的湘子桥，又称广济桥(跨赣江)，全长517.95 m，东、西浅滩部分各建一段石桥，东段12孔，长283 m，西段7孔，长137 m，中间深水部分以浮桥衔接，18条浮船组成97.3 m的开合式浮桥，是世界上活动桥的先导，如图1.3所示。

(6)元、明、清(公元1279—公元1840，约632年)：古桥的迟滞时期。这个时期虽建造、修复、改造了数十万座桥梁，但技法上以传承为主，少有建树。在江南地区，多跨石拱桥的建造、单边推力墩(制动墩)的出现、桥墩的干砌法、尖拱与压拱技术的运用，铁索桥铁索的锚固技术等均有所发展；在古桥梁文化上有着较大的发展，如园林桥梁、湘桂山间风雨桥等。

2)中国近代桥梁

近代桥梁(1840—1949年)：由于帝国主义列强的侵入和政府腐败，各方面都得不到应有发展，桥梁也不例外。新中国成立前仅有的几座特大桥，大部分由外国投资、设计、外商承建。1934—1937年由茅以升先生主持修建的浙赣线钱塘江大桥是新中国成立前由我国技术人员完成的唯一一座双层公铁两用钢桁梁桥(图1.4)。

图1.3 湘子桥

图1.4 钱塘江一桥

3)中国当代桥梁

当代桥梁(1949年后)：经过建设初期的引进、吸收，经济困难时期的艰苦奋斗、改革开放以来的努力追赶，到新纪元期的创新与超越，获得了完善的深水基础施工技术、桥梁用“中国钢”、各类桥型均有名列世界前茅的骄人成就，一些具体内容将在后续章节中进一步介绍。

自武汉长江大桥开始，我国开启了长江上建设大桥的新篇章，南京长江大桥对深水基础施工进行了积极的探索，20 世纪 60 年代困难时期我国桥梁人员发明了“双曲拱”等经济桥型，90 年代汕头海湾大桥开启了跨海桥梁建设的新局面。

进入 21 世纪后，伴随着高速铁路、高速公路的高速发展，在桥梁结构创新、工艺工法、施工装备和技术管理等方面取得了系列原创性成果：如千米级公路、公铁两用斜拉桥成套技术，系列跨海工程的实施即跨海桥梁施工技术，三片主桁结构体系，多塔缆索承重桥梁关键技术，整体钢桥面以及钢箱—桁组合结构，无砟轨道大跨度桥梁技术，空腹式连续刚构，千吨级预制梁制运架技术，超大尺寸沉井技术，超长群桩基础技术，超大直径钻机，大型浮吊，大跨度悬索桥加劲梁轨索滑移法架设新技术等。

得益于设计理论、建筑材料、工程机械的发展和桥梁工程学科的建立，桥梁建造技术取得了快速的发展，产生了钢、混凝土、钢筋混凝土、预应力混凝土、玻璃钢等人工材料桥梁及现代斜拉桥和悬索桥、组合体系桥等桥型；起重机具、钢结构加工、混凝土制备、预应力、拖拉与浮运、钻机、架桥机等工程装备开发和应用，大大提高了生产力、拓展了桥梁建造的水平和建设成就；分析理论和计算机技术的发展和应用，使复杂、大跨桥梁工程得以实现，包括斜拉桥、组合结构等。桥梁建设的跨度纪录在不断刷新中，目前已达到 2 300 m 级。

1.1.2　桥梁建造与施工的内涵

桥梁施工的目的是建造满足功能需求的跨越障碍物的架空建筑物。由于科技和管理水平上的差异，古代和现代管理及组织模式极为不同：在古代，可能由某个官员或某匠师领导的工匠们组织实施现代意义上的设计、施工、监控、管理等一切桥梁建造事务，其中虽然有分工，但责任主体(法人)单一；伴随着科技进步，分工更细、责任主体更为明确，形成了实现该目的的不同分工、责任人员和责任单位，参建人员和参建单位的分工、协作构成了桥梁工程建造的现代组织形式，其中，参建单位包括业主(建设方)、设计、勘测、施工、监理、监控等，履行工程质量终身责任制，此外还有代表政府的监督单位，履行监督职责，不负有直接责任。

桥梁建造，其广义的内涵包括桥梁建设规划、勘测设计、施工、监理、监控和建设管理；狭义的内涵等同于“桥梁施工”。建成后交付桥梁管养单位，管养单位负责桥梁的养护、维修、强化或报废拆除。交付运营前的所有内容均可归纳到桥梁建造中，而之后的内容则归纳到桥梁的维养范畴。

桥梁施工，是桥梁建造中的最为关键的环节，一般指按照设计图纸建造桥梁实体的过程，包含建造实体所需要的工程科学和建造实体的实际操作两个方面，包括桥梁施工技术与施工实施、施工组织与管理、施工质量控制等内容。

桥梁施工又包括施工设计和施工实施两个方面。桥梁施工设计包含两个层次的内容，第一个层次，是依据初步设计或技术设计的成果，开展桥梁永久结构的施工图设计；第二个层次，是为组织实施该施工图文件而开展的临时结构设计，后者属于施工组织设计范畴，包括施工便道、栈桥、围堰、钻孔平台等临时性结构，支架、模板、地基加固、挂篮、顶推和拖拉等施工措施结构，其中规模较大的临时结构和措施，现场中习惯简称为“大临工程”。组织形式上，我国永久结构施工图设计由设计单位承担，而施工组织设计包括施工中的临时结构和措施设计则由施工单位承担;国外也有由施工单位(承包商)同时承担以上两个层次内容的组织模式。施工实施中的"九通一平",人、料、机组织,施工安全措施与应急预案等属于施工组织内容。

施工期间的安全监测,又称施工监控,系针对大跨度、高难度的大型复杂桥梁,为了保证桥梁结构施工的安全、达到成桥的设计目标、提高施工质量而进行的桥梁施工监测与控制的总称,它已成为桥梁施工技术的重要组成部分和关键的一环。施工监测是通过测量和测试手段获得桥梁在施工中的状态;施工控制是根据监测的结果与计算结果的比较,分析桥梁施工状态存在的误差,确定实时的调整方案,下达立模标高、索力张拉等关键的施工指令,确保成桥时达到合理的设计成桥状态。现场施工中,该工作常常由桥梁监控单位承担。

本教材所指的桥梁施工或桥梁建造,内容主要体现在桥梁施工工程科学和技术方法,不包含"施工组织设计"课程的内容。

桥梁的施工方法一般按桥梁结构的组成分为基础施工、墩台施工和上部结构施工等。

1.1.3　基础施工方法

1)基础类型及其施工方法

桥梁基础类型有明挖扩大基础、桩基础、沉井基础、管柱基础、地下连续墙基础、锁扣钢管桩基础、组合基础、早期使用的沉箱基础、用于浮桥的浮体等。其中扩大基础、桩基础、沉井基础在桥梁中最为常用。

基础类型及其施工方法的选择需考虑地基持力层及埋深、覆盖层性质与厚度、水深、流速、水位变化等因素。桥梁基础类型与自然条件关系见表 1.1。

表 1.1　桥梁基础类型与自然条件关系

<table>
<tr><th colspan="2" rowspan="4">自然条件</th><th colspan="13">基础类型</th></tr>
<tr><th colspan="2" rowspan="2">浅置基础</th><th colspan="11">深置基础</th></tr>
<tr><th colspan="2">预制桩</th><th colspan="4">灌注桩</th><th rowspan="2">管柱基础</th><th rowspan="2">沉井基础</th><th rowspan="2">地下连续墙基础</th><th rowspan="2">锁扣钢管桩基础</th><th rowspan="2">深水预制装配基础</th></tr>
<tr><th>明挖基础</th><th>浮桥的浮体</th><th>钢管桩</th><th>预应力混凝土桩</th><th>人工挖孔桩</th><th>冲击型钻机成孔桩</th><th>旋转型钻机成孔桩</th><th>套管法施工的桩</th></tr>
<tr><td rowspan="4">水深</td><td>陆地上施工</td><td>◎</td><td>—</td><td>◎</td><td>◎</td><td>◎</td><td>◎</td><td>◎</td><td>◎</td><td>◎</td><td>◎</td><td>◎</td><td>◎</td><td>—</td></tr>
<tr><td>水深 0～5 m</td><td>△</td><td>◎</td><td>◎</td><td>◎</td><td>○</td><td>○</td><td>○</td><td>○</td><td>◎</td><td>◎</td><td>△</td><td>◎</td><td>◎</td></tr>
<tr><td>水深 5～30 m</td><td>×</td><td>◎</td><td>◎</td><td>○</td><td>×</td><td>△</td><td>○</td><td>△</td><td>◎</td><td>◎</td><td>×</td><td>○</td><td>◎</td></tr>
<tr><td>水深 30 m 以上</td><td>×</td><td>◎</td><td>◎</td><td>×</td><td>×</td><td>×</td><td>△</td><td>×</td><td>◎</td><td>◎</td><td>×</td><td>△</td><td>◎</td></tr>
<tr><td rowspan="6">覆盖层土质</td><td>黏土层与砂黏土层</td><td>◎</td><td>—</td><td>◎</td><td>◎</td><td>◎</td><td>◎</td><td>◎</td><td>◎</td><td>◎</td><td>◎</td><td>◎</td><td>◎</td><td>×</td></tr>
<tr><td>饱和水分的细沙层</td><td>○</td><td>—</td><td>◎</td><td>◎</td><td>△</td><td>○</td><td>○</td><td>×</td><td>◎</td><td>○</td><td>○</td><td>◎</td><td>×</td></tr>
<tr><td>砂与砂砾层</td><td>○</td><td>—</td><td>◎</td><td>◎</td><td>◎</td><td>◎</td><td>◎</td><td>◎</td><td>◎</td><td>◎</td><td>◎</td><td>◎</td><td>×</td></tr>
<tr><td>穿过直径 10 cm 以下的卵石层</td><td>○</td><td>—</td><td>△</td><td>△</td><td>○</td><td>◎</td><td>△</td><td>△</td><td>○</td><td>○</td><td>△</td><td>△</td><td>×</td></tr>
<tr><td>穿过直径 10 cm 以上的大卵石层</td><td>◎</td><td>—</td><td>×</td><td>×</td><td>△</td><td>◎</td><td>×</td><td>×</td><td>×</td><td>△</td><td>×</td><td>×</td><td>×</td></tr>
<tr><td>达到并嵌入岩层</td><td>◎</td><td>—</td><td>○</td><td>△</td><td>◎</td><td>◎</td><td>◎</td><td>×</td><td>◎</td><td>△</td><td>×</td><td>○</td><td>◎</td></tr>
</table>

续上表

自然条件		基础类型												
		浅置基础		深置基础										
				预制桩		灌注桩								
		明挖基础	浮桥的浮体	钢管桩	预应力混凝土桩	人工挖孔桩	冲击型钻机成孔桩	旋转型钻机成孔桩	套管法施工的桩	管柱基础	沉井基础	地下连续墙基础	锁扣钢管桩基础	深水预制装配基础
覆盖层深度	5 m以内	◎	—	×	×	◎	○	○	×	×	×	×	×	×
	5～10 m	○	—	△	○	◎	◎	◎	◎	×	△	○	○	×
	10～20 m	△	—	◎	◎	◎	◎	◎	◎	◎	◎	◎	◎	×
	20～35 m	×	—	◎	◎	○	◎	◎	◎	○	◎	◎	◎	×
	35～50 m	×	—	◎	△	△	◎	◎	△	△	△	◎	○	×
	50～100 m	×	—	○	×	×	○	◎	×	×	×	○	×	×
	100 m以上	×	—	×	×	×	×	○	×	×	×	○	×	×
噪声及振动较小的施工方法		◎	◎	×	×	◎	×	○	○	×	◎	○	×	◎
对环境污染小的施工方法		◎	◎	◎	◎	◎	×	×	◎	×	×	×	◎	◎

图例说明：◎，合适；○，比较合适；△，可以研究；×，原则上不合适；—，无关。

2)深水施工和大跨度桥梁基础技术的发展

桥梁深水基础承受的荷载大且集中，对地基的沉降和稳定要求严格，加之水深、流急，其设计和施工的技术难度远比陆地上和浅水区的大，深水施工是人类改造自然所面临的一个巨大挑战。目前，水深 60 m 以下的施工技术相对比较成熟，施工方法的选择可参见表 1.1；60～100 m 水深的基础施工技术，尚需进一步研究和探索。

我国桥梁深水基础技术从 20 世纪 50 年代开展，发展至今已进入了国际先进水平，其发展里程可大致分为四个阶段。

第一阶段，20 世纪 50 年代，大力发展管柱基础：1957 年通车的武汉长江大桥首创直径 1.55 m 管柱基础，克服了水深 40 m 的施工困难，使我国桥梁深水基础技术发生了转折性的变化。之后，管柱直径发展到了 3.0 m、3.6 m、5.8 m，由普通钢筋混凝土管柱发展到预应力钢筋混凝土管柱和钢管柱。管柱基础推行后，传统的沉箱基础就不再采用了。

第二阶段，20 世纪 60～70 年代，大力发展沉井和钻孔桩基础：20 世纪 60 年代初，公路上首先用钻孔和挖孔灌注桩，铁路上从成昆线开始较大规模地发展钻孔桩基础。20 世纪 70 年代后期，钻、挖孔桩技术迅速发展：九江长江大桥首创双壁钢围堰钻孔桩基础，现在广泛应用于深水基础施工；山东北镇黄河大桥钻孔桩桩长达 100 m，当时世界罕见。

第三阶段，20 世纪 80～90 年代，大力发展复合基础和特殊基础，如 20 世纪 80 年代修建西江大桥时开始采用双承台钢管柱基础，修建广州江村南北桥时采用钢筋混凝土沉井加冲击钻孔桩。

第四阶段，进入 21 世纪后，为配合系列跨海桥建设而发展的近海、海湾桥梁深水基础和超大跨度桥梁基础技术等，如 2018 年通车的港珠澳大桥成功采用了装配式承台等先进技术；2020 年通车的平潭海峡公铁两用桥施工中实现了 ϕ4.9 m 大直径嵌岩钻孔灌注桩一次钻孔成型，同时，还在强风、深水、覆盖层小、浪高大等海洋环境条件下的深水基础和作业平台施工技术等方面取得了丰富的成果；超长桩施工技术：超长群桩基础深度达到了148 m(杭绍台铁路椒江特大桥)；新型大型沉井基础技术：近年来，配合大型桥梁的建设，新型大型沉井基础的应用在近年来也逐渐增多，沪通长江大桥主墩沉井平面尺寸为86.9 m×58.7 m，总高度为110.5 m，是世界上体积最大的沉井基础。五峰山长江大桥是世界首座高速铁路公路两用悬索桥，跨度布置为(84+84+1 092+84+84)m，其扬州侧北锚碇采用重力式沉井基础，为世界最大规模的陆地沉井，平面尺寸为100.70 m×72.10 m，总高度为56.00 m。

3)大型临时设施

为配合深水基础施工，往往需配用一些大型的临时设施，主要有：

(1)栈桥。水深不是很大时，采用栈桥作为运输通道，具有经济性和便利性，平潭海峡公铁两用桥施工区域最大施工水深45 m，也采用了栈桥方案，如图1.5所示，主要是为了解决海洋环境下强风带来的有效施工期减少及运输安全问题。栈桥的规模是依据施工期运输车辆载重等进行设计。

图1.5 平潭海峡公铁两用桥栈桥、平台与围堰

(2)基础施工平台。为用于桩基的定位、钻孔机具安放、承台和墩身施工提供作业平台。目前主要采用钢管桩和型钢组拼平台。

(3)围堰。当承台、墩身位于水下时，均需要先围堰后抽水，形成无水作业环境；先安装围堰后施工基桩时，围堰也可以作为施工的平台。围堰类型包括土围堰、钢板桩围堰、双壁钢围堰、双壁混凝土围堰、吊箱围堰和锁扣钢管桩围堰等，需依据水深和基础结构选用，如当近滩墩位水深很小时可采用土围堰；当采用高桩承台且承台位于河床地面线以上时，常采用吊箱围堰。钢板桩、钢管桩、双壁钢围堰等的围堰刃脚均需入土，抽水前需进行封底。围堰顶高程一般高出施工水位1 m左右。

(4)施工临时便道。进出施工现场的道路，一般采用等外公路等级进行设计施工。

1.1.4 墩台、塔柱施工方法

1)墩台施工

目前公路、铁路桥梁墩台主要采用石、混凝土、片石混凝土、钢筋混凝土和预应力混凝土结构，结构形式有重力式、轻型等，随着我国桥梁技术的进步，高墩技术达到了一个新的高度。中老铁路元江特大桥154 m高墩为铁路桥梁世界第一高墩；贵州省铜仁至威宁高速公路赫章特大桥，主桥上部构造为(96+2×180+96)m四跨预应力混凝土连续刚构箱梁，主墩11号墩高达 195 m,为目前同类公路桥型世界第一高桥墩、亚洲最高墩。

桥梁墩台施工分为两大类:一是现场就地浇筑与砌筑,应用最为广泛,其特点是工艺简便、机具较少、技术操作难度较小,但工期较长,需耗费较多的劳力和物力;二是预制拼装,用于需要减小对环境干扰等的特殊需求场合,或工程量很大而需缩短工期的大型工程中,如港珠澳大桥浅水区非通航孔桥采用浅埋式预制墩台结构,其特点是既可确保工程质量、减轻劳动强度,又可加快工程进度、提高工作效益。

墩台施工的内容包括支架模板工程、混凝土工程、砌体工程等,模板类型有固定式模板、拼装式模板、整体钢模板、滑升模板及整体吊装模板等。墩台高度不大时,可采用一次浇筑成型工艺。在施工高墩时,则需要采用节段施工,依据模板的类型通常又分为滑模施工、翻模施工和爬模施工等。高墩施工时一般设置塔吊和升降设备,分别用于材料和人员的运输,如图 1.6 所示。

墩台施工应保证其位置、垂直度、高程、各部分尺寸及材料强度均符合规范要求。

2)塔柱施工

斜拉桥、悬索桥的塔柱是高耸结构,主要为混凝土结构,也有采用钢结构和钢—混凝土组合结构的。贵州省平塘大桥采用世界上最高的混凝土桥塔,塔高达 332 m。

钢塔一般采用工厂节段制造、施工现场拼装的方法施工。

混凝土桥塔均采用分段就地浇筑方法施工,与高墩施工类似,采用滑模、翻模、爬模等整体模板逐段提升方法施工。

塔身混凝土横梁一般均采用支架法施工,但其支架类型依据横梁位置而异,当底部横梁到基础的高度较小时常采用钢管柱支架法(图 1.7),支架支承于承台上,而中横梁、上横梁则采用在塔柱上预埋牛腿以支承施工托架。

图 1.6　高墩施工

图 1.7　桥塔施工

当倾斜塔柱为内倾或外倾布置时,应考虑在两塔肢之间每隔一定的高度设置受压横杆(塔柱内倾)或受拉横杆(塔柱外倾)以减小斜塔柱的受力和变形,具体的布置间距应根据塔柱构造经计算确定。

由于塔柱高度大,泵送时要求混凝土具有很好的流动性及合理的坍落度以防止堵管。泵送分“一泵到顶”和“分级泵送”等方法,需根据索塔高度、设备性能合理选择。

1.1.5 上部结构施工方法

(1)拼装法及其拓展

一般认为匠人制作的木或石的梁构件,实现了现代意义的装配成桥,可认为是现代拼装法的前身。在此基础上,一方面发展出搬运、起重的工程机械设备,包括千斤顶、汽车吊、履带吊、浮吊、缆索吊、龙门吊等起重设备,运梁车,拼装专用的架桥机、造桥机等;另一方面,创新了桥梁的架设方法,如预制装配法、浮运法、浮吊法、拖拉法、顶推法等。

(2)支架法及其拓展

支架法是一种古老的施工方法,为了建造石拱桥,不得不搭设支架,古代采用木料、竹子等搭设支架。现代发展了钢管支架、碗扣和盘扣式支架、型钢支架、贝雷梁等支架,研发了建造拱桥用的多种类型的拱架,用于建造梁桥的满堂支架、梁柱式支架等。在桁架拱架的基础上,为了减小拆除支架工作,将拱架埋置于拱桥中而形成了劲性骨架拱;进而又发展了吊装质量轻、承载力高、既能充当支架又能用作模板的钢管混凝土拱。

(3)节段施工法

1955 年德国工程师 Finsterwalder 发明了悬臂挂篮施工技术,它以移动式挂篮作为主要的施工设备,以桥墩为中心,从墩顶开始,利用已浇梁段将梁体自重和施工荷载传递到桥墩、基础上,对称向两岸逐段浇筑混凝土,待混凝土达到要求的强度后,张拉预应力筋,再向前移动挂篮,进行下一个节段的施工,直至合龙成桥。它既不需要在桥下搭设支架,又不需要大型起吊设备,使用方便,在连续梁、斜拉桥和拱桥中广泛应用,大大推动了桥梁的发展。

在此基础上发展了悬臂拼装法,它将悬臂浇筑法中的"桥梁节段"改为预制成型,再利用吊装设备进行起吊就位、张拉预应力拼接。

1959 年德国 Wittfoht 发明了下承式移动托架法,后又从现浇发展成预制节段拼装法;目前预制节段拼装的方法还有上承式移动模架等拼装法。

(4)拖拉、顶推法

利用拉索施力,配合滚轮沿纵向水平移动重物,这是一种古老的搬运方法。将其应用于钢桥架设中,并将施力构件改为卷扬机和钢丝绳,就形成了拖拉法。1959—1963 年德国 Leonhardt 等发明了建造混凝土梁桥的顶推法施工技术,其基本思路是:在预制梁下方设置滑道以减小滑动摩擦力,使桥梁的移动方式改为滑动,利用竖向和水平千斤顶相互配合,竖向千斤顶顶落梁、水平千斤顶推动竖向千斤顶并带动主梁前行,逐渐向前移动,直至主梁就位;在此基础上,发展了"分段预制,逐段顶推,逐段接长,连续施工"的现代多点顶推技术、步履式顶推装置等。

(5)转体法

转体法是在非桥位上预制半桥,设置转体装置并尽量减小转动摩擦力,通过千斤顶、卷扬机和钢丝绳等工具施加转动力矩,使桥体转动至设计桥位上合龙。按转动方式可分为平转法、竖转法、平竖结合的转体法和多级转体法。1947 年竖转法首先应用于法国 Iartuby 桥——主跨 110 m 钢筋混凝土拱桥,平转法于 1976 年首创于维也纳多瑙河运河桥斜拉桥的施工中。

1.1.6 施工方案编制

桥梁施工前需编制施工方案,对技术难度大、安全风险高的分部工程或大型临时设施,还需要编制专项施工方案,并报审报批。施工单位项目总工程师技术负责人对施工方案的编制、审查和实施负主体责任，监理单位总监理工程师对施工方案的审核和实施负监督责任。

1)施工方案

施工方案主要包括工程概况、编制依据、施工计划、施工条件、施工工艺、施工组织、保障措施、应急预案以及附件等内容。

2)专项施工方案

施工单位在编制实施性施工组织设计的基础上，对各类中度及以上安全风险工点、危险性较大的分部分项工程，应依据有关工程建设标准、规范和规程，单独编制具有针对性的专项施工方案；专项施工方案的编制目录与前述施工方案大体相同，但内容更具体，重点更突出。现场需要编制专项施工方案的情形主要有：深基坑施工方案、高墩施工方案、挂篮法连续梁施工方案、支架法桥位制梁施工方案、箱梁和 T 梁架设施工方案、特殊结构桥梁施工方案、营业线(邻近)施工方案、跨越高速公路等桥梁施工方案、涉及交叉跨越邻近高压燃气管线或高等级电力线路等高危设施的施工方案等。

1.2 桥梁养护与维修概述

1.2.1 我国服役桥梁特点

我国服役桥梁呈现如下显著特点：座数多、总里程长、规模大；结构类型多；桥龄跨度长；服役状况复杂。

1)桥梁规模

2021 年末，全国公路桥梁数量为 96.11 万座，长度为 7 380.21 万 m，其中特大桥 7 417 座，长度 1 347.87 万 m；大桥 13.45 万座，长度 3 715.89 万 m。

2021 年末全国铁路营业里程 15.0 万 km，其中高铁 4 万 km；全国铁路路网密度 156.7 km/万 km^2；铁路复线率 59.5%，电化率 73.3%。高速铁路桥梁长度普遍占线路总长度 50%以上，长三角发达地区如沪杭高铁桥梁占比更达 90%以上。丹昆特大桥全长更是达 165 km，是世界上最长的桥梁。

2)结构类型

结构类型多、跨度覆盖面广：包含了不同建筑材料、不同结构类型、不同交通运输功能的大批量桥梁，其中，简支梁占比最大，其次为连续梁；为了满足跨越大江、大河及跨海工程需要，修建了很多的大跨甚至是千米级桥梁；混凝土连续梁体系桥、斜拉桥、拱桥、悬索桥等常用桥型的跨度记录上，我国的建设成绩均名列世界前茅。

3)桥龄跨度

桥龄跨度覆盖了 1 400 多年，如河北赵县赵州桥、福建泉州洛阳桥、广东潮州广济桥和北京卢沟桥等古迹，其中赵州桥桥龄达 1 400 多年，其中一些古桥进入文物保护系列，仅保留其行人通行功能。

近代由外国人修建的一些桥梁，桥龄也过百了，有的也被保护起来，如兰州的中山桥等。

现代修建大量的公路、铁路桥梁，各地均有 20 世纪 50～70 年代修建的桥梁仍在服役中。公路桥梁方面，21 世纪实施的危桥改造工程，对其中状态很差的进行了改扩建；铁路桥梁方面，在中华人民共和国成立初期修建的混凝土桥等，因其满足不了运输要求，主梁基本上被更换了。

4)服役状况

由于荷载等级变化、建设理念的发展以及运营管理等方面的影响,致使桥梁服役状况非常复杂。以下几点是桥梁养护工程中不能不重视的问题。

(1)荷载等级变化导致桥梁承载力不足

中华人民共和国成立后,为满足经济发展的需要,公路、铁路荷载等级也经历几次大的修改,以公路荷载发展历程为例,其5次修改如下。

1954年颁布的《公路工程设计准则》,1956年修订一直沿用到20世纪60年代,对应的荷载等级为汽—6、8、10、13、18;拖—30、60、80(荷载数值的缺省单位为吨,下同)。

1967年,交通部颁布了《公路桥梁车辆荷载及净空标准暂行规定》,对应的荷载等级为汽—10、15、20;履带—50、60,拖车—100。

1972年颁布了《公路工程技术标准(试行)》,对应的荷载等级为汽—10、15、20;履带—50,挂车—80、100。

1981年颁布的《公路工程技术标准》和1985年颁布的《公路桥涵设计通用规范》,对应的荷载等级为汽—10、15、20,汽超—20;履带—50,挂车—80、100、120。

2003年发布的《公路工程技术标准》(JTG B01—2003),以及2004年发布的《公路桥涵设计通用规范》(JTG D60—2004),对应的荷载等级为公路—Ⅰ级和公路—Ⅱ级,二级及以上的公路桥梁大多采用公路—Ⅰ级。

每次荷载等级修订,基本上都提高了荷载等级的水平,目前执行的荷载等级水平较20世纪50～70年代的有较大幅度的提高。这就致使按老标准修建的桥梁基本不能满足现行荷载等级的要求这一客观和普遍现象的发生。

(2)不同时期的建设理念导致的桥梁耐久性问题突出

20世纪建造的桥梁,其设计规范中并没有明确的使用年限要求,按目前的建造水平分析,这些桥梁的耐久性措施是不完善的;其中,20世纪60～70年代修建的大量桥梁,为降低造价、提高经济性,其结构的耐久性问题更是突出,如这个时期发明的双曲拱桥,其经济性好但结构整体性较差。

(3)汽车超载问题

由于汽车工业的快速发展及运输中对超载的管理不严,超载车辆致桥梁严重损伤的现象更为普遍。因车辆超载,桥梁被压垮的现象时有发生。

(4)养护投入不均衡

各地区经济发展不平衡,对桥梁的维养投入力度也不同,导致不同地区桥梁的管养水平和服役状态差异性也较大。

我国公路针对以上基本情况,加大资金投入,组织了全国范围的公路工程提质改造和危桥改造,但各地仍有不少桥梁服役状态差、承载能力不能满足现行荷载等级要求。

1.2.2　养护定义、理念与内容

20世纪后,公路、市政、铁路桥梁的相关设计标准明确了设计基准期和设计使用年限,大部分为100年,同步颁布了相应的耐久性设计规范。设计理论方面也提出了全寿命设计的理念。

规范中设计使用年限条款的颁布和执行,对桥梁设计提出了明确的可靠性、耐久性总目标要求。国家颁布的工程结构可靠性设计统一标准中明确:为保证工程结构具有规定的可靠度,

除应进行必要的设计计算外，还应对结构的材料性能、施工质量、使用和维护性能进行相应的控制，包括勘察与设计质量的控制；材料和制品的质量控制；施工的质量控制，使用和维护的质量控制。可见桥梁的维养也是确保桥梁服役寿命不可或缺的一环。

在全寿命周期，各养护工作所处的位置如图 1.8 所示。

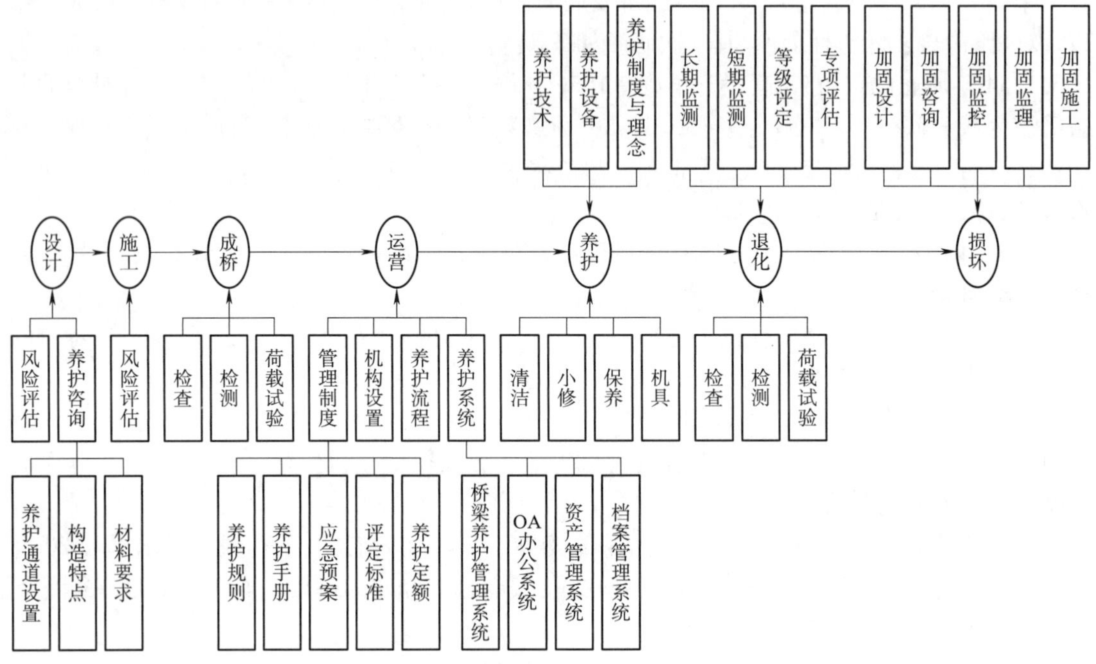

图 1.8　全寿命养护工作分布

桥梁建造完成后，桥梁在运营期总会受到不利环境作用，如遭受车辆、风、地震、疲劳、人为事故等外来作用，加上结构自身的自然老化，桥梁在寿命周期内必然会发生结构状态的退化，结构抗力下降、荷载效应上升，结构可靠性时变曲线如图 1.9 所示。

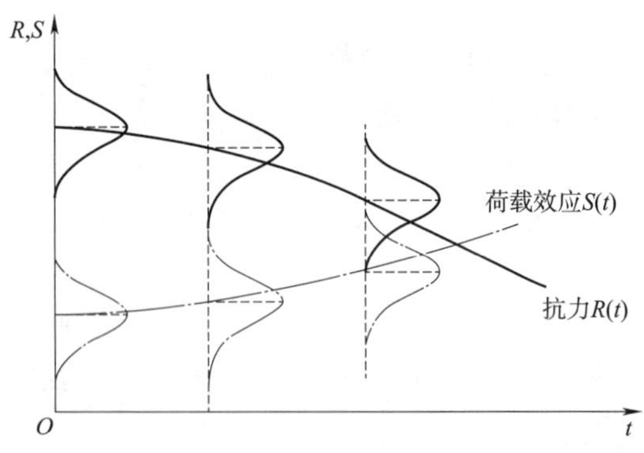

图 1.9　结构可靠性时变曲线

在桥梁出现严重病害之前，对桥梁进行维修养护并使结构功能状态恢复到原设计状态，甚至通过结构加固，将结构功能状态强化至更高点，如图 1.10 所示。随着养护、维修加固成本比例的提高，进一步加固不具备经济上的合理性，同时考虑材料、构件耐久性及桥梁寿命的限制，结构功能状态下降，桥梁报废拆除，其生命周期终结。

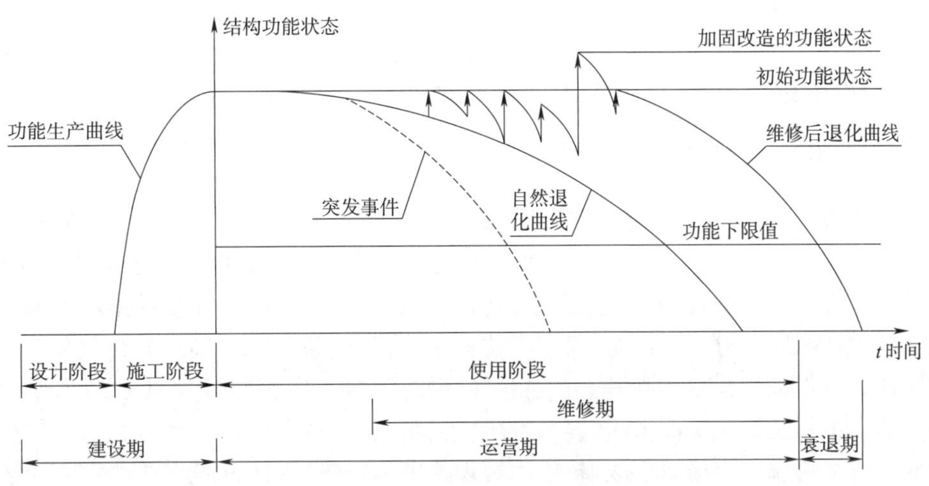

图 1.10　桥梁生命周期图

桥涵维养遵循“预防为主、防治结合、保障畅通”的原则，以桥面养护为中心，以承重部件为重点，对桥梁进行周期性检查，系统掌握其技术状况，及时发现缺损和相关环境的变化，按照桥梁技术状况进行分类评定，制定相应的养护维修对策：首先应使原结构保持设计荷载等级的承载要求及设计交通流量的通行要求；其次是根据交通发展的需要，通过改造和加固提高承载能力、通行能力和使用寿命；第三是提高管养水平，如建立桥梁管养系统和相应的数据库，实施桥涵病害监控，实行科学决策，逐步建立特大型桥梁报警系统，地震、洪水和流冰等预防决策系统等，为保障畅通奠定基础。

《城市桥梁养护技术标准》(CJJ 99—2017)对养护定义为：“为确保城市桥梁始终处于正常工作状态和安全运营，而进行的检查、检测、评估、养护维修及档案资料管理和安全防护管理等工作。”

公路桥梁养护规范对养护定义为：“为保持桥涵及其附属物的正常使用而进行的经常性保养及维修作业；预防和修复桥涵的灾害性损坏及为提供桥涵使用质量和服务水平而进行的改造。”

铁路部门实行检查与养修分开的管理体制，明确修理工作分为检查、维修和大修，维修工作包括经常保养和综合维修。

“养护”、“修理”、“维养”、“维修”和“养修”名词的用法和内涵界定各专业部门并未统一，如狭义养护仅指保养，铁路维修限定于“经常保养和综合维修”等，但其广义内涵是相同的，包括：桥梁检查与评定、日常养护与维修、专项检查与维修、桥梁加固与提质改造、安全保障措施、养护应急预案、桥梁技术资料管理、桥梁防护等。其中，检查包括初始检查、日常巡查、经常检查、定期检查、特殊检查，铁路桥梁还有临时检查、专项检查和桥梁巡守；桥梁防护包括水流状况的观测、桥梁的防洪、洪水期抢险等。

公路、市政部门习惯上用“养护”，铁路部门习惯上用“修理”，本教材采用“维养”，系养护维修或维护保养的简称。本教材后文主要采用公路、市政部分的表述方式。

桥涵维养，按养护目的分为预防养护、修复养护、专项养护和应急养护；按其工程性质、规模大小、技术难易程度划分为小修保养、中修、大修、加固、改建和专项工程(专项抢修和专项修复)等。

按国内的管理模式，桥梁管理与维养承担单位具体为：一般公路桥梁由县（区）公路局负责，高速公路桥梁由高速公路管理局（公司）负责，铁路桥梁由铁路局集团公司工务段或高铁工务段负责，城市桥梁由市政管理的桥梁维护处负责。

1.2.3　桥涵病害及损伤原因

2010 年以来，因洪水、滑坡、台风等自然原因和超限超载等车辆原因，造成桥梁垮塌事故占事故总数的 70%以上。尽管针对货车非法改装和超限超载治理的工作已取得了显著成效，但整体治理形势仍不乐观，交通运输领域结构性矛盾依然突出，由此引发的桥梁安全事故仍时有发生。同时，因部分早期建设的桥梁存在防灾标准偏低，桥位水文地质条件发生变化，导致了桥梁防冲刷、过水能力不足等问题，在遭受强降雨、台风等灾害性天气引发的洪水、滑坡、泥石流等自然灾害侵袭及人工泄洪时，容易发生垮塌事故。

相对于桥梁垮塌这类极端事故，桥梁病害现象更为普遍，桥梁病害及成因可归纳为以下几方面：

(1)设计考虑不周。包括结构型式或桥型布置不合理；设计计算错误；结构断面尺寸及钢筋配置不符合结构受力要求，构造不合理；对一些特殊荷载和地质特性如收缩、温度、基础变位、水化热、地基不均匀沉降、地震等考虑不周或把控不准。

(2)施工质量问题。包括原材料质量如水泥质量不好，使用的集料不合格或级配不合理，含泥量过大，出现碱骨料反应等；混凝土振捣不密实或超振捣，掺合料拌和不均匀；浇筑顺序不当；混凝土养生不好；预应力张拉控制不符合要求；预应力管道压浆不密实；支架下沉，脱模过早；接头处理不当；钢结构涂装不合理；高强螺栓脆断等。

(3)运营期间自然和人为因素。典型的有交通超载，船舶、车辆、漂流物撞击，水流对基础的冲刷，地震等。

(4)材料性能退化。包括混凝土碳化，高温、高湿、低温、冻融、振动、氯化物等环境侵蚀，水、土中的硫酸盐和酸类物质的化学侵蚀，钢结构和钢筋锈蚀，橡胶老化等。

(5)维养措施不当。包括桥面维修增加过大的恒载，桥面防水、排水处理不当，桥面渗水，支座维修不当约束了承载结构的变形，加固设计、措施或工艺不当引起结构的二次病害等。

(6)超期、超负荷使用。超期使用，主要指早期建造的桥梁，如 20 世纪 50～60 年代建造的桥梁，当时对桥梁使用寿命并没有明确的规定，一般只有 30～50 年，这些桥梁仍在使用中。超负荷使用，实际运营的荷载等级超出了原设计等级，或由于运量过大而诱发疲劳损伤等。

1.2.4　桥梁维养技术的不足与挑战

提升桥梁运行安全水平和耐久性是桥梁养护工作的永恒使命。桥梁养护既要着眼于眼前养管工作的实际状况，立足基层的养管特点，又要着眼全局和未来发展趋势，围绕建设交通强国的总体要求，从人、车、设施等方面全方位提升桥梁养护管理能力和水平。

(1)增强桥梁运行安全风险意识。进入 21 世纪，我国建设高峰期修建的桥梁运行安全风险将逐步加大。同时，目前约有 18%的早期建设的老旧桥梁荷载标准低于汽—20 和公路—Ⅱ级。由于经济社会快速发展，交通量快速增长，车辆大型化、重型化趋势明显，这部分老旧桥梁不能完全适应公路运输荷载特征的变化，需要被重点监测和关注。

(2)强化维养理念。很长一段时间存在“重建设、轻养护”的问题,面向未来,新桥建设将逐步“降温”,主战场将转移至保持既有桥梁的良好维养状态、延长其使用寿命方面,强化维养理念,加大维养投入是必然的选择。

(3)提升桥梁养护治理能力。目前,部分公路尤其是农村公路受经济条件限制,桥梁日常养护、检查评定、加固改造资金投入不充足,部分桥梁存在“失养”现象,导致桥面坑槽、桥面伸缩缝损坏、桥头跳车等系列病害;养护市场化水平还需提高,部分基层桥梁养护、检测、设计、施工等从业单位和技术人员的经验仍有所欠缺,养护专业水平亟待提升。

(4)改进桥梁巡查、检查等手段。随着桥梁投入运营的体量加大、桥龄老化加剧,目前依靠人工巡检和检查的手段效率低、且容易产生遗漏问题,需提高自动化程度,发展无人检查、不中断交通检测技术等。

(5)强化桥梁信息管理,提升现代化管理手段。目前,桥梁数据不完整、不详细,错漏、误判较多,很多桥梁的设计、竣工、维养资料缺失。建立健全桥梁技术档案管理制度,推广应用桥梁管理系统,及时更新桥梁技术数据,并推行电子化、信息化管理,提升桥梁信息管理的时效性和准确性。我国关于道桥智能化管理的早期探索始于20世纪80年代,最具有代表性的是“七五”“八五”期间由交通部组织研发的中国道路管理系统(CPMS)和中国桥梁管理系统(CBMS)。此后,全国各地许多部门在道桥智能管理化方面不断探索,利用地理信息系统(GIS)应用于道桥的智能化管理维护,成效显著。

(6)提高减灾防灾能力。减灾防灾手段中,准确的灾害预警预报更能有效避免人身伤亡事故的发生,如利用现代的卫星监测和大数据分析的天气预报,大幅度提高了预测精度,对避风起到了重要的作用;研发滑坡、泥石流、地震等灾害和既有桥梁状态预警具有迫切需求。桥梁面对地震、强风、洪水、火灾、滑坡、泥石流等自然灾害的预警预报技术和设备有待强化,抗灾防灾能力和手段有待提高。

1.3 桥梁结构试验、检测与监测概述

试验,系指针对已知某种事物,为了了解它的性能或者结果而进行的试用操作,或指为了察看某事的结果或某物的性能而从事某种活动,如桥梁荷载试验等。

检测,是指对给定的产品,按照规定程序确定某一种或多种技术性能指标或参数的技术操作,如混凝土强度检测、裂缝检测等。在桥梁检测活动中,“规定程序”包括成熟的检测和结果评定方法、规定的检测操作程序。

很多情况下合并为“试验检测”,对桥梁工程而言,是指根据国家有关法律、法规的规定,依据工程建设技术标准、规范、规程,对桥梁所用材料、构件、桥梁制品、桥梁实体等进行技术指标的试验、检测活动。

监测的释义为监视、检测,即对某一事物的全过程进行实时的测量,并与既定的标准进行对照评定的过程。如桥梁施工监测、服役桥梁的健康监测,目前两者统称为安全监测。

1.3.1 桥梁结构试验与检测

桥梁由建成投入运营直至拆除的全过程中,在不同阶段需要组织不同目的的试验检测。

1)试验检测类型、项目与内容

试验类型常见的有材料试验、静载试验、动载试验,其中动载试验包括行车试验、跳车试

验、制动试验、脉动试验、铁路方面的联调联试等，此外还有抗风抗震试验等特殊试验。

(1)材料试验:水泥、砌体、钢筋、锚具、支座、伸缩缝等材料和构件成品性能试验，混凝土配合比试验，组织抽芯、回弹试验测试材料力学性能的强度试验，老化试验，混凝土碳化深度检测，钢筋锈蚀检测等。

(2)静载试验:采用与设计荷载等级相同或相近的荷载以堆载或车辆队列加载方式，对桥梁结构进行试验加载，测试应变、挠度、转角、荷载横向分布性能等指标数据，分析评判桥梁结构使用状态、承载力等是否符合设计要求。

(3)行车试验:组织车辆队列按不同速度行驶通过桥梁，测试结构基频、振型、动应变、动挠度、动转角等指标，获取其时程曲线，分析冲击效应、不同速度运营荷载作用下结构使用性能等。

(4)跳车试验:设置桥上的跳车障碍，组织车辆以不同速度通过障碍，激发桥上跳车，测试动应变、动挠度、动转角等指标，获取其时程曲线，分析冲击效应、桥梁运营出现跳车(瞬态冲击)情况下的动力性能指标等。

(5)制动试验:组织车辆队列按不同速度行驶中突然制动，测试动应变、动挠度、动转角等指标，获取其时程曲线，分析桥梁在运营速度下车辆突然制动时，桥梁结构特别是桥梁支座、墩台的动力性能指标，验证结构的抗制动性能。

(6)脉动试验:依靠场地脉动激振，激发桥梁共振，测试结构动应变、动挠度、动转角等时程曲线，分析桥梁基频、阻尼等动力特性数据。

(7)铁路的联调联试:新建铁路开通运行前，通过采用检测列车、综合检测列车、试验列车及相关检测设备，对各系统的功能、性能、状态和系统间的匹配关系进行综合检测、验证、调整和优化，使整个系统达到设计要求。

(8)特殊试验:针对大跨度或特殊桥梁而开展的单一的专项试验，如抗风试验，测试特殊桥梁在环境风场作用下的抗风性能等。

2)试验检测组织与实施

目前铁路桥梁的试验最为常用方式是开通前的联调联试，即在既有线上通过综合检测列车、轨道检测车动态检测，个别特殊桥梁也可组织独立的试验。

公路和市政桥梁方面尚未达到铁路桥梁的统一联调联试模式，一般做法为:针对具体桥梁组织独立试验模式。主要包括:

(1)成桥试验

成桥试验是初始检查的重要内容之一。桥梁开通运营前进行，其目的是验证新建桥梁、加固和强化处理后桥梁的力学性能指标和使用性能是否与设计要求吻合，主要项目包括静载试验、动载试验等。由具有相关资质单位承担。

(2)旧桥检测试验

旧桥检测试验也包括静载试验、动载试验、材料试验等。

服役过程中的试验，特别是在服役过程中的日常巡查中发现其性能指标异常或超限的情况时组织实施，其目的是查明原因和了解结构的使用状态、确定桥梁状况等级，为确定维养、加固方式提供依据。

桥梁大修、加固、强化前后的荷载试验。维修加固前组织荷载试验，其目的是为维修加固提供依据;事后的荷载试验，目的是验证大修、加固改造或强化等措施实施后的效果。品质提升中的典型案例为铁路的6次提速改造工程，过程前后均做了大量的试验工作。

针对既有桥梁的检查，铁路和公路部门均颁布了相应的试验方法和评定标准，如《铁路桥梁检定规范》(铁运函〔2004〕120号)、《高速铁路工程动态验收技术规范》(TB 10761—2013)、《公路桥梁承载能力检测评定规程》(JTG/T J21—2011)等。

1.3.2 桥梁结构安全监测技术

1)安全监测的概念与类型

桥梁结构安全监测是伴随着大跨度桥梁建造和维养而发展形成的桥梁学科分支，以实施桥梁工程控制、监测桥梁的安全状态为目的。结构安全监测系统由安装在桥梁上的传感器以及数据采集与传输、数据处理、评估与管理等软硬件构成，该系统主要对桥梁的荷载与环境作用以及桥梁结构性能参数进行测量、收集、处理、分析，并对桥梁结构正常使用水平与安全状态进行评估和预警。

安全监测的硬件部分包括对主梁挠度、风力风向、环境温度、结构温度、地震、动态交通荷载、结构应变、位移、腐蚀、加速度、频谱和模态动力特性、索力、裂缝、视频监控等进行监测的设备；软件部分主要有数据采集和传输系统、数据处理和分析系统、数据库管理系统、识别损伤系统。两部分共同协作，相互联系完成对桥梁结构的监测。系统的目标是实现大桥管理的信息化、可视化、自动化、规范化和科学化，使桥梁管理部门能够准确合理地把握桥梁健康状态，节省人力及避免不必要的资源浪费。安全监测是现代传感技术、综合测试理论、计算机技术、系统辨识理论、网络通信技术、振动理论、信号分析与处理技术、随机过程和可靠度等专门学科于一体的综合体系，可连续、实时、在线监测桥梁在各种环境条件下的结构响应与行为，获取反映结构状况和环境因素的各种信息，并由此分析结构安全状态、评估结构的可靠性，为桥梁的管理与维护提供科学依据。同时，桥梁结构安全监测与预警对验证与改进结构设计理论与方法、开发与实现各种结构控制技术以及深入研究桥梁结构的未知问题具有重要意义。

按照桥梁安全监测的功能和目的不同，分为施工期间的安全监测和使用期间的安全监测，前者常称为“施工监控”，以施工状态控制和结构安全状态为目标；后者常称为“健康监测”，以结构损伤、评估和结构安全状态为目的。2015年住房和城乡建设部颁布的《建筑与桥梁结构监测技术规范》(GB 50982—2014)与2016年交通运输部颁布的《公路桥梁结构安全监测系统技术规程》(JT/T 1037—2016)中均统称为“安全监测”。

施工期间的安全监测应为保障施工安全、控制结构施工过程、优化施工工艺及实现结构设计要求提供技术支持。重点监测桥梁的下列构件和节点：应力变化显著或应力水平较高的构件，变形显著的构件和节点；承受较大施工荷载的构件和节点，控制几何位形的关键节点，能反映结构内力及变形关键特征的其他重要受力构件和节点。施工期间的监测工作流程如图1.11所示。

使用期间的安全监测应为结构在使用期间的安全使用性、结构设计验证、结构模型校验与修正、结构损伤识别、结构养护与维修以及新方法新技术的发展和应用提供技术支持。使用期间的安全监测为长期实施的监测，监测系统中需包含评估与预警功能，整个系统为自动化的，必要时还应该是实时可视化的。使用期间的安全监测实施流程如图1.12所示。

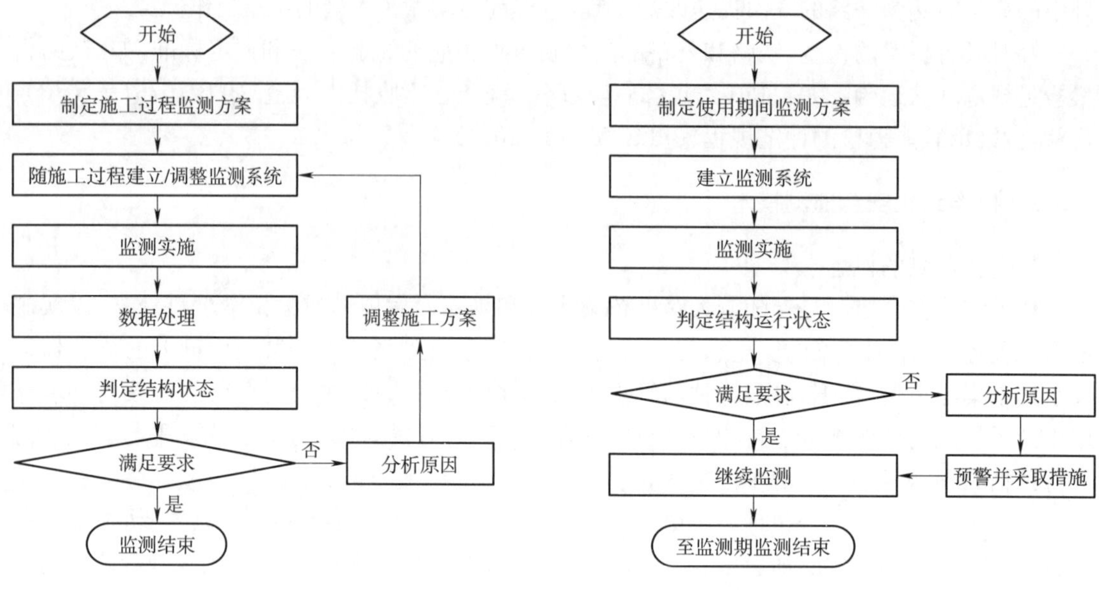

图 1.11　施工期间监测流程　　图 1.12　使用期间监测流程

2)安全监测系统的组成

安全监测系统应包括传感器模块、数据采集与传输模块、数据处理与管理模块、数据分析与安全预警及评估模块,并通过系统集成技术将各模块集成为统一协调的整体。

传感器模块由荷载与环境监测、结构整体响应监测和结构局部响应监测传感器构成,应实现桥梁环境参数、车辆荷载参数及视频信息、结构响应的测量。

数据采集与传输模块由数据采集设备、数据传输设备与缆线、数据采集与传输软件构成,应实现传感器数据同步采集与传输,保证数据质量、不失真。

数据处理与管理模块由数据预处理、中心数据库、数据查询与管理软硬件构成,应实现桥梁监(检)测数据的处理、查询、存储与管理等功能。

数据分析与安全预警及评估模块应实现数据实时在线显示、数据分析、安全预警及评估等功能。

以上系统的构架是针对使用期间安全监测(健康监测)建立的,需对结构服役期间的健康、安全状态进行诊断。首先,合理地布置各种测点和测试仪器,执行结构反应的实时监测;其次,采集并处理数据,再结合数值分析模型的结果和预先给定的判据对结构进行诊断和损伤识别;最后进行安全评估,确定维养对策。一个完整的桥梁安全监测系统如图 1.13 所示。

安全评估分为一级、二级两个等级,安全一级评估应对监测数据统计特征值与规范设计值进行比对并分析,形成安全一级评估;安全二级评估利用修正结构有限元模型、监测荷载、规范设计荷载进行结构重分析和极限承载能力分析,评估桥梁结构安全储备和安全状态等级,形成安全二级评估结果。当出现安全一级评估指标超限等情况时,应开展安全二级评估。

施工期间安全监测(施工监控)与使用期间安全监测相比,具有明显的特点:第一,因监测系统服务期仅为施工期间、系统服役期短、数据采用频率低、数据量小;第二,监测对象为新建结构时一般不需要考虑结构损伤等原因;第三,安全监测的重要目标之一是使施工成桥结构状态与设计状态尽可能地吻合,系统中一般包含误差分析模块,其系统构架一般均会简化。

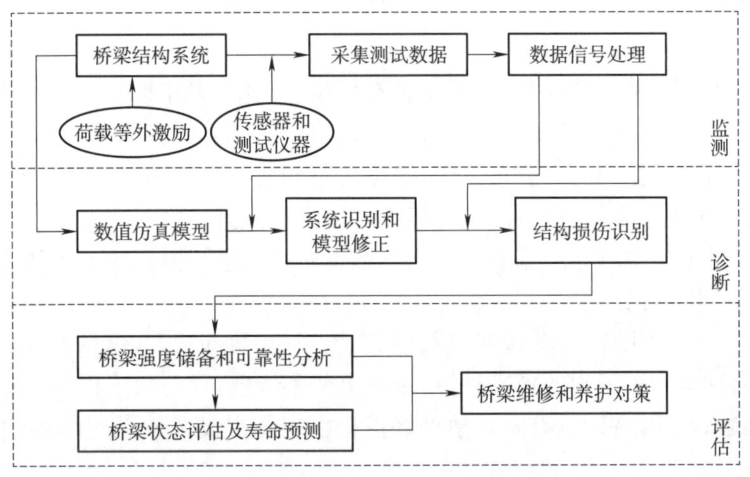

图 1.13　桥梁安全监测系统构成

但为了避免投资的重复，宜统筹考虑施工期间监测、成桥试验和使用期间监测系统，并宜与桥梁巡检和养护管理相结合。

3)安全监测技术的发展

在 20 世纪 80 年代中后期，欧美一些国家首先明确提出了结构健康监测新理念，并先后在一些重要的桥梁上安装健康监测系统。美国在 20 世纪 80 年代中后期开始在多座桥梁上布设传感器，测试环境荷载、结构振动和局部应力状态，用以验证设计假定，监视施工质量和实时评定服役安全状态。

我国自 20 世纪 90 年代开始应用该技术，先后在一些大型重要桥梁上建立了不同规模的长期健康监测系统，如香港的青马大桥，内地的虎门大桥、徐浦大桥等。进入 21 世纪后，不少新建大跨度桥梁布设了桥梁健康监测系统，如 2008 年建成的苏通长江大桥、2009 年建成的西堠门大桥、2019 年通车的昌吉赣客专赣州赣江斜拉桥，以及 2020 年通车的沪通长江大桥、五峰山长江大桥、平潭海峡公铁两用跨海大桥等，其中赣江斜拉桥重点监测大跨度桥上无砟轨道及梁—轨相互作用。

在桥梁上安装使用实时健康监测系统是 21 世纪桥梁中的热点之一，我国在这方面研究和应用均已取得一定成果。

我国桥梁施工监控发展 50 余年、健康监测系统发展近 30 余年，正在经历从最初的理论研究到工程实例应用过程以及工程实例应用到理论完善的过程，使安全监测系统研究理论、工程应用越来越成熟，施工期间监测(施工监控)因其建造中的必要性和内容上的单纯性，相对而言，其发展和应用更为成熟，但使用期间监测发展过程中也暴露了以下问题和不足。

(1)系统架构方面

施工期间监测、使用期间监测、成桥试验三个方面脱节现象严重，更与桥梁巡检和养护管理衔接不够。

监测系统大多数都是根据实际的桥例一对一建立系统，专业化、系统化、标准化程度不高。针对中小桥梁的使用期间安全监测系统，国内鲜有研究，还处于研究初级阶段。

(2)使用期间安全监测系统方面

测试用元器件及系统本身使用寿命，完全不能与桥梁使用寿命匹配，甚至难以达到 20 年，也难于预测某个仪器出现异常,缺乏系统自身的"安全"识别。

系统安装时间的不合理:目前该类系统大多安装在桥梁开始运营期,此时的桥梁处于其使用寿命最好的状态,合理的安装时间应当选择在桥梁进入中、老年期后。基于技术创新类桥梁的安全监测,该类桥梁的安全监测目的包含了对技术创新成果的验证。

未形成较完善的数据存储和查询系统,数据得不到合理的利用。

传感器、测点优化布设,有待在理论和操作层面进行提升。

如何从海量数据中提取和利用有效的监测数据对桥梁进行健康状态评估仍是技术难题。

(3)分析理论和计算方法方面

缺乏实用有效的优化算法,造成测点数量、系统规模、数据量大,信息大量冗余。

对环境因素这类随机因素的精确计算,理论上仍不成熟。

桥梁结构状态评估,特别是有限元模型修正精度有待提高。缺乏对结构性能改变敏感参数的有效研究。

1.3.3　安全监测理论

1)施工期间安全监测中的控制与预测

将施工监控中的测量值与设计预期值进行比较,如果误差小于规定值,则进入下一阶段施工。否则,有必要找出原因,然后通过适当的措施消除或减少这些误差。系统控制及预测方法一般采用:卡尔曼滤波法、自适应控制方法、灰色预测控制方法、神经网络法等。无论哪一种预测模型,都需要一定的训练样本,训练样本越多,预测精度越高。

2)使用期间安全监测中的有限元模型修正理论

设计分析计算中,有限元分析模型是基于规范的理论参数如理论弹性模量等,开展有限元分析,同时受简化假定、边界条件的近似性、接头和耦合部件的不确定性等因素影响,导致有限元模型预测与实验结果之间往往存在明显误差,一般情况下实测值均优于理论计算结果。

对服役桥梁理论分析、试验检测和状态评估,过大的误差是难以胜任的,为此,需着力提高理论分析的准确性。为提高有限元模型预测的精度,提出了有限元模型修正技术,即充分利用结构和有限元分析两者的优点,用少量的结构实验获得的数据对有限元模型进行修正,以获得比较准确的有限元模型。从工程应用的角度看,有限元模型修正技术是一种综合性很强的技术。除了有限元模型修正技术本身的理论外,它还涉及有限元的建模和计算、动力学实验技术和经验,以及计算机中的许多技术问题,如数据传递等。

有限元模型的修正对象可以分为两类:一类是有限元模型的刚度矩阵、质量矩阵,甚至阻尼矩阵中的元素;另一类是有限元模型的设计参数,包括物理参数与几何参数。

3)状态评估与损伤识别

目前交通运输部颁布的《公路桥梁技术状况评定标准》(JTG/T H21—2011)中,采用分层综合评定与单项指标控制相结合的方法开展状态评定,即依据桥梁检查资料,通过对桥梁各部件技术状况分层综合评定,同时考虑桥梁单向控制指标(关键病害的控制),确定桥梁的技术状况等级,它是在《公路桥涵养护规范》(JTG 5120—2004)"一般评定"的基础上,根据桥梁各部件不同材料、结构形式将桥梁进行分类,分类后根据各部件不同特点制定相应的评定标准。其中的分层系指先对桥梁各构件进行评定,然后对桥梁各部件进行评定,再对桥面系、上部结构和下部结构分别进行评定,最后进行桥梁的总体技术状况的评定,采用百分制计分,评定结果分为1~5类,1类状态最好,5类状态最差。

然而,桥梁作为一个由多种材料、不同构件组合而成的大型综合系统,上述方法中分类分析评定方法虽然简单,但评定的准确性有待提高,不少学者致力于基于安全监测动力测试结果开展损伤识别与状态评估研究。

既有系统辨识和基于参数分析的结构损伤识别实际上是一个反分析问题,是通过结构表现出来的系统特征来确定系统构成参数。这就决定了损伤识别问题的复杂性和识别结果的不确定性。损伤识别本身就构成了目前的一个研究热点。

损伤识别需要解决以下三个问题:损伤指标、损伤的时间和空间定位、确定损伤程度。进一步量化分析出现的损伤程度,给出确定的指标,以便向决策部门提供技术支持,从而及时对损伤结构予以修复。

常用的损伤识别方法有:振动频率法、振动模态和模态曲率法、刚度或柔度矩阵法、人工神经网络法等。基于小波分析的识别分析计算也被应用到损伤识别中。

为了克服这个反分析问题的识别精度,诸多的优化方法和准则被应用到损伤识别分析中,比较典型的有基于遗传算法的损伤识别和基于统计理论的损伤识别。

1.4　桥梁加固方法与技术概述

正常使用条件下,桥梁结构应在设计使用寿命内满足安全性、适用性和耐久性要求。安全性是以结构的强度、稳定性等承载能力为指标衡量的;适用性则以刚度、变形、裂缝、振动等影响正常使用性能和旅客舒适度为指标衡量的;耐久性以混凝土碳化、材料腐蚀、冻融、钢筋锈蚀等材料性能变化为指标衡量的,旨在确保结构的使用寿命。

为了维持桥梁的正常服役,尽力保持和延长桥梁的使用寿命,对桥梁结构物进行经常性的养护维修是非常必要的。当桥梁结构因荷载标准低而不能满足现行荷载等级要求、结构严重损伤而致使其承载能力降低、桥面过窄妨碍车辆通行等情况时,则需对桥梁进行必要的补强。

桥梁加固与强化,它属于桥梁的技术改造内容,也是桥梁维养中一个重要环节,它不同于桥梁的改扩建工程,是基于既有桥梁进行改造,而改扩建工程包括新增并行桥幅、改移、拆除重建等,这些内容与新桥建造相同;为维持桥梁的适用性、耐久性而采取的大量的、经常性的工程措施及其工作,则归结到桥梁养护中的维修(小修、中修和大修)工程中。

桥梁加固与强化虽然概念上有所不同,但是其工程措施和方法基本相同,本书后文不再区分。

1.4.1　加固方法

桥梁加固以恢复和提高结构的承载力和使用性能为根本目标,其主要的类型有:

1)加强薄弱构件

对使用状态差、承载力不足的构件,以新材料(钢筋、钢板、混凝土)增大截面尺寸、增加体外预应力或用化学粘贴剂粘贴补强材料等补强措施进行加固,即通过增大截面的刚度或增加受力材料数量来提高构件的承载力。常用的加固方法有:增大截面加固法、粘贴钢板加固法,粘贴纤维复合材料加固法,体外预应力加固法等。

2)增加或更换构件

在原有结构上增加新的受力构件,如纵梁、横梁等,也可采用新的预制构件替换原有结构中具有严重缺损而不易修复的构件,如斜拉桥中的换索工程。

3)改变结构体系

通过结构体系的转换或结构类型的改变,改善原结构的受力状况,提高其承载能力,如简支梁改变为多孔连续梁,增加型钢结构将钢筋混凝土结构改为钢—混凝土组合结构等。

1.4.2 加固条件

当桥梁性能退化严重时,往往需要在加固与改扩建之间做比较和选择,确保加固的必要性和经济的合理性,因此,形成了加固的基本条件:

1)桥梁加固后,其结构性能、承载能力和耐久性都能满足使用上的要求。

2)具有明显的经济效益。一般将加固(技术改造)工程与拆除重建进行对比,评价其经济效益,一般认为,加固比重建能节省 50%~60%以上时,经济效益已相当可观,此时宜采用加固改造方案,否则,可采用重建新桥的方案。实践中,若加固费用占到新建工程 70%以上时,一般不会采用加固方案;若加固费用占到新建工程 50%~70%,则需进行充分的论证。

工程加固方案、设计的合理性是通过加固设计完成的,其实施过程与新桥建设基本相同,也包括方案设计、施工图设计、评审过程。

1.4.3 加固技术的发展

针对桥梁工程服役状况和抗击地震等自然灾害的需要,从桥梁养护中分化形成了桥梁加固这一学科。

加固工程中较早实施的是针对洪水对地基的冲刷而开展的基础加固。而近几十年发生了多次地震,对交通生命线造成了重大损失。1971 年 San Fernando 地震的发生,美国加州的交通部门即开始投资加固设计,日本也有类似情况,并研发了一系列加固方法和应用技术。1980 年在巴黎和布鲁塞尔召开了旧桥检测加固的研讨会。

20 世纪 80 年代以来,我国在旧桥加固改造技术的研究和试验方面进行大量工作,交通部在"六五""七五"计划期间下达了一系列有关旧桥检测、承载能力评定及加固技术的科研课题。我国高校与研究机构开展了大批的专项课题研究,内容包括更改结构体系、增加截面、体外预应力、纤维材料、粘贴钢板等。20 世纪 90 年代末,我国开始研究并使用碳纤维复合材料加固混凝土结构,到目前为止,CFRP 运用于桥梁结构的工程实例已经很多。21 世纪初,我国提出并开展了组合结构技术在桥梁加固中的应用研究;铁路、公路交通部门在桥梁维修、养护、加固、改造实践中取得了不少成功的经验,并获得了显著的经济效益,推动了加固学科的发展,也形成了比较系统的加固计算理论、方法和工法。

1991 年,由中国工程建设标准化协会推行了《混凝土加固技术规范》,1999 年铁道部颁布《铁路桥梁抗震鉴定与加固技术规范》(TB 10118—1999),2003 年中国工程建设标准化协会又颁布了《碳纤维片材加固修复混凝土结构技术规程》,2008 年交通运输部颁布《公路桥梁加固设计规范》(JTG/T J22—2008)和《公路桥梁加固施工规范》(JTG/T J23—2008),以便指导桥梁加固设计和施工。

1.5 发展展望

针对本书所涉及的桥梁施工、维养、加固、检测与监测等内容,综合现有文献和研究热点,以下发展方向是值得关注的。

1.5.1　桥梁施工方法、工艺与设备

面向标准化、机械化、自动化的装配式建造技术；结合3D打印、建筑机器人等新装备和工艺的智能建造技术；面向新型结构的新施工方法和工艺；60～100 m深水基础施工等新工艺；桥梁建造和运营中降噪、减振和绿色低碳技术；吊装设备、大直径钻机、大型浮吊、深水基础施工、标准构件的制运架等新设备；精密测量、结合IT行业的新功能装备和控制设备。

此外，需要注重传统施工方法与工艺进行保护、传承和再创新，如石拱桥砌筑工艺、双曲拱桥的新施工方法等。

1.5.2　服役桥梁维养

建立既有桥梁科学合理的管理方法、管养手段，提升管养水平和效率。研发：服役桥梁信息管理和大数据分析系统；桥梁全寿命中的非线性数值仿真和虚拟图形技术；数值化、图形化、无人化、自动化和智能化的服役桥梁日常检查技术与装备；不中断交通的在线和适时检查技术与装备；服役桥梁状态和寿命评估理论；预警预报技术与设备等。

1.5.3　桥梁结构安全监测

提升既有桥梁检测和监控水平，研发：不中断交通的检测手段；智能化、系统化、快速化的无损检测技术；基于安全监测数据的桥梁结构损伤智能识别和安全评价技术；无人检测和自动识别技术；检测机器人；长效检测元器件与长效桥梁健康监测系统；基于卫星/无线网络的桥梁安全监测预警和智能检测设备等。

发展安全监测理论：数据挖掘；深度学习等理论的应用；结构损伤识别；有限元修正理论；全寿命时变可靠度理论；安全预警决策方法。

发展智能桥梁结构，赋予桥梁结构的生命感知能力。

1.5.4　服役桥梁减灾防灾

面对地震、强风、洪水、火灾、滑坡、泥石流、爆炸、撞击、列车脱轨等灾害，开展桥梁减灾防灾分析理论和设计、灾害预警预报理论和装备等研究，提高预警预报的适用性和准确性以及抗灾能力，确保人身安全以及结构不垮塌和可修复性。

1.5.5　服役桥梁加固与强化

提高旧桥的承载能力和服务年限，开展基于100年的“设计使用年限”耐久性措施的深化研究，以及基于提高使用年限的耐久性措施研究；研发基于提高服役桥梁承载能力水平的强化与性能技术；智能材料、快速修复材料、自修复等新材料及其装备，特别是针对利用天窗时间开展维养的高速铁路桥梁或不中断交通情况下进行维修的桥梁维养技术与装备；完善与强化灾后桥梁工程的修复与强化技术。

思　考　题

1. 桥梁建造的主体责任方有哪些？其责任期为多长？
2.“桥梁施工方案”的主要内容有哪些？

3. 请结合我国国情简述常见桥梁病害及损伤原因。

4. 桥梁上部、下部结构常用的施工方法有哪些?

5. 提高桥梁结构承载力的常用加固措施有哪些? 其机理是什么?

6. 桥梁安全监测系统由哪些内容构成? 当前使用期间的安全监测存在哪些方面的不足?

7. 简述目前我国公路桥梁的技术等级评定方法。

8. 针对我国桥梁施工、桥梁维养、桥梁安全监测现状,请任选一个方面,综述其不足与发展方向。

第二篇

桥梁施工与装备

桥梁施工技术的发展是现代桥梁建造的重要支撑，也是加快施工速度、降低工程成本、减轻劳动强度和保证工程质量的重要手段。

桥梁施工技术是指施工完成一座桥梁或者是分项工程所需要的技术手段的总称，广义上，它涵盖了桥梁施工活动技术层面的所有内容，包括人员技术能力、装备、施工方法和工艺、安全监控与风险控制、施工管理等，狭义上一般指施工方法和工艺，而施工方法和工艺与设备或装备密切相关。本章在“桥梁工程”课程的基础上，以施工方法和工艺为重点，介绍桥梁施工的基本作业，基础、墩台和上部结构最常用的施工方法以及常用的施工装备等。

第2章　施工基本作业

桥梁施工基本作业包括支架工程、模板工程、钢筋工程、预应力工程、混凝土工程和钢构件加工等。钢构件或节段加工在“钢桥”课程中已经学习，本章只介绍前四类基本作业。

2.1　支架工程

支架是指在桥梁原位、旁位和高位处用于现浇混凝土或砌筑圬工梁体或梁段的架子，承受梁体重力、施工荷载，并作为作业和安全防护平台。

2.1.1　支架分类

支架是一种历史悠久且常用的施工临时结构。主要类型包括：

(1)按材料分为木支架、竹支架、钢支架、钢木混合支架，如图2.1所示，其中常用的钢支架包括钢管、贝雷梁、万能杆件或型钢拼装的支架等。

(a) 木支架

(b) 扣件式钢管支架

(c) 梁—柱式门洞支架

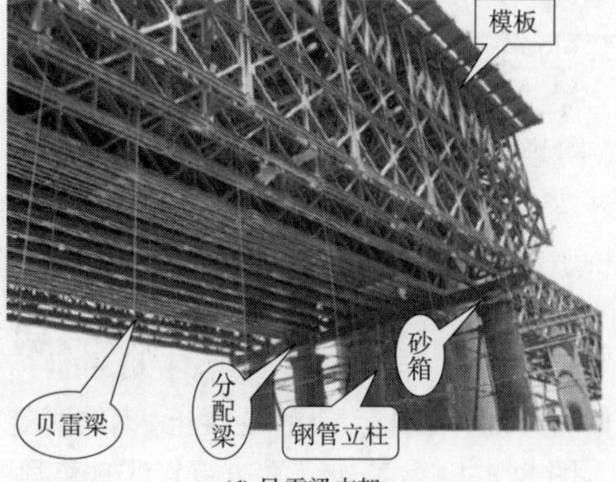

(d) 贝雷梁支架

图2.1　支架

(2)按结构类型分为支柱式(满堂支架)、梁式和梁—柱式支架,如图 2.2 所示。

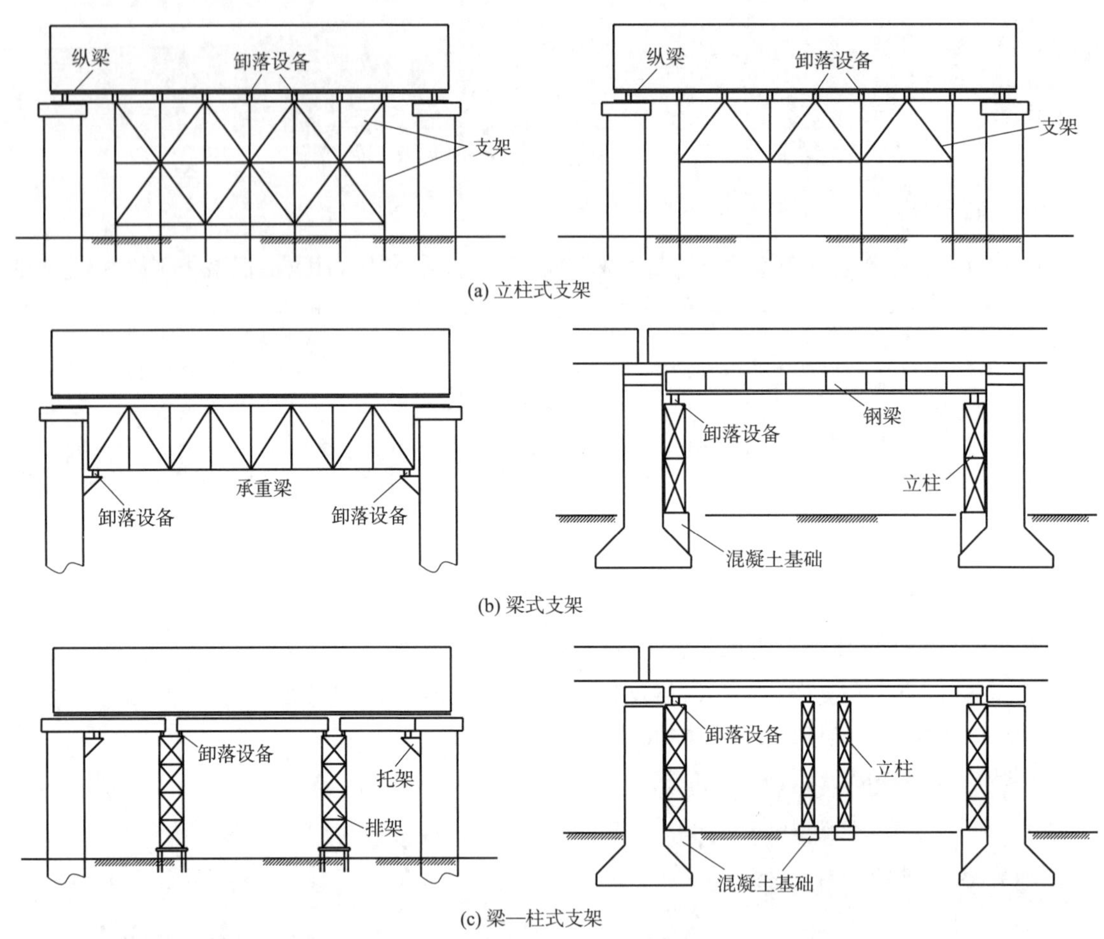

图 2.2　支架类型

立柱式支架构造简单,适用于陆地或不通航河道以及桥墩不高的小跨径桥梁施工。目前,钢管支架最为常用,参见图 2.1 和图 2.3(a),通常由钢管支架和顶面的纵或横梁等构件组成。常用钢管支架包括扣件式、碗扣式、盘扣式等类型,主要构件包括立杆、水平杆、扫地杆、斜杆、底座、上下托撑、剪刀撑和扣件。一般情况下纵梁下需布置卸落设备,如可调承托,与钢管支架配套可调整托撑(顶托)的高程。

梁式支架,为单跨式支架结构,其梁可以支承在墩旁支柱上,也可支承在桥墩上预留的托架(牛腿)上,或支承在桥墩处的横梁上。

梁—柱式支架,适用于桥墩较高、跨径较大或支架下设孔通航(通车)的桥梁施工,梁支承在桥墩台、临时支柱或临时墩上,形成多跨的梁—柱式支架。

梁式和梁—柱式支架由受力纵(横)梁、分配梁、立柱、卸落设备等构件构成,其中常用的受力纵梁结构:工字钢或 H 形型钢、贝雷梁、万能杆等;分配梁常用槽钢、工字钢和方木等;立柱结构有万能杆、钢管、钢管混凝土、钢筋混凝土等。

图 2.3(b)为某连续梁边跨直线现浇段支架构造图,采用纵、横梁体系,从上至下分别为模板、调平方木、分配梁、纵梁、横梁、砂箱和立柱,其中砂箱为卸落设备。

(3)按支撑对象分为梁式结构支架和拱式结构支架,后者常称为“拱架”。前面介绍的支架

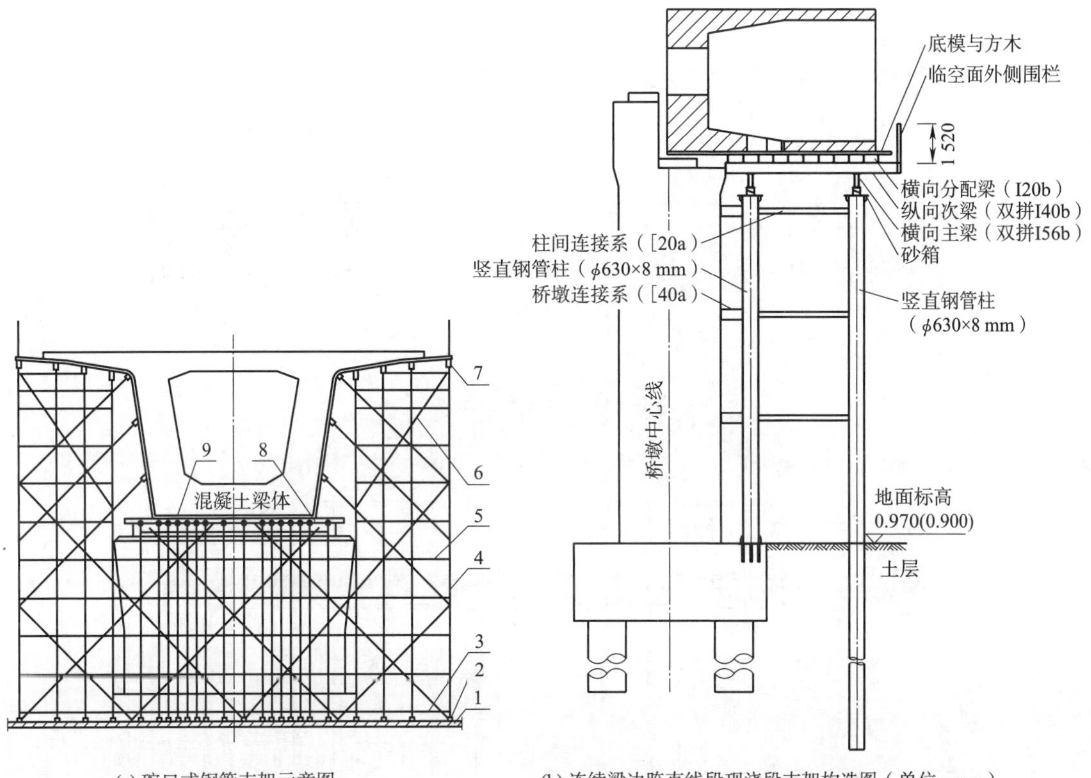

(a) 碗口式钢管支架示意图　　(b) 连续梁边跨直线段现浇段支架构造图（单位：mm）

图 2.3　支架应用示例

1—基础；2—底座；3—扫地杆；4—立杆；5—水平杆；6—剪刀撑；7—顶托；8—横梁；9—模板及分配梁

均为梁式结构支架，下面介绍拱架。

拱架按结构分为支柱式、桁式拱架、组合式拱架、弧形拱架等，如图 2.4 所示；按材料分为木拱架、钢拱架。

(a) 柱式拱架

图　2.4

(b) 钢桁式拱架

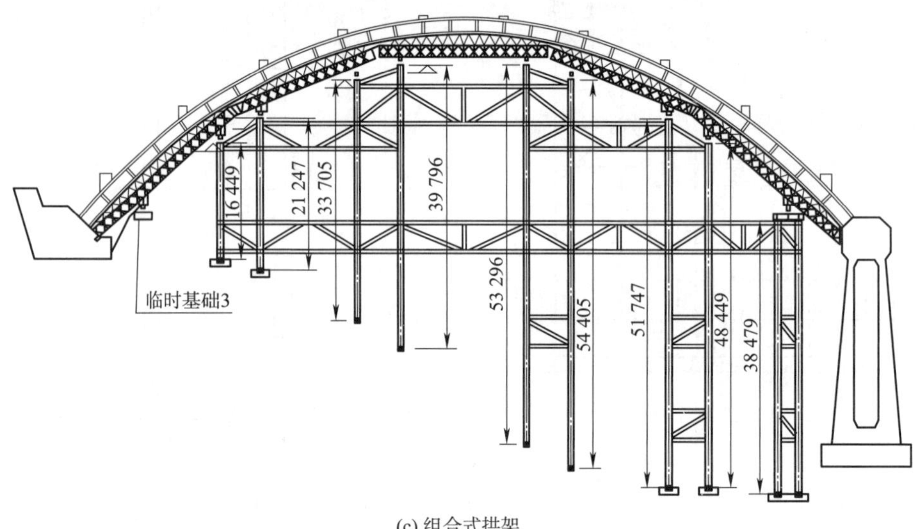

(c) 组合式拱架

图 2.4　拱架(单位:mm)

支柱式拱架由钢管支架和斜撑等构件组成，一般需在拱模板下布置卸落设备。图 2.4(a)为常用的由脚手支架和钢管支架构成的满堂式支柱式拱架。

桁式拱架通常采用拼装式桁架型拱架或万能杆件拼装式拱架，如图 2.4(b)所示，拱架脚作用于桥墩(台)，不受净空、桥下基础状况及水流等限制。

组合式拱架是采用贝雷梁、脚手架及大直径钢管等组合拼装成的支撑体系，如图 2.4(c)所示，组合支架跨越能力大，能满足通航要求及安装拆卸方便等特点。

2.1.2　支架设计

支架设计由施工单位完成。依据桥址地形地貌、水文、地质、桥梁结构形式、施工单位所具备的材料和装备，确定支架类型，开展支架结构设计、支架力学分析检算、绘制支架施工图。

1)技术要求

支架作为施工过程中承受梁体结构自重和施工荷载的临时结构，需满足下列要求：

(1)施工期间必须有足够的强度、刚度和稳定性；

(2)接头位置应准确、可靠，构件之间结合紧密，并有足够的纵、横和斜向的连接杆件，使支架成为空间稳定的整体；

(3)设置合理预拱度,使结构外形尺寸和标高符合设计要求;

(4)支架上设置落架设备以便脱模和支架拆除,落架时能够对称、均匀;

(5)构造和制作简单,装拆方便,尽可能增加周转次数以提高经济性;

(6)对河道中的支架要充分考虑洪水和漂流物的影响,以免支架被冲垮(图 2.5)。

图 2.5　支架被水冲垮

2)设计荷载

(1)桥梁结构自重,一般依据桥梁结构的尺寸分区域计算荷载集度;

(2)支架自重:按实际材料、尺寸计算;

(3)模板自重,按实际模板尺寸计入:荷载集度取 2.5 kN/m^2;

(4)施工人员及机械活载:荷载集度取 1.5 kN/m^2;

(5)倾倒混凝土时产生的冲击荷载:荷载集度取 2 kN/m^2;

(6)振捣混凝土产生的荷载:荷载集度取 2 kN/m^2;

(7)风荷载,依据桥位风速计算。

3)支架力学分析与检算

目前,一般均采用有限元数值分析法开展支架的力学分析,支架可采用梁单元模拟。力学建模和分析需要特别关注对各构件连接的关系和约束的处理,使其能准确模拟真实状况,必要时可通过增设构造措施,实现力学上连接要求。同时也应重视落架阶段的计算,避免在落架阶段因产生荷载转移而引发工程事故。

各计算阶段的评价指标参照相关支架设计规范执行。

2.1.3　支架预压

对于支架,特别是高支架,需按规范要求开展支架预压工作。支架预压的目的和作用是:评估支架的承载力和安全性,消除支架和地基的非弹性变形,观测并获取支架变形量以计算支架预拱度。

支架预压荷载取施工荷载的 110%,采用分级加载的方式进行,如《钢管满堂支架预压技术规程》(JGJ/T 194—2009)中分级方式为预压荷载的 60%、80%和 100%三级,并明确了预压监测的测点布置与监测频率要求。

预压方法包括堆载预压和反力梁反压等方式,堆载方式常用的有砂袋、预制混凝土块或水袋进行加载,如图 2.6 所示。为减小堆载工程量,常采用预应力反压方式加载。

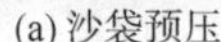

(a) 沙袋预压

(b) 预制混凝土块

图 2.6　支架预压

支架预压可采用对称、均匀的一次性加载方式。

2.1.4　支架预拱度计算与设置

支架预拱度设置是否准确直接关系到桥梁结构线形是否满足设计要求，支架预拱度主要受以下因素影响：

(1)支架承受施工荷载后引起的弹性变形；

(2)支架杆件接头的挤压和卸落设备压缩等塑性变形；

(3)支架基础沉降；

(4)桥梁结构由于施工、混凝土收缩及徐变、温度等引起的预拱度。

前 3 项内容主要是通过支架预压结果设置预拱度，第 4 项内容是由桥梁结构计算确定。

2.2　模板工程

模板是混凝土结构成型的模具，由面板和支撑系统组成，其中面板是使混凝土成型的部分，支撑系统是稳固面板位置和承受从面板传递来的所有荷载的支撑结构。

2.2.1　模板分类

按模板所用材料的不同可分为木模板、钢模板、钢木模板、胶合板模板、竹模板、塑料模板、玻璃钢模板、铝合金模板等，如图 2.7 所示。

(a) 钢模板

(b) 胶合板模板

图　2.7

(c) 铝合金模板

(d) 玻璃钢模板

图 2.7　模板种类

按梁体成型时的作用，模板可分为底模、外模、内模、端模和侧模等。

底模设置在支架顶部或预制梁的台座上，承受大部分的混凝土重量，如图 2.8 所示。

图 2.8　底模

外模设置于梁两侧，如图 2.9 所示，小跨径桥梁可做成整体侧模，跨度较大时，根据起吊能力可分为几段，长度为 4～5 m。外模在构造上应考虑悬挂附着式振动器。

(a) T梁外膜

(b) 箱梁外膜

图 2.9　外模

内模是形成空心截面所必需的模板(图 2.10)。对于空心较大的箱梁，内模通常采用活动模板或液压内模(由内模板、内模车架、走行机构、液压系统及吊装装置等组成);对于空心较小的箱梁或空心板梁(公路),由于空间小可采用一次性木模板、胶囊等。

(a) 木内模

(b) 液压内模

图 2.10　内模

端模位于梁体的两端头,如图 2.11 所示,安装时连接在侧模上。部分端模板上需预留供安装张拉索预埋件的安装孔。

(a) T梁端膜

(b) 箱梁端膜

图 2.11　端模

2.2.2　模板的设计与制作要求

模板是梁体制作十分重要的临时性结构,不仅控制着梁体尺寸的精度和混凝土的灌注质量,而且还关系到施工安全。因此,模板应符合下列要求:

(1)具有足够的强度、刚度和稳定性,能够可靠地承受施工过程中可能产生的各项荷载;

(2)保证结构的设计形状、尺寸及各部分相互之间位置的准确性;

(3)模板板面平整,接缝必须密合不漏浆;

(4)构造简单,拆装方便,尽量标准化,便于周转使用。

不同类型的模板均对应有相应的规范,规范中对其制作质量提出了具体的要求。

模板设计时需考虑以下荷载:模板自重、新浇筑混凝土的自重,新浇筑混凝土的侧压力,振捣混凝土时产生的荷载,倾倒混凝土产生的荷载,施工人员和施工设备荷载等。

面板可按简支板计算,支撑系统中主、次楞梁按梁计算,计算模型和方法参见《建筑施工模板安全技术规范》(JGJ 162—2008)。

2.3　钢筋工程

2.3.1　钢筋分类

钢筋种类多,可按化学成分、生产工艺、使用性能和力学性能、轧制外形、直径大小等进行分类,如图 2.12 所示。

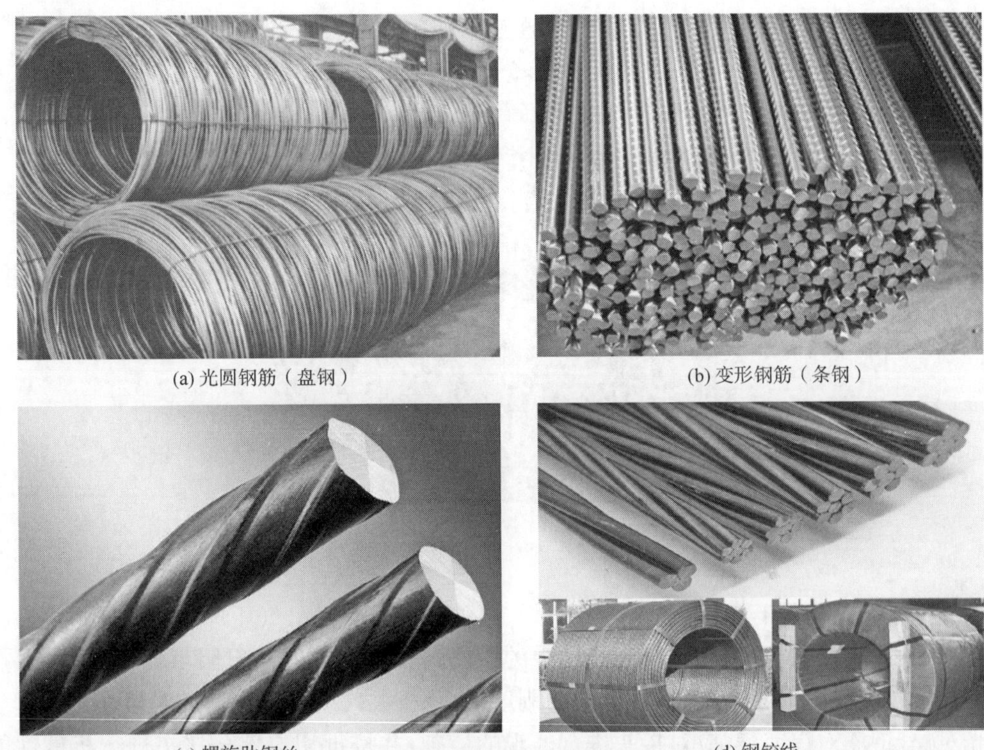

(a) 光圆钢筋(盘钢)　(b) 变形钢筋(条钢)　(c) 螺旋肋钢丝　(d) 钢铰线

图 2.12　钢筋种类

按出厂形状分:盘钢和条钢;

按直径分:钢丝(直径 $d<6$ mm)、钢筋(直径 $d\geqslant6$ mm);

按表面形状分:光圆钢筋(光圆钢丝)、带肋钢筋;

按加工方法分:热轧钢筋、热处理钢筋、冷加工钢筋(冷轧、冷拉、冷拔);

按力学特性分:软钢、硬钢;

按组成形式分:单根钢筋(丝)、钢绞线;

按强度等级分:HRB400、HRB500、PSB980 等。

2.3.2　钢筋加工

普通热轧钢筋加工是将盘条钢筋和直条钢筋加工成为钢筋工程安装施工所需要的长度尺寸、弯曲形状或者安装组件,主要包括下料、除锈、强化、调直、弯箍、弯曲、组件成型和钢筋续接等,钢筋组件有钢筋笼、钢筋桁架、钢筋网等。成型后运至现场安装。

高强钢丝加工一般包括钢丝调直、钢丝下料、镦头和编束等。对于采用镦头锚具的钢丝束，应保证每根钢丝下料长度相等，其同组长度差值不应大于长度的 1/5 000。

钢绞线的下料方法有氧气—乙炔切割法、电弧熔割法和机械切割法，不得采用电弧切断，也不得使预应力筋经受高温、焊接火花或接地电流的影响，且钢绞线下料后不得散头。钢绞线成束建议采用编束工艺以防钢绞线在管道中有相互扭曲的现象发生，即用 18～20 号铅丝每隔 1～1.5 m 绑扎一道。

2.3.3　钢筋连接

钢筋连接有绑扎连接、焊接连接和机械连接三种主要连接方法。

绑扎连接目前仍是钢筋连接的主要手段之一，如图 2.13 所示。钢筋绑扎时，钢筋交叉点用铁丝扎牢；受拉钢筋和受压钢筋接头的搭接位置和搭接长度，应符合施工及验收规范的规定。

图 2.13　钢筋绑扎

钢筋焊接连接主要有电阻点焊、闪光对焊、电弧焊、电压力焊、气压焊和埋弧压力焊六种连接方法，如图 2.14 所示。钢筋混凝土结构中的钢筋焊接骨架宜采用电阻点焊制作，电阻点焊代替绑扎可以提高劳动生产率、钢筋骨架的刚度，宜积极推广应用。钢筋的对接连接宜优先采用闪光对焊，钢筋对焊完毕，应对接头进行外观的检查，并按批切取部分接头进行机械性能试验。电弧焊可用于平、立、横、仰全位置焊接，可用于钢筋与钢筋，以及钢筋与钢板、型钢的焊接。电渣压力焊主要用于柱、墙、水坝等现浇钢筋混凝土结构中竖向或者斜向受力钢筋的连接，气压焊可进行钢筋水平位置、垂直位置、倾斜位置等全位置焊接，埋弧压力焊适用于各种预埋件 T 形接头钢筋与钢板的焊接。

(a) 电阻点焊

(b) 闪光对焊

图　2.14

(c) 电弧焊　(d) 电渣压力焊

(e) 气压焊　(f) 埋弧压力焊

图 2.14　焊接连接

钢筋的机械连接方式主要有套筒挤压连接和锥螺纹连接等两种连接方式，如图 2.15 所示。套筒挤压连接是通过挤压力使钢套筒塑性变形，从而带肋钢筋紧密咬合连接在一起。锥螺纹连接是通过钢筋端头特制的锥形螺纹和钢筋锥形螺纹咬合而成的钢筋连接方法。

图 2.15　套筒挤压连接

热轧钢筋的接头应符合设计要求。当设计无要求时，相关规范中的要求归纳如下：

(1)接头应采用闪光对焊或电弧焊连接，并以闪光对焊为主。

(2)受拉钢筋，不论其直径大小，均应采用焊接接头。

(3)无条件施焊时，对直径 25 mm 及以下的钢筋可采用绑扎搭接。受拉绑扎钢筋的搭接长度见表 2.1，受压钢筋绑扎接头的搭接长度应取受拉钢筋绑扎接头搭接长度的 0.7 倍。任何情况下，纵向受拉钢筋的搭接长度不应小于 300 mm；受拉钢筋的搭接长度不应小于 200 mm。

表 2.1　受拉钢筋绑扎接头的搭接长度

接头形式		混凝土强度等级			
		<C20	C20	C25	>C25
光面钢筋		45d	35d	30d	25d
带肋钢筋	HRB335	55d	45d	40d	35d
	HRB400	—	55d	50d	45d

(4)在钢筋密列的结构内，当钢筋间净距小于其直径的 1.5 倍或 30 mm(竖向)和 45 mm(横向)时，不得使用搭接接头。

(5)对于不能闪光对焊连接的受力钢筋，宜采用套筒机械连接。

2.3.4　钢筋安装

安装钢筋时，应采取有效措施保证钢筋位置和混凝土保护层厚度符合设计要求。可在钢筋接头处与模板之间采用垫块，如图 2.16 所示，垫块的强度、密实度不应低于本体混凝土的设计强度和密实度。

图 2.16　垫块

钢筋安装时应确保钢筋骨(网)架位置正确，不得倾斜、扭曲。钢筋骨(网)架应有足够刚度，必要时引入辅助钢筋或在钢筋的某些交叉点处焊牢，但不得在主筋上起弧。

2.4　预应力工程

与普通钢筋混凝土相比，预应力混凝土能提高结构的抗裂能力和刚度、充分发挥高强钢材的强度以减轻结构自重、增大跨越能力。根据张拉预应力钢筋(束)与浇筑混凝土的次序的不同，可分为先张法和后张法。

2.4.1 先张法施工工艺

先张法制作混凝土构件施工工艺：先在张拉台座或钢模上张拉力筋，达到要求的控制应力后用夹具将预应力筋临时锚固，然后浇筑混凝土，待混凝土达到一定强度后，进行预应力放张，如图 2.17 所示。

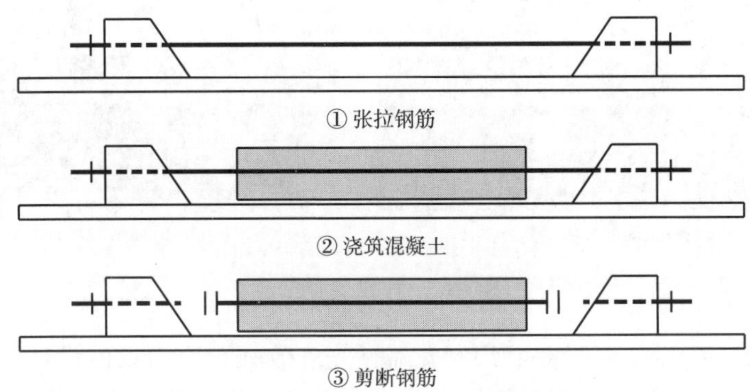

图 2.17　先张法工艺示意图

考虑到该工艺在“混凝土结构设计原理”和“桥梁工程”课程有详细的介绍，具体内容不再复述。

2.4.2 后张法施工工艺

后张法施工工艺：先浇筑混凝土构件，并在构件中预留孔道(或体外预应力筋)，待混凝土达到一定强度后，穿入预应力筋并用张拉设备施加预应力，如图 2.18 所示。后张法工序较先张法复杂，需要预留孔道、穿筋和灌浆等。由于不需要专门的台座，预应力筋可布置成任意形状且直接在构件上张拉，因此较先张法应用广泛。

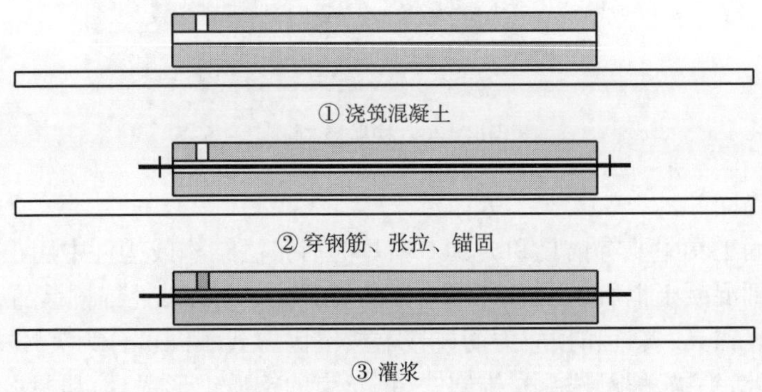

图 2.18　后张法工艺示意图

1)孔道的形成

后张法施工的预应力梁，需在预应力筋的设计位置预先安放制孔器，以便梁体制成后在梁内形成孔道，将预应力筋穿入孔道，然后进行张拉和锚固。

制孔器分为埋置式和抽拔式两类。

埋置式制孔器在梁体制成后留在梁内，形成的孔道壁对预应力筋张拉时的摩阻力较小。

埋置式制孔器主要有铁皮管、金属波纹管、塑料波纹管，如图 2.19 所示。

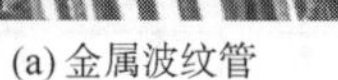

(a) 金属波纹管

(b) 塑料波纹管

图 2.19　埋置式制孔器

抽拔式制孔器（俗称抽拔管）是利用制孔器预先安放在预应力束的设计位置上，待混凝土终凝后将其拨出，形成孔道。抽拔式制孔器最大优点是制孔器能够周转使用，节约材料。常用的抽拔式制孔器有橡胶管制孔器、金属伸缩套管以及钢管制孔器等，如图 2.20 所示。

图 2.20　橡胶管制孔

2）预应力筋锚固

预应力筋锚固工具主要有锚具和夹具。锚具为后张法结构或构件中用于保持预应力筋的拉力并将其传递到混凝土上所用的永久性锚固装置；夹具为临时性锚固装置。连接器为连接预应力筋的装置。锚具、夹具和预应力筋连接器按锚固方式不同可分为夹片式（单孔和多孔夹片锚具）、支撑式（镦头锚、螺母锚具）、锥塞式（钢丝束的钢质锥形锚具）和握裹式（挤压式、压花锚具）四种类型。

夹片式锚具主要用于锚固钢绞线或高强度钢丝，多用于钢绞线，如图 2.21 所示。夹片式锚具的特点是任何一根钢绞线锚固失效，都不会引起整束锚固失效，每束钢绞线的根数不受限制。

镦头锚具是将预应力钢丝穿过锚杯蜂窝眼，用专门的镦头机将端头镦粗，然后将千斤顶拉杆旋入锚杯内螺纹，进行张拉。张拉到位后，沿锚杯外螺纹旋转锚圈，直至紧顶构件表面，如图 2.22 所示。镦头锚不会产生钢丝回缩引起的预应力损失，但对下料长度要求严格，误差大时会导致在张拉过程中因钢丝受力不均而断丝。

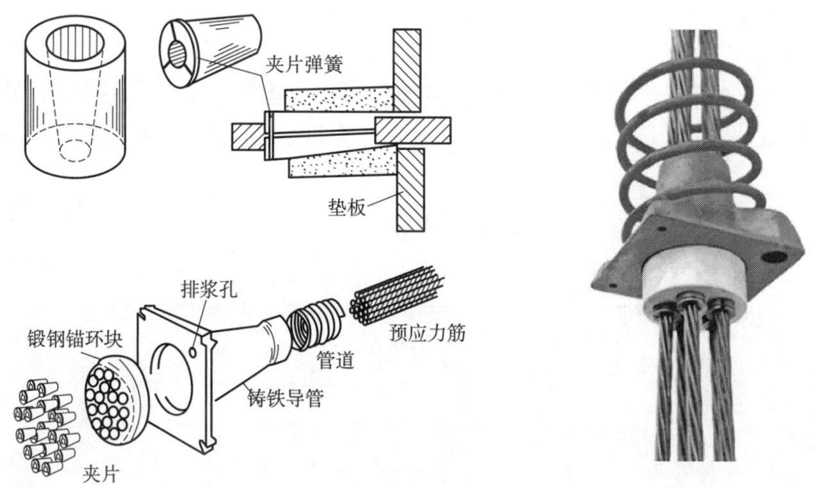

图 2.21　夹片式

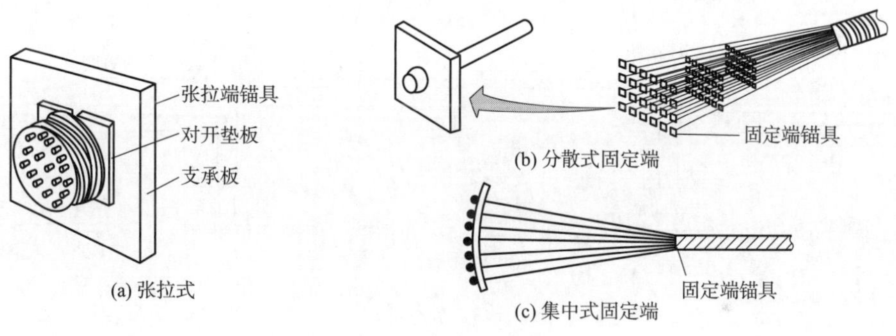

图 2.22　镦头锚

螺母锚具由螺丝端杆、螺母和垫板三部分组成，如图 2.23 所示，适用于直径 18～36 mm 的预应力钢筋。

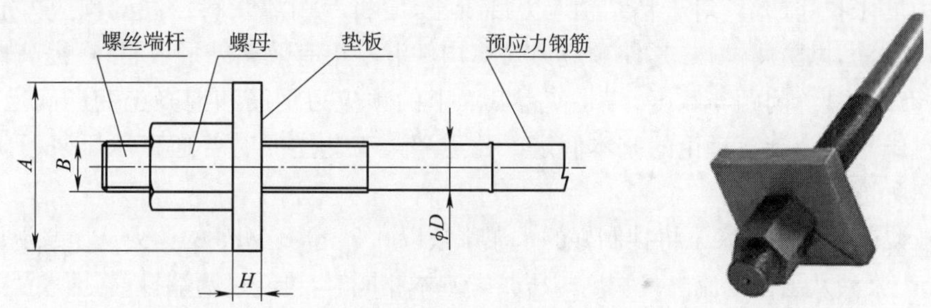

图 2.23　螺母锚具

3)预应力筋的张拉与控制

施加预应力的设备称为张拉设备，最常用的由千斤顶及配套的油泵、压力表和油管组成。单束初调及张拉宜采用穿心式双作用千斤顶，整体张拉和整体放张宜采用自锁式千斤顶。千斤顶张拉吨位宜为张拉力的 1.5 倍，且不得小于 1.2 倍。当采用张拉千斤顶预施应力时，千斤顶在张拉前必须经过校正，校正系数不得大于 1.05。

预应力筋的张拉顺序应遵循同步、对称张拉的原则，并且尽量减少张拉设备的移动次数，确保构件不产生附加内力和变形，保证构件受力均匀、同步，偏心荷载小。其工艺分为一端张拉和两端张拉，如图 2.24 所示。一端张拉时用张拉设备对预应力筋一端进行张拉，而另一端在张拉前完成锚固；两端张拉时用张拉设备同步张拉预应力筋两端，适用于较长的预应力筋束。

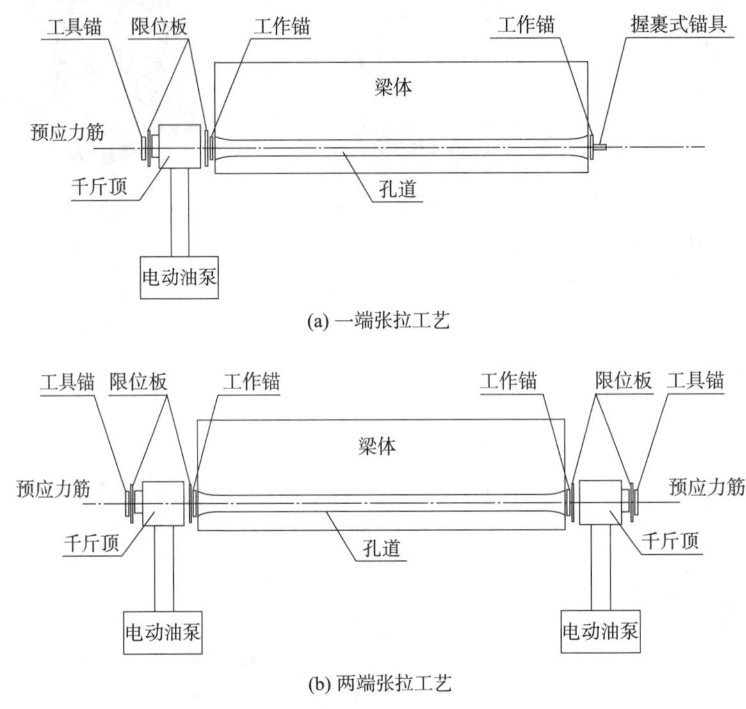

图 2.24　张拉工艺

预应力筋张拉时采用“双控”原则，即油压表控制和伸长量控制，以油压表控制为主、伸长量校核为辅。当张拉力(油压表读数)到位时，实测伸长量与理论计算值的误差不超过±6%。

4)孔道压浆和封锚

预应力筋张拉完成后，对于粘结预应力混凝土，应将专用灌浆料压注到预应力筋孔道，一是保护预应力筋，以防腐蚀；二是使预应力筋与构件混凝土有效粘结形成整体，提高构件刚度，并可降低超载时裂缝间距与宽度；三是使得截面上的预应力钢筋和混凝土变形满足平截面变形这一有粘结预应力计算理论的基本假定。孔道灌浆工艺主要有普通正压压浆、真空压浆和智能压浆三种方式。

正压压浆法是采用压浆泵将拌制好的水泥浆液以 0.5～0.8 MPa 的压力从压浆端压入，如图 2.25 所示，当浆液从出口端流出且稠度与压浆端基本相同时，再经过两端排气(排水及微末浆)及保压的手段以保证孔道内浆体密实度的压浆工艺。正压压浆法一般适用于较短的管道。

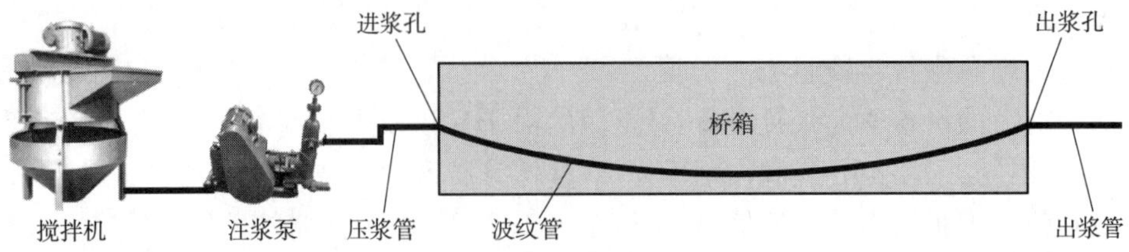

图 2.25　正压压浆工艺

为了解决或改善孔道压浆的密实度问题，英国人发明了 VSL 真空辅助压浆工艺。VSL 真空辅助压浆体系是将 VSL PT-PLUS 塑料波纹管密封，一端用抽真空机将孔道内 80%以上的空气抽出，并保证孔道真空度在 80%左右，然后从压浆端压入水灰比为 0.29～0.35 的浆液。当浆液从真空端流出且稠度与压浆端基本相同时，再经过特定位置的排浆（排水及微末浆）、保压手段保证孔道内水泥浆体饱满，如图 2.26 所示。

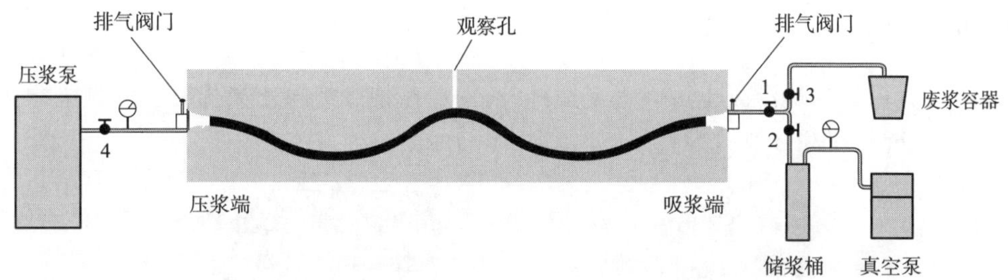

图 2.26　真空压浆工艺示意图

桥梁预应力管道压浆先后经历了传统正压压浆工艺和真空辅助压浆工艺，但是都未能解决桥梁预应力管道压浆中灌浆不密实的问题。国内近几年研发的预应力孔道智能压浆技术采用循环压浆工艺，并对压浆过程中的水胶比、压力、流量"三参数"进行监测以判别孔道压浆质量，从而实现孔道压浆的密实性，其工作原理如图 2.27 所示。浆液在由预应力管道、制浆机、压浆泵组成的回路中持续循环以排净管道内空气和杂质，压浆过程中对浆液材料水胶比、灌浆压力和浆液流量等各个参数进行实时测控，并实时反馈给系统主机进行分析判断以确保压浆饱满和密实，由此改进传统正压压浆工艺并实现对浆液质量和压浆过程的智能控制和远程监控，实现了压浆过程水胶比、压力、流量准确控制以及基本完全排除管道内空气的目的。

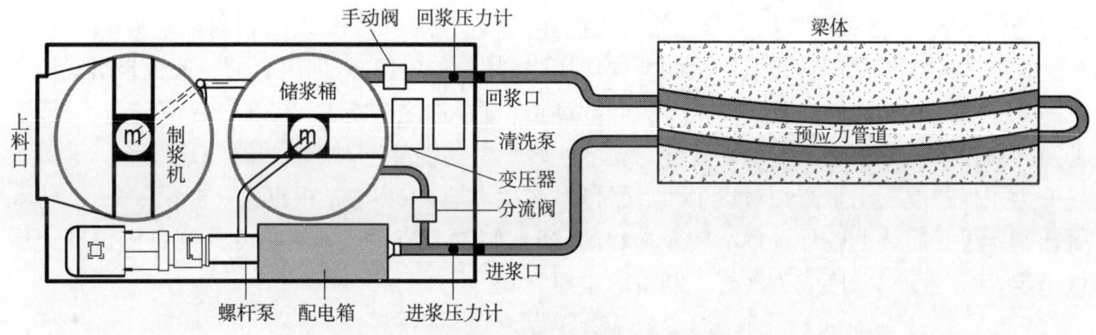

图 2.27　预应力智能压浆系统结构图

2.5　混凝土工程

混凝土工程包括混凝土制备、运输、浇筑、振捣和养护等过程，各个施工过程相互影响，任何一个施工过程处理不当都会影响到混凝土工程质量。

2.5.1　混凝土配合比设计

配合比设计应满足施工条件下拌和物的和易性、工程设计要求配置强度和耐久性等技术要求。控制参数主要包括水胶比(用水量与胶凝材料用量之比)、浆骨比(水泥浆液与骨料用量之比)、砂率(砂用量与砂石骨料总用量之比)及外加剂的种类与掺量。根据《普通混凝土配合比设计规程》(JGJ 55—2011),计算得到水胶比、用水量、砂率、粗骨料用量、细骨料用量、胶凝材料用量、矿物掺和料用量和水泥用量等。在计算配合比的计算上进行试拌和强度试验,根据混凝土强度试验结果,确定配合比是否需要调整。

2.5.2　混凝土制备

除零星、分散的少量混凝土可以人工搅拌外,一般都使用混凝土搅拌机。混凝土搅拌机主要分为自落式搅拌机和强制式搅拌机,如图 2.28 所示。

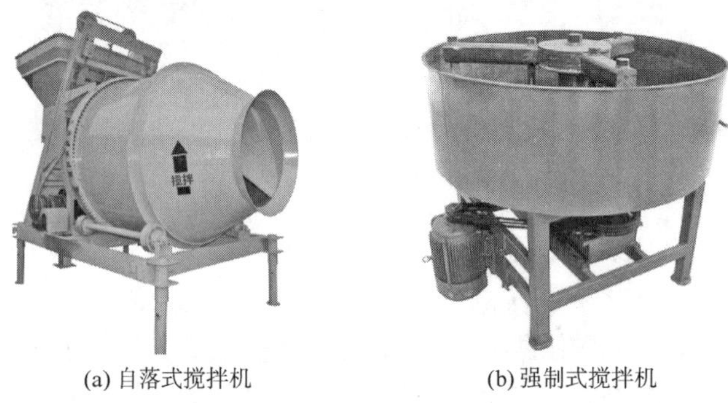

(a) 自落式搅拌机　　(b) 强制式搅拌机

图 2.28　混凝土搅拌机

自落式搅拌机是一种利用旋转的拌和筒上的固定叶片,将配料带到筒顶,再自由跌落到筒底部,从而实现搅拌的目的,一般用于搅拌塑性混凝土。它是按重力的机理拌和混凝土的,由于自落式搅拌机仅靠自由掺拌,搅拌作用不够强烈,多用来拌制具有一定坍落度的混凝土。根据构造的不同,自落式搅拌机可分为鼓筒式搅拌机[图 2.28(a)]和双锥式搅拌机。

强制式搅拌机比自落式搅拌机的搅拌作用强烈,拌和质量好,但因它的转速比自落式搅拌机高 2～3 倍,其动力消耗要大 3～4 倍,叶片磨损严重,加之构造复杂,维护费用较高,一般这种搅拌机用于搅拌较小集料的干硬性、高强度、轻集料的混凝土,如图 2.28(b)所示。

为了保持混凝土生产相对集中,方便管理,减少占地,工程中常根据生产规模和条件,将混凝土制备过程需要的各种设备组装成拌和站(楼),如图 2.29 所示,这种方式制备的混凝土质量稳定,生产效率高,已成为混凝土制备的主要方式。

图 2.29　混凝土搅拌站

2.5.3　混凝土运输

混凝土运输是混凝土搅拌与浇筑的中间环节，在运输过程中混凝土要解决好水平运输、垂直运输、泵送和带送等与其他材料、运输设备的协调配合问题。

混凝土运输能力应适应混凝土凝结速度和浇筑速度的需要，使浇筑工作不间断并使混凝土运到浇筑地点时仍保持均匀性和设计坍落度，即要求在运输过程中混凝土不初凝、不离析、不漏浆、无严重沁水、无大的温度变化。因此，装、运、卸的全过程不仅要合理组织安排，而且要求各个环节要符合工艺要求，保证质量。为避免混凝土的坍落度太大，要求运输过程转运次数一般不多于 2 次。夏季运输时间要更短，以保证混凝土的预冷效果，冬季运输时间也不宜太长，以保证混凝土的预热效果。

运输机具可根据运输量、运距、设备条件合理选用。水平运输可选用手推车、混凝土搅拌运输车(图 2.30)等；垂直运输可选用快速提升斗车(升高塔)、混凝土泵(图 2.30)。混凝土泵的输送能力必须满足施工速度要求，管道布置应尽量减少距离，管道接口保持不渗漏等。

图 2.30　混凝土搅拌运输车、泵车

2.5.4　混凝土浇筑

混凝土的浇筑顺序主要有水平分层浇筑、斜层浇筑以及单元浇筑等，如图 2.31 所示。在浇筑过程中，不应使模板和支架产生有害的变形。

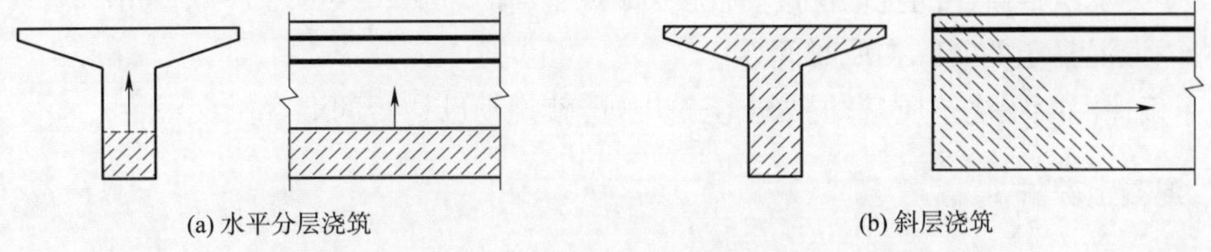

图 2.31　混凝土的浇筑顺序

(1)水平分层浇筑：分层厚度视振捣器能力而定，一般选用 15～30 cm。当采用人工振捣时，可选取 15～20 cm。为避免支架不均匀沉陷的影响，浇筑速度应尽量快，一般在混凝土失去塑性之前完成。

(2)斜层浇筑：混凝土浇筑顺序应从主梁的两端用斜层浇筑法向跨中浇筑，在跨中合龙。当采用梁式支架且支点不设在跨中时，则应在支架变形量大的位置先浇混凝土，使应该发生的变形及早完成。斜层浇筑时混凝土倾斜角与混凝土稠度有关，一般为20°～25°。

(3)单元浇筑：当桥面较宽且混凝土数量较大时，可分成若干纵向单元分别浇筑。每个单元可沿其长度分层浇筑，在纵梁间的横梁上设置连接缝，并在纵横梁浇筑完成后填缝连接；之后桥面板可沿桥全宽一次浇筑完成，桥面与纵横梁间设置水平工作缝。在支架上分单元浇筑混凝土梁结构时，一般采用在支架变形大的位置处节段先浇的次序。

在拱架上浇筑混凝土拱圈时，由于混凝土浇筑顺序和浇筑长度的不同会引起拱架的变形出现差异，容易导致拱轴线发生变化及混凝土开裂，因此混凝土拱施工前必须通过计算分析确定合理的浇筑顺序和浇筑长度。图2.32为一种典型浇筑顺序：拱脚→拱顶→1/4拱圈范围，均匀、对称浇筑。承台等超大体积的混凝土，还可以采用分仓室浇筑。

图2.32　结构混凝土浇筑

为了保证浇筑混凝土的整体性，防止在浇筑上层混凝土时破坏下层，浇筑层次的增加需要一定的速度，须使后浇混凝土在先浇混凝土初凝之前完成，其最小增长速度可由式(2-1)计算：

$$h \geqslant \frac{S}{t} \tag{2-1}$$

式中　h——浇筑混凝土面上升速度的最小允许值(m/s)；

S——浇筑混凝土的扰动深度，在无具体规定值时，可取$S=0.25\sim0.5$ m；

t——混凝土的实际初凝时间(s)。

为了确保混凝土浇筑质量，混凝土浇筑中，严禁扰动已初凝的混凝土。

2.5.5　混凝土养护

混凝土养护是指在混凝土浇筑后的初期，采取一定的工艺措施，建立适应水化反应条件的工艺。混凝土养护期间，混凝土芯部温度不宜超过60 ℃，不得超过65 ℃；混凝土芯部温度与表面温度、表面温度与环境温度之差不应大于20 ℃(小型混凝土构件不应大于15 ℃)；养护水温与混凝土表面温度之差不得大于15 ℃。对于大体积混凝土常设置冷却水管以降低芯部温度，如图2.33所示。

图 2.33　承台中的冷却水管

影响水泥水化反应速度和水化程度的主要因素是温度和湿度，因此，混凝土养护就是对凝结硬化过程中的混凝土进行温度和湿度控制。

根据混凝土在养护过程中所处温度和湿度条件的不同，混凝土养护可分为标准养护、常温保湿养护和湿热养护三种。标准养护是指混凝土在标准温度(20±3)℃和相对湿度为 90%以上的潮湿环境或水中的条件下进行的养护。常温保湿养护是指在自然气候条件下，对混凝土采取相应的保湿、保温等措施进行的养护，如覆盖浇水养护和塑料薄膜保湿养护等。湿热养护是指为了加速混凝土的硬化过程，对混凝土进行加热处理，将其置于较高温度条件下进行的养护，如蒸汽养护就是最常见的一种热养护，通常在冬季或混凝土需要增长时常时采用蒸汽养护。

为了减少养护过程中人为因素干扰，国内研发了智能喷淋养护系统，如图 2.34 所示，通过引入先进的自动化控制技术对混凝土养护过程温度、湿度进行准确控制，从而提高混凝土的强度和耐久性，减少温度、收缩裂缝的产生，并改善混凝土构件表观质量。智能喷淋养护系统根据水化热释放速率、温湿度的实时监测数据进行有针对性的养护，突破传统自然养护的困境，可以完全杜绝人工洒水养护不当带来的不利影响，相对于传统养护施工，智能养护系统是一种工艺技术上的飞跃，其设计理念如下：

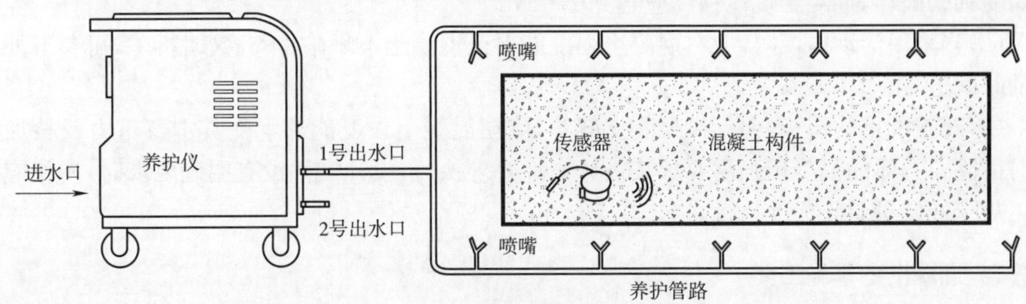

图 2.34　智能养护系统

(1)混凝土水化热释放规律的确定：混凝土各组分中只有水泥水化才产生反应热量，因此只需确定水泥的水化放热规律即可确定混凝土水化热释放规律。

(2)喷淋时间的确定：通过水泥水化热释放规律确定养护时间间隔，并基于现场实时监测温湿度以合理调整自动喷淋时间。

(3)喷洒方式:为了适应混凝土构件形状的复杂性以及节约水资源,提出采用喷雾的方式进行养护,并提出采用变频技术弥补因水头损失引起的远端喷雾所需水压力。

(4)自动化控制:结合传感、信息处理、无线传输等技术,根据不同配合比混凝土的水化热量释放率、梁体周边环境温湿度实现自动调整养护频率与喷淋强度以保证水化热的平稳释放,达到养护的目的,同时对养护全过程技术信息进行记录与保存。

智能蒸汽养护系统由蒸汽养护主机、蒸汽养护从机、无线测温湿终端、蒸汽输送管路组成,其中蒸汽养护的主、从机均包括蒸汽产生器,其现场养护如图 2.35 所示。

图 2.35　智能养护现场

2.5.6　混凝土构件拆模

混凝土达到一定强度后,可拆除构件模板。具体拆模时间依据水泥品种、结构形状、荷载状况和环境温度等因素确定,不宜过早,以免造成混凝土结构的损坏和变形。一般要求如下:

(1)对于不承重的外侧模和端模,一般先拆除,只要混凝土能够保证其表面及棱角不因拆模而受损伤破坏,混凝土抗压强度应达到 2.5 MPa。

(2)当采用活动内模时,应在混凝土强度能保证混凝土不塌陷、不开裂时拆除,可参考外侧模的时间进行。

(3)对于承重的模板,包括拱架和支架等,应在混凝土强度能够承受其本身重力及叠加荷载时拆除。具体的混凝土强度要求按设计文件要求执行,设计文件没有明确要求时,按相应的施工规范或质量验收标准执行。

2.5.7　混凝土冬季施工

冬季施工是指在室外平均气温连续 5 d 低于 5 ℃的期间施工。低温下混凝土水化反应大为减缓,强度增长慢,甚至内部水分结冰。因此,冬季混凝土施工,需要在用料和施工工艺方面采取一定的措施,保证混凝土不受冻,确保混凝土工程质量满足要求。

冬季作业混凝土的养护有蓄热法、暖棚法、外部加热法、电热法、蒸汽养护法、掺外加剂法等,蒸汽养护最为常用,如图 2.36 所示。

图 2.36　蒸汽养护棚

在智能喷淋养护系统基础上通过增设蒸汽产生器研发了智能蒸汽养护系统。智能蒸汽养护系统包含主机、从机、无线温湿度终端、养护终端(包含养护暖棚和养护蒸汽管路),如图 2.37 所示,每台主、从机对应一个养护暖棚或多台设备对应一个暖棚。智能蒸汽养护系统的加热部件为蒸汽产生器,通过加热管将内胆内的水加热产生蒸汽,当内胆内蒸汽压力达到设定压力时自动停止加热。

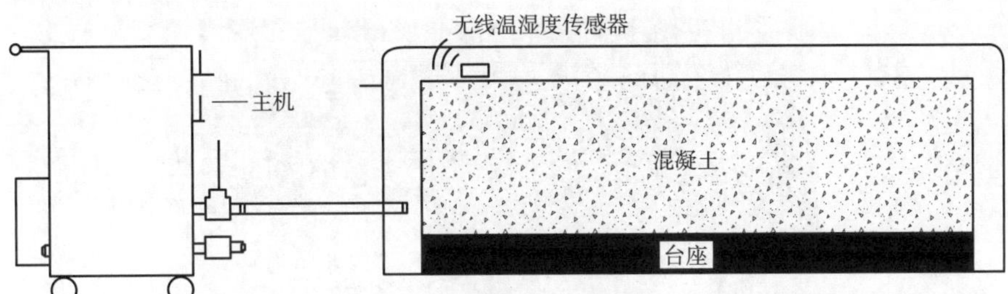

图 2.37　智能蒸汽养护系统

思考题

1. 简述支架体系和模板体系的组成及注意事项。
2. 简述钢筋连接构造措施。
3. 简述预应力后张法张拉工艺流程及智能张拉如何实施。
4. 论述如何防止浇筑过程中混凝土离析。
5. 简述混凝土冬季施工措施。

第3章　基础施工方法

本章介绍桥梁中最为常用的三类基础，即明挖基础、桩基础和沉井的施工方法及水中基础施工最为常用的临时结构——围堰。考虑到“基础工程”课程对常用基础类型的施工方法和工艺进行了详细介绍，本教材仅简要介绍概念。

对于现代的气压沉箱、设置基础等深水基础施工方法参见相关著作。

3.1　明挖基础施工

明挖基础又称扩大基础，是将墩(台)及上部结构传来的荷载直接传递至浅埋支承地基的一种基础形式，一般采用明挖基坑的方法进行施工，故又称为明挖扩大基础或浅基础，如图3.1所示。

图3.1　明挖基础施工

3.1.1　施工方法与工序

扩大基础施工方法可分为机械开挖基坑浇筑法、人工开挖基坑浇筑法、土石围堰开挖基坑浇筑法、板桩围堰开挖基坑浇筑法。

扩大基础施工主要包括：基础的定位放样、基坑开挖、基坑排水、基底处理及砌筑(浇筑)基础结构等。

(1)基础的定位放样：放样工作是根据桥梁中心线与墩台的纵横轴线推算出基础边线的定位点，再放线划出基坑的开挖范围。基坑定位点的标高及开挖过程中标高检查一般采用水准测量。

(2)基础开挖：基坑开挖可采用垂直开挖、放坡开挖、支撑加固或其他加固的开挖方法，具体应根据地质条件、基坑深度、施工期限与经验以及有无地表水或地下水等现场因素来确定。

深度不小于 5 m 的深基坑应进行基坑支护，如钢板桩围堰支护等。

(3)基础排水：基坑底一般都位于地下水位以下，地下水会经常渗进坑内，应设法把坑内的水排出，常用的基坑排水方法有集水坑排水法和井点排水法。

(4)基础处理：当基础的原位地质条件不满足基础承载力等要求时采用，根据地基条件、施工进度等选择合适的地基处理方式，包括换填垫层法、强夯法、砂石桩法、振冲法、水泥土搅拌法、高压喷射注浆法、预压法、夯实水泥土桩法、水泥粉煤灰碎石桩法、石灰桩法、灰土挤密桩法和土挤密桩法、柱锤冲扩桩法、单液硅化法和碱液法等。

(5)基础圬工浇筑：基础施工分为无水浇筑、排水浇筑和水下浇筑三种情况。

3.1.2　深基坑支护

深基坑开挖时深基坑侧壁及周边环境应采取支挡、加固与保护的措施，确保坑壁和邻近构筑物的稳定性，称为“深基坑支护”。深基坑指开挖深度超过 5 m(含 5 m)的基坑(槽)；或开挖深度虽未超过 5 m，但地质条件、周围环境和地下管线复杂，或影响毗邻建筑(构筑)物安全的基坑(槽)。

深基坑支护的基本要求：

(1)确保支护结构能起到挡土作用，基坑边坡保持稳定；

(2)确保相邻的建(构)筑物、道路、地下管线的安全，不因土体的变形、沉陷、坍塌受到危害；

(3)通过排水降水等措施，确保基础施工时处于无水环境；

(4)在支护结构设计中应考虑周边环境的保护，在满足工程地下结构施工要求时，宜尽可能降低造价、便于施工。

深基坑常用的支护结构体系包括水泥土墙支护(重力式支护结构)、土钉墙支护、排桩墙支护、土层锚杆支护、内撑式支护和地下连续墙支护等。

(1)水泥土墙支护(重力式支护结构)包括泥土搅拌桩墙(或称深层搅拌桩)和高压喷射旋喷桩墙。泥土搅拌桩(或称深层搅拌桩)是重力式围护墙，如图 3.2 所示，利用水泥作为固化剂，通过特制的搅拌机械，在地基深处将软土和固化剂强制搅拌，利用固化剂和软土之间所产生的一系列物理化学反应，使软土硬结成具有整体性、水稳定性和一定强度的优质水泥加固土，适用于坑深不大于 6 m 或地基土承载力不大于 150 kPa 的情况。高压喷射旋喷桩墙是利用钻机将旋喷注浆管及喷头钻置于桩底设计高程，将预先配制好的浆液通过高压发生装置从注浆管边的喷嘴中高速喷射出来，直接破坏土体，喷射过程中，钻杆边旋转边提升，使浆液与土体充分搅拌混合，在土中形成一定直径的柱状固结体，从而使地基达到加固。高压喷射注浆法适用于处理淤泥、淤泥质土、粉土、黏性土、黄土、碎石土等地基。

图 3.2　水泥土墙支护墙

(2)土钉墙支护是将天然土体通过钻孔、插筋、注浆来设置土钉(亦称砂浆锚杆)并与喷射混凝土面板相结合(图 3.3),形成类似重力挡墙的土钉墙,以抵抗墙后的土压力,保持开挖面的稳定,也称为喷锚网加固边坡或喷锚网挡墙。适用于地下水低于土坡开挖段或经过降水措施后使地下水位低于开挖层的情况,常用于开挖深度不大、周围相邻建筑或地下管线对沉降与位移要求不高的基坑支护。

(a) 插筋、注浆

(b) 喷射混凝土护面

图 3.3　土钉墙支护

(3)排桩墙支护。基坑开挖时,对不能放坡或由于场地限制而不能采用搅拌桩支护,开挖深度在 6～10 m 时可采用排桩支护,如图 3.4 所示。排桩支护可采用钻孔灌注桩、人工挖孔桩、预制钢筋混凝土板桩或钢板桩。灌注桩的排列有间隔式、双排式和连续式,桩顶设置混凝土连系梁或锚桩、拉杆。排桩墙支护施工方便、安全度好、费用低,但止水性差。适用于开挖面积大、深度大于 6 m、不允许放坡、邻近有建(构)筑物的基坑支护。

图 3.4　间隔式排桩支护

(4)土层锚杆支护。在立壁土层上钻(掏)孔至设计深度,孔内放入钢筋,灌入水泥砂浆或化学浆液,使之与土层结合成抗拉锚杆,将立壁土体侧压力传至稳定土层,如图 3.5 所示。适用于较硬土层或破碎岩石中开挖较大较深基坑,邻近有建筑物须保证边坡稳定时采用。

(5)内撑式支护。由支护桩或墙和内支撑组成,如图 3.6 所示,适用于各种地基土层,缺点是内支撑会占用一定的施工空间。

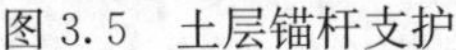
图 3.5　土层锚杆支护

图 3.6　内撑式支护

(6)地下连续墙支护。先建造钢筋混凝土地下连续墙,如图 3.7 所示,达到强度后在墙间用机械挖土。该支护法刚度大、强度高,可挡土、承重、截水、抗渗,可在狭窄场地施工,适用于大面积、有地下水的深基坑施工。

图 3.7　地下连续墙支护

3.2　桩基础施工

桩基础是深入土层的柱形结构,其作用是将作用于桩顶以上的结构传来的荷载传到较深的地基持力层中,桩所承受的竖向荷载由桩侧土的摩阻力及桩端地层的反力共同承担。当荷载较大或桩数量较多时,需在桩顶设承台将所有基桩联接成一个整体共同承担上部结构的荷载。

3.2.1　桩基础分类

根据承台与地面相对位置的不同,分为低承台与高承台桩基。当桩承台底面位于地面或冲刷线以下时,称为低承台桩基,反之称为高承台桩基。

按承载性状可分为摩擦型桩(摩擦桩、端承摩擦桩)和端承型桩(端承桩、摩擦端承桩):

(1)摩擦桩:在承载能力极限状态下,桩顶竖向荷载由桩侧阻力承受,桩端承压力小到可忽略不计;

(2)端承摩擦桩:在承载能力极限状态下,桩顶竖向荷载主要由桩侧阻力承受;

(3)端承桩:在承载能力极限状态下,桩顶竖向荷载由桩端阻力承受,桩侧承压力小到可忽略不计;

(4)摩擦端承桩:在承载能力极限状态下,桩顶竖向荷载主要由桩端阻力承受。

按桩径大小可分为小桩($d\leqslant 250$ mm)、中等直径桩(250 mm$<d<$800 mm)和大直径桩($d\geqslant 800$ mm)。

按成桩方法可分为非挤土桩、部分挤土桩和挤土桩,如图 3.8 所示。

(a) 人工挖孔桩

(b) 长螺旋钻孔灌注桩

(c) 泥浆护壁成孔桩

(d) 沉入桩

图 3.8　桩基施工

(1)非挤土桩:在成桩过程中将相应于桩身体积的土挖出来,因而桩周和桩底土有应力松弛现象,常见的非挤土桩有挖孔桩、钻孔桩等。

(2)部分挤土桩:成桩过程中,挤土作用轻微,桩周土的工程性质变化不大,常见的桩型有预钻孔打入式预制桩、打入式敞口钢管桩等。

(3)挤土桩:在成桩过程中,桩周土被挤开,使土的工程性质与天然状态相比有较大变化,常见的挤土桩有打入或压入的预制混凝土桩、封底钢管桩、混凝土管桩和沉管式灌注桩。

3.2.2　桩基主要施工方法

桩基主要施工方法有挖孔、钻孔灌注和沉入(打入),见表 3.1。

表 3.1　钻孔灌注桩成桩方式与适用条件

序号	成桩方式与设备		土质适用条件
1	泥浆护壁成孔桩	冲抓钻	黏质黏土,砂土,砾石,卵石
2		冲击钻	黏性土、粉土、砂土、填土、碎石土及风化岩
3		旋挖钻	黏土,粉土,砂土,淤泥质土
4		潜水钻	黏性土、淤泥、淤泥质土及砂土

续上表

序号	成桩方式与设备		土质适用条件
5	干作业成孔桩	长螺旋钻	地下水位以上的黏性土、砂土及人工填土非密实的碎石土、强风化岩
6		钻孔扩底	地下水位以上的坚硬、硬塑的黏性土及中密以上的砂土风化岩层
7		人工挖孔	地下水位以上的黏性土、黄土及人工填土
8	沉管灌注桩	夯扩	桩端持力层为埋深不超过 20 m 的中、低压缩性黏性土、粉土、砂土和碎石类土
9		阵动	黏性土、粉土、砂土
10	爆破成孔		地下水位以上的黏性土、黄土碎石土及风化岩

挖孔桩是先用人工挖土形成桩孔，并在向下掘进的同时，将孔壁衬砌以保证施工安全，在清理完孔底后，浇灌混凝土。人工挖孔通常适用于桩径大于 80 cm、地质情况较良好的桩基础，其缺点是施工速度较慢，安全性较差。

钻孔灌注桩是直接在桩位上就地成孔，然后在孔内安放钢筋笼再灌注混凝土而成。钻孔灌注桩能适应各种地层，无须接桩，施工时无振动、无挤土、噪声小，宜在建筑物密集地区使用。钻孔灌注桩是最为常用的桩基施工方法，有不同的施工工艺。

根据成孔工艺不同，分为干作业成孔的灌注桩、泥浆护壁成孔的灌注桩、套管成孔的灌注桩和爆扩成孔的灌注桩等。

依据施工的机具可分为冲抓钻、冲击钻、旋挖钻、潜水钻等。

依据出渣的方式分为正循环和反循环。

沉入桩是靠桩锤的冲击能量将预制桩打(压)入土中，使土被压挤密实，以达到加固地基的作用。沉入桩所用的基桩主要为预制的钢筋混凝土桩和预应力混凝土桩。沉入桩的施工方法主要有：锤击沉桩、振动沉桩、射水沉桩、静力压桩以及钻孔埋置桩等。

3.3　沉　　井

3.3.1　沉井概念及适用条件

沉井基础是一种断面和刚度均比桩要大得多的井筒状结构，是依靠在井内挖土，借助井体自重及其他辅助措施而逐步下沉至预定设计标高，最终形成的一种结构深基础型式，如图 3.9 所示。沉井构造主要由井壁、刃脚、内墙、取土孔、人孔、凹槽、封底和顶板组成，如图 3.10 组成。

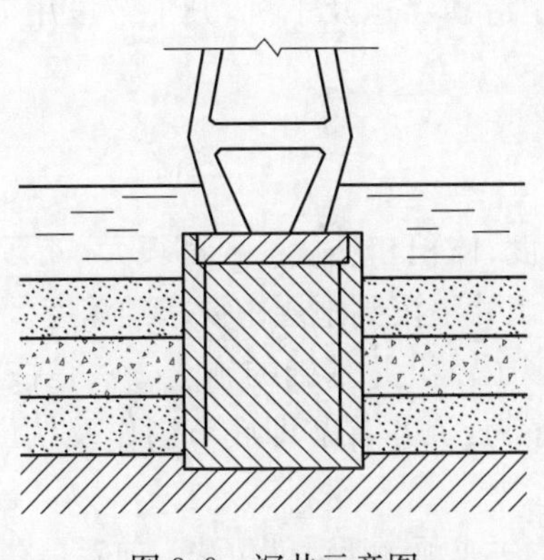

图 3.9　沉井示意图

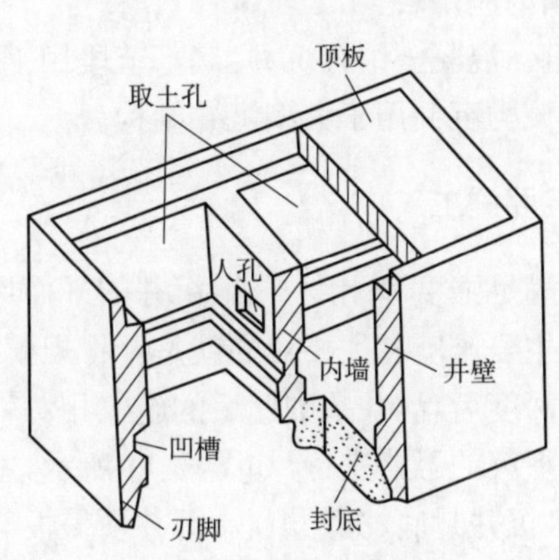

图 3.10　沉井一般构造

沉井的埋置深度可以很大，整体性强、稳定性好，有较大的承载面积，能承受较大的垂直荷载和水平荷载，同时沉井基础施工时占地面积小，坑壁不需设临时支撑和防水围堰或板桩围护，与大开挖相比较，挖土量少，对邻近建筑物的影响比较小，操作简便，无须特殊的专业设备。但沉井施工期较长，对粉砂、粉细砂等在井内易发生流砂现象，造成沉井倾斜；下沉过程中若遇到大孤石、树干或井底岩层表面倾斜过大，均会给施工带来一定困难。

下列情况下可采用沉井基础：

(1)上部荷载大，而表层地基土的容许承载力不足；

(2)在山区河流中，虽然土质较好但冲刷大，或河流中有较大卵石不便桩基础施工时；

(3)岩层表面较平坦且覆盖层薄，但河水较深，或采用围堰有困难时。

近年修建的千米级大桥如五峰山长江大桥、沪通长江大桥中均采用巨型沉井。

3.3.2　沉井分类

按沉井的施工方法可分为：

(1)一般沉井：就地制造沉井下沉，即在基础设计位置处预制沉井，挖土过程中靠沉井自重下沉。如基础位置在水中，需要在水中筑岛，再在岛上筑井下沉。

(2)浮式沉井：在深水地区筑岛有困难或不经济，或有碍通航，且河水流速不大时，可在岸边浇筑沉井浮运就位下沉的方法。

沉井按形状可分为：

(1)按平面形状分为圆形、圆端形和矩形；

(2)按立面形状分为柱形、锥形及阶梯形。

沉井按材料可分为：

(1)素混凝土沉井：利用混凝土抗压强度高的特点，适用于下沉深度不大的软土层。

(2)钢筋混凝土沉井：这种沉井的抗拉及抗压能力较好，下沉深度可以很大(达数十米以上)，当下沉深度不大时，井壁上部用混凝土，下部用钢筋混凝土，在桥梁工程中得到较广泛的应用。当沉井平面尺寸较大时，可做成薄壁结构，沉井外壁采用泥浆润滑套，壁后压气等施工辅助措施就地下沉或浮运下沉。此外，钢筋混凝土沉井井壁隔离墙可分块预制，工地拼装，做成装配式。

(3)钢沉井：钢沉井由钢材制作，强度高、质量轻、易于拼装，适于制造空心浮运沉井，但用钢量大，国内应用较少。

(4)钢—混凝土组合沉井：底部节段用钢，便于制造和浮运及下沉，其上节段用混凝土，就地浇筑。该类沉井用于大型沉井结构。

3.3.3　沉井施工

为了满足强度和刚度要求，沉井的平面尺寸、高度、体积和重量一般都很大。因此，沉井基础施工的主要难度和主要目的就是要将规模很大的沉井下沉到地层中要求的深度。沉井下沉到要求的深度后，沉井基础此后的施工相对就容易多了。沉井基础的施工方法是按照逐步接高和逐步下沉的思路进行，如图 3.11 所示，主要工序为：沉井首节即底节制作及就位、沉井接高及下沉、沉井封底、沉井填芯、沉井顶盖板架设。

(1)沉井底节制作及就位：一般采用就地制作就位法或预制浮运就位法。前者是在设计的沉

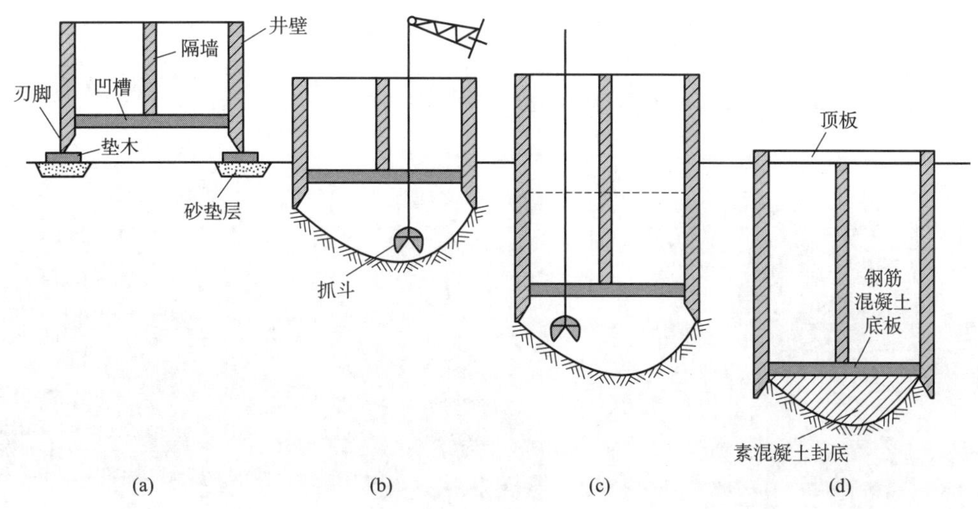

图 3.11　沉井施工顺序

(a)沉井井壁;(b)挖土下沉;(c)接高井壁,继续挖土下沉;(d)下沉到设计标高后,浇筑封底混凝土,底板和沉井盖

井位置筑岛作为沉井底节的制作场地,在筑岛的场地上完成底节的制作后,就地使沉井边接高边下沉。后者是在方便制作、下水的场地上制作可自浮的沉井底节,然后采用一定方法使底节下水并被浮运就位,并在沉井设计位置上设置锚碇系统(锚桩、锚碇船)使底节处于可控状态,称为沉井定位。此后在底节上边接高边下沉沉井。当沉井进入土层一定深度后,对沉井为满足自浮需要而设置的空腔结构进行填充,以满足沉井作为基础构造的受力要求。

(2)沉井接高:从底节上开始,与沉井的下沉交替进行。

(3)沉井下沉:通过排除刃脚、井壁及隔墙附近的土体,使沉井所受土体阻力减小才能实现。辅助井内抽水减浮、沉井临时压重、炮振、以空气幕或泥浆润滑套对外井壁土层进行扰动等助沉措施。

(4)沉井封底:采用排水浇筑混凝土、浇筑水下混凝土、浇筑水下压浆混凝土等方法。

(5)沉井顶盖板架设:置于地面或水面以下一定深度的,当最后一节沉井下沉到顶面距地面或水面一定高度时,在井顶设置挡土或防水围堰,以便沉井在无土干扰和无水情况下进行其顶盖板及墩、塔的地下或水下部分的施工。

3.4　围　　堰

桥梁水中基础施工完毕后,承台或墩身施工需要在无水环境中进行绑扎钢筋、立模浇筑混凝土等工序,形成无水施工环境常用围堰法。围堰作用主要是防水和围水,围堰中的水被抽干后,形成工作平台,围堰有时还起支撑施工平台和基坑坑壁的作用。常用围堰包括土石围堰、钢板桩围堰、单壁钢围堰、双壁钢围堰、锁扣钢管桩和吊箱围堰。围堰顶高程需高出最高施工水位 0.5～0.7 m。土石围堰适用于水深不大的情况。下面简要介绍最常用的钢结构围堰,有关围堰的结构设计计算可参见相关施工手册或采用有限元分析计算。

3.4.1　钢板桩围堰

钢板桩围堰是最常用的一种板桩围堰,如图 3.12 所示。钢板桩是带有锁口的一种型钢,其截面有直板形、槽形及 Z 形等。联锁形式主要有拉尔森式(图 3.13)、拉克万纳式等。钢板桩围堰适用于水深 4 m 以上，河床覆盖层较厚的砂类土、碎石土和半干性黏土，风化岩层等基础工程。钢板桩围堰有矩形、多边形、圆形等。

图 3.12　钢板桩围堰

图 3.13　拉尔森式钢板桩

根据工程规模、水文地质、打桩设备情况，钢板桩可采用逐根插打或屏风式插打，遵循先上游后下游合龙的原则。打桩设备主要有：

(1)机械手：最常见的打桩机械，由不同型号挖机加长臂加装振动锤改装而成，如图 3.14 所示。优点是施工速度快，灵活，无须吊机辅助；缺点是施工单根长度有限，最长只能施工 15 m 长拉森钢板桩。故一般仅适用于河道治理、临时护岸等浅水围堰。

图 3.14　机械手打设钢板桩围堰

(2)振动锤：适用于长桩、土质较硬、工作平台与施打点较远的工程，如图 3.15 所示，其缺点施工速度较慢，精度差，需与吊机同时工作。适用于大型桥梁基础、码头、船坞等深水围堰。

(3)静压打桩机：其桩长不受限制，可在桥下、空间狭小处近距离施工，如图 3.16 所示，施工精度高，无噪声、无污染，缺点是设备保有量少，需要根据钢板桩型号使用不同设备，打桩成本高。可适用于各种形式的钢板桩围堰。

为了提高围堰的承载力，围堰内需设置围檩等内支撑结构。

图 3.15　振动锤打设钢板桩围堰

图 3.16　静压桩机打设钢板桩围堰

3.4.2　锁扣钢管桩围堰

锁扣钢管桩由钢管、C 型锁扣、T 型锁扣构成，钢管直径的左端管壁上竖向连接 C 型锁扣，C 型锁扣的横断面为一边开口的 C 形，如图 3.17 所示。锁扣钢管桩围堰(图 3.18)相比钢板桩围堰结构稳定，施工速度快，材料周转率高，可重复利用，是钢板桩围堰与钢管桩围堰的有机结合，但其止水难度相对较大，适用于黏土及亚黏土地质。

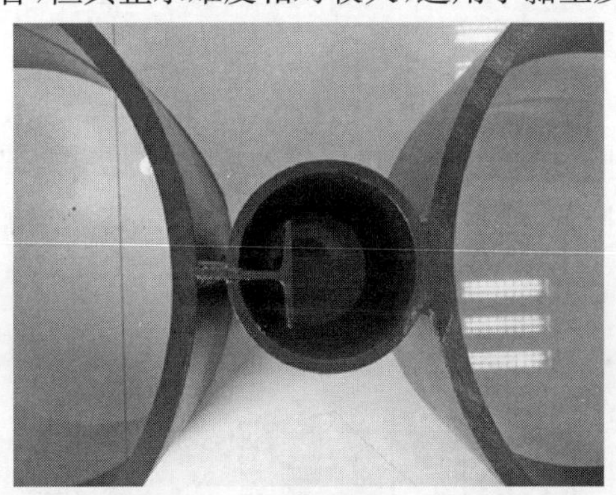

图 3.17　锁扣钢管桩断面

图 3.18　锁扣钢管桩围堰

3.4.3　单壁和双壁钢围堰

采用型钢和钢板制作成密封不透水围堰结构，按其中的钢板层数分为单壁和双壁，双壁钢围堰一般设计为多仓室结构。单壁钢围堰适用于水深小于 5 m 的环境，双壁钢围堰适用于水深大于 5 m 的环境。根据基础形状和水力荷载确定围堰形状，一般宜采用圆形钢围堰，如图 3.19 所示，其剖面示意如图 3.20 所示。钢围堰应按设计要求在工厂分节加工，分节浮运到位、现场分节安装和拼焊，拼焊后应进行焊接质量检验及水密试验。

(1)钢围堰制作：围堰的尺寸、强度、刚度及结构稳定性应满足施工要求，底节应设计有刃角，便于着床后在沉积层中下沉。

图 3.19　双壁钢围堰

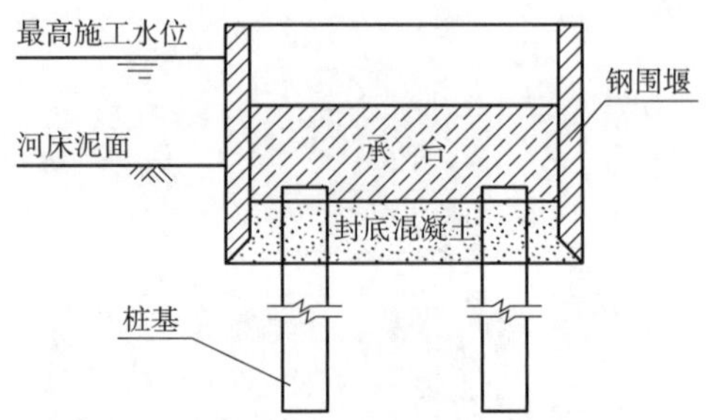

图 3.20　钢围堰剖面

(2)水上定位：根据施工设计首先确定定位船(定位桩)、导向船位置。定位船又称锚船，为水上大型施工定位用，一端直接和锚绳相联系固定船位，另一端用缆绳和导向船、施工结构连接。拼装船用于大型水上结构施工。导向船的主要作用是保证水上施工结构在桥墩墩位的准确位置并在其稳固于基底之前予以支护，导向船是桥墩施工的工作场所，同时船上安装有起重设备。

(3)围堰拼装和就位：利用导向船上起吊设备将底节钢围堰吊起，底节就位后向围堰个隔舱对称均匀加水，使底节平稳下沉，至下沉到一定高度后随即拼装接高，此后继续加水，边下沉边接高，直至各节拼接完毕。

(4)着床下沉：围堰就位后自浮于水中，通常在围堰刃角段浇筑一定高度的水下混凝土，以增加刃角部分的刚度，也可增加围堰自重加快围堰入土后的下沉速度。

(5)封底：钢围堰下沉到位后，采用高压射水冲洗围堰内壁和钢护筒外壁，清除底部浮泥，清基后采用水下混凝土进行封底，封底厚度应通过计算确定，水下封底宜采用竖管法一次连续浇筑水下封底混凝土。

3.4.4　吊箱钢围堰

当在水深较大的桥位处设置高桩承台时，此时围堰不需要着床，可采用钢吊箱围堰，它是悬吊在水中的有底套箱，常常将钢吊箱悬挂在施工桩基的护筒上。图 3.21 为某长江大桥的围堰结构。

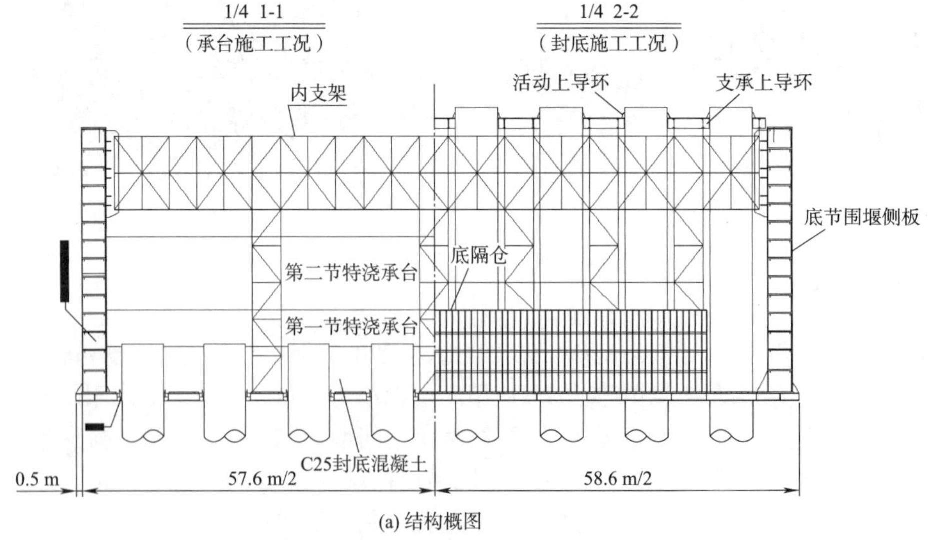

(a) 结构概图

图　3.21

(b) 围堰下放

图 3.21　吊箱钢围堰

对吊箱围堰进行封底后，抽水形成无水空间，进行承台、墩身施工。

3.5　承台施工

承台是桩与柱或墩联系部分。承台把几根甚至十几根桩联系在一起形成桩基础。承台分为高桩承台和低桩承台，低桩承台一般埋在土中或部分埋进土中，高桩承台一般露出地面或水面。高桩承台由于具有一段自由长度，其周围无支撑体共同承受水平外力，基桩的受力情况相对较为不利，桩身内力和位移都比同样水平外力作用下低桩承台要大。

3.5.1　现浇承台

对于水中承台，则利用上节介绍的围堰构筑承台施工的平台，形成无水环境施工。对于陆地上的承台，若原地貌标高低于承台标高的承台，在施工桩基时已将施工平台填筑或搭设至设计承台底标高，因此承台施工直接在施工平台上操作；若原地面高于承台底标高时，对于岩层较好的承台基坑，总体采用明挖方式开挖承台基坑，必要时进行基坑支护。

现浇承台施工工序主要包括：基坑（围堰封底）开挖、桩头凿除、桩身检测、钢筋制作及安装、模板制作与安装、混凝土浇筑，如图 3.22 所示。

图 3.22　承台混凝土浇筑

大体积混凝土承台施工中需关注水化热问题。

3.5.2 预制承台

依据“工厂化、标准化、装配化”的设计理念，承台也可以采用拼装法施工。这种工艺常用于跨海桥等长桥中，主要为了加快施工进度，或应用于有特殊环境要求的场合。

为解决预制墩身与承台间湿接缝裂缝多的难题，确保结构的工程质量，提高结构耐久性以及外观质量，底节墩身与承台整体预制，如图 3.23 所示。

图 3.23　预制承台及墩身

预制承台结构安装是整个施工过程的关键，既要保证无水作业环境，又要保证预制承台构件与桩间的连接质量。在无水环境下，通过后浇混凝土与桩基连接，图 3.24 所示。

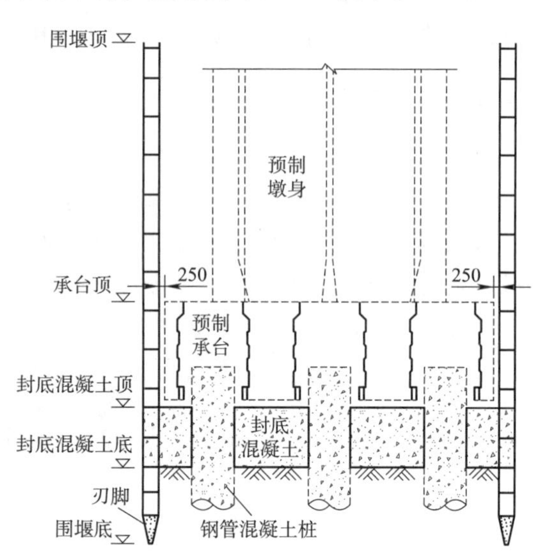

图 3.24　承台及底节墩身安装(单位：mm)

思 考 题

1. 简述深基坑支护施工方法。
2. 简述桩基础主要施工方法及相应的设备。
3. 简述水中承台如何选择合理的施工方法及注意事项。
4. 简述预制桥墩施工方法及工艺流程。

第4章　墩台与塔柱施工方法

桥梁墩台与塔柱依据桥塔结构、材料的不同选用不同施工方法。钢结构一般采用拼装法；混凝土结构主要采用现场浇筑法，其次是预制拼装法；预制拼装法是发展方向，应用越来越广泛。本章主要介绍混凝土结构的施工方法。

混凝土墩台与塔柱施工方法分类如图4.1所示，包括现场浇筑法和预制拼装法等。

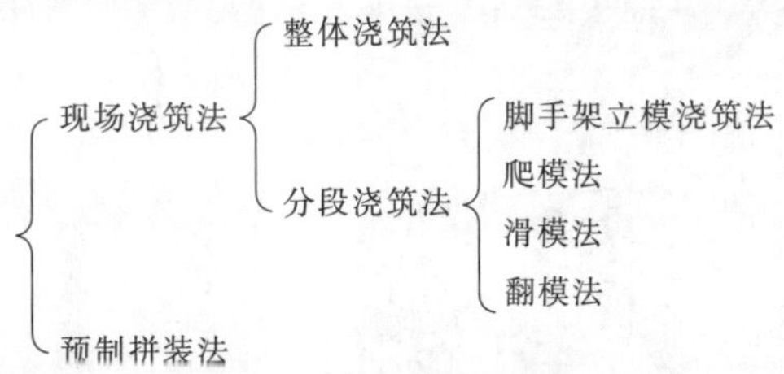

图4.1　混凝土墩台与塔柱的施工方法分类

4.1　现场浇筑法

现场浇筑法分为整体浇筑法和分段浇筑法。整体浇筑法和分段现浇法的主要工序与钢筋混凝土梁式构件施工工艺非常类似，如绑扎钢筋、浇筑混凝土、混凝土养生、拆模等。

混凝土梁式构件为水平卧式构件，采用水平浇筑方式，而墩台身为竖向立式构件，为竖向浇筑。因此其立模的方式存在很大的差异。

整体现浇法是最为简单的一种施工方法，用于桥墩台高度不大于30 m的情况。采用脚手架一次性立模浇筑成型；脚手架是工作平台，浇筑混凝土模板上的侧压力依靠对拉杆平衡。

整体现浇模板常用的类型有木模、钢模。目前主要采用钢模，图4.2为高速铁路桥墩整体现浇施工图片。

图4.2　高速铁路桥墩整体现浇施工

当桥墩台高度较大或结构较复杂，一次性整体浇筑难度较大时，则可以采用基于脚手架立模方式的分段立模浇筑，如图 4.3 所示。

对于图 4.4 所示的斜拉桥、悬索桥的高塔或高墩，采用就地搭设脚手架立模的施工难以实现，需采用爬模法、滑模法和翻模法等分段浇筑法，后文将分别予以介绍。

图 4.3　桥台分段立模施工

图 4.4　桥塔分段施工示意图

表 4.1 列出了公路桥梁现浇墩、台质量检验评定项目和验收值。限于篇幅，本书不再列出其他构件、部件的质量标准，有兴趣者可参阅公路、铁路、市政部门颁布的相应质量检验评定标准。

表 4.1　公路桥梁现浇墩、台实测项目表

项次	检测项目		规定值或容许偏差	检查方法和频率
1△	混凝土强度(MPa)		在合格标准内	按质检规范检测
2	断面尺寸(mm)		±20	尺量：每施工节段测 1 个断面，不分段施工的测量 2 个断面
3	全高竖直度(mm)	$H\leqslant 5$ m	$\leqslant 5$	全站仪或垂线法：纵、横各测 2 处
		5 m$<H\leqslant 60$ m	$\leqslant H/1\,000$，且$\leqslant 20$	全站仪：纵、横各测 2 处
		$H>60$ m	$\leqslant H/3\,000$，且$\leqslant 30$	
4	顶面高程(mm)		±10	水准仪：测 3 处
5△	轴线偏位(mm)	$H\leqslant 60$ m	$\leqslant 10$，且相对前一节段$\leqslant 8$	全站仪：每施工节段测顶面边线与两轴线交点
		$H>60$ m	$\leqslant 15$，且相对前一节段$\leqslant 8$	
6	节段间错台(mm)		$\leqslant 5$	尺量：测每节每侧面
7	平整度(mm)		$\leqslant 8$	2 m 直尺：每侧面每 20 m^2 测 1 处，每处测竖直、水平两个方向
8	预埋件位置(mm)		满足设计要求，设计未要求时$\leqslant 5$	尺量：每件测

注：H 为墩、台身高度，计算规定值或容许偏差时以毫米(mm)计；表中△表示该项目为关键项目。

4.1.1 滑 模 法

滑模法将模板悬挂在工作平台的围圈上，沿着所施工的混凝土结构截面拼装模板结构，并随着混凝土的浇筑由千斤顶带动其向上滑升。整个滑模结构一般由模板系统、操作平台、提升系统和垂直运输设备四部分组成，如图 4.5 所示。滑模施工工艺原理是预先在混凝土结构中埋置支撑杆，利用千斤顶与提升架将滑升模板的全部施工荷载转至支撑杆上，待混凝土达到设计强度后，通过自身液压提升系统将整个装置沿支撑杆上滑，模板定位后又继续浇筑混凝土，并不断循环的一种施工工艺。适用于等截面或变截面的实体或薄壁空心混凝土结构。

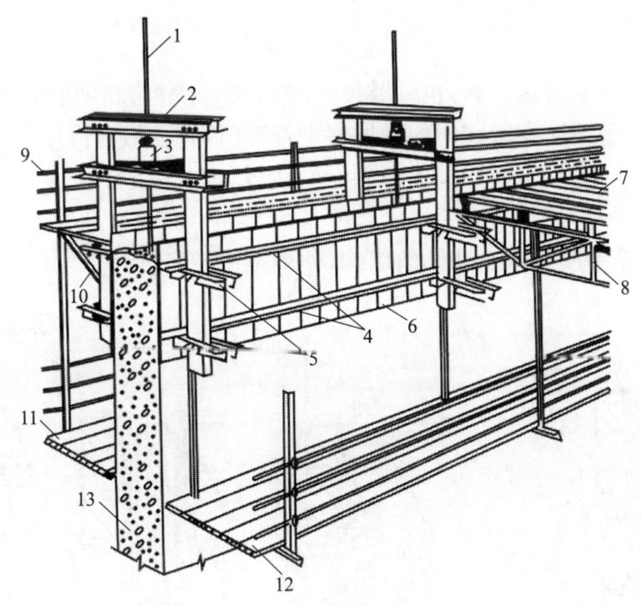

图 4.5　滑模模板装置

1—支撑杆；2—提升架；3—液压千斤顶；4—围圈；5—围圈支撑；6—模板；7—操作平台；
8—平台桁架；9—栏杆；10—外挑三脚架；11—外吊脚手架；12—内吊脚手架；13—混凝土结构

1)模板系统

模板系统由模板、围圈、提升架及其附属配件组成。

围圈又称拱带，其主要作用是使模板保持组装的平面形状，将模板与提升架连成一体，工作时承受由模板传递的混凝土侧压力等水平荷载及滑升摩阻力。围圈其垂直和水平方向变形不大于其跨度的 1/500，提升架、围圈、模板三者应采用螺栓连成整体，以加强整体刚度。

提升架是安装千斤顶、并与围圈、模板连成整体的主要部件，其主要作用是控制模板、围圈因承受混凝土侧压力而产生的侧向变形，将模板系统和操作平台系统连成一体，并将全部荷载传递给千斤顶和支承杆。提升架的布置需要保证整个模板系统荷载分配较为均匀，避免支承杆因偏心受力后造成完全变形。

2)操作平台系统

操作平台系统主要包括操作平台和吊脚手架，是材料、工具、设备堆放和施工人员进行操作的场所。主操作平台是施工人员进行钢筋绑扎、浇筑混凝土、提升模板的操作场所，也是材料、工具、设备等的堆放场所，因此承受的荷载基本上是动荷载，且变化幅度较大，应安放平稳、牢靠。

3)液压提升系统

液压提升系统由支撑杆、千斤顶、液压控制系统和油路等组成,它承担全部滑升模板系统的施工荷载。支撑杆式是千斤顶向上爬升的轨道,又是滑升模板装置的承重支柱,承受着施工过程中的全部荷载。液压油路系统根据千斤顶进行布置,油路布置必须保证各台千斤顶供油均匀,以便调整千斤顶升差。

4)垂直运输系统

垂直运输系统是人员、材料上下的通道,它由卷扬系统、吊笼、井字架、扒杆等组成。为确保卷扬系统的安全,卷扬系统钢丝绳安全系数不小于10。

4.1.2 爬模法

爬模法是爬升模板的简称,国外也称跳模。它由爬升模板、爬架和爬升设备三部分组成,爬架通过千斤顶支承于预埋在墩壁中的预埋件上,待浇筑好的墩身混凝土达到一定强度后,将模板松开,千斤顶上顶,把支架连同模板升到新的位置,模板就位后,再继续浇筑墩身混凝土,如此往复循环,逐节爬升,如图4.6所示。爬模是综合大模板和滑升模板工艺特点的一种施工方法,适用于浇筑钢筋混凝土垂直或倾斜结构,适用范围较广。

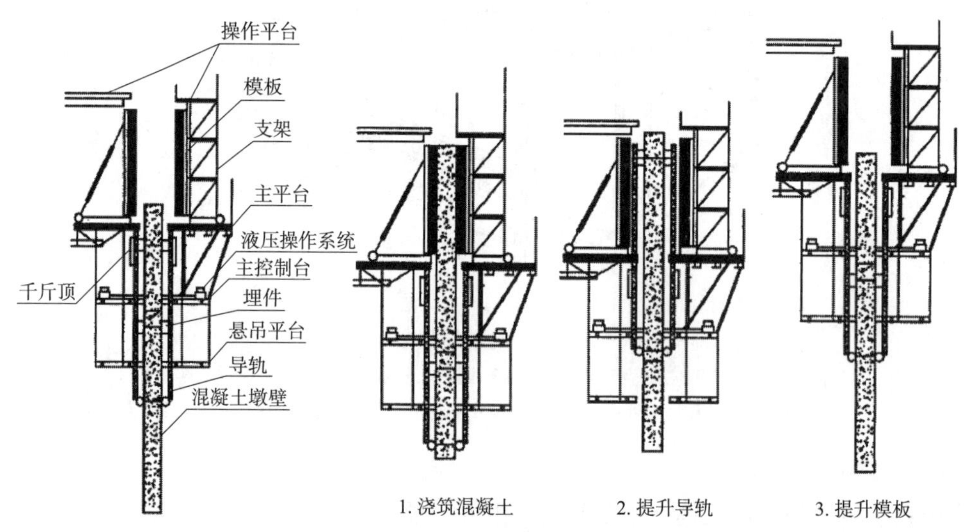

图4.6　爬模工艺

施工爬架根据爬升动力不同,主要有三大类,液压式爬模、牛腿顶升爬模和托架定位提升爬模。

液压式爬模采用内爬外挂、分离模板,整体双臂双钩塔吊、液压爬升式爬模,主要由网架工作平台、中心塔吊、L形支架、内外套架、内爬支脚机构、液压顶升机构和模板体系组成,如图4.6所示。其工作原理:以混凝土墩为承重结构,以内爬架支架机构的上下爬架及液压顶升油缸为爬升设备,通过油缸活塞与缸体间一个固定一个上升,上下爬架间也是一个固定一个相对运动,从而达到内套架交替爬升带动外套架爬升,最后形成爬架结构整体的上升。

牛腿顶升爬模由爬升架支腿、承重梁、内井架、顶面桁架网片结构、外吊架等组成,如图4.7所示。其工作原理为:在已浇筑混凝土墩身上预埋爬窝,利用内井架底部设置的双层伸缩梁爬升架,通过螺旋式千斤顶交替爬升形成整个爬架上升。

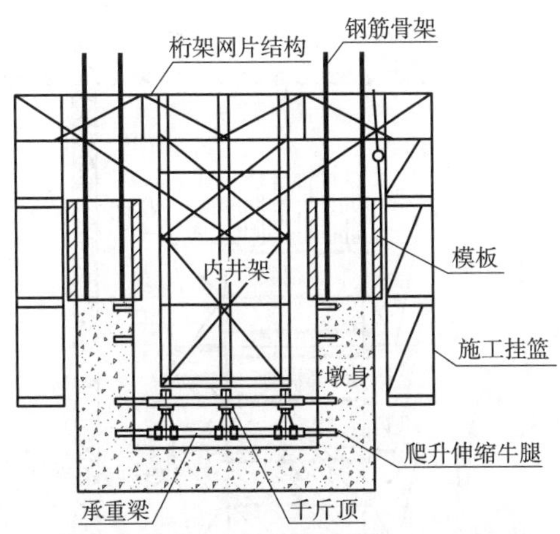

图 4.7　牛腿顶升爬模结构

托架定位爬模由爬模托架系统、外模及工作架系统、内模及内井架系统、塔吊、手动链条葫芦等动力系统组成，如图 4.8 所示。其工作原理：在已浇筑混凝土墩身预埋托架锥窝，利用爬模托架支撑外膜，对穿拉杆锁紧内外膜板，其动力是通过塔吊或架空索道或依附钢筋笼或劲性骨架用手动链条葫芦分块提升模板和爬架上升。

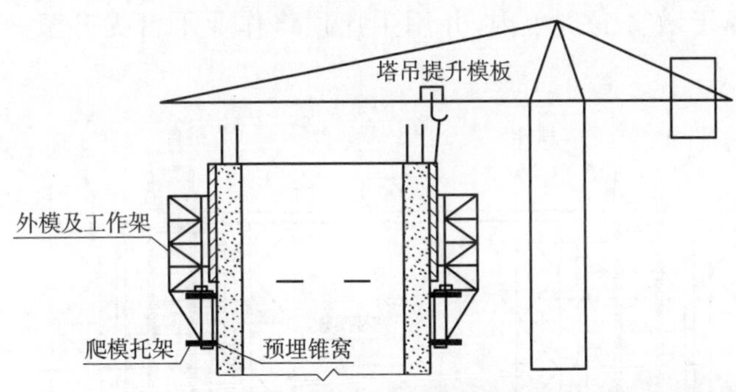

图 4.8　托架定位爬模结构

在爬模设计中，主要通过预埋件或伸入预留孔的支承杆来支撑爬升架和固定系统，因此预埋件的受力安全尤为重要。要根据预埋件的受力情况对预埋件进行抗剪、抗弯、抗拉等计算，确保预埋件具有足够的安全储备。

4.1.3　翻模法

翻模法是大模板施工方法，以混凝土结构作为支撑主体，上层模板支撑在下层模板上，循环交替上升。翻模法分为悬挂式翻模和液压翻模两种。

悬挂式翻模属于自承式施工技术体系，该施工整体采用对拉螺杆固定模板，模板外侧加设挂架作为操作平台。其工作原理为：以已浇筑混凝土结构作为固定支撑体，采用塔吊或吊车等起重设备配合模板的翻升、混凝土的浇筑，施工时将外模设计成 2～3 节并配备 1 节内模，浇筑完顶节混凝土后，拆除底节模板，将其接于顶节模板上，继续进行混凝土施工，如此循环，直至墩身完成，如图 4.9 所示。

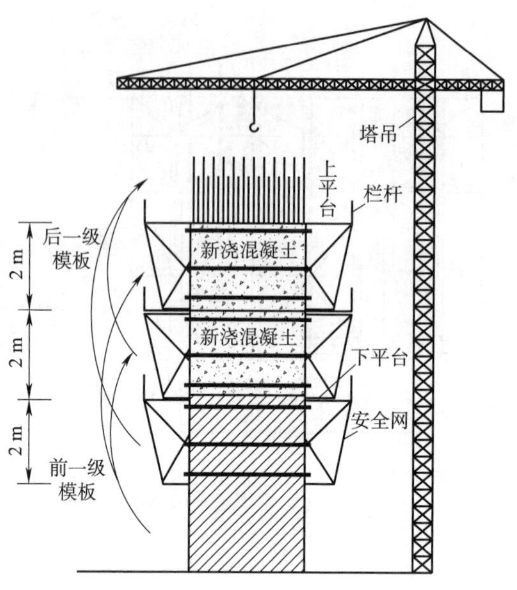

图 4.9　悬挂式翻模法施工

液压翻模由工作平台、顶杆及液压提升设备、内外吊架、模板系统、中线控制系统、抗风架及辅助设施等组成。其工作原理为:先用模板在基础顶面浇筑部分混凝土墩身,建立起工作平台,将顶杆装置支撑于墩身混凝土内,并用千斤顶将作业平台提升至一定高度,如图 4.10 所示。

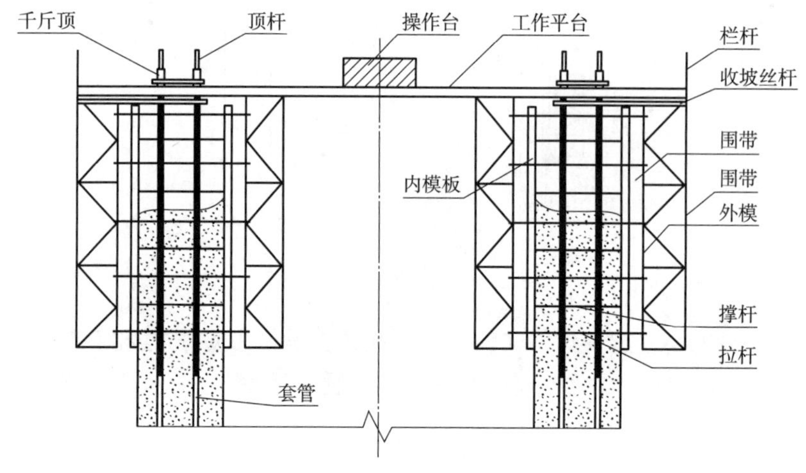

图 4.10　液压翻模法施工

4.2　预制拼装法

拼装法又称装配式安装法,是沿垂直方向将桥墩分解成若干构件,如承台、柱、盖梁(墩帽)等,在工厂或现场集中预制,再运送到现场装配成桥墩或塔柱,如图 4.11 和图 4.12 所示。其施工工序主要为预制构件、安装连接与混凝土填缝。拼装接头是关键工序,既要牢固、安全,又要结构简单便于施工。

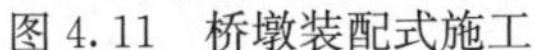

图 4.11　桥墩装配式施工

图 4.12　桥台装配式施工

预制墩身与预制承台的连接可采用湿接和干接两种技术方案，其设计思路是：

(1)当底节墩身与承台整体预制时，底节墩身与次节墩身可采用湿接头，调整上节预制墩身的安装精度，消除安装误差和误差积累。湿接头对于高度较大的预制墩身尤其重要，湿接头技术避免了采用预应力体系，也回避了预应力体系失效或耐久性风险，且结构动力性能较优。

(2)为解决预制墩身与承台间湿接缝裂缝多的难题，确保结构的工程质量，提高结构耐久性及外观质量，简化现场作业工序，缩短施工周期，可采用干接缝胶结技术。

1)预制墩身节段湿接技术

湿接技术是在 2 个预制墩身节段之间设置现浇段，通过上下节段间预留的 U 形钢筋相互套接，并在套接区域设置水平钢筋。该连接方式使得套接部分钢筋与混凝土的锚固性能大大提升，提高了湿接头连接的可靠性，同时避免了常规方式的诸多弊端。这样既避免了上下节段间钢筋直接连接时对钢筋位置精准度的苛刻要求，又避免了搭接或锚固时对现浇段长度的要求，且减少了现场混凝土的浇筑量。

上节段预制墩身吊装时，支撑在下节段预制墩身顶面的临时设施上，通过三向调节装置精确调整上节段墩身姿态及位置，浇筑湿接头混凝土，之后二次浇筑临时支撑装置处的墩身混凝土，完成预制墩身节段连接。

2)预制墩身节段干接技术

上节段墩身运至现场后，先进行预对位，通过墩身空腔内导向架的水平调位顶丝微调平面偏差。预对位后测量墩身倾斜度，然后起吊上节墩身，通过填塞不同厚度的镀锌薄铁片调整垂直度，连接上下节段墩身的预应力粗钢筋，并在拼接缝涂抹环氧树脂，再次下放上节段墩身，张拉预应力精轧螺纹钢筋，二次复拉精轧螺纹钢，波纹管压浆，封锚，完成干接缝施工。

4.3　塔柱施工

塔柱系指斜拉桥和悬索桥索塔、刚构桥桥墩等高耸结构。

钢塔施工一般采用工厂节段制造、施工现场拼装的方法施工。

混凝土塔柱均采用分段就地浇筑方法施工，塔柱混凝土输送采用混凝土输送泵或吊斗，塔柱施工方法与前述的桥墩是否方法相同。一般情况下底节采用支架现浇，以上节段采用爬模、滑模或翻模施工，塔柱中的横梁采用支架法施工，如图 4.13 所示。

图 4.13　斜拉桥塔柱施工图片

4.3.1　劲性骨架

为了配合塔柱施工，混凝土塔柱的塔壁内往往需设置劲性骨架，劲性骨架起施工位形控制、钢筋定位、模板固定、增大索塔整体刚度的作用。

劲性骨架在工厂分节段加工，在现场分段超前拼接，精确定位。劲性骨架安装定位后，可供测量放样、立模、钢筋绑扎及斜拉索钢套管定位使用，也可承受部分施工荷载。劲性骨架在倾斜塔柱中，其功能作用更大，它的设计往往结合构件受力需要设置。当倾斜塔柱为内倾或外倾布置时应考虑在两塔肢之间每隔一定的高度设置受压横杆(塔柱内倾)或受拉横杆(塔柱外倾)，以减小斜塔柱的受力和变形，具体的布置间距应根据塔柱构造经过计算确定。

4.3.2　斜塔柱施工

混凝土索塔中的A形、倒Y形和钻石型等索塔的下塔柱和中塔柱均有一定的倾斜，目前一般采用爬模或滑模法施工。在具有较大倾斜角的索塔施工过程中，索塔柱处于悬臂状态，在自重和施工荷载作用下，塔柱底部会承受较大的弯矩，从而在塔柱截面内产生较大的拉应力而引起混凝土开裂，同时，不平衡弯矩也使得塔身产生横向位移，影响塔身线形精度。因此，施工时必须采取相应措施加以控制。通常情况，对外倾的下塔柱采取对拉预应力钢绞线方法，而对向内倾斜的上塔柱采用加水平横撑的方法进行控制，必要时，还需要施加一定的对顶力。

4.3.3　混凝土泵送

索塔混凝土一般用混凝土泵进行垂直输送。由于塔柱高度大，泵送时要求混凝土具有很好的流动性及合理的坍落度以防止堵管。泵送分“一泵到顶”和“分级泵送”等方法，需根据索塔高度、设备性能合理选择。

思 考 题

1. 比较滑模法、爬模法和翻模法的优缺点。
2. 简述预制墩身节点连接方法及措施。

第 5 章　上部结构施工方法

桥梁上部结构的安装与施工方法种类繁多，根据桥梁结构和材料等特点，桥址地形、水位、航运等情况，可选用的机具设备和起重能力，安装与施工方法的经济效益评价，以及施工单位的实际工艺水平、技术条件，施工工期等因素进行综合比选，选择一种适用、经济、适合当地条件且安全优质的施工方法。必要时开展技术创新，发展新工艺。表 5.1 列出了上部结构主要施工方法、适用桥型和跨度。

表 5.1　桥梁上部结构主要施工方法表

	简支梁桥	悬臂梁桥 T 型刚构	连续梁桥	刚架桥	拱桥	组合体系桥	斜拉桥	悬索桥	常用跨度	达到跨度
支架施工法	√	√	√	√	√	√	√		≤50 m	140 m
预制装配施工法	√	√		√	√	√	√	√	≤40 m	80 m
移动模架施工法		√	√	√	√				≤50 m	90 m
悬臂浇筑/拼装施工法		√	√	√	√		√	√	≥50 m	1 100 m
顶推和拖拉施工法			√		√		√		≤80 m	200 m
转体施工法		√		√			√		≤140 m	400 m
横移施工法	√	√	√			√	√		≤100 m	180 m
提升与浮运施工法	√	√	√			√			≤80 m	160 m

下面重点介绍表中前 6 类施工方法，5.8 节简述其他施工方法。

5.1 支架施工法

支架施工法也称就地浇筑法，即在桥位处搭设支架，作为工作和支撑平台，然后在其上制作模板，并在模板中浇筑梁体混凝土，待混凝土达到强度后拆除模板、支架。这种方法适用于两岸桥墩较矮的引桥和城市高架桥，或靠岸边浅水且无通航要求的小跨径桥梁。其主要特点是：(1)占用场地少，直接在现场浇筑成型；(2)无须大型起吊和运输设备；(3)桥梁整体性好；(4)工期长，施工质量不易控制；(5)施工支架、模板耗用量大，施工费用较高；(6)施工过程中搭设支架会影响交通、通航和排洪；(7)对预应力混凝土梁而言，混凝土的收缩、徐变引起的应力损失大。

支架施工法的施工基本作业包括：

(1)地基处理：根据地勘资料对支架的地基基础进行处理，避免施工过程中混凝土结构的模板和支架变形，影响施工质量；

(2)支架与模板工程：根据工程规模和现场条件进行支架和模板的选择、设计、制作、安装和预压工作，并在浇筑混凝土前对支架和模板进行全面、严格的检查；

(3)钢筋工程:对钢筋进行整直、切断、除锈、弯钩、焊接和绑扎等,钢筋和预应力筋位置严格按设计图纸规定进行布置,并在浇筑混凝土前检查钢筋与预应力筋管道位置是否满足设计要求、钢筋骨架是否可靠牢固,检查锚具、压浆管和排气孔是否可靠;

(4)混凝土工程:包括混凝土的拌制、运输、浇筑、振捣和养护等工序;

(5)预应力工程:后张预应力筋孔道的形成,预应力筋的制备、穿束、张拉,预应力孔道压浆、封锚等。

对于混凝土梁式结构按照上述施工基本作业开展支架法施工。对于支架法施工拱式结构,其工艺次序与梁式结构类似,但为保证在整个施工过程中拱架受力均匀和变形最小,必须选择合适的浇筑方法和顺序:

(1)跨径小于 16 m 的拱圈或拱肋混凝土,按拱圈全宽从两端拱脚向拱顶对称连续浇筑,并在拱脚混凝土初凝前全部完成;

(2)跨度不小于 16 m 的拱圈或拱肋,应沿拱跨方向分段浇筑,分段位置应能使拱架受力对称、均匀和变形小,如图 5.1 所示;

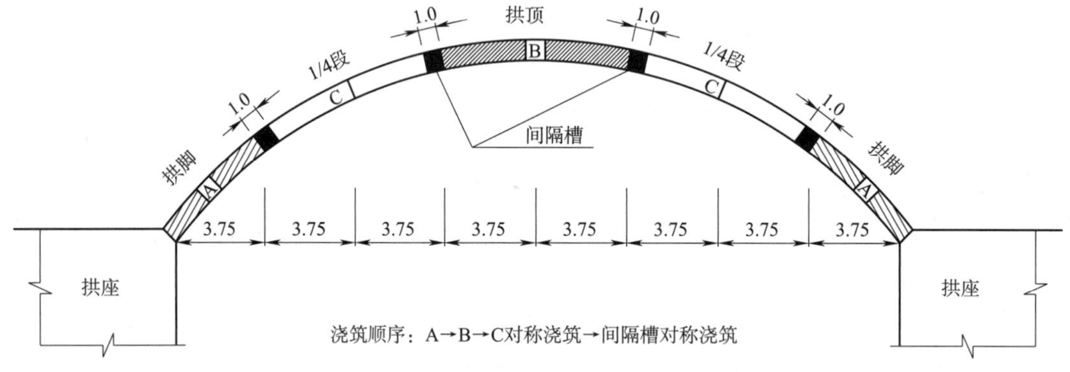

图 5.1　某拱桥拱跨方向分段浇筑(单位:m)

(3)间隔槽混凝土(图 5.1),应待拱圈分段浇筑完成后且其强度达到设计强度 75%以上,并且接缝按施工缝经过处理后,再由拱脚向拱顶对称进行浇筑;

(4)浇筑大跨径拱圈时,纵向钢筋接头应安排在设计规定的最后浇筑的几个间隔槽内,并应在浇筑这些间隔槽时再连接;

(5)浇筑大跨径拱圈(拱肋)混凝土时,宜采用分环分段法浇筑,也可沿纵向分成若干条幅,中间条幅先行浇筑合龙,达到设计要求后,再按横向对称、分层浇筑合龙其他条幅;

(6)大跨径钢筋混凝土箱形拱圈(拱肋)可采取在拱架上组装并现浇的施工方法。

5.2　预制装配施工法

预制装配施工法为在预制工厂或在运输方便的桥址附近设置预制场进行梁的整体成批预制,然后采用适当的架设方法进行安装就位。整孔(片)预制和吊装过程相对简单,但需要大型的运输和架设设备。其主要特点是:(1)工期短;(2)工厂预制,容易控制构件的质量和尺寸精度;(3)降低工程成本;(4)存梁时间较长,可减少混凝土收缩、徐变引起的变形;(5)需要大型的起吊运输设备和施工场地;(6)梁体的整体工作性能不如就地浇筑法。

预制混凝土简支梁的架设,包括起吊、纵移、横移和落梁等工序。根据架梁的工艺类别可分为陆地架设、浮吊架设和利用安装导梁或塔架、缆索的高空架设等。每一类架设工艺中，按起重、吊装等机具的不同，又可分为各种各具特色的架设方法。重量较大的铁路、公路整孔预制梁，多采用专用架桥机架设；而重量相对小的公路桥梁，除了专用架桥机外，还有很多灵活、简便的架设方法。大型预制梁的发展，促进了大型机械化运、架梁设备的发展；同时，机械化施工技术的发展，也反过来促进了桥梁的发展。铁路部门形成了千吨级混凝土箱梁制运架成套技术和装备，如 900 t 轮胎式运梁车、900 t 轮胎式提梁机和各种型号的架桥机等。中国在修建科威特湾跨海大桥中，为架设 60 m 预制公路箱梁，研发了 YL1800 型轮胎式运梁车和 JQ1800 型架桥机，将制运架技术水平提高到 1 800 t。

整孔(片)预制吊装法的施工基本作业包括：

(1)模板工程：根据工程规模和现场条件进行模板的选择、设计和制作工作，并在浇筑混凝土前对模板进行全面、严格的检查。

(2)钢筋工程、混凝土工程和预应力工程与支架法基本相同。

(3)预制梁的运输：预制梁在施工现场内运输称为场内运输，一般采用龙门吊机将预制梁起吊后移到存梁处或转运至运梁车上，无龙门吊机时可采用吊机起吊；预制梁从预制场至施工现场的运输称为场外运输，常用专用运梁车、大型平板车、驳船或火车运送。

(4)预制梁的架设：预制梁的架设安装可采用龙门吊机[图 5.2(a)]、汽车吊机[图 5.2(b)]、履带吊机、架桥机安装[图 5.2(c)、(d)]及浮吊安装[图 5.2(e)]等方法。其中架桥机是将预制梁吊装至桥梁支座上的专用施工机械，按其用途可分为公路架桥机、铁路架桥机和公铁两用架桥机，目前国内公路架桥机最具代表性的就是整机步履式纵移和整机大悬臂轨行式纵移两种，高速铁路整孔箱梁架桥机主要有导梁式架桥机、走行式架桥机、导梁式定点起吊架桥机和运架一体式架桥机等四种。

(a) 龙门吊机

(b) 汽车吊机

(c) 步履式公路架桥机

(d) 高速铁路走行式架桥机

图　5.2

(e) 浮吊

图 5.2　预制梁的架设

5.2.1　构件预制

在预制厂和施工现场，可用固定式底座制作预制构件。预制构件在固定台位上完成各工序(包含模板工程、钢筋工程、混凝土工程、预应力工程，见第 2 章)，如图 5.3 所示，直到构件完全可以移动后再进行下一个构件的制作。

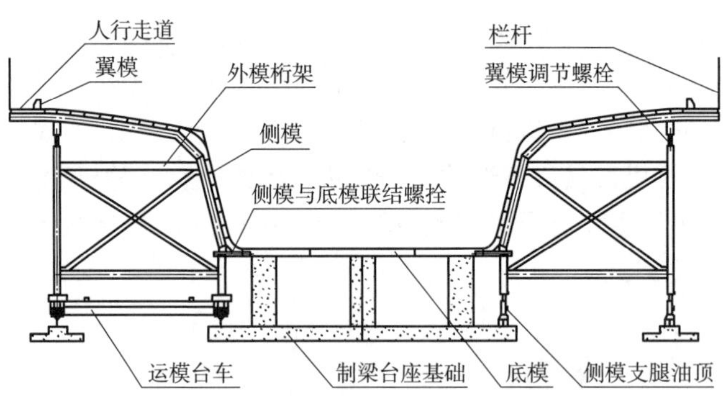

图 5.3　箱梁模板与台座

预制构件制作完成后，采用龙门吊、提梁机(图 5.4)将经过初张拉的构件从制梁台座移至存梁台座，终张拉完成且管道内浆液强度达到设计强度后，又用移梁机从存梁台座移至存梁区。提梁采用四点起吊三点平衡原理，吊点设在梁端腹板内侧，吊装梁体时在顶板下缘吊孔处垫以厚度不小于 40 mm 的钢垫板及橡胶垫板保护梁体，起吊过程控制梁体同一梁端高差不大于 10 mm 和两端高差不大于 20 mm。

图 5.4　提梁机落梁入存梁台座

5.2.2　构件运输

预制构件的场内运输常用龙门轨道运输。预制构件的场外运输，主要采用大吨位运梁车将预制构件从存梁区运输至架梁工位，与架桥机配合完成相应的架梁作业。轮胎式运梁车是目前桥梁运输过程中最理想的预制梁运输专用工具，如 5.5 所示，适用于架桥工地，预制梁场与架桥工地较远的场合，整车由两个独立的运行结构（主副车）组成。

炮车是为公路桥梁架设专门设计的预制梁运输机械，如图 5.5(a)所示，由两个分别独立的运行机构（主动车、被动车）组成，运梁炮车兼有运梁和给架桥机喂梁的功能，主要适用于架桥工地、预制梁场等。

对于高速铁路简支箱梁，运梁车以车架为主体，在车架两侧各伸出若干轮胎，如图 5.5(b)所示。运输过程中当支点存在不平整时，梁端倒角部位（斜对角位置）将出现较大的拉应力，当支点不平整量超过 3 mm 时，将可能导致裂缝产生。同时，支点不平整将引起四支点支反力的不平衡。因此箱梁同一端支点相对高差不得大于 2 mm；装梁时各支点对位要准确，纵向偏差为±10 mm，横向偏差为±5 mm，如位置偏差超标，须重新对位。

(a) 运梁炮车

(b) 铁路箱梁用轮胎式运梁车

图 5.5　运梁车

5.2.3　吊机架设

在桥墩不高且场内又设有行车便道的情况下用吊机架设中、小跨径的桥梁十分方便。吊机架设的机具主要有龙门吊、汽车式吊机和履带式吊机等，如图 5.6 所示。

(a) 龙门吊架设

(b) 汽车吊架设

(c) 履带式吊机架设

图 5.6　吊机架设

龙门吊架设是将预制构件运输至桥位处，然后用跨墩龙门架或墩侧高低腿龙门架将构件吊起，再横移至设计位置处落梁安装。

汽车式吊机和履带式吊机属于大型自行式吊车且本身有动力。汽车式吊机是把起重机构装在载重汽车底盘上，由汽车发动机提供动力，其优点是机动性好，行驶速度快，缺点是要求较好的路面和支承点；履带式吊机由回转台和行驶履带组成，回转台装有起重臂、动力装置、绞车和操纵室，履带架既是行驶机构也是起重机的支座，其优点是起重量大，可在松软场地行驶，缺点是行驶速度慢，自重大。采用自行式吊车架梁时架设迅速，可缩短工期，不需要架设其他临时动力设备以及其他装备工作。此法视吊装重量的不同，可以采用一台吊机架设、二台吊机架设、吊机和绞车配合架设的方法。

5.2.4　架桥机架设

架桥机就是将预制好的梁片吊放到桥墩上的专用设备。架桥机架设一片预制梁一般经过喂梁、捆梁、吊梁、落梁四个过程，如图 5.7 所示。

喂梁：喂梁时，运梁车应缓慢地推入架桥机后方主梁内；

捆梁：构件在预定位置停车后，前后吊点同时挂好吊杆和底梁；

吊梁：采用吊梁小车（天车）吊运构件至指定位置下落就位，梁片在起吊、行走和下落时，应尽量保持水平；

落梁:将梁运至待架梁支座的上方,使梁体中心线与支座中心线对正,然后下落就位,落梁至距支座 200～300 mm 时,要确认支座和横移设备就绪后再继续落梁。

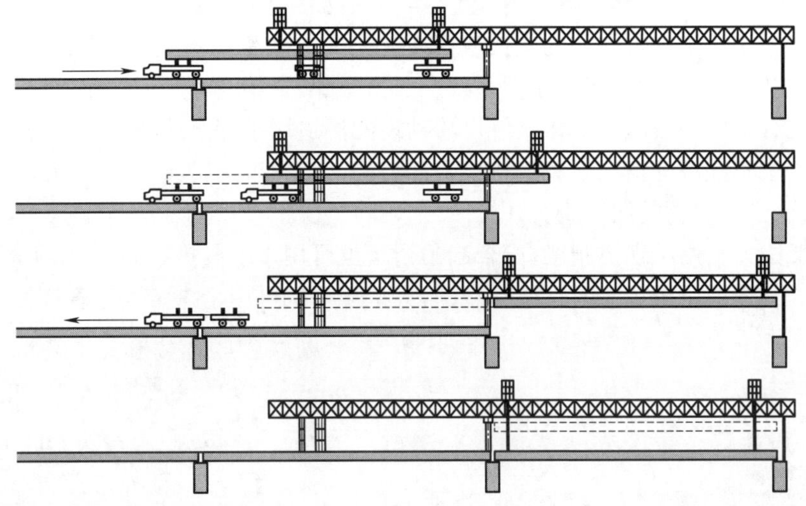

图 5.7　架桥机架设过程

5.2.5　浮吊架设

在深水大河或海上修建桥梁时,可采用回转的伸臂式浮吊架梁,如图 5.2(e)和图 5.8(a)所示。这种架梁方法高空作业少,施工比较安全,吊装能力也大,工效也高,但需要大型浮吊。鉴于浮吊船来回运梁时间较长,一般采取用装梁船储梁后成批一起架设的方法。图 5.8(b)为利用浮船和水浮力控制高程的浮运架设示意图。

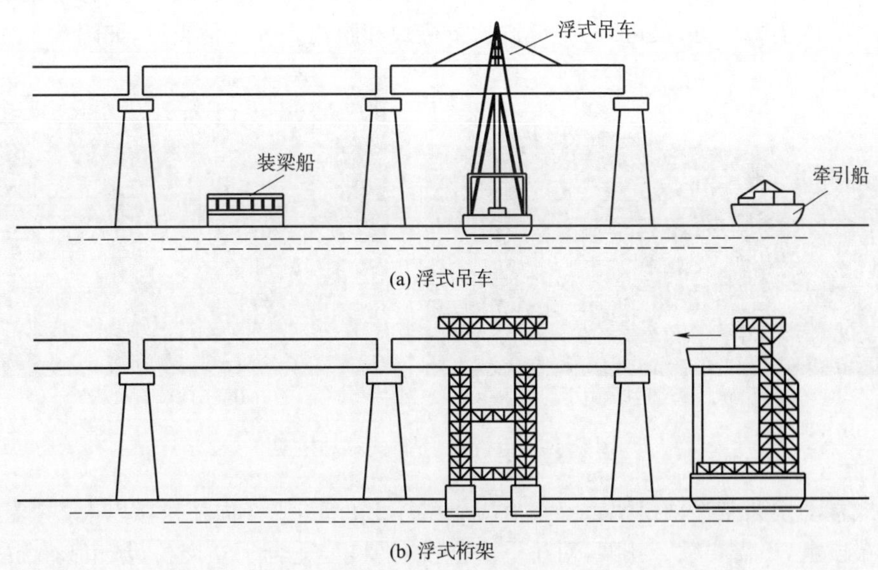

图 5.8　浮吊架梁法

浮吊架梁时需要在岸边设置临时码头,移运预制梁。架梁时,浮吊应锚固牢靠。如流速不大,则可用预先抛入河中的混凝土锚实现定锚。

5.3 移动模架施工法

移动模架施工法是在可移动的支架或模板上完成一孔梁浇筑全部工序，采用逐跨原位现浇施工工艺，如图 5.9 所示。移动模架系统主要由牛腿、主梁、横梁、后横梁、外模及内模组成，每一部分都配有相应的液压或机械系统。移动模架法适用于深水或高墩身桥位而使用支架法或其他施工方法不经济的情况下建造桥梁上部结构，优点有:周转次数多，周转时间短，使用辅助设备少，减少了人力物资的浪费。

移动模架法大量用于现浇制梁，配合起吊桁车也可用于节段拼装制梁，用于后者时又称为造桥机，图 5.10 为造桥机拼装简支梁示意图，大型造桥机可用于拼装大跨度连续梁。

图 5.9　移动模架造桥机

图 5.10　架桥机拼装示意

5.3.1 移动模架分类及选择

移动模架造桥机的种类较多，从构造上可分为悬吊式移动模架和支撑式移动模架；支撑式模架按照主梁的支撑位置，又可分为上行式、下行式和腹位式等几种类型，如图 5.11 所示。

(a) 上行式移动模架

(b) 下行式移动模架

图 5.11　上行式、下行式移动模架

上行式移动模架是移动模架主梁在混凝土梁体上行走，工作面在桥墩以上，主梁支撑在墩顶及已成梁段上，不需要墩旁托架，对桥下净空没有要求，适合于立交桥、城市高架桥、深谷高桥以及软土地基高架桥的施工。

下行式移动模架是移动模架在梁体底面下行走，桥梁宽度不受限制，适合于公路桥梁施工。

腹位式移动模架的特点就是梁体位于支架梁的腹内，适合于节段拼装施工。

5.3.2　移动模架施工工艺

移动模架施工主要包括制梁、脱模和移动模架前移等工序。以制作预应力混凝土箱梁为例，其工艺流程如图 5.12 所示。

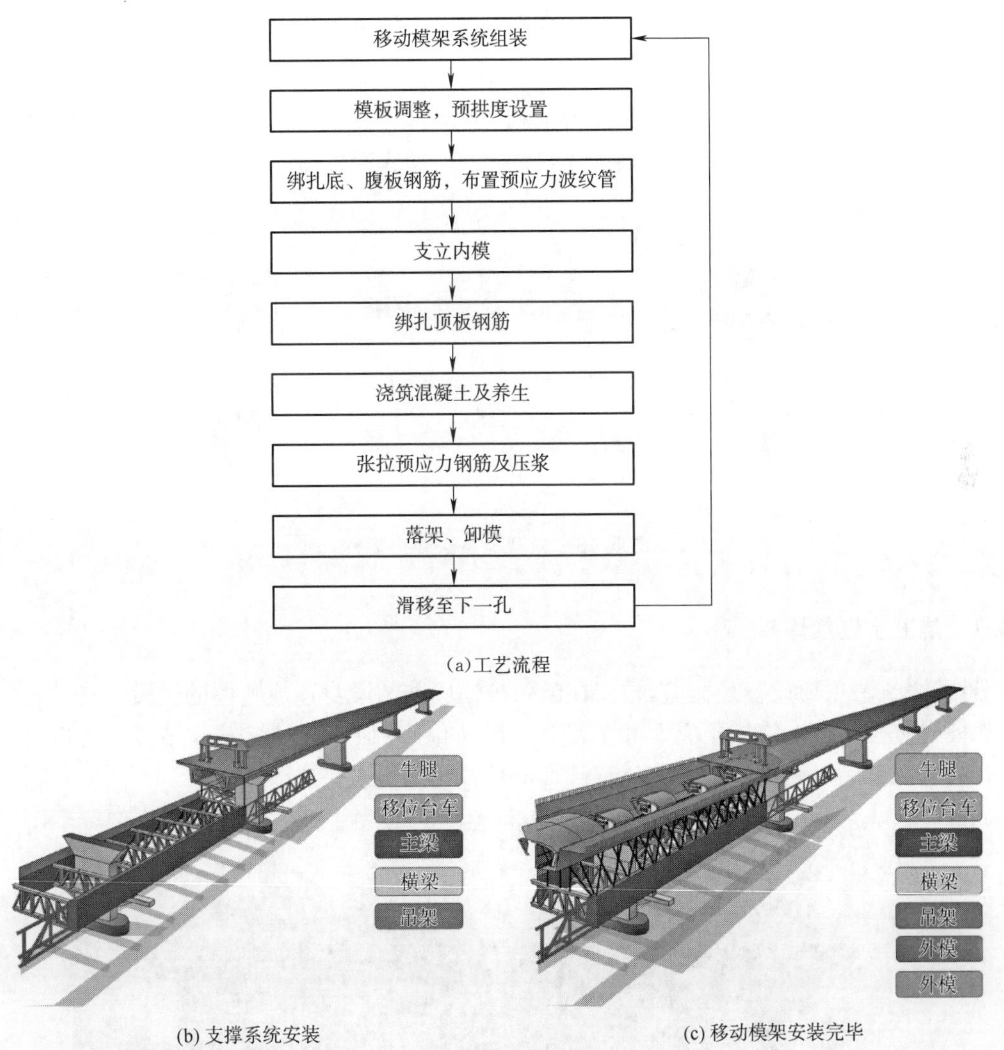

图 5.12　下行式移动模架的施工工艺

5.3.3　移动模架线形控制

移动模架施工梁体的线形控制，主要通过调整模板来保证梁体的施工预拱度和设计线形。施工预拱度设置时需要考虑移动模架在梁体混凝土作用下的变形，必要时做静载试验确定。施工时只要按要求设置预拱度以保证混凝土浇筑工程中模板的变形，即可保证梁体线形。

5.4　悬臂浇筑施工法

悬臂施工法是以桥墩为中心向两岸对称、逐节悬臂接长直到跨中合龙的施工方法。由于悬臂施工时由已建墩、梁承重而不需要支架、便桥，对桥下通航或行车无影响，悬臂施工法大大推动了桥梁建设，因此“悬臂施工技术”是桥梁技术的一次革命。

悬臂施工法包括悬臂浇筑和悬臂拼装两种方法。其中悬臂浇筑法是将梁部结构沿纵向化整为段，利用挂篮、桁架和托架等施工设备作为操作平台和承力、传力结构，利用先浇结构将力传至桥墩，从墩顶开始，对称的逐段现浇，直到合龙成桥，如图 5.13 所示。悬臂拼装法在下一节介绍。

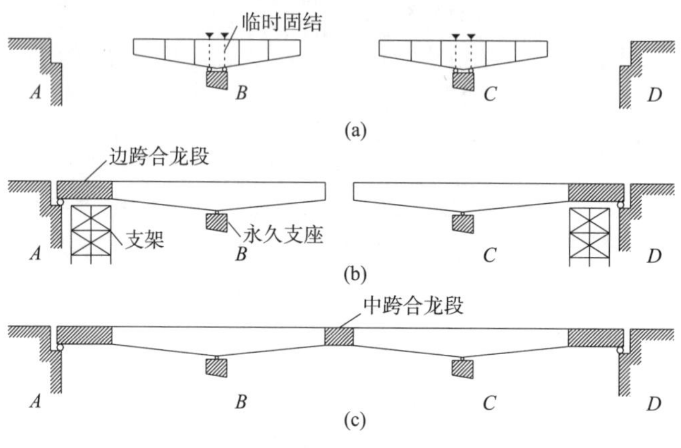

图 5.13　悬臂浇筑法施工流程

5.4.1　混凝土连续体系

悬臂浇筑法主要设备是挂篮，挂篮在已张拉锚固并与墩身连成整体的梁段上移动，绑扎钢筋、立模、浇筑混凝土、施加预应力都在其上进行，如图 5.14 所示。完成本节段施工后，挂篮对称前移，进行下一对梁段施工，循序前行，直至悬臂梁段浇筑完成。

图 5.14　悬臂浇筑施工法

1)挂篮

挂篮是悬浇节段的施工平台和承重结构，因此挂篮应具有足够的强度、刚度和稳定性，及自重轻和移动灵活等特点。常用的挂篮型式有菱形挂篮、梁式挂篮、斜拉式(三角)挂篮和组合斜拉式挂篮，如图 5.15 所示。

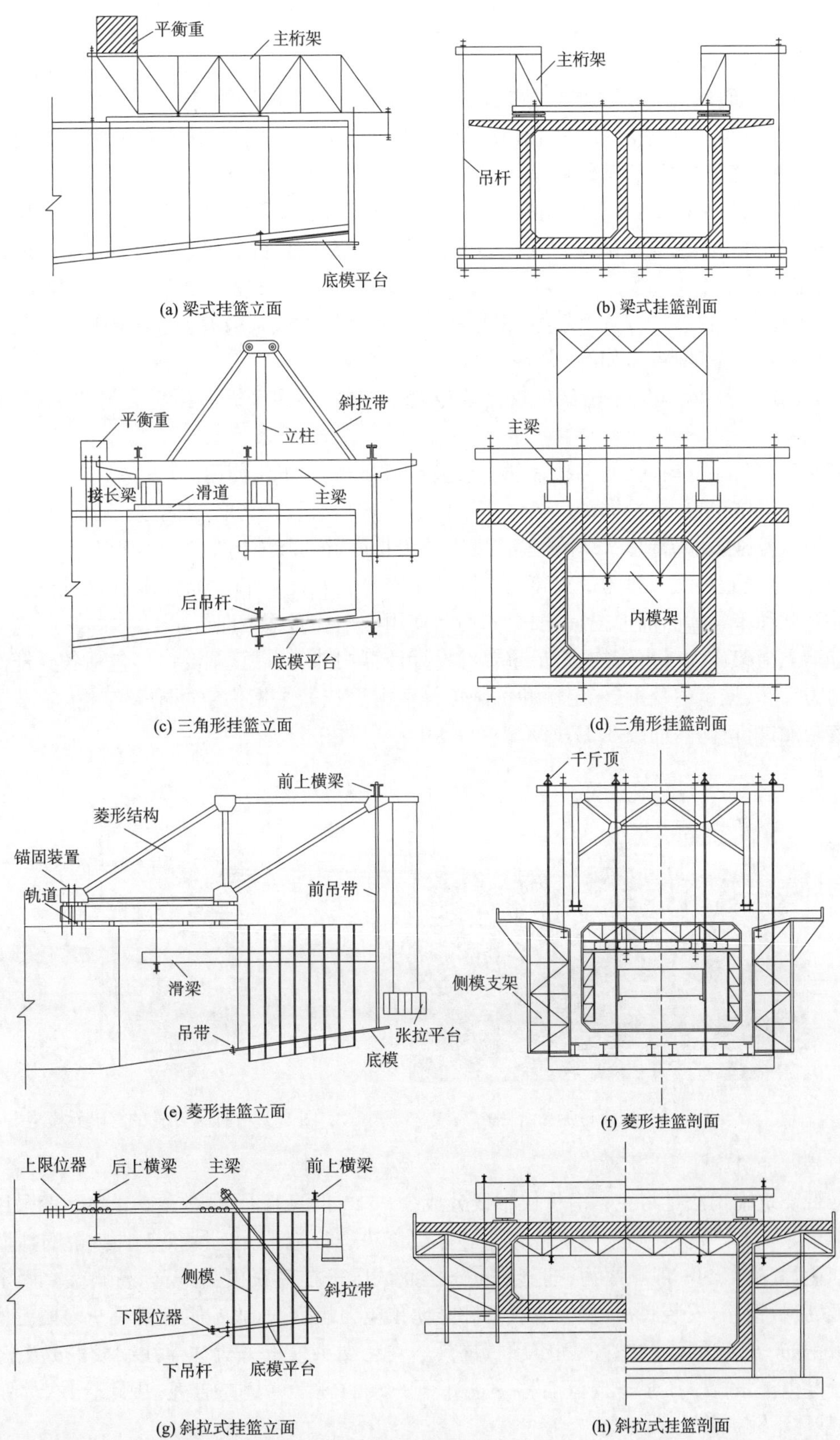

(a) 梁式挂篮立面　(b) 梁式挂篮剖面

(c) 三角形挂篮立面　(d) 三角形挂篮剖面

(e) 菱形挂篮立面　(f) 菱形挂篮剖面

(g) 斜拉式挂篮立面　(h) 斜拉式挂篮剖面

图 5.15　挂篮形式

挂篮主要由以下几部分组成：

(1)主桁架：挂篮的主要承重结构，一般由若干桁片构成两组，承受施工设备和新浇混凝土的全部重量，并通过支点和锚固装置将荷载传递到已施工完成的梁身上。

(2)悬吊系统：以钻有销孔的钢带或两端有螺纹的圆钢组成，张拉平台的悬吊系统可用钢吊带、钢丝绳、链条等组成，其作用是将底模架、张拉平台的自重及其上的荷载传递到主桁架。

(3)锚固系与平衡重：为了防止挂篮在前移和浇筑混凝土时发生倾覆失稳，并确保施工过程挂篮的安全，锚固系与平衡重的设置至关重要，挂篮在空载行走状态和浇筑混凝土时的倾覆稳定，稳定系数不小于1.5。

(4)走行系统：挂篮的整体纵移可采用滚移或滑移等方式，其动力可采用千斤顶或手拉葫芦等方式实现挂篮的移动，如图5.16所示。

(5)工作平台：在挂篮主桁架前端需要设置工作平台，用于纵向预应力筋的穿束、张拉等工作。

(6)底模架：供立模、钢筋绑扎、混凝土的浇筑和养护等工作使用。

根据实际施工要求，选择合适的挂篮结构形式是挂篮设计的首要问题。挂篮设计应满足实际桥梁悬臂施工的需要。设计挂篮长度由节段长度、锚固、结构受力和变形等力学条件等综合控制，设计挂篮长度一般为最大节段长度和工作平台长度之和。挂篮横断面的布置取决于桥梁的宽度和箱梁横断面形式，一般全断面上使用一个挂篮施工即可。

挂篮主桁架作为承重结构，是最重要的设计计算构件，其计算主要内容包括各类杆件和锚杆的内力计算、挂篮的变形、稳定性和抗倾覆等。由于挂篮主桁为空间桁架结构，应采用空间杆系有限元进行计算，如图5.17所示。

图5.16　液压行走系统图

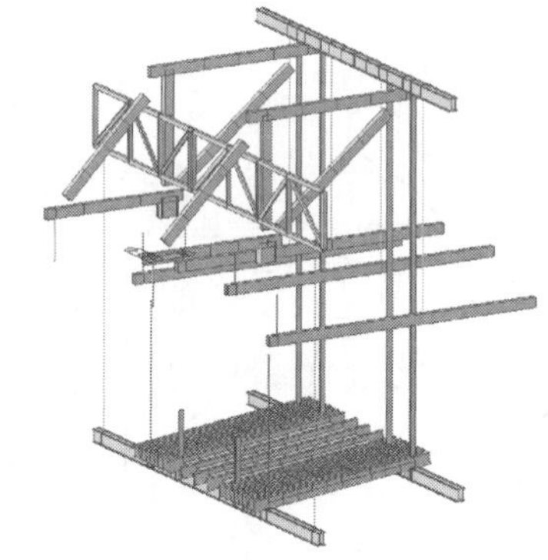

图5.17　挂篮计算的有限元模型

2)悬臂浇筑施工工艺

悬臂浇筑施工法是将主梁沿桥梁轴线分成2～5 m长的若干段，墩顶0号块一般采用支架现浇施工，从1号节段开始采用悬臂挂篮对称浇筑法进行施工。连续梁(刚构)桥的挂篮为后支点挂篮，其施工的一般顺序为：挂篮就位→挂篮试压→挂篮底模、外模标高调整并固定→安装底板、腹板钢筋，安装底板、腹板波纹管和竖向预应力粗钢筋，固定腹板锚具→内模就位→绑扎顶板钢筋、安装顶板波纹管→固定顶板锚具→安装端头模板→对称灌注梁段混凝土→覆盖养护→穿束→张拉→压浆→挂篮前移→进入下一梁的施工→边跨合龙、中跨合龙、体系转换(挂篮整体下放拆除)。

每个梁段施工循环内的主要工序如图5.18所示。

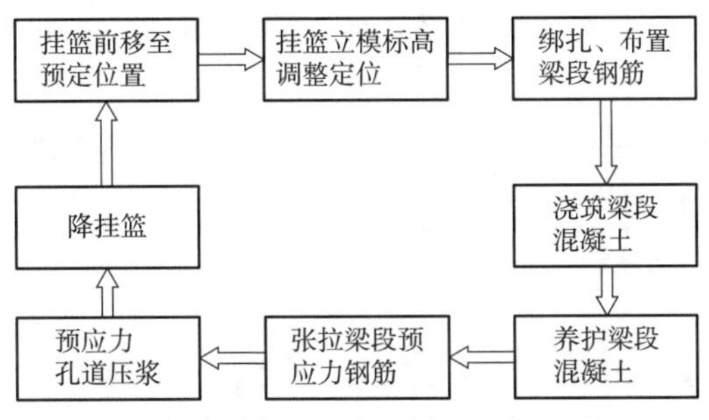

图 5.18　节段施工工序

(1)0 号段施工

对于墩、梁之间没有固结的连续梁、斜拉桥漂浮体系结构，为了承受悬臂施工过程中可能出现的不平衡力矩，需要采取措施保证梁体稳定，目的是保证施工过程中"T 构"的稳定可靠。常用的方法是将墩顶的节段与桥墩临时固结起来。悬臂施工时，墩梁临时固结措施或支撑措施主要有下列几种形式：

①当桥墩较大时，可以将 0 号块梁段与桥墩直接临时固结，如图 5.19 所示，临时支墩采用 C50 混凝土或 C50 硫黄砂浆，通过锚固钢筋将梁、墩锚固，拆除方式是采用绳锯切割混凝土或通电熔化硫黄砂浆。

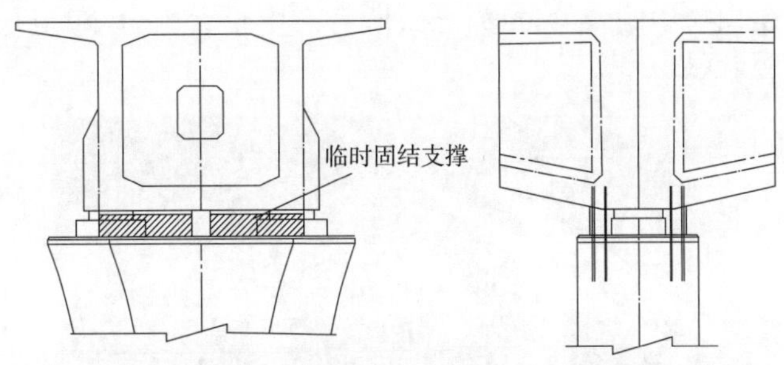

图 5.19　0 号块与桥墩的临时固结构造

②采用支架、立柱或牛腿作为支架固结措施，如图 5.20 所示，支架固结措施适用于桥墩不高且水不深的情况，牛腿固结措施适用于桥墩较高的情况。

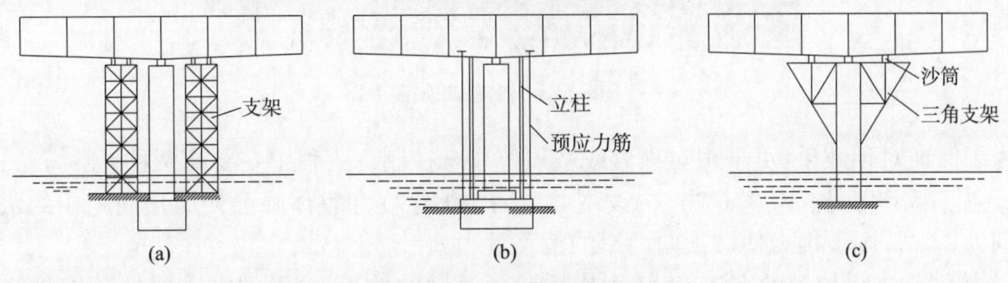

图 5.20　临时固结措施

临时墩梁固结应考虑施工时有一个梁段超前的不平衡力矩，并验算其稳定性，稳定系数不小于 1.5。

(2)合龙段施工

由于混凝土的收缩、徐变特性，环境温度变化，合龙段间距限制等，会导致合龙梁段的拉裂或压坏；同时合龙段施工过程也是结构体系转换过程，结构体系转换将引起整个结构内力和变形的变化。因此，合龙是最关键施工工序，其质量直接影响到整个桥梁的受力性能。具体合龙顺序由计算和设计确定，施工单位不能随意变更合龙顺序。因此为了保证合龙段质量，在合龙过程中应采取严格的施工控制措施：

①合龙段长度选择：合龙段长度在满足施工操作要求的前提下，应尽量缩短，一般采用1.5～2.0 m。

②合龙温度选择：一般宜在低温合龙，在预计合龙前三天连续观测温度及合龙段悬臂端高程变化规律，时间间隔为2 h，根据近期气温及标高变化规律确定最佳合龙时间。如果不是在设计合龙温度时合龙，应采用顶推等相应措施避免温度对结构的影响。

对于连续刚构桥中跨合龙时常采用对顶工艺，即在中跨合龙前利用千斤顶给两悬臂端施加水平推力，如图5.21所示，将两T构顶开一定位移，然后用劲性骨架锁定，在合龙段储备一定压力的操作。其作用主要有：

a. 消除高温合龙的影响：由于实际施工中季节、天气等原因影响，合龙温度常常高于设计温度，根据混凝土热胀冷缩的特性，一旦温度降低，梁体缩短，合龙段将承受拉力，可能造成混凝土开裂。连续刚构桥在高温条件下合龙采取预施加反顶力的施工措施，能够大大降低墩桩截面的拉压应力，能够很好地解决因高温合龙而对结构受力的不利影响。

b. 改善桥墩受力：在二恒、活载以及收缩徐变作用下，连续刚构桥中跨下挠通常较边跨大，从而使桥主墩产生向跨中倾斜的位移，导致墩身产生较大内力（弯矩）。采用对顶后，可抵消部分桥墩内力，改善其受力。

图5.21　合龙口顶推

为了保证对顶效果，可采用对顶力或墩顶位移来控制。工程中主要有两种计算方法：

a. 按消除墩顶水平位移的方法：设主梁后期收缩徐变和整体降温使墩顶向跨中的水平位移分别为δ_1、δ_2，则顶推力使墩顶向两岸的偏移量为$\delta=\delta_1+\delta_2/2$。

b. 按消除主梁拉力的方法：连续刚构桥受到桥墩的约束，合龙温差和梁体收缩徐变会在跨中产生拉力，施加与此拉力大小相等的水平推力，可消除对桥梁的不利影响。

由于桥梁结构为超静定结构，可借助有限元分析进行较为精确的计算，全面掌握对顶力作用下主梁和桥墩的受力。实施对顶时，要加强梁端位移、墩顶位移以及控制截面应力的监控。

③混凝土选择：宜使用微膨胀混凝土，并及时张拉预应力束筋，防止合龙段混凝土出现裂缝。

④合龙段锁定：在对梁体变形和温度变化连续观测的基础上，选择在梁体相对变形和温度变化都较小的时间段内，对称、均衡、同步地对梁体进行锁定以防止悬臂端产生位移、产生裂缝。合龙锁定中采用又拉又撑的方法，即用刚性支撑骨架承受压力，如图 5.22 所示，用临时预应力束承受拉力，刚性支撑骨架根据温度荷载计算其所需截面积，同时应验算其压杆稳定性；临时预应力应确保降温时劲性骨架中既不出现拉应力，又要满足升温时骨架不致受压过大而失稳，具体张拉吨位根据合龙期间可能出现的温度范围计算，合龙锁定温度选择在设计要求的合龙最佳温度范围内。

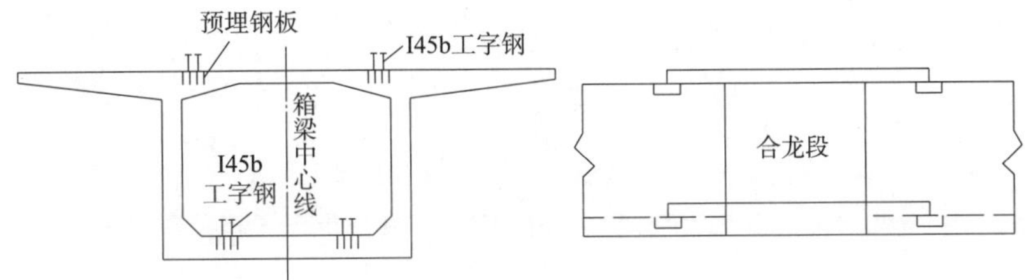

图 5.22　体外刚性支撑锁定

⑤配重：为了防止在浇筑混凝土过程中合龙段两端发生相对位移，可在合龙前两悬臂端施加与合龙段重量相等的配重，并在浇筑混凝土时等量同步释放该配重，就会避免合龙段两端产生相对偏位，并能保证混凝土的浇筑质量，且配重可以调整合龙段两端的标高。配重通常是在悬臂端采用水箱、沙袋或预制混凝土块进行配重，如图 5.23 所示，并沿横桥向均衡布置，避免箱梁侧倾和扭转。每个悬臂端配重为合龙段混凝土重量的 0.5 倍。

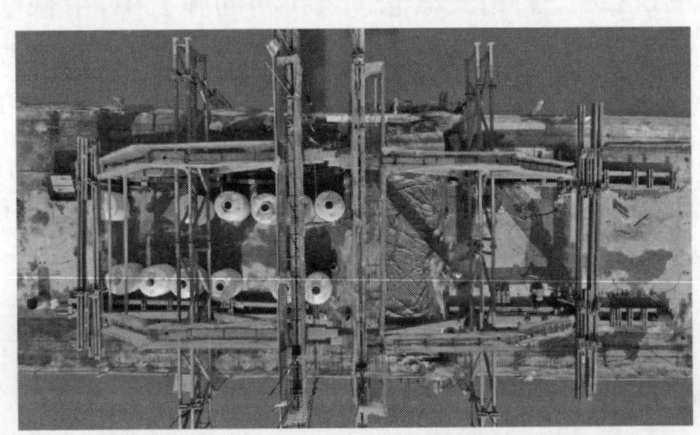

图 5.23　合龙配重

⑥结构体系转换

当结构由双悬臂状态变成单悬臂状态，最终成连续梁受力状态的这一施工过程中存在结构体系转换，施工时应注意以下几点：

a. 结构由双悬臂状态转换成单悬臂受力状态时，梁体某些部位的弯矩方向发生转换。所以在拆除梁墩锚固前，应按设计要求，张拉一部分或全部布置在梁体下部的正弯短预应力束。

b. 墩梁临时锚固的放松应均衡对称进行，确保逐渐均匀地释放。

c. 若转换为超静定结构，则需考虑钢束张拉、支座变形、温度变化等因素引起结构的次内力。若按设计要求，需进行内力调整时，应以标高、反力等多因素控制，相互校核。

d. 在结构体系转换中，临时固结解除后，将梁落于正式支座上，并按标高调整支座高度及反力。支座反力的调整，应以标高控制为主，反力作为校核。

5.4.2 拱　　桥

拱桥悬臂浇筑法分为塔架斜拉扣挂悬臂浇筑法和悬臂桁架浇筑法。

塔架斜拉扣挂悬浇筑法是在拱脚墩台处安装临时的钢或者钢筋混凝土塔架，用斜拉索（或者用斜拉粗钢筋）一端拉住拱圈或者拱肋节段，另一端绕向台后并锚固于岩盘上，以改善主拱在悬浇过程中的受力状态，从拱脚开始，逐段向拱顶悬臂浇筑直至拱顶合龙。图 5.24 中的拱桥悬浇施工倒三角挂篮系统是一种由索、塔、拱肋三种基本结构组成的组合结构，这种特有的施工方法目前得到广泛的使用。

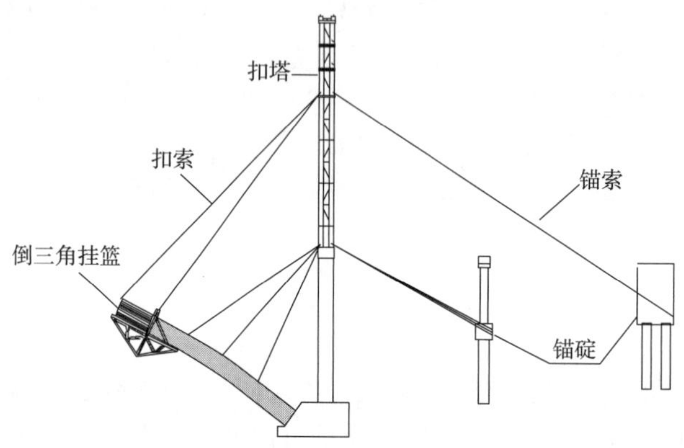

图 5.24　塔架斜拉扣挂悬浇法

悬臂桁架浇筑法（图 5.25）是将桁式概念进入拱桥的施工中，用悬臂桁架法架设大跨径桥梁，是当今世界普遍采用的新技术。悬臂桁架浇筑法是将主拱圈、拱上立柱、桥面板齐头并进，边浇筑边构成桁架发挥效应，施工时用预应力钢筋或钢绞线作为桁架的临时斜拉杆。桥面板的临时明索用拉杆或者桥面梁锚固于台后的岩盘上，向河中悬臂施工，最后拱顶合龙。过程中主拱圈和上部结构同时施工，这样使得在施工过程中，拱上结构也参与了受力，整体性好，提高了施工过程中的稳定性，同时施工的工期得到大幅度的提高。

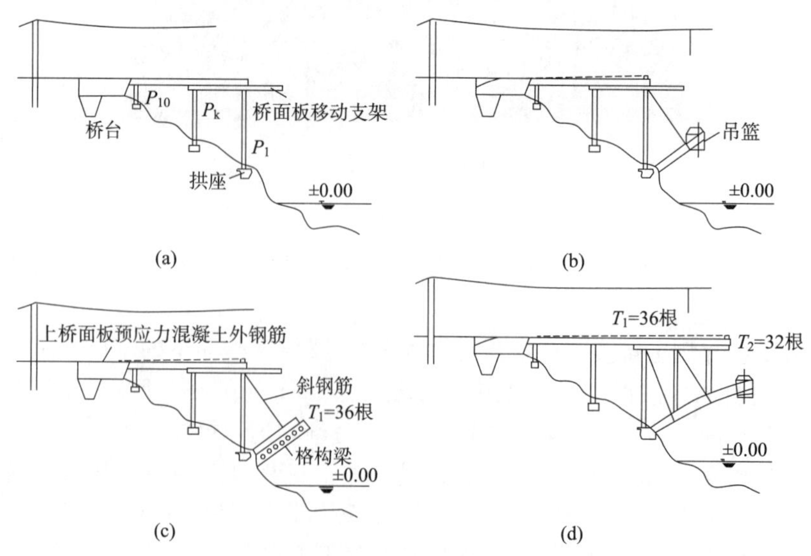

图 5.25　悬臂桁架浇筑法

1)斜拉扣索

拱桥悬臂施工期间,由于浇筑节段的持续施加,使得主拱圈的最大拉应力很容易超出安全合理范围,对于先成拱的塔架斜拉扣挂悬臂浇筑法来说,拱脚截面较为不利,而形成桁架体系的悬臂桁架法的危险截面还会出现在立柱下的主拱圈处。临时斜拉扣索使主拱形成了多点弹性支承,降低了拱肋的截面弯矩,且斜拉扣索的水平分力对主梁产生的轴向预施压力的作用可以增强拱肋的抗裂性能。另外斜拉扣挂索力直接影响施工过程中拱圈内力、成桥后拱圈内力与线形,因此合理确定扣索索力至关重要。斜拉扣挂悬臂浇筑施工拱桥的扣索索力须按以下两个步骤进行控制:

(1)采用最小弯矩能法等求出最大悬臂状态下扣索索力后将拱圈正装至最大悬臂状态,通过控制各施工阶段主拱圈的应力水平来初步确定悬臂施工阶段需拆除的扣索及拆除的施工阶段。

(2)由于最大悬臂状态时扣索索力直接影响成桥后拱圈的应力水平,因此拱圈悬臂施工到最大悬臂状态后,扣索索力应进行二次调整以保证拱圈成桥后处于理想受力状态。二次索力调整的具体方法为:将拱圈最大悬臂状态作为初始状态,以拱圈弯矩作为目标函数,一次落架的拱圈弯矩作为目标,应用有限元程序进行最大悬臂状态的二次调索。

2)索塔支架系统

索塔作为施工中最主要受力单元承担了主拱圈悬臂浇筑阶段的大部分荷载。一般索塔的形式有万能杆件、混凝土临时支撑、钢管支撑、钢管混凝土支撑。图 5.26 为钢管支撑索塔。安装、拆除时需要实时监测索塔的变形偏位,并按照计算结果控制变形量不得大于 $L/3\ 000$。

图 5.26　钢管索塔

3)地锚系统

常见的形式有锚峒式、重力式、岩锚、梁板式等类型。

4)挂篮系统

拱桥悬浇挂篮是主拱圈节段悬浇施工的主要承重结构,一般采用三角挂篮悬臂浇筑施工,由桁架承重系统、行走系统、支反力系统、止推系统、工作平台及防护系统组成,如图 5.27 所示,承重系统由底篮、三角形侧桁架、挂钩及挂钩横联、吊锚杆和斜拉杆构成;支反力系统主要由挂钩铰座、轨道剪力键及滑船限位钢销、后横梁上的可调节支承垫块、止退钢销等构成。行走系统主要由滑船、滑槽、千斤顶、反力座及反力轮等构成;模板系统由底模、外侧模、内模及端模组成。

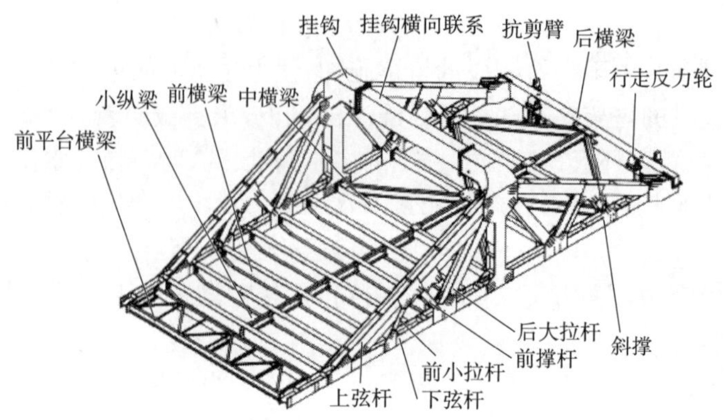

图 5.27　一种拱桥挂篮(未示底模架)

挂篮浇筑混凝土时,将挂篮安装在第一段用现浇支架浇筑的节段上,使用后横梁附近的摇柄将抗剪臂上升,插入已浇节段底部的预埋抗剪盒内。将后支座上的楔形钢板安装在后横梁上,作为支座把挂篮后端支撑在拱箱的底板上。安装撑杆,支撑住挂钩,使挂篮不下滑。再安装模板系统,调整标高,然后浇筑混凝土。

挂篮移动时,将反力轮就位,降下抗剪臂,在止推轨道前端用千斤顶张拉精轧螺纹钢筋,使挂篮顺着轨道前移。千斤顶回油时,用撑杆和止推牛腿支撑挂钩,交替前移。挂篮行走到位后,落下反力轮,让后支座受力,将抗剪臂上升,插入拱箱底部的预留孔。安装模板系统,调整标高,然后浇筑混凝土,完成一个循环。

5.4.3 斜 拉 桥

混凝土斜拉桥主梁一般都采用悬臂浇筑法施工,挂篮主要采用牵索式挂篮(也称前支点挂篮),如图 5.28 所示,它是将挂篮后端锚固在已浇梁段底板上,并将待浇段的斜拉索牵挂在挂篮纵梁前端,以形成前支点,它充分利用了斜拉索的作用,挂篮除在前移过程中处于悬臂状态外,在拉索张拉及混凝土浇筑过程中均处于简支状态,由斜拉索和已浇梁段来共同承担待浇梁段的混凝土荷载,大大减小了挂篮所需承受的荷载,减轻了挂篮自重,此外,在浇筑过程中,可以根据浇筑混凝土的自重,多次张拉拉索以平衡浇筑混凝土的重力,改善主梁受力。经过不断实践与改进,前支点挂篮已趋全面、完善,在混凝土斜拉桥施工中被普遍采用。

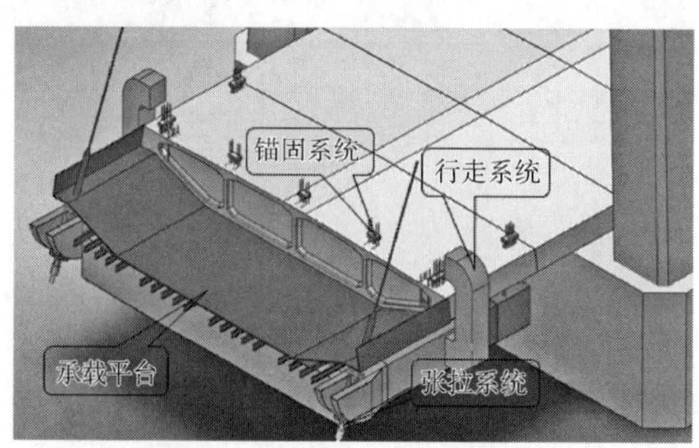

图 5.28　前支点挂篮

斜拉桥悬臂浇筑法中主梁混凝土悬臂浇筑与一般预应力混凝土梁式桥基本相同。主要施工流程为:支架上浇筑无索区节段→前支点挂篮安装、静载试验→底模安装与立模就位→斜拉索安装、第一次张拉→钢筋工程、预应力工程→混凝土抗拉索第二次张拉→混凝土浇筑与养护、纵向预应力张拉→索力转移至主梁、挂篮与斜拉索分离、拉索第三次张拉→挂篮前移—节段循环施工→合龙、体系转换—二恒施工—索力调整。

无索区节段一般采用支架法施工，无索区节段混凝土浇筑前应将挂篮主纵梁作为支架置于其底模下。当斜拉桥为非塔梁固结体系时，必须采取相应措施使塔梁临时固结，在解除临时固结时，应按设计要求的程序进行解除，解除过程中还须对拉索索力、主梁标高、塔梁内力与索塔位移进行监测。

悬臂浇筑的节段长度应根据斜拉索的索间长度、梁段质量进行划分，节段长度一般为 1 个或 1/2 个索距。

5.5　悬臂拼装法

悬臂拼装法：将梁部结构化整为块，分块预制，利用移动式吊机起吊节段，从墩顶开始，对称的逐段拼装，利用环氧树脂和预应力钢筋连接成整体，直到合龙成桥，如图 5.29 所示。

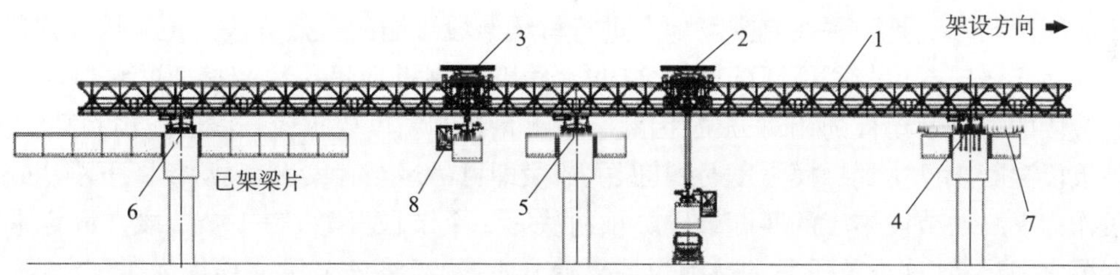

图 5.29　造桥机悬臂拼装法示意图

1—主桁架；2，3—起重桁车；4，5，6—前中后支点；7—牛腿；8—操作平台

5.5.1　混凝土梁

悬臂拼装法是从桥墩顶开始，将预制梁段对称吊装，就位后施加预应力，并逐渐接长的一种施工方法，如图 5.30 所示。

图 5.30　悬臂拼装法

1）节段预制

悬臂节段通常采用长线法浇筑或短线法浇筑预制方法生产。

长线法（又称长线匹配预制法作业）是在足够长度（大于半跨长度）的预制台座上依整跨预制曲线做一次调整后，依次序逐块结合浇筑，最后完成半跨后再将节段逐块脱离移至存梁区。

短线法预制是在有限场地上，只利用一套模板（一端为固定）进行各节块预制，浇筑第 1 节块（起始节块）后，以该节块端面（匹配节块）作为下一节块端模进行第 2 节块浇筑，如此反复。

(1)长线匹配预制法

长线匹配预制法作业是以桥梁跨度一半的梁体长度作预制长度，在足够长度（大于半跨长度）的预制台座上，依整跨预制曲线做一次性调整后，依次序逐块结合浇筑，完成半跨后，再将节段逐块脱离移至存储场，如图 5.31 所示。

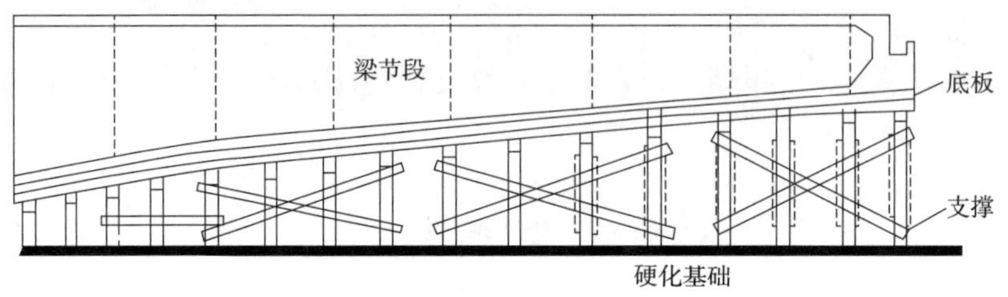

图 5.31　长线法施工

(2)短线匹配预制法

短线匹配预制法是一种在有限场地上进行桥梁节段预制的有效方法。预制构件几何线形控制仅存在于浇筑节段与相邻匹配节段之间，其线形控制需在每一次密接匹配预制时精确调整匹配节段的方位及模板的相对方位，因此节段测量控制精度要求较长线匹配预制高。

当节段混凝土已达到拆模强度时，其匹配节段即可吊运至存梁区存放，仅留下刚浇筑完成的节段作为下一块节段施工的匹配节段。预制从第 1 个节段开始，第 1 个节段在固定端模和浮动端模之间浇筑，这个节段通常被称为是起始节段；然后将该节段前移作为匹配梁（充当浮动端模）进行第 2 节段浇筑，如图 5.32 所示，这样能保证相邻节段之间的匹配质量。重复这个过程，将第 i 节段前移进行第 $i+1$ 节段浇筑，直到所有节段预制完毕。

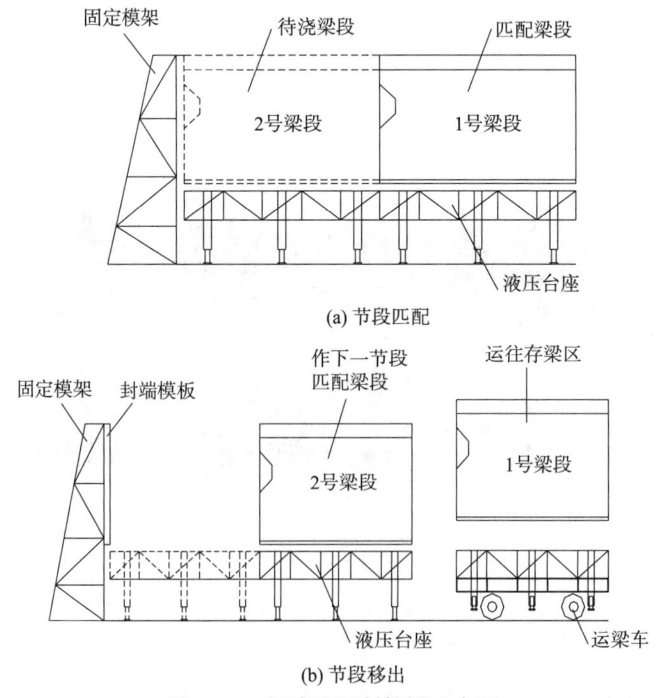

图 5.32　短线法预制箱梁示意图

2)拼装方式与接缝处理

悬臂拼装法施工中的 0 号块,由于其梁高大、质量大且吊装不方便,同时,为便于控制整个梁体的安装精度,大多采用现场就地浇筑法施工,也有在墩上采用预制装配施工的。

梁段的接缝可采用湿接缝、胶接缝和干接缝几种形式。

湿接缝宽 0.1～0.2 m,拼装时下面设置临时托架和模板,当拼装梁段的位置调整准确后,用强度等级高的砂浆或小石子混凝土填实,待接缝混凝土达到设计强度后施加预应力。湿接缝常在 0 号块与 1 号节段间使用,因为 1 号节段的施工精度对后续节段的相对位置和对控制桥梁拼装的标高影响甚大。

胶接缝用环氧树脂加水泥在节段接缝面上涂一薄层,厚约 1 mm,它在施工中起润滑作用,使节缝密贴,完工后可提高结构的抗剪能力、整体刚度和不透水性,常在中间节段的接缝中使用。

干接缝,即接缝间无任何填充料,施工方便,依靠施加的纵向预应力承担接缝截面的弯矩,预压力产生的接缝截面摩擦力抗剪,主要因为接缝不密封会导致钢筋锈蚀,使用较少。

3)剪力键施工

为了有效传递节段间的剪力,预制节段通常在结合面上设有剪力键,如图 5.33 所示。剪力键根据形状可分为单键和多键。单键通常较大并集中在局部,而多键则尽可能分布于结合面的各个部位,其尺寸相对较小,可避免剪力集中,因此通常认为多键系统更为有效。

图 5.33　剪力键布置图

新节段与匹配梁脱离时要缓慢进行,并应采用有效措施避免损失剪力键。

4)悬臂拼装施工工艺

节段悬臂拼装施工过程主要包括:①0 号块的施工;②架桥机的安装;③对称悬臂拼装;④边跨拼装;⑤合龙。

0 号块的施工有现浇和预制吊装两种方式。当 0 号块为现浇时,可能受到浇筑过程各种因素的影响,很难保证 0 号块的位置、尺寸精度达到悬拼要求,而 1 号块是紧邻 0 号块两侧的第一个箱梁节段,其在预制阶段的尺寸已经控制好,如作为整个悬拼 T 构的基准梁段,后面的拼装节段线形调节量非常微小,因此 1 号节段的安装精度是至关重要的。

节段悬拼应保持胶结面干净整洁,胶结面环氧树脂填充密实,预应力管道不被堵塞。拼接时同一“T 构”两端的节段需同时、对称拼装。当施工误差超过允许误差时,应及时调整,总体要求线形基本平顺,拼接缝平整、密实、颜色一致。部分悬臂拼装现场如图 5.34 所示。

图 5.34　部分悬臂拼装现场照片

5)起吊机具和方法

预制块件的悬臂拼装可根据现场布置和设备条件采用不同的方法来实现。当靠岸边的桥跨不高且可在陆地或便桥上施工时,可采用自行式吊车、门式吊车来拼装。对于河中桥孔,也可采用水上浮吊进行安装。如果桥墩很高,或水流湍急而不便在陆上、水上施工时,就可利用各种吊机进行高空悬拼施工。

(1)悬臂吊机拼装法

悬臂吊机由承重梁、横梁、锚固装置、平衡系、起重系、行走系和工作吊篮等部分组成,如图 5.35 所示。承重梁和横梁可由万能杆件、型钢等构成。与用挂篮悬浇施工类似,在开始拼装靠近墩顶的 1 号、2 号节段时,可以用一根承重梁对称同时起吊,在容许布置两台移动式悬臂吊机时,拆分承重梁形成两台吊机,开始独立对称吊装,如图 5.35 所示。目前国内悬臂吊机的起重能力在 1 800 kN 以内。

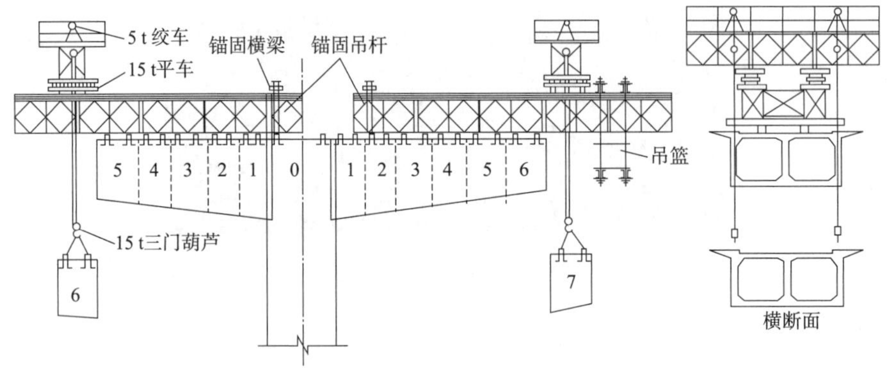

图 5.35　悬臂吊机构造

节段的运输可从桥下或水上浮运至桥位,再由悬臂吊机吊装就位。

(2)桁架拼装法

桁梁悬拼施工是一种移动支架法,它以桁梁作为承重结构和运梁设备进行悬拼施工,已被大量地应用在中等以上的高架桥上。依据桁梁支承状态分为两类,一类是简支悬臂桁梁,长度大于桥梁的最大跨度,桁梁支承在已拼装完的梁段上和待拼墩顶上,如图 5.36 所示,必要时可用加劲索加强桁梁。另一类是连续桁梁,长度大于两倍桥梁跨度,形成三个支点的连续梁,国内称这类移动式连续桁梁为造桥机,图 5.37 为我国自行设计制造的造桥机,跨度为 96 m,吊重 1 600 kN,石长线湘江铁路大桥就是用该造桥机架设的。造桥机施工的显著特点是:节段运输方便、拼装速度快。

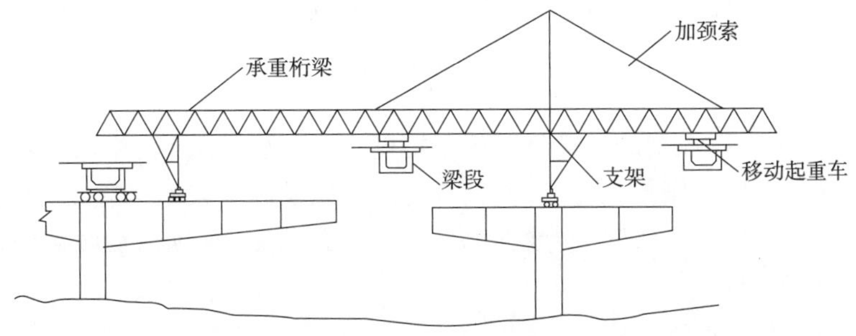

图 5.36　简支—悬臂桁梁拼装

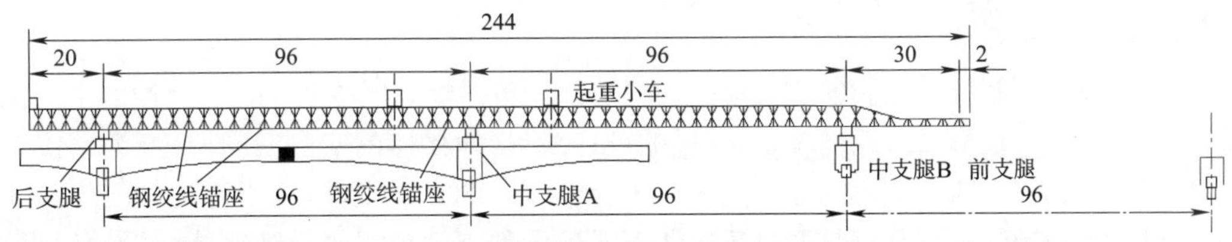

图 5.37　大跨度造桥机(单位:m)

图 5.38 为造桥机拼装示意图。

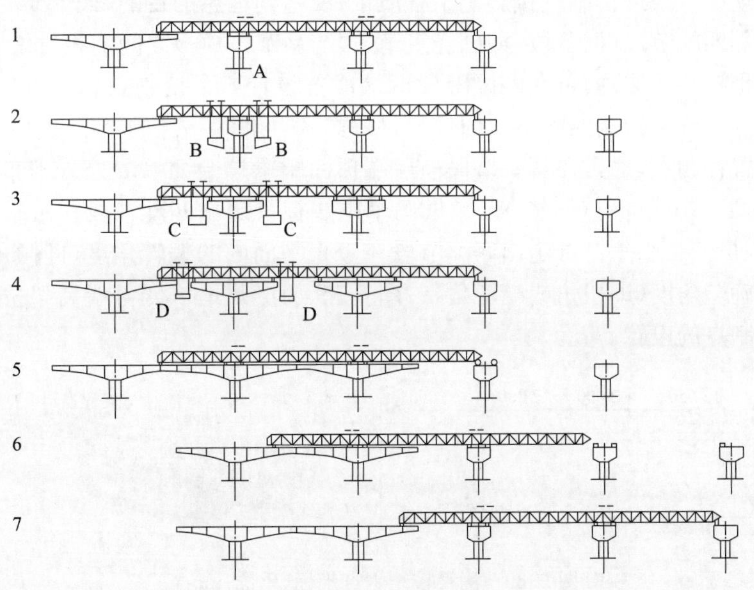

图 5.38　大跨度造桥机拼装示意

(3)起重机拼装法

可采用伸臂吊机、缆索吊机、龙门吊机、人字扒杆、汽车吊、履带吊、浮吊等起重机械进行悬臂拼装。根据吊机的类型和桥孔具体条件的不同,吊机可以支承在墩柱上、已拼好的梁段上或处在栈桥上、桥孔下。

悬臂拼装法将大跨度桥化整为节段，预制和拼装方便，上下部结构平行作业，拼装速度快、周期短，施工速度快。同时预制节段施工质量易控制，结构的附加内力小。但是，需要较大的预制场地和较高的起重能力，拼装精度要求高，施工的高程控制难度大，一般宜用于跨径小于100 m的多跨桥梁。

6）节段梁纠偏措施

悬臂拼装施工中高程控制的关键就是施工挠度，虽然在预制过程中已经考虑了理论预拱度，但是在实际施工中胶拼张拉预应力前后、墩台沉降以及施工误差等造成实际与理论预拱度值的偏差。若测量结果超出几何控制数据库允许的误差范围，则须对后续梁段的拼装进行调整。可采取以下调整方法：

（1）改变胶接缝涂胶厚度。

（2）当线形发生主要定位错误或线形误差过大以致无法用楔形垫片纠偏，须采用增设湿接缝的方法，增设的湿接缝一般为50 cm厚。

7）短线法预制线形控制

短线法节段预制线形控制的实质就是通过每次调整匹配节段相对于待浇节段的空间位置来保证梁体的设计线形。一般情况下，桥梁的设计线形（即梁体的实际空间位置）为整体坐标系，而在节段预制时，匹配节段的方位是相对于待浇节段的相对坐标，属于待浇节段的局部坐标系。短线法预制线形控制就是通过每次调整匹配梁的空间位置来保证梁体的设计线形，包括匹配梁理论安装位置和每次制造误差的补偿修正。

短线预制法的线形控制是在每一次密接匹配预制时精确的调整匹配节段的方位及模板的相对方位来实现的。线形控制直接影响工程质量，要达到理想的目的，最主要的是精密的测量及正确调控相邻匹配节段（旧节段，即已浇筑节段）与新节段模板之间的相对位置。

根据前述坐标转换原理，可在匹配节段两端面各设置3个控制点（L、M、R），通过测量控制这六个控制点坐标来控制匹配节段的位置，俗称“六点坐标”法。因实际工程中，很难在节段两端接缝处设置控制点，通常在每一节段前后端顶面距梁端约20 cm处分别布置四个高程标钉（L、R点）和两个中线标钉（M点）。测量两个中线标可定出匹配节段在水平面内的偏转角度（即转角）；测量四个水平钉可定出匹配节段在竖直平面内的偏转角度（即倾角或仰角）以及绕节段轴线的旋转角度（即扭角或畸变角）。图5.39为广州地铁四号线高架桥短线节段预制时梁顶六个控制点的设置。

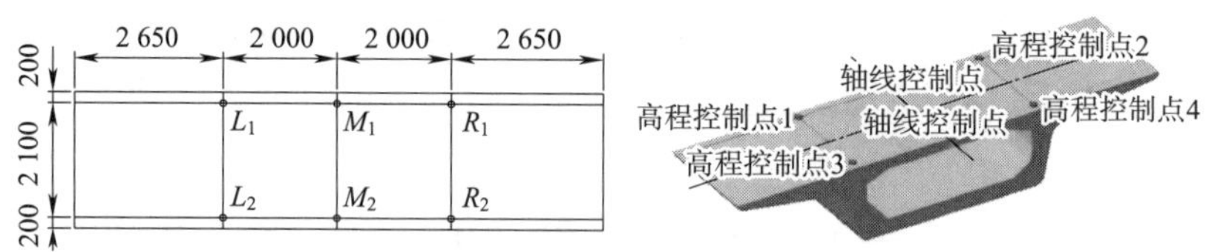

图5.39　测量控制六点坐标（单位：mm）

精确的测量是短线法预制线形控制的关键，必须要有专职测量工程师驻守在工地现场，精确翔实的进行测量、记录，测量记录实行双检制，确保节段预制的精确度。如图5.40所示，首先在预制场内设置稳定的观测塔和目标塔，在观测塔上架设测量仪器来进行调控。在节段预制过程中观测塔、目标塔及观测塔上的测量仪器均不得有任何移位，否则必须重新建立测量控制系统。

端模板必须永远保持垂直、水平和方正，所有线形控制是依预制曲线来移动旧节段(匹配节段)来进行控制的。匹配预制之前再次对上述 6 点测量并做好记录，此时这个节段方可进行密接匹配预制。

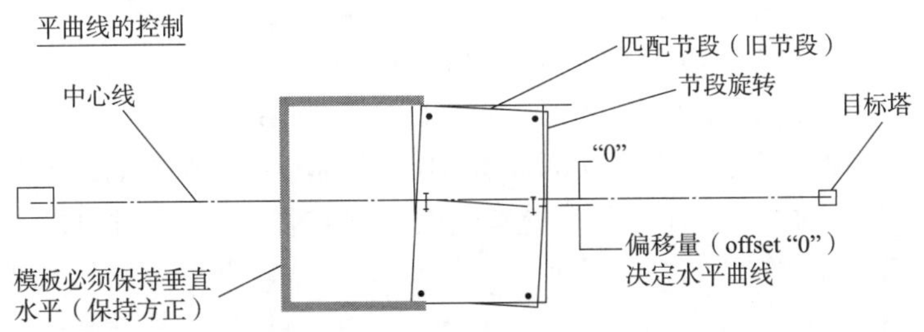

图 5.40　六点坐标测量平面图

当匹配节段移到密接匹配预制位置后，依据控制程序计算的结果重设方位，直线桥中线保持不变，曲线桥则有偏移量。竖曲线的控制方法与上述相似，如图 5.41 所示，因为要补偿挠度而有预拱值，即使是每段曲线桥也要作竖向的调控，调整量的大小决定于施工图中的预制曲线。

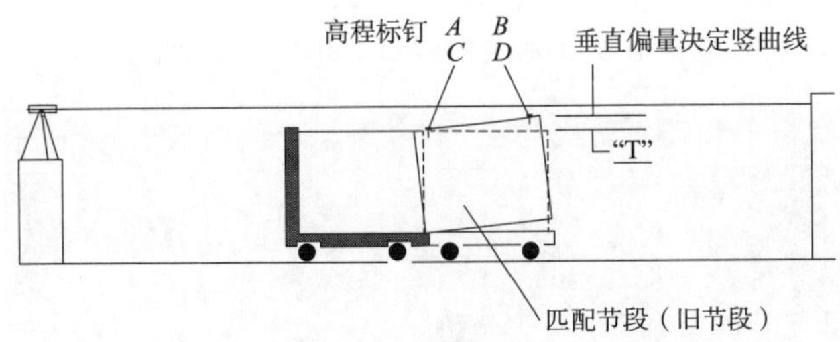

图 5.41　竖曲线线形控制立面图

当匹配节段调整到位后，新节段的预制准备也已完成，就可以浇筑混凝土了。在匹配节段移走之前，必须再次测量，以确定浇筑混凝土当中旧接块是否有移动。这种移动的情况时常会发生，其因素如：模床沉陷、振动器的影响，以及封模时的外力都可能造成匹配节段的移动。

浇筑混凝土前的测量记录及调控极为重要，但是混凝土浇筑后，这些控制点的数据很难保持与浇筑前相同，所以浇筑混凝土后的测量是极为关键的。虽然这种移动量可能很小，但它会发生，因此浇筑混凝土后须如实记录这些数据，并利用控制程序作为下一个新节段定位时补偿前一个节段制造误差的计算依据。

5.5.2　钢　梁

钢构件一般采用分节段安装架设，即钢构件按照设计要求分段制作，运至桥位逐段吊装，钢构件节段之间全断面焊接或螺栓连接，直至合龙，成桥后钢构件线形与拱度应符合设计设定的要求。

1)钢构件制造工艺

常用的钢梁结构形式有钢桁梁和钢箱梁，钢箱梁的制造工艺如下：

钢箱构件为正交异性板结构，所以可将面板、底板、纵隔板、腹板和风嘴等所有的构件分成便于起吊和运输的若干有纵、横肋的独立构件，然后将这些板单元在胎架上按一定的顺序组装成钢箱构件。根据钢箱构件结构特点(如单箱、双箱或三箱)又可分为二阶段或三阶段制造。

二阶段制造法是指在钢构件制造中分为:板单元制造阶段和钢构件组装焊接阶段。带纵、横肋的板单元构件宽度和长度依据结构设计图,并考虑钢板的轧制尺寸(宽×长)、起吊能力和运输净空等条件划分。板单元构件一般在工厂制造,其制造精度和板的平整度是保证钢构件制造精度的基础。第二阶段是在胎架上匹配组装焊接成箱梁节段。二阶段制造是常用的一种方法,较适用于双箱、多箱结构,比三阶段制造法工效高、制造工期短。

三阶段制造法是将每节钢构件分为板单元构件,单体组装与焊接,以及单元或块体组装焊接成整箱,沿纵向分成两个或三个单体。整箱组装焊接往往结合施工阶段,与梁匹配组装,以确保桥梁吊装的精度要求。

2)钢构件匹配

钢构件施工接口匹配原则是确保接口匹配质量,从接口刚性强到刚性柔的顺序依次完成匹配,钢构件接口初匹配控制程序如下:

起吊钢构件与前一梁段平齐→对齐主腹板→安装顶板临时连接件→测量主梁高程及轴线→调整主梁前端高程及轴线→安装底板临时连接件→测量主梁前端高程及轴线→调整主梁前端高程及轴线至合格。

在连接之前对接口进行精匹配,要求保证接口面板高低差不大于 0.5 mm,通过千斤顶压平接口,并用于马板固定的方法使接口完成精匹配,如图 5.42 所示,再进行最后连接。

图 5.42　马板固定

3)钢构件拼装

现代钢构件节段之间现场连接方式有三种,即全焊接、栓焊结合、全栓接。

采用全焊接连接方式的钢构件,U 形肋嵌补段对接焊和肋角角焊均处于仰角位置施焊,而仰焊工作条件差,施工周期长,质量控制难度大。

栓焊结合适用于钢构件桥面板采用焊接(陶瓷衬垫单面焊双面成型工艺),U 形肋采用高强度螺栓连接,这是钢构件拼装目前最适宜的连接方式,这种连接方式具有足够的刚度、承载力和耐久性。

全栓接为钢构件桥面板和纵向 U 形肋全部都采用高强螺栓连接。因为桥面板上栓接板突出,使桥面铺装层因栓接接头而受到削弱,给铺装工艺和质量控制带来困难,铺装层容易产生断裂、剥离等病害。

4)钢梁拼装中改善悬臂内力和挠度的措施

结构悬臂长度越大、悬臂端挠度越大、悬臂根部的构件受力越大,施工中,依据实际工程的需要，需采取合理的措施，以改善悬臂内力和挠度，常用的措施有：

(1)连续结构半(对称)悬臂拼装、跨中合龙[图 5.43(a)]，如此可大幅度地减少悬臂长度。

(2)辅助吊索塔架[图 5.43(b)]，改善构件受力状态。

(3)墩旁托架[图 5.43(c)]，减少悬臂长度。

(4)临时加强伸臂支点附近的杆件或梁体[图 5.43(d)]。

(5)临时支墩[图 5.43(d)]，减少悬臂长度。

(6)水上吊机，减少梁端施工荷载。

(a) 南京大胜关大桥对称悬臂施工

(b) 九江长江大桥双层辅助吊索塔架

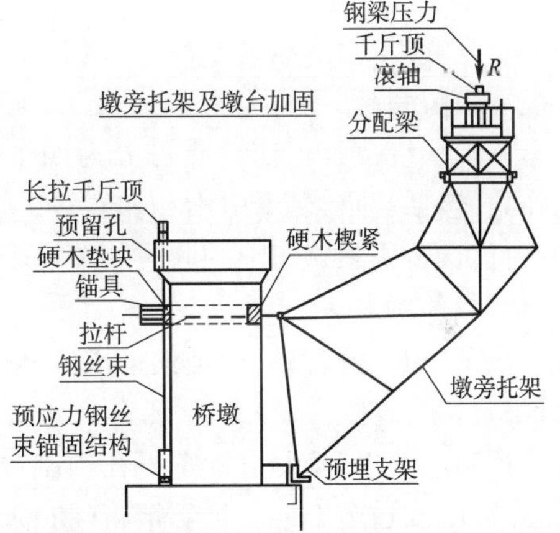

(c) 南京长江大桥墩旁托架辅助悬臂施工

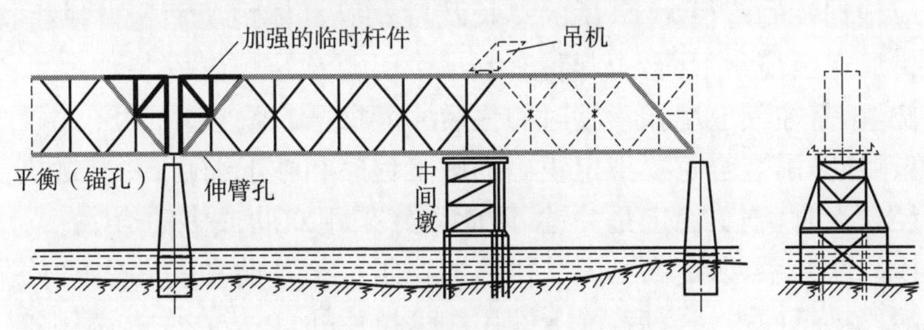

(d) 简支桁梁半悬臂安装示意图

图 5.43　改善悬臂内力和挠度的措施

5.5.3　拱　桥

在峡谷或水深流急的河段上，或在通航河流上需要满足船只的顺利通行，或在洪水季节施工并受漂流物影响等条件下修建拱桥，此时采用有支架施工将会非常困难，宜优先采用无支架施工。缆索吊装施工是无支架施工拱桥最常用的方法之一，在钢箱拱、钢管拱、钢桁拱和大跨度混凝土拱桥等类型桥梁中常用。缆索吊装施工法是通过缆索系统把预制构件吊装成桥梁的方法，如图 5.44 所示。缆索吊装施工具有跨越能力大，水平和垂直运输灵活，适应性广，施工方便等优点。其施工顺序大致包括：拱肋（箱）的预制（或制作），移运和吊装，拱上建筑的浇筑或安装，桥面结构的施工等。

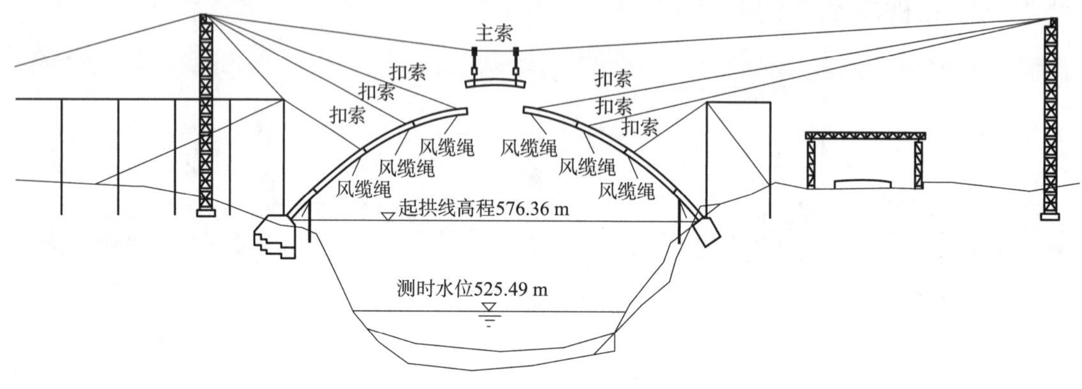

图 5.44　缆索吊装系统

1）缆索吊装系统

缆索吊装系统按其工作性质可分为四个基本组成部分：主索、工作索、塔架及锚固装置。其中工作索：包括起重索、牵引索和扣索等。缆索吊装的工作原理是利用主缆承受吊重和作为跑车的运行轨道，主索跑车上的起重装置和牵引装置将构件吊起、升降、运输和安装。

2）拱节段预制

无论是箱（肋）、钢管拱，还是钢桁拱，一般均采用在钢结构加工厂加工成节段，运输到工地后，进行吊装。

工厂预制过程中，按照设计图纸在预制台上放样、下料，加工成零部件，组拼成节段，并进行试拼，涂装后发送至工地。对于钢箱（肋）采用立式预制，对于桁架片采用卧式预制。

3）吊装方法和加载程序

吊装方法应根据桥的跨径大小、桥的总长及桥宽等具体情况而定。拱桥构件一般在桥位附近预制和预拼后送至缆索下面，由起重车起吊牵引至预定位置安装。为了使端段基肋在合龙前保持一定位置，需在其上用扣索临时扣住后才能松开起重索。

基肋（拱箱、拱肋）吊装合龙要拟定正确的施工程序和施工细则，并严格执行。

当拱桥跨径较大时，施工稳定是关键，因此最好采用双肋或多肋合龙。对于肋拱桥，应及时安装永久性横向联结系，以提高已安装拱肋的稳定性。基肋和基肋之间必须紧随拱段的拼装及时连接。端段拱箱（肋）就位后，除上端用扣索拉住外，还应在左右两侧各用一对缆风索牵住，以免左右摇摆。中段拱箱（肋）就位时，必须缓慢放松起重索，务必使各接头顶紧，避免简支搁置和冲击作用。

吊装程序可按照从端段开始吊装就位，并将端段拱座处于墩、台帽直接抵接牢靠，上部用扣索扣好、下部用缆风索拉好后送去吊索；然后按预定施工程序依次吊装拱箱（肋）段，每段上部用扣索扣好、下部用缆风索拉好，且每接头处用螺栓固定；最后吊运合龙段并与之相邻的节段相接，完成合龙。当拱圈符合设计高程后，即可用钢板楔形紧固接头，松吊、扣索但暂不取掉，待全部接头焊接牢固后方可取掉全部吊、扣索。

缆索吊装施工过程中，其加载程序需要对脱模起吊、悬挂合龙和施工加载等阶段进行详细计算，确保受力安全。

5.6 顶推法

顶推施工法在桥头沿桥纵轴线方向将逐段预制张拉的梁体向前推出使之就位的施工方法，如图 5.45 所示。其施工原理如下：沿桥纵轴方向的桥台后设置预制场，分阶段预制拼装梁体或整体制造梁体，通过水平千斤顶施力，借助由聚四氟乙烯模压板与不锈钢板特制的滑移装置，将梁体逐段向前顶推，就位后落梁并更换正式支座，从而完成桥梁施工。

图 5.45　顶推法施工

顶推法适用于跨越城市、深谷、较大河流、公路、铁路的连续梁结构施工。多用于跨径 30～60 m 的预应力混凝土等截面连续梁架设，顶推法可架设直桥、弯桥、坡桥。采用顶推法架梁时，梁前端呈悬臂状态，与后部相比断面受力较大。为降低梁前端这种临时架设的断面力，可在梁前端安装导梁，还可以根据现场条件，在桥墩间设置临时支墩以降低架设时梁的断面受力，如图 5.46 所示。在中间跨度大，又不能设置临时支墩时，也可用导梁从两侧相对顶推，在跨中连接。

图 5.46　辅助墩(临时墩)

顶推法按顶推动力装置的多少可分为单点顶推和多点顶推；按动力装置的类别可分为步距式顶推和连续顶推；按支承系统可分为临时滑道支承装置顶推施工和永久支承装置顶推施工；按顶推方向可分为单向顶推和双向(相对)顶推；按梁节段的成形方式可分为预制组装、分段顶推和逐段预制、逐段顶推。

单点顶推为顶推的装置集中在主梁预制场地附近的桥台或桥墩上，前方墩各支点上设置滑动支承，如图 5.47 所示。其特点为设备数量少，易于集中和同步；功率大，墩台受力大。

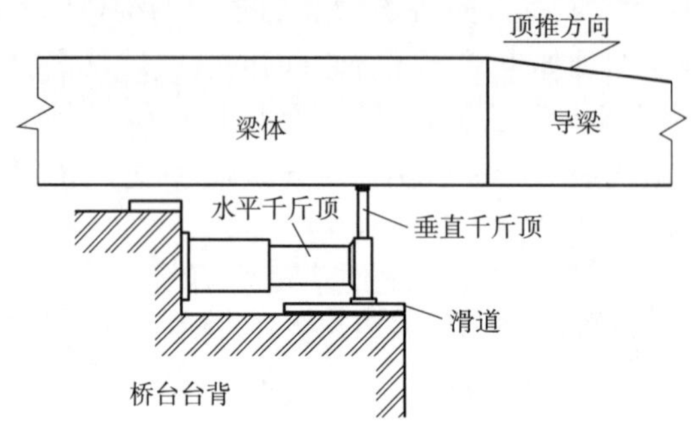

图 5.47　单点顶推

多点顶推需在每个墩台上设置一对小吨位水平千斤顶，将顶推力分散到各墩上，如图 5.48 所示，且采用一套液压与电路相结合的控制系统，集中控制、分级调压，保证同时启动、同步前进、同时停止。

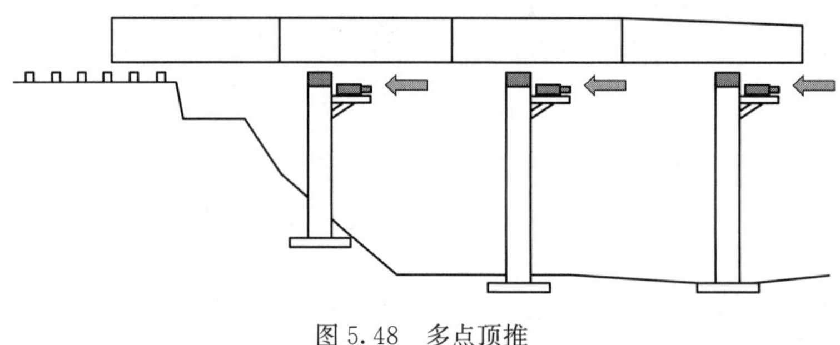

图 5.48　多点顶推

顶推法的施工平台和设备主要包括顶推平台、导梁、滑道、千斤顶与油泵。

5.6.1　顶推平台

顶推平台由支墩、平台、活动底模及升降设备、支墩顶部底模或滑道等组成。顶推平台对其平整度、刚度、整体性等要求严格，以保证主梁结构的制作质量并为顶推架设创造顺利条件。

根据桥梁结构及线路特点，顶推平台的位置一般布置于桥台后，桥台后设置有困难时亦可设置于某孔跨内。顶推平台沿顺桥向的长度至少不小于一个最长节段的长度。平台后方应留有作业平台，作业平台长度不宜小于 10 m。

5.6.2　导　　梁

顶推法的梁前端应设置导梁，导梁长度一般为顶推跨度的 0.6～0.7 倍。为了使顶推时的挠度小，则采用钢板梁结构形式，如图 5.45 所示，同时导梁的刚度一般为主梁刚度的 1/15～

1/9。由于顶推时其下翼缘在滑动支座上通过，所以在设计时应保证其平滑性和对支点反力有足够的强度。为了使导梁的前端在顶推时能在各滑动支座上顺利推出，则需装滑履，导梁与混凝土梁的连接一般采用预应力精轧螺纹钢连接，并且将导梁埋入梁端一部分，作为连接处承受抗剪应力。

5.6.3 滑　道

如何减小摩阻力是顶推施工的关键技术问题。施工中通过在梁底、墩顶设置滑道的办法来解决，如图 5.49 所示，滑道用聚四氟乙烯板和镍钢（不锈钢）板组成，滑移面的摩擦系数很小，为 0.02～0.04；顶推时，组合的聚四氟乙烯滑块在不锈钢板上滑动，并在前方滑出，通过在滑道后方不断喂入滑块，带动梁身前进。

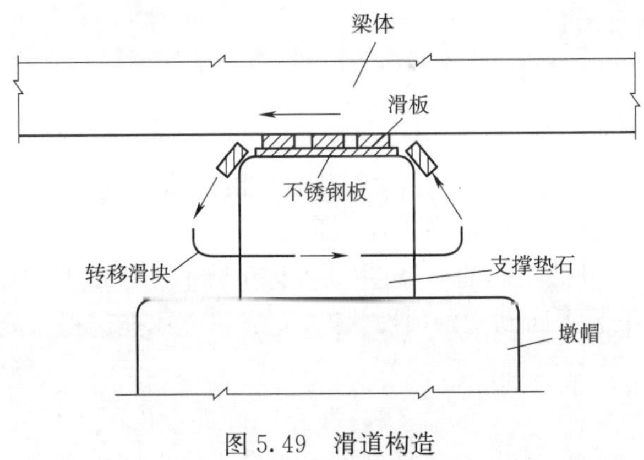

图 5.49　滑道构造

5.6.4 千斤顶与油泵

顶推装置布置在主梁预制场附近的桥台或桥墩上，前方各支点上设置滑动支承。顶推装置分为两种：一种是由水平千斤顶通过箱梁两侧的牵动钢杆（索）给预制梁一个顶推力，如图 5.50 所示；另一种是由水平千斤顶与竖直千斤顶配合使用，顶推预制梁前进。

图 5.50　顶推千斤顶

国内一般较多采用拉杆式顶推方案，每个墩位上，设置一对液压穿心式水平千斤顶，每侧使

用一根或两根 ϕ25 mm 高强螺纹钢筋或钢绞线，杆的前端通过锥楔块固定在水平顶活塞杆的头部，另一端使用特制的拉锚器、锚定板等连接器与主梁连接，水平千斤顶固定在墩身特制的台座上，同时在梁位下设置滑板和滑块。当水平千斤顶施顶时，带动箱梁在滑道上向前滑动。

2010 年杭州九堡大桥多跨连续组合拱桥施工中专门研发了步履式平移顶推装置，它将前述单点顶推中"联合使用水平千斤顶与竖直千斤顶"的装置改造为一个整体的"步履式顶推装置"，如图 5.51 所示，其在梁体的布置如图 5.52 所示，梁体下布设多个步履式顶推装置。

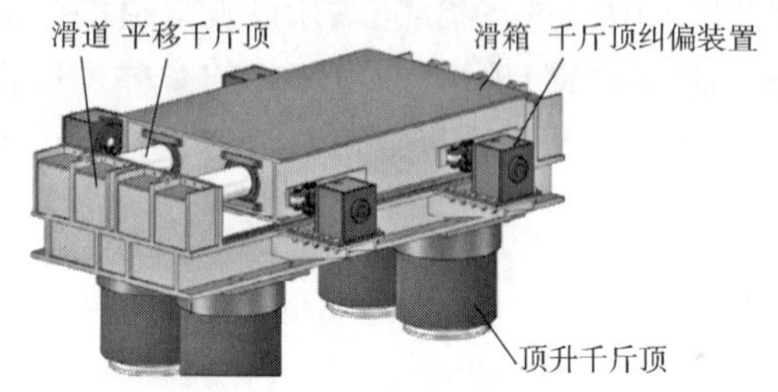

图 5.51 步履式顶推装置

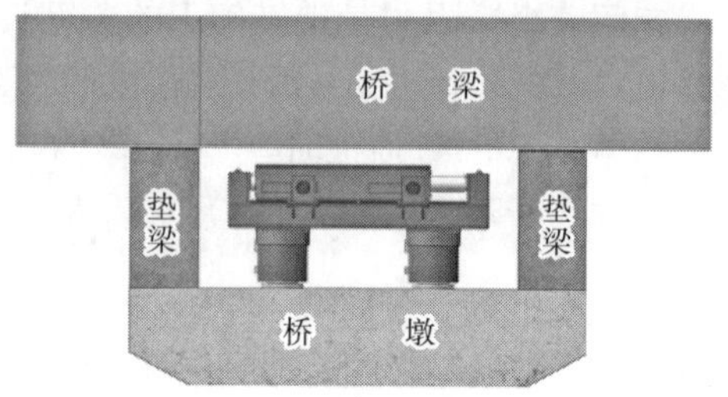

图 5.52 步履式顶推装置布置

主要顶推工艺具体如下：步骤 1，顶升，开启支撑顶升油缸，使主梁被顶推装置整体托起，脱离垫梁。步骤 2，水平顶推，开启水平千斤顶顶推，使主梁与顶推装置上部结构一起向前移动。步骤 3，降落，支撑顶升油缸回油下降，主梁整体下降搁置于临时垫梁上。步骤 4，缩回，水平千斤顶油缸回油，顶推装置回到初始顶推状态，完成一个顶推过程。准备下一循环过程。

5.6.5 横向导向装置

为了使得主梁能正确就位，施工中的横向导向装置是不可少的。图 5.53 为利用横向水平千斤顶进行导向的一个装置。需要纠偏导向时，在箱梁腹板外侧利用聚四氟乙烯板和水平千斤顶形成滑动面，以达到导向、纠偏的目的。也可以在反力架上设置贝雷平滚，根据需要在平滚和箱梁侧面之间塞入厚度不同的薄钢板来调整梁的平面位置，后一种方法设备简单，但是精度较差。

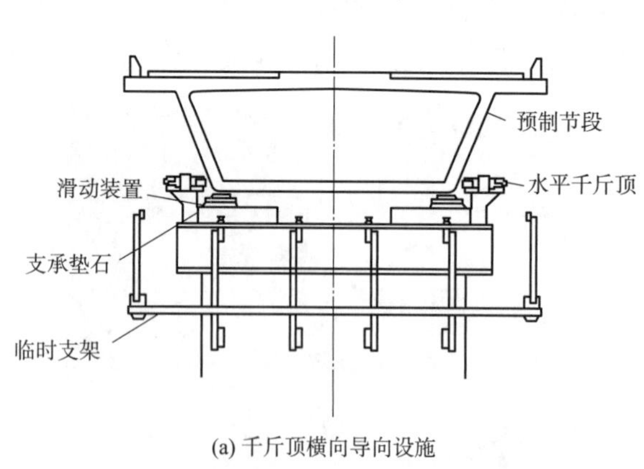

(a) 千斤顶横向导向设施

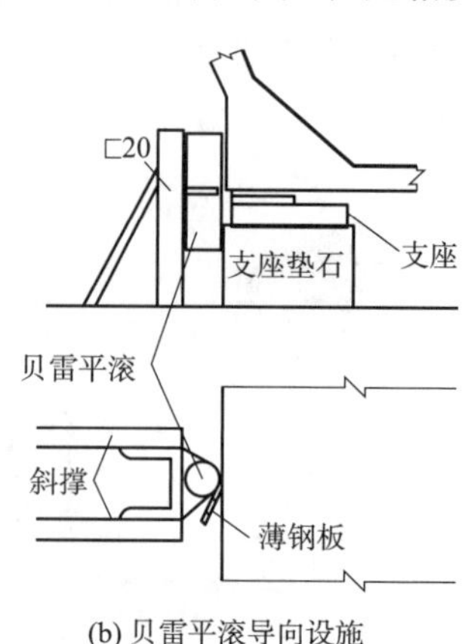

(b) 贝雷平滚导向设施

图 5.53 横向导向设施

5.7 转体施工法

转体施工法是在河流的两岸或适当的位置，先将半桥现浇或预制完成，之后以桥梁结构本身为转动体，利用千斤顶等动力装置分别将两个半桥转体到桥位轴线位置合龙成桥。按转动方式的不同可分为平面转体、竖向转体或平竖结合转体。

转体法施工是指将桥梁结构在非设计轴线位置制作（浇筑或拼接）成形后，在桥梁的某位置处设置转盘等转体装置，施加转动力矩使梁体转体就位，拆除转体装置，封固转盘，再合龙成桥的一种施工方法。转体法的优点是能较好地克服桥下障碍，减少对桥下交通的影响，施工速度快、造价低。竖转法多应用于拱桥，平转法主要应用于斜拉桥、T 构桥、连续梁桥和拱桥，已实现的转体质量达 15 000 多吨。平转法于 1976 年首创于维也纳多瑙河运河桥斜拉桥的施工中。因其要求的施工设备少、操作简便且安全性较高，在我国公路桥梁建设中应用较多。国内首座采用转体法施工的铁路桥梁为大秦至京秦下行联络线大里营斜拉桥，主桥跨径（50＋40.75）m。

5.7.1　平面转体

1）拱桥

平面转体施工是将两个半跨的拱圈（肋）的桥轴线旋转至沿岸线或后台，利用地形及支架按设计高程进行现浇或预制拼装，然后在水平面内绕拱座底部的竖轴旋转使拱圈（肋）合龙成拱，如图 5.54 所示。按施工方法可分为有平衡重转体和无平衡重转体两种。有平衡重转体是一种在旋转过程中自平衡的转体，对于单跨拱桥通常需要利用桥台背墙重量和附加平衡压重，以平衡半跨拱圈（肋）的自重力矩。无平衡重转体是指以两岸山体岩石的锚碇锚固半跨拱在悬臂状态平衡时所产生的水平拉力，借助拱脚处立柱下端转盘和上端转轴使拱体实现平面转动。

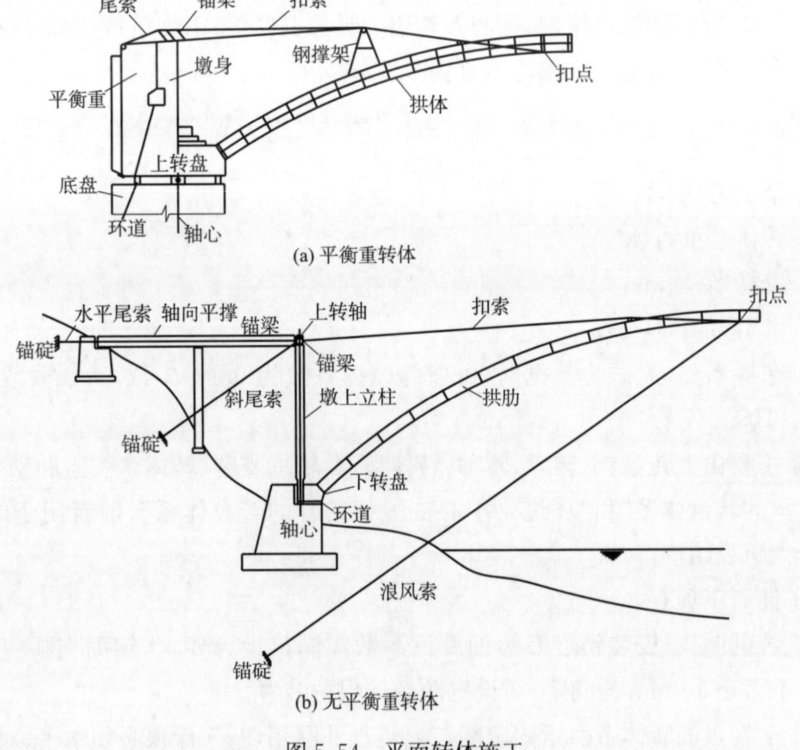

图 5.54　平面转体施工

2)梁式桥及斜拉桥梁

预应力混凝土连续梁、连续刚构、斜拉桥采用平转法进行转体施工时，施工流程如图 5.55 所示。

平转法施工中，转动位置的设置需要考虑尽量减小转动质量，同时也要方便转动装置的布置，即应有足够的空间。在连续梁施工中，转动位置依据具体结构的不同而不同，可设置在墩顶、墩中、墩底，以在墩底的居多，而近年发展的永临结合的墩顶转体，如图 5.56 所示，使其成为了连续梁转体施工中的主流方法；V 形墩结构一般设置在墩底或承台中。

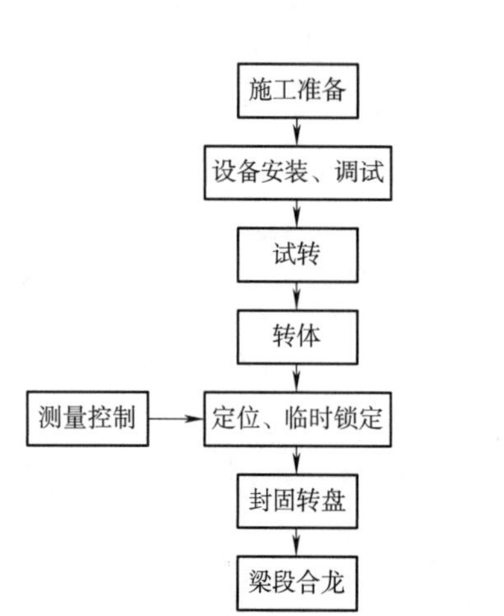

图 5.55 转体施工流程图

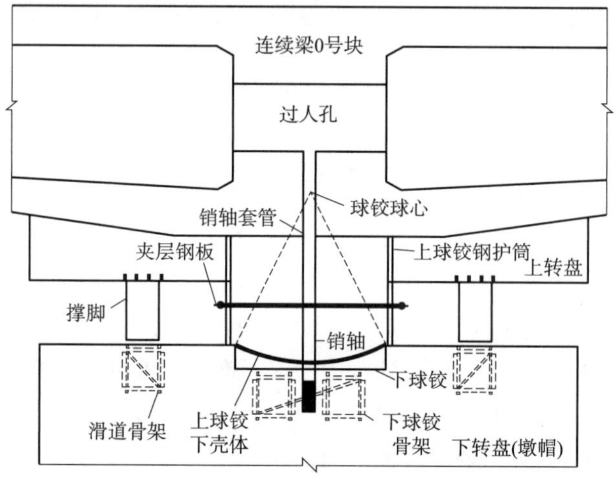

图 5.56 永临结合的墩顶转体系统示意图

转体施工应进行转体结构稳定、偏心及牵引力计算，转体牵引力可按式(5-1)计算，牵引设备应按计算牵引力的 2 倍配置。偏心值宜为 0.05～0.15 m。

$$T=\frac{2fGR}{3D} \tag{5-1}$$

式中 T——牵引力(kN)；

G——转体总重力(kN)；

R——铰柱半径(m)；

D——牵引力偶臂(m)；

f——摩擦系数，无试验数据时，可取静摩擦系数为 0.1～0.12，动摩擦系数为 0.06～0.09。

转动体系主要由上转盘、下转盘、转轴、转体滑道、辅助支腿、转体牵引索和动力系统组成。分为“中心支承的转盘体系”和“环道＋中心支承相结合的转盘体系”，前者用于中、小跨径结构，后者用于大跨径结构。

转体施工注意事项有：

①转体系统的制作、安装精度及表面摩擦系数应满足设计要求，辅助支腿应对称均匀布置，与下环道不大于 20 mm 的间距；应设置防超转限位装置。

②预埋于上转盘的转体牵引索固定端与上转盘外圆相切；千斤顶必须水平、对称地布置于转盘两侧的同一平面内，千斤顶的中心线必须与转盘外圆相切，中心线高度与上转盘预埋钢绞

线的中心线水平,同时要求千斤顶到上转盘的距离相等。

③转体前应进行桥体称重,根据实测不平衡力矩推算出所需配载质量,使实际重心偏移量满足设计偏移量要求;主梁试转后,根据测量监控所提供的数据,进行二次配重。

④转动时应控制转速均匀,角速度不宜大于 0.02 rad/min,且梁体悬臂端线速度不大于 1.5 m/min。平转接近设计位移 1 m 时减小平转速度,距设计位置 0.5 m 时采用点动牵引法就位。

⑤转体到位后,应精确测量调整中线位置,并利用千斤顶调整梁体端部高程,调整就位后应及时浇筑转盘封盘混凝土。

图 5.57 为某斜拉桥转体施工。

(a) 转体前

(b) 转体后

图 5.57　斜拉桥转体施工

5.7.2　竖向转体

竖向转体施工,用于拱桥施工,它是在河岸或浅滩上将两个半跨的拱圈(肋)在桥轴竖平面内预制,然后通过竖平面绕拱脚旋转使拱圈(肋)合龙成拱,如图 5.58 所示。竖向转体施工法较拱架施工可节省投资和材料,但如果跨径过大,拱圈(肋)过长,则竖向转动不易控制,因此一般适宜中、小跨径拱桥施工。

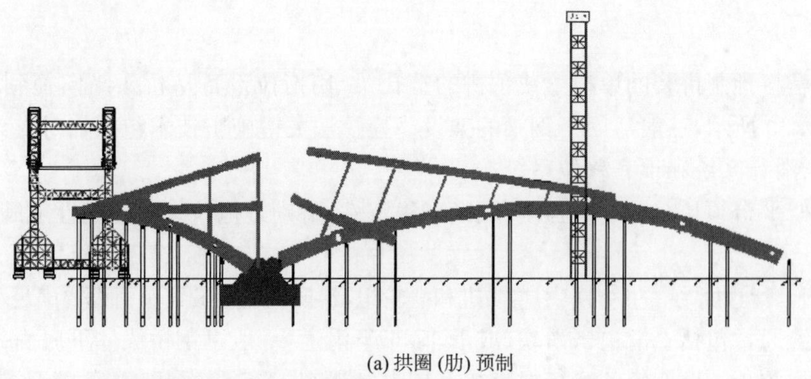

(a) 拱圈 (肋) 预制

图　5.58

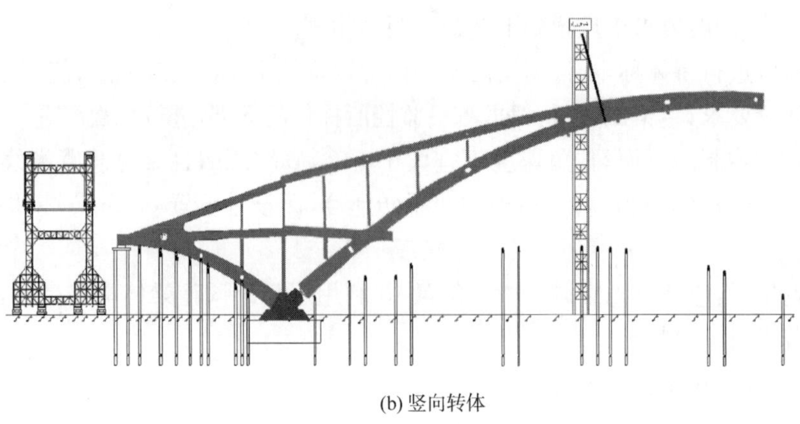

(b) 竖向转体

图 5.58　竖向转体施工示意图

5.7.3　平竖结合转体

平竖结合转体是将平面转体施工和竖向转体施工结合的一种转体施工方法，其施工过程如图 5.59 所示。

(a) 竖向转体

(b) 平面转体施工

图 5.59　平竖结合转体施工案例

5.8　其他施工方法简介

5.8.1　拖 拉 法

拖拉法是将预制拼装的单根梁或预拼的整孔梁，用拖拉设备从桥头纵向拖到墩上的施工方法，如图 5.60 所示，一般适用于钢梁的架设。拖拉法关键施工技术包括临时支架平台、牵引与制动系统、滑行系统和顶升移位系统。

临时支架平台须具有一定的强度、刚度和稳定性，特别是拖拉纵向稳定性须满足设计及施工规范。

拖拉法施工动力系统一般均采用卷扬机和滑轮组，卷扬机配置最大牵引力要满足牵引力要求。

滑行系统通常包括上滑道＋滑块(或滑车)＋下滑道，一般以钢桥梁体下底面做上滑道，滑块可采用带橡胶板的聚四氟乙烯板或直接采用自制滑车，下滑道采用钢轨、槽钢或直接利用贝雷支架上表面。

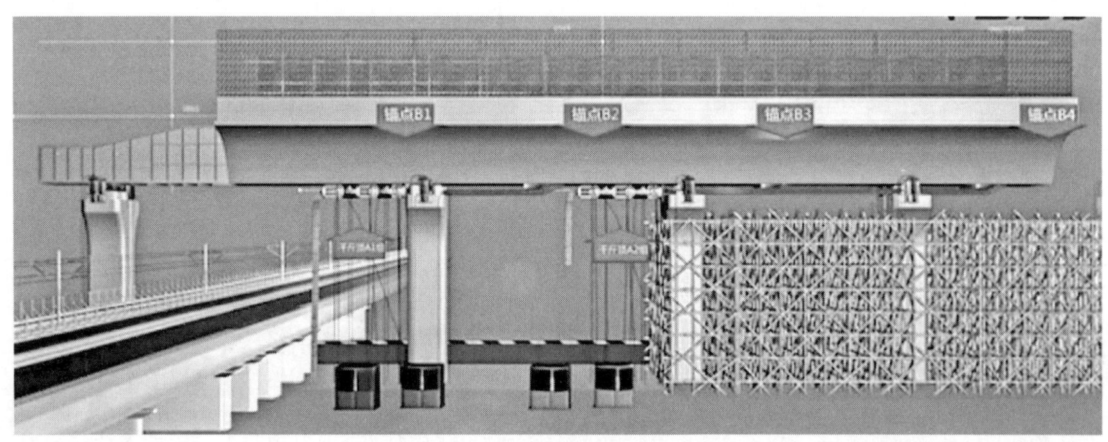

图 5.60　拖拉法施工

顶升移位系统常采用几组相同型号的分离式液压千斤顶，其液压系统单独配套设置液压泵，并可设置 PLC 控制室，实现顶升、移位作业的同步控制。

5.8.2　浮 吊 法

浮吊法是采用大型浮吊船，直接起吊安装。图 5.61 为平潭海峡公铁两用大桥中采用大吨位长臂架变幅式起重船——3 600 t 海鸥号大吨位长臂架变幅式起重船——3 600 t 海鸥号架设 80 m 简支钢桁梁照片。海鸥号具备自航能力。

图 5.61　平潭海峡公铁两用大桥 80 m 简支钢桁梁整孔浮吊架设

5.8.3　浮运与浮拖法

浮运法施工是把桥梁结构起吊或移梁到浮船(箱)上，再浮运至预定架设的桥孔上落梁就位，如图 5.62 所示。浮船的移动可用锚索、人工或电动绞车绞紧或放松锚索来使浮船前进或横移，有时也用拖轮以帮靠、顶推成牵引浮船的方式进行，需用的绞车能力或拖轮马力都可根据施工风力和水流阻力由计算确定。借助浮船或浮箱中的注水量和水浮力控制高程并落梁。

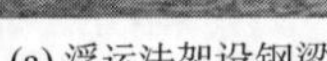

(a) 浮运法架设钢梁

(b) 桥梁节段浮运

图 5.62　浮运法施工

浮拖法施工是将浮运与拖拉法相结合的施工方法，如图 5.63 所示，利用浮船(箱)形成活动支点，基于拖拉实施纵向移动，主梁移动到桥位并准确对位后落梁。适用于水流速较小的地区。

图 5.63　浮拖法施工

浮运与浮拖法具有施工周期短、经济性好、断航时间短等优点，常在有通航要求的河流上被采用，适用于重量大的钢结构桥梁。其中浮拖法在浮拖过程中的稳定性较难控制。

5.8.4　顶 进 法

顶进法主要用于既有线中地道桥施工，如图 5.64 所示，其工艺流程如图 5.65 所示，它是在线路侧工作坑内预制框架式地道桥，借助顶进设备产生的顶力和后背提供反力，克服框架与周围土壤的摩擦力，将框架向前顶进，边顶进边出土，将框架按设计的坡度顶入路基中。其主要特点可不中断既有线的运营，为此，需对既有线仅架空加固。

当地道桥较长时，可采用节继顶的方式，即将框架纵向分节，前端节段完成一个顶进行程，再依次顶进后面的节段，如此循环。

图5.64　某地道桥顶进法施工

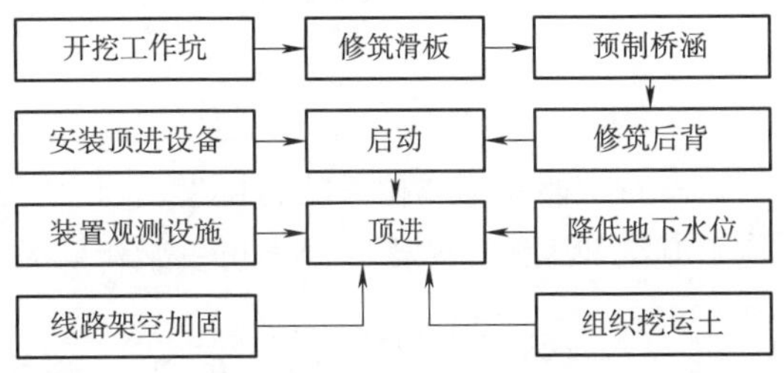

图5.65　顶进法工艺流程

5.8.5　横 移 法

横移法施工是在拟待安装结构的位置旁预制该结构，并横向移动该结构至设计位置。横移法多用于正常通车线路上桥梁工程的换梁，以减少交通的中断时间；也可用于新建桥梁的横移，如图5.66所示。

图5.66　横移法施工

思 考 题

1. 名称解释：悬臂浇筑法、悬臂拼装法、顶推法、转体法。
2. 简述桥梁的主要施工方法及其使用场合。
3. 简述悬臂浇筑法施工流程及注意事项。
4. 顶进法用于曲线梁时，需要注意什么问题？
5. 简述预制装配法施工特点。
6. 简述移动模架法移跨施工过程。
7. 比较长线法与短线法的优缺点。
8. 简述转体施工过程中如何称重。

第6章　缆索体系施工

本章主要介绍斜拉桥的斜拉索、悬索桥的主缆和吊索、拱桥的吊索和系杆等几种索结构的施工方法和工艺。考虑到悬索桥主梁架设工艺的特殊性，列入本章介绍。

6.1　斜拉索安装施工

斜拉索的施工包括：拉索制作、运输、放索、安装、张拉锚固、索力测试与调整等内容。目前使用的拉索均是成品索，并已有一套较完整的技术规范(程)进行了详细技术规定，且在《桥梁工程》中已做介绍，本节仅对拉索安装和张拉进行简述。

6.1.1　斜拉索制造

斜拉索由两端的锚具、中间的索体及防护构件三部分组成，称为拉索组装件，如图6.1所示。斜拉索技术研究围绕三个方面的目标展开：其一是如何使斜拉索与锚具的组装件能在斜拉桥整个使用年限内经受得起高幅度的应力变化，亦即锚具应具备优良的抗疲劳性能；其二，如何保证拉索组装件具备可靠的、长效的防护；其三，在保证拉索组装件可靠、耐久的前提下，力争施工方便，造价低廉。斜拉索的材料主要有高强钢丝、钢绞线等。

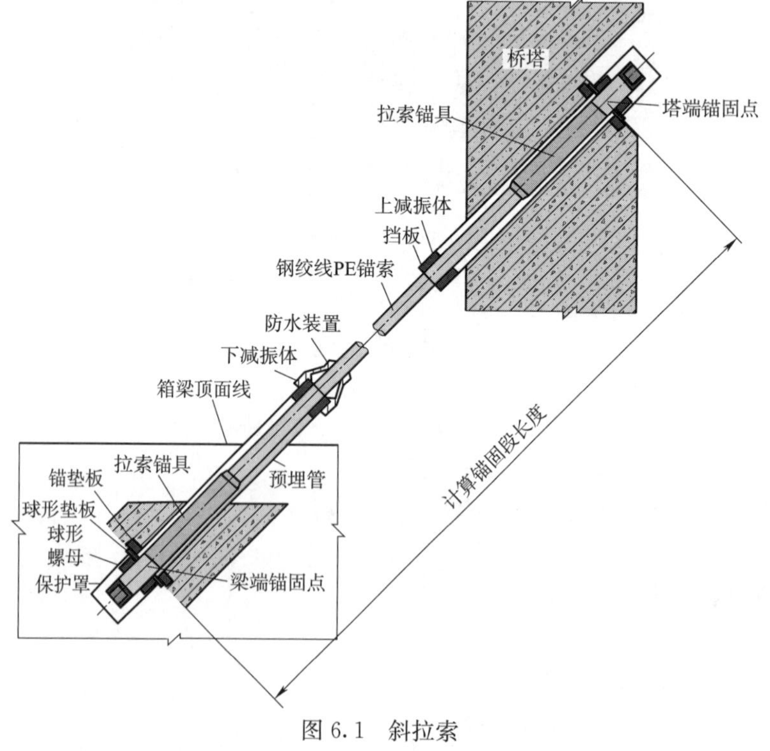

图6.1　斜拉索

1)平行钢丝索

平行钢丝索是将若干根高强度钢丝平行并拢,同心同向作轻度扭绞,缠包高强复合带,然后挤包单护层或双护层而形成。高强钢丝直径为 5 mm 或 7 mm,钢丝的优点是强度高(1 570～1 860 MPa),弹性模量高(2.0×10^5 MPa),可以做成较长的索而无须中间接头,吨位可大可小,配用冷铸锚可以有较好的耐疲劳性能;缺点是对防锈的要求较高。索体工厂制作成成品索后绕盘,索体直径大,需要使用重型设备运输至现场安装。

2)平行钢绞线

平行钢绞线索是由单根钢绞线热挤聚乙烯护套组成的钢绞线束,整索外层是双层同步挤压成型的高密度聚乙烯防护套,两端配有单根锚定夹片式张拉端锚具(含螺母)和固定端锚具(不含螺母),如图 6.2 所示。

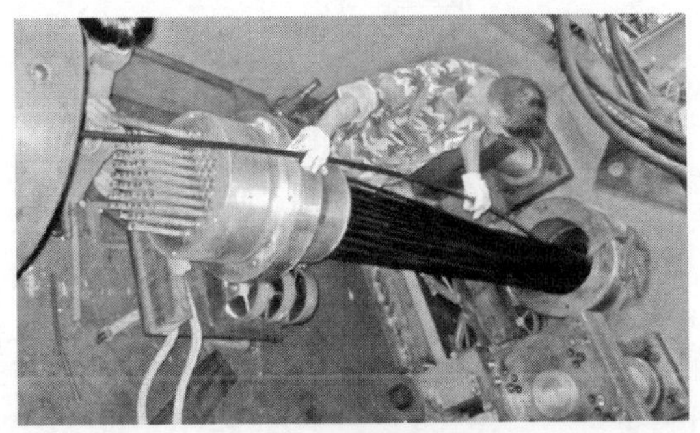

图 6.2　钢绞线拉索

6.1.2　斜拉索安装

1)放索

为了便于拉索的运输、移动,需将直线形的拉索卷成圆盘,如图 6.3 所示,盘内径一般不小于 2.0 m。放索盘有立式放索盘和水平放索盘,常用的是立式放索盘。由于拉索一端有较重的锚头挂在索盘的外侧,使放索盘偏心,因此放索时索盘转动时会产生加速度,导致拉索散盘,损坏拉索以及危及施工人员安全,为此,一般情况下转盘应设刹车装置。

图 6.3　拉索盘

2)拖动

拉索从索盘上释放出来,进入梁端、塔端钢套管前,需在桥面上进行一段较长距离的移动,关键是保护好拉索的防护外套。常用的方法有:滚筒法、垫层拖拉法。

滚筒法:在桥面上摆设多个滚筒,如图 6.4 所示,滚筒之间要保持合适的距离,防止拉索因下垂与桥面接触损失防护套。滚筒可与桥面固定,防止拉索移动时倾倒。制作滚筒时,要根据拉索的刚柔程度,选择适宜的滚轴半径,以免滚轴弯折,摩阻增大。

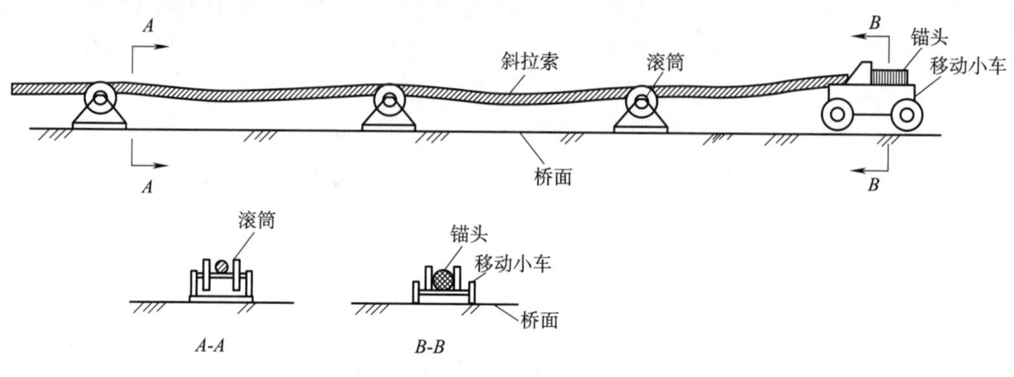

图 6.4　滚筒法

移动平车法:当拉索上桥后,每隔一段距离垫一个平车,由平车载索移动。梁顶面凹凸不平会导致平车运动不便,所以平车的轮子不宜太小,且应保持合适间距,避免拉索与桥面接触。

垫层拖拉法:对于一些自重轻、长度短的拉索,可在桥面放索线上铺设麻袋、地毯等垫层就地托移。

3)挂设

斜拉索的挂设是将拉索两端锚头引出主梁、主塔上的锚箱或锚垫板外,拧上锚圈固定。施工方案的选择取决于拉索挂设时的最大牵引力,因此要根据拉索的技术参数和拉索在牵引过程中不同工况下计算的挂索牵引力与张拉力,来选择合适的挂设方法、配备相应的挂设设备以及锚固顺序。

拉索常用的挂设方法有:吊点法、硬牵引法、软牵引法、承重导索法。每一种挂索方法有三种锚固顺序:梁端先锚固作为固定端,塔端后锚固作为张拉端;塔端先锚固作为固定端,梁端后锚固作为张拉端;梁、塔两端同时作为张拉端锚固。

(1)吊点法

吊点法是指利用吊装设备作为拉索挂设时起吊、牵引的动力,如图 6.5 所示,完成拉索的挂设施工,可分为单吊法和多吊法。

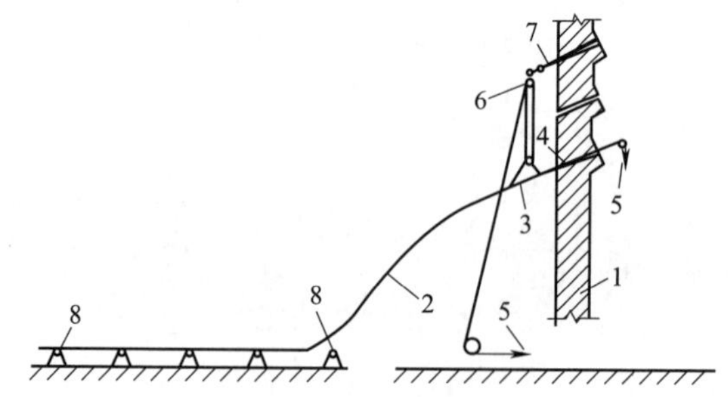

图 6.5　吊点法

1—索塔;2—待安装拉索;3—吊运索夹;4—锚头;5—卷扬机索引;6—滑轮;7—索孔吊架;8—滚轮

单吊法:拉索上桥后,从索塔孔道放下牵引绳,连接拉索的前端,在离锚具下方一定距离设一个吊点，索塔吊架用型钢组成支架，配置转向滑轮。当锚头提升到索孔位置时，采用牵引绳与吊绳相互调节，使锚头尺寸准确对位，牵引至索塔孔道内就位后，传入锚头固定。单吊法施工简便，但起重索所需的拉力大、拉索在吊点处弯折角度较大。

多吊法：当斜拉索上桥后，前端连接从预穿索孔中引出的牵引索，每隔一段距离放置一个吊点，如图 6.6 所示，使拉索沿导索运动。多点吊法吊点分散、弯折小，可使拉索均匀起吊，两端无须大吨位千斤顶牵引。

图 6.6　多吊法

(2)牵引法

根据斜拉索在安装过程中索力递增的特点，分别采用不同的工具将拉索安装到位。通过卷扬机钢丝绳和转向滑轮就可以完成挂索的方法称为硬牵引法。利用多股钢绞线通过特殊连接器或组合多节张拉杆与索头加长拉杆相连，配合千斤顶牵引拉索的方法为软牵引法，如图 6.7 所示。

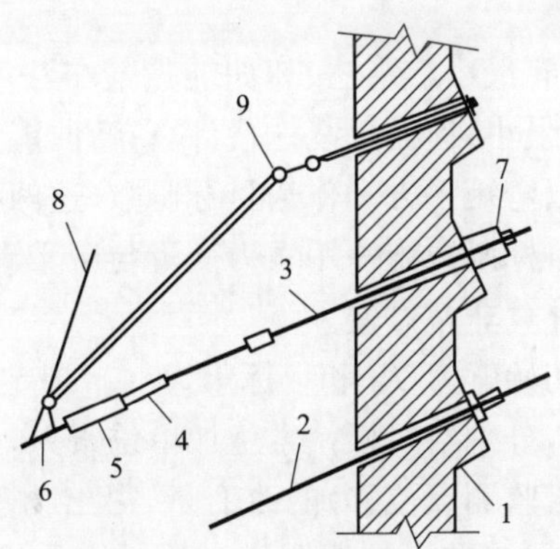

图 6.7　软牵引法

1—索塔；2—已安装拉索；3—钢绞线；4—刚性拉索；5—拉索锚头；6—待安装拉索；7—千斤顶；8—卷扬机；9—滑轮

(3)承重导索法

在待安装拉索上方安装一根斜向承重导索，每隔一定距离放置一个吊点，悬吊拉索沿承重导索运动，直至完成拉索的挂设成为承重导索法。

6.1.3　斜拉索张拉

1)张拉方法

斜拉索的张拉方法主要由设计确定。一般可分为拉丝式锚具张拉(钢绞线夹片群锚)和拉锚式锚具张拉(平行钢丝束)两种。

拉锚式锚具张拉因施工操作方便及现场工作量较少等优点被更多地采用。根据设计要求及现场实际情况，有采用塔部一端张拉的，有采用梁部一端张拉的，也有采用塔、梁部两端张拉的，其中以塔部一端张拉使用最为广泛。

对于配装拉丝式夹片群锚锚具的钢绞线斜拉索，挂索时先要在拉索上方设置一根粗大钢缆作为辅助索，拉索的聚乙烯套管先悬挂在辅助索上，然后逐根穿入钢绞线，用单根张拉的小型千斤顶调好每根钢绞线的初应力，最后用群锚千斤顶整体张拉。新型的夹片群锚拉索第一阶段张拉使用拉丝方式，调索阶段使用拉锚方式。

拉锚式斜拉索张拉均为整体张拉。根据目前的技术水平，国内外拉索锚具、千斤顶、拉索的设计吨位已达到"千吨"级水平，大吨位拉索整体张拉工艺已十分成熟。无论是一端张拉还是两端张拉，一般情况下都需在斜拉索端接上张拉连接杆，之后使用大吨位穿心式千斤顶张拉。

2)索力调整

斜拉桥在施工过程中结构的内力和线形都在不断变化。为了实现设计给出的理想成桥状态，需设计一套合理的索力张拉、调整方案以满足桥梁在成桥状态和运营阶段的受力要求，并实现设计所预测的结构长期变形特性。施工过程中一味追求一次张拉到位，尽管能实现设计要求的理想成桥状态，但施工过程中安全储备小，一旦出现一定的施工误差或施工质量缺陷，结构将处于极其危险的状态，甚至导致灾难性的事故发生。

在斜拉桥合龙之后进行二次调索能有效地避免这种情况，也是目前主流的方法。此时，称斜拉索安装时的张拉为初张拉，合龙后的张拉为索力调整或二次张拉。两者的张拉工艺和设备基本相同。

索力调整的计算方法主要有最小二乘法、弯曲能量最小法、弯矩最小法、影响矩阵法。最小二乘法是使误差平方和达到最小，但需反复迭代计算；弯曲能量最小法是用结构的弯曲余能作为目标函数，弯矩最小法是以弯矩平方和作为目标函数，这两种方法都要在计算中改变结构的模式；影响矩阵法将优化的目标函数统一用索力变量与广义影响矩阵表示，可同时对多种目标函数进行优化，实现程序化计算非常方便。

影响矩阵法：已知斜拉桥初始索力 T_0 和目标索力 T_m，拟定一合理的调索顺序，在斜拉桥二次调索之前这一初始状态下，分别给每根拉索施加单位索力，计算出该单位力对结构指定物理量(包括索力、控制截面应力、监测点位移)的改变量，得出物理量的相关影响矩阵。通过影响矩阵法计算出在调索各个阶段当前索的施调量 ΔT，找出最优调索顺序，在保证结构最安全的情况下使得在调索完毕之后每根索索力达到目标值，即

$$[T_m]=[T_0]+[C][\Delta T] \tag{6-1}$$

式中　$[C]$——拉索变化单位力对索力的影响矩阵，其值为

$$[C]=\begin{bmatrix} 1 & c_{12} & \cdots & c_{1n} \\ c_{21} & 1 & \cdots & c_{2n} \\ \cdots & \cdots & \cdots & \cdots \\ c_{n1} & c_{n2} & \cdots & 1 \end{bmatrix}$$

其中　c_{ij}——第 j 号拉索变化单位力对 i 号拉索的影响力；

n——拉索数。

在二次调索前已完成了主梁施工，结构体系已完成，以此为结构初始状态，该状态下的索力值为式(6-1)中的初始索力值 T_0，计算出斜拉索索力影响矩阵$[C]$，根据目标索力 T_m 可以由式(6-2)很方便的求出索力调整值 ΔT：

$$[\Delta T]=[C]^{-1}([T_m]-[T_0]) \tag{6-2}$$

求出施调索力向量之后，在不考虑结构内力是否超过允许值的情况下，采用任何一种调索顺序最终都能使全桥的索力达到目标值，但在实际施工中须找到一种最优的调索顺序以保障结构的安全性。工程中常用的以斜拉索在调索阶段所出现的最不利工况索力值为目标函数，约束条件为在调索过程中应力、位移不超过允许值，即

$$\left.\begin{aligned} [T_0]+[C][\Delta T]=[T] \\ [M_0]+[A][\Delta T]=[M] \\ [\Delta_0]+[\delta][\Delta T]=[\Delta] \end{aligned}\right\} \tag{6-3}$$

式中　T_0——成桥状态下初始索力向量，为 $n\times1$ 阶列阵，n 为控制截面数；

M_0——成桥状态下，恒载、计或不计汽车荷载和预应力引起的控制截面弯矩向量，为$m\times1$ 阶列阵，m 为控制截面数；

Δ_0——成桥状态下，恒载引起控制点的变位向量，为 $l\times1$ 阶列阵，l 为控制截面数；

$[\Delta T]$——施调索力向量，为 $n\times1$ 阶列阵；

$[C]$——拉索变化单位力对索力的影响矩阵，为 $n\times n$ 阶列阵；

$[A]$——控制截面弯矩影响矩阵，为 $m\times n$ 阶列阵，其中元素 a_{ij} 表示第 j 号拉索变化单位力引起第 i 号控制截面弯矩变化；

$[\delta]$——为 $l\times n$ 阶矩阵，其中元素 a_{ij} 表示第 j 号拉索变化单位力引起第 i 号控制截面竖直变位的影响值；

$[T],[M],[\Delta]$——期望的索力、控制截面弯矩和控制截面变位。

式(6-3)求解出多组$[\Delta T]$，可采用优化程序得到最优索力值，如采用约束最优方法中的惩罚函数法将上述单目标、多约束二次规划问题转化为一系列无约束问题，可求解得出满足约束条件下的最优调索顺序。

6.2　悬索桥主缆制作与安装

斜拉桥的拉索目前均为成品索，现场主要工作是安装和张拉，而悬索桥的主缆则不同，其制作、安装均在现场进行。

悬索桥的主缆架设前，应先完成先导索、牵引索、猫道的架设。

架设先导索是悬索桥上部结构施工的第一步，先导索的架设方法有无人机牵引、海底拽拉法、浮子法、空中渡海法、热气球牵引、直升机牵引法、火箭抛送法等。先导索过江后，再利用牵

引索形成单线往复式牵引系统，逐步形成猫道施工平台，从而搭建起空中跨江施工的“栈桥”。

6.2.1　猫道施工

猫道是悬索桥施工时架设在主缆之下、平行于主缆线形的临时悬索结构施工便道，如图 6.8 所示。它是施工人员进行施工作业的高空脚手架，是主缆系统乃至悬索桥整个上部结构的施工平台。施工人员在其上完成诸如索股牵引、调股、整形入鞍、紧缆、索夹及吊索安装、箱梁吊装及工地连接、主缆缠丝、防护涂装等重要任务。上、下游各一条，断面通常呈 U 形，狭长且有一些摇晃、上端坡度陡峭、行走不便，故称“猫道”，英文为 catway。猫道系统一般由承重索(包括索端长度调节装置)、面层、栏杆和扶手、横向天桥、抗风系统等组成。猫道宽度不大，为防止被风吹翻，同时也是为上、下游猫道之间能互相交通，一般要在两猫道之间设置横向天桥，中跨可设三至五道，边跨一道。猫道是悬索桥施工中极其重要的临时设施，大桥竣工后被拆除。

图 6.8　猫道

猫道的安装：在悬索桥的索架塔之间架设猫道承重索，对承重索的垂直度进行调整，之后再用钢丝绳将成卷的猫道面铁丝网牵引展开铺设在猫道主索上。

6.2.2　主缆制作

悬索桥的主缆一般由平行钢丝束股组成，其架设方法有空中纺线法(简称 AS 法)与预制钢丝束股法(简称 PWS 法)两种。

1)空中纺线法

空中纺线法工作原理为：沿着主缆设计位置，从一侧锚碇到另一侧锚碇，布置一根无端牵引绳(即长绳圈)，将送丝轮扣牢在牵引绳某处。从卷筒抽出一钢丝头，套过送丝轮，并暂时固定在某靴跟(可编号为 A)处。用动力机驱动牵引绳，送丝轮就带着钢丝套圈送至对岸，取下套圈，将其套在对应的靴跟(可编号为 A')上。随着牵引绳的驱动，送丝轮就被带回。再将钢丝绕过编号为 A 的靴跟后，就可继续抽送钢丝，形成下一个套圈并套在送丝轮上。如此反复进行，当套在两岸对应靴跟(A、A')上的丝数达到一根丝股的设计数目时，将钢丝剪断，用钢丝连接器将其两端头连起来。这样，一根丝股的空中编制就完成了。图 6.9 是美国韦拉扎诺桥的送丝工艺示意图。

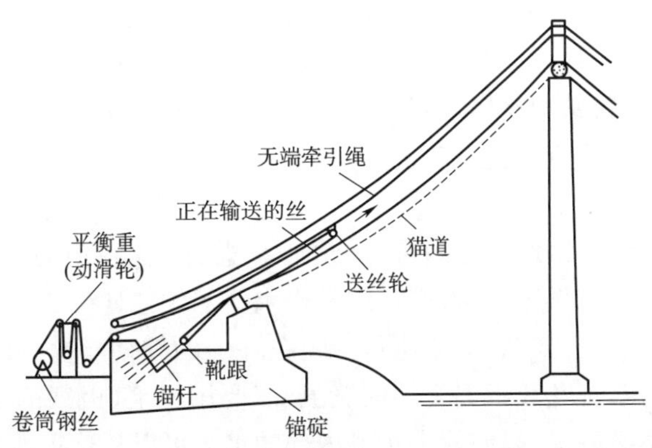

图 6.9　空中纺线法(AS 法)示意

2)预制钢丝束股法

预制钢丝束股法(PWS 法)与空中纺线法(AS 法)施工工艺差别主要体现在平行丝股的制造和预制丝束的架设。PMS 法直接架设束股,束股在场(厂)预制。

图 6.10 为预制平行丝股制作工艺示意图。钢丝从丝盘中放出,通过导向网格,在成型机上向右移动,每隔一定距离用捆扎机捆扎一道,然后卷在卷筒上。最后,在丝股两端安装锚头。成型后的丝股是正六边形。

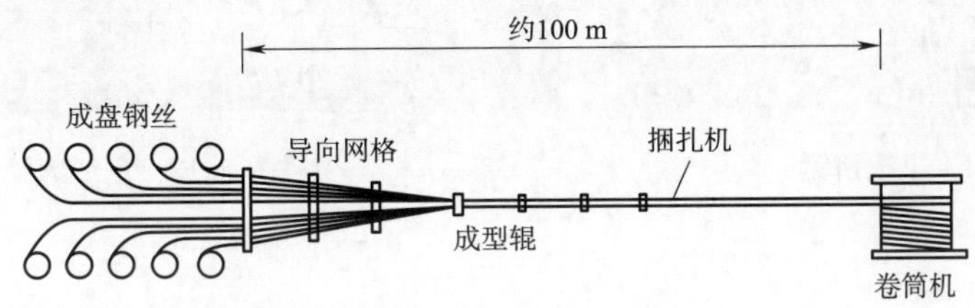

图 6.10　预制平行丝股制作工艺示意

预制平行丝股架设成主缆时,也需要事先架设猫道、无端牵引绳(或称拽拉索)和丝股输放机。但在猫道之上,要设置若干导向滚轮以支承丝股。用动力机驱动牵引绳,将丝股拽拉到位,丝股两端分别连接于锚杆。图 6.11 为丝股架设示意图。

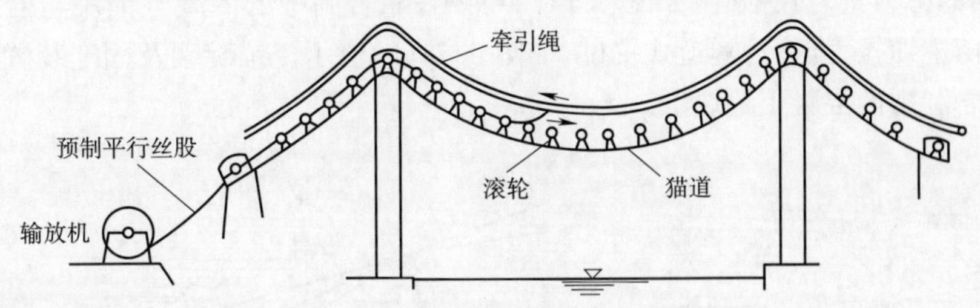

图 6.11　预制平行丝股架设示意

3)主缆挤紧

主缆初整圆的目的是为下一步挤紧做准备,初整圆在气温稳定的夜间进行。首先在主跨 1/4、1/2、3/4、边跨 1/2 处确定钢丝束排列有无差异、钢丝是否平行。初整圆后主缆表面基本平顺,无凹凸不平现象,但空隙率尚未达到设计要求。

主缆初整圆后紧随主缆挤紧工艺。紧缆机包含一个安装在主缆外面的环状刚性钢架，内有置于径向的千斤顶，千斤顶可以是液压式或螺旋式，如图 6.12 所示。紧缆机能够沿着主缆移动，首先从两主塔向中跨跨中挤紧，然后再从主塔分别向两边跨挤紧，挤篮间距为 1 m。挤篮后在挤紧压块前后各用钢带捆扎一道。

4)缠缆

缠缆工作应在大部分恒载作用之后进行，此时主缆截面因拉应力作用面稍稍收缩且索夹均已安装到位。缠丝工作依靠缠丝机进行，缠丝机主要部件包含一个可以开闭的钢环，钢环隔着圆弧形衬板跨在大缆之上，如图 6.13 所示。缠在环上的软钢丝被一迅速旋转的飞轮抽出，紧紧缠在主缆之外。对于缠丝和索夹之间的缝隙，需要用铅毛(极细的小段铅丝)嵌塞。但位于主缆下面的缝隙都不必嵌塞，以使侵入主缆内部的水分可以从这里泄出。

图 6.12　主缆挤紧

图 6.13　主缆缠缆

6.2.3　主缆锚固

悬索桥按主缆锚固方式分地锚式和自锚式两种。

1)地锚式

地锚式在大跨度悬索桥上广泛采用，又称“锚碇”式。锚碇一般由锚碇基础、锚块、锚碇架及固定装置等部分组成。锚块一般都与基础形成整体，靠锚块与基础整体的重力作用来平衡主缆拉力，因此称为重力式锚碇，如图 6.14(a)所示；靠岩洞中的混凝土锚块与岩洞孔壁的嵌固作用来平衡主缆拉力，称为隧道式锚碇，如图 6.14(b)所示。锚碇架及固定装置则埋设在重力式锚块或岩洞中的混凝土锚块上。

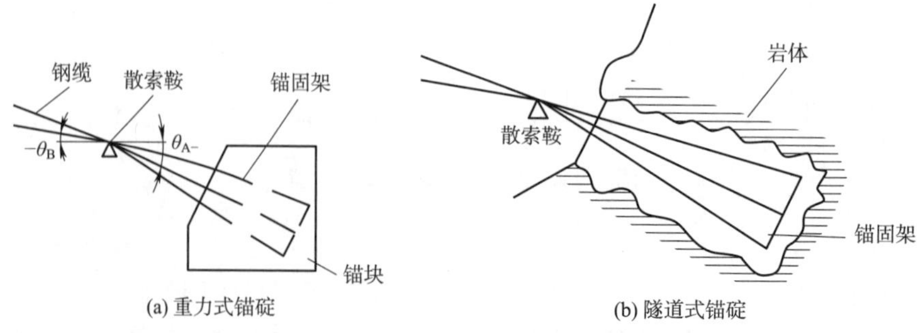

(a) 重力式锚碇　　(b) 隧道式锚碇

图 6.14　锚碇构造

2)自锚式

自锚式是将主缆直接锚在加劲梁上,必须先架梁,后挂缆,主缆强大的水平分力和使用荷载作用,使加强梁为压弯结构,故只适用于小跨径悬索桥。主缆在梁端的锚固方式主要有:

(1)采用混凝土锚固体:锚固于梁端混凝土块或桥墩上,如图 6.15(a)所示。

(2)采用钢结构锚固:主缆进入钢结构锚固体,通过散索鞍三开分别锚固在锚固面上,如图 6.15(b)所示,锚固体通过高强螺栓或焊接与钢箱梁的顶板、底板和腹板相连,将水平力传递给全截面。

(3)主缆连续绕过在梁端的帽梁上,连接为环形,如图 6.15(c)所示。

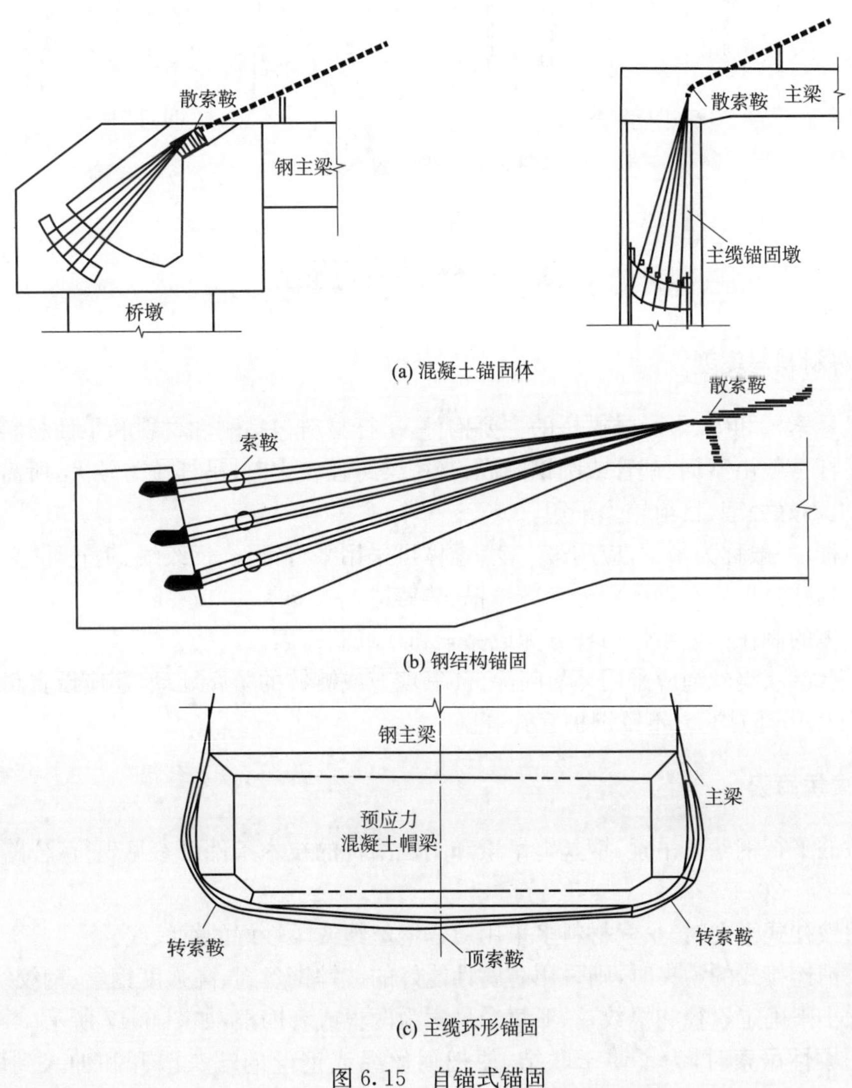

(a) 混凝土锚固体

(b) 钢结构锚固

(c) 主缆环形锚固

图 6.15　自锚式锚固

6.2.4　索夹安装

索夹的安装方式有以下两种:

(1)鞍挂式[图 6.16(a)]:鞍挂式索夹结构简单、索夹应力不直接受吊杆拉力的影响,索夹处吊索会产生弯曲应力,易造成吊杆强度下降。

(2)销连接式[图 6.16(b)]:销连接式索夹只需改变销孔位置即可适应倾角的变化,从而减少铸造型式,但销与销孔之间有摩擦力,且吊杆的拉力会影响索夹的应力分布。

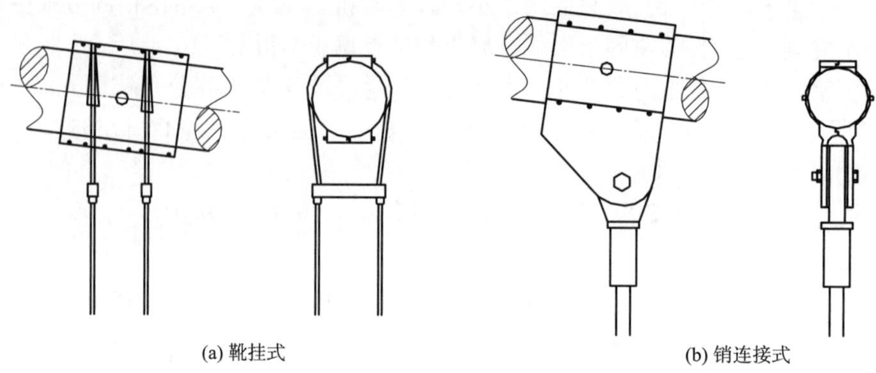

图 6.16　索夹的类型

6.3　吊杆、系杆施工

6.3.1　吊杆材料与类型

吊杆是悬索桥和中、下承式拱桥的主要构件,吊杆材料包括刚性材料和柔性材料两种。

刚性吊杆一般由型钢、钢管或圆钢制成,当桥梁跨径较大时,吊杆拉力较大,所需吊杆截面大,在构造上不好处理,目前较少采用。

柔性吊杆,一般称为吊索,应用最广泛,索体可采用平行钢丝、钢绞线、钢丝绳等。

按吊杆的锚具形式柔性吊杆分为冷铸锚、热铸锚。

按照索体的制作工艺柔性吊杆分为成品索和现场制作索。

钢丝、钢绞线、钢丝绳应采用环氧喷涂、环氧填充或镀锌的防腐处理,还应设置耐候性的防护外套,如 HDPE 防护套、不锈钢护套管等。

6.3.2　悬索桥吊索

悬索桥的平行钢丝束吊索、钢丝绳吊索和刚性吊杆的技术条件可参见现行《公路悬索桥吊索》(JT/T 449—2021)。

当采用鞍挂式索夹时,吊索材料多采用镀锌钢丝绳或柔性好的钢绞线。

当采用销连接式的索夹时,则采用防腐性能好的镀锌钢丝绳、高强度钢丝、钢绞线,根据吊索受力的大小来确定索径和根数,一般每个吊索为两根或者四根,如图 6.17 所示。

当采用柔性吊索时,为了便于联结,便把钢丝绳或钢丝的端头散开和伸入到联结套筒内,然后浇入合金,使之与套筒结成整体而形成锚头,吊索的上端通过套筒与索夹的吊耳联结,吊索下端通过套筒与加劲梁的联结件连接。承压是锚头通过成压板与加劲梁的锚箱连接,如图 6.18(a)所示,销接式锚头通过叉形耳板,利用销轴与加劲梁连接,如图 6.18(b)所示。

在锚杯与吊索、叉形耳板的连接处,应采用密封材料、密封圈、密封压环等进行密封处理,图 6.19 为某悬索桥的锚杯密封设计。

图 6.17　吊杆

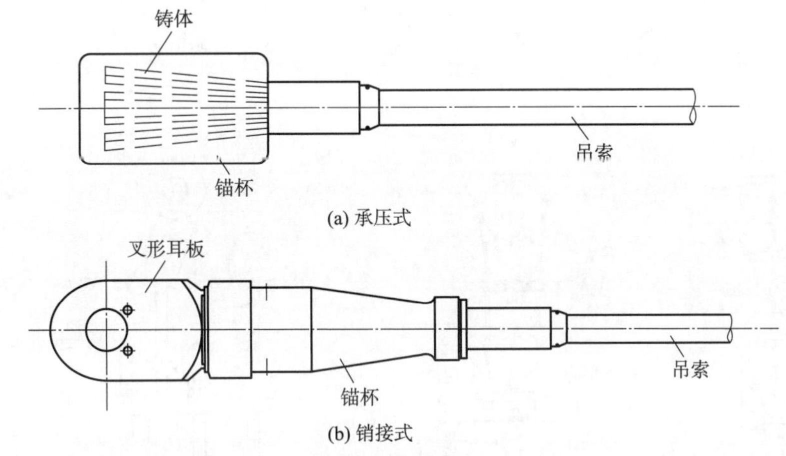

图 6.18　锚头构造使用图

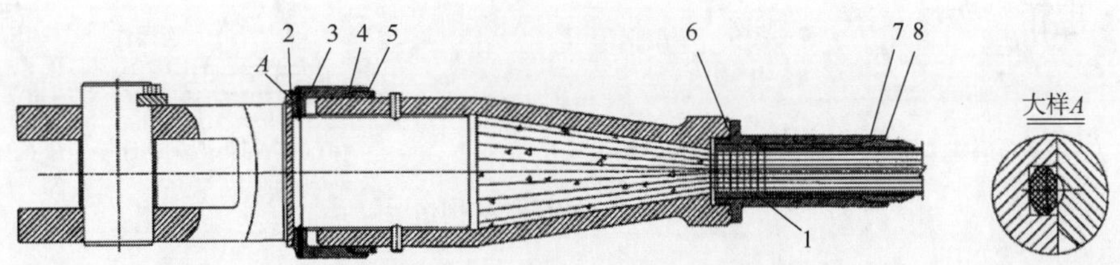

图 6.19　锚杯密封构造示意图

1—密封填料；2—O 形密封圈；3—防水盖；4—O 形密封圈；5—吊索处密封压环；6—O 形密封圈；7—密封胶圈；8—锚杯处密封压环

吊索与扁平钢箱梁的联接构造[图 6.20(a)]：每根吊索由两根钢绞线组成，其上端采用销连接方式与索夹相连接，其下端则锚在箱梁横隔板的预埋件上。

斜吊索与倒梯形钢箱梁的连接构造[图 6.20(b)]：吊索采用带冷铸锚的钢丝索，其上端采用销连接方式挂在主缆的索夹上，下端与加劲梁上的吊索连接板连接。

吊索与混凝土加劲梁的连接构造[图 6.20(c)]：吊索上端套在鞍挂式索夹上，并用夹具固定位置;下端吊着两块锚板。每块锚板各有一锚杆,通过垫圈托住加劲梁。采用这种构造可以调整梁上吊点的高度。

吊索与桁架梁的连接构造[图 6.20(d)]:上端采用销连接方式,下端通过一个中间联结装置与桁架连接。该连接装置由上、下两个连接筒和两个螺杆组成,通过螺杆上的螺帽,人们可在桥面上很方便地调整加劲梁的标高。

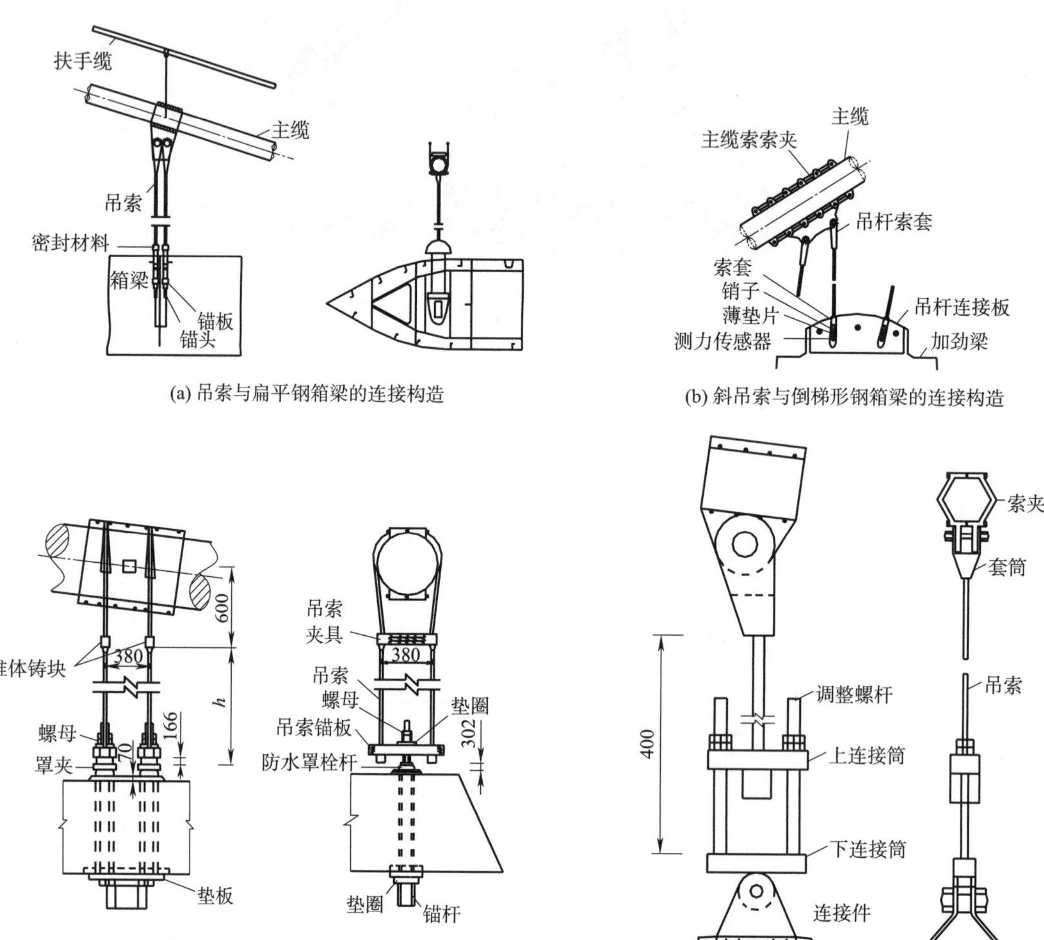

图 6.20　吊杆联结构造

6.3.3　拱桥吊杆

平行钢丝吊杆体系由低应力防腐索体、环氧涂层高防腐钢丝、防水密封装置等组成。低应力防腐索体采用双层 HDPE 防护的全防腐索体,两层 HDPE 间设置一道隔离层,环氧涂层钢丝是一种防腐性能优异的预应力高强钢丝材料,如图 6.21 所示。由于环氧钢丝握裹性能优于镀锌钢丝,环氧涂层索体与冷铸锚组合具有更优异的锚固性能。

钢绞线整束挤压吊杆是采用整束挤压方式锚固钢绞线,如图 6.22 所示,张拉调索方便,锚头结构尺寸小。索体为环氧喷涂钢绞线、镀锌钢绞线,专用锚头尺寸比冷铸锚、热铸锚小 30%以上。

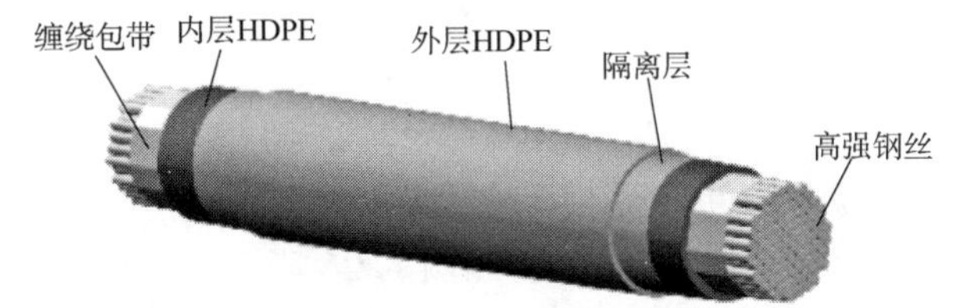

图 6.21　低应力防腐索体

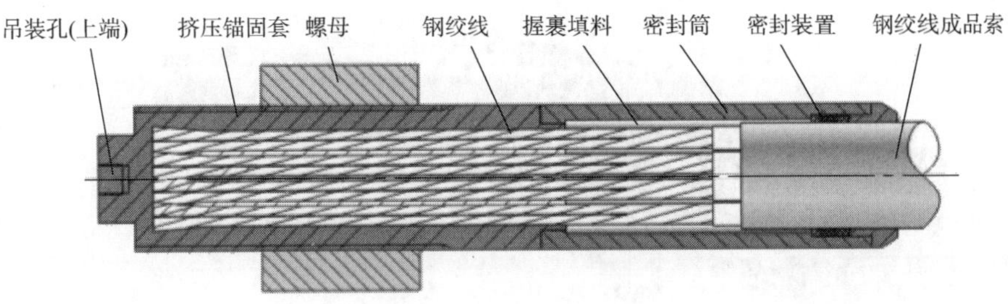

图 6.22　钢绞线整束挤压吊杆

吊杆安装工艺流程包括施工准备、吊杆安装、吊杆张拉、调索及防护处理。

施工准备：根据拱桥的桥型和规模设计相应的吊杆施工平台。

吊杆安装(图 6.23)：放索后，将牵引绳由待穿拱肋端穿过上端螺母，穿入索导管放下，牵引连接头与吊杆上端锚杯连接；启动卷扬机吊起吊杆，牵引至锚杯传出索导管上端，拧上上端螺母；卸下牵引连接头；横梁就位后卷扬机牵引绳吊起吊杆下端锚杯，将锚杯传进横梁索导管内，拧上下端螺母。

吊杆张拉：采用千斤顶在拱上或梁底部张拉使索力达到设计要求，张拉示意如图 6.24 所示，张拉过程中实行双控(力值和伸长量)。

防护处理：锚头涂抹防腐油脂、安装保护罩等防护工作。

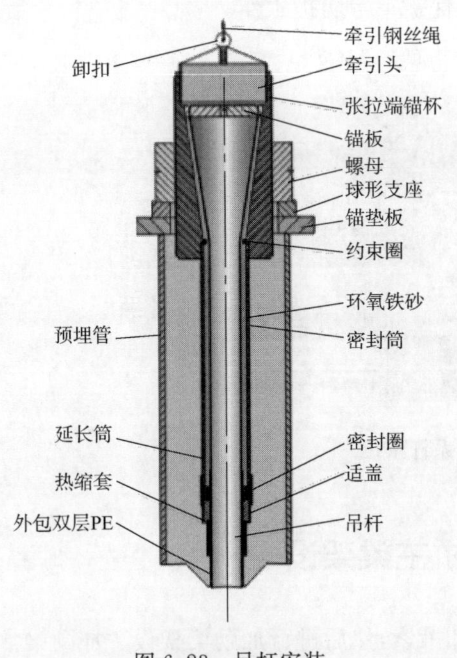

图 6.23　吊杆安装

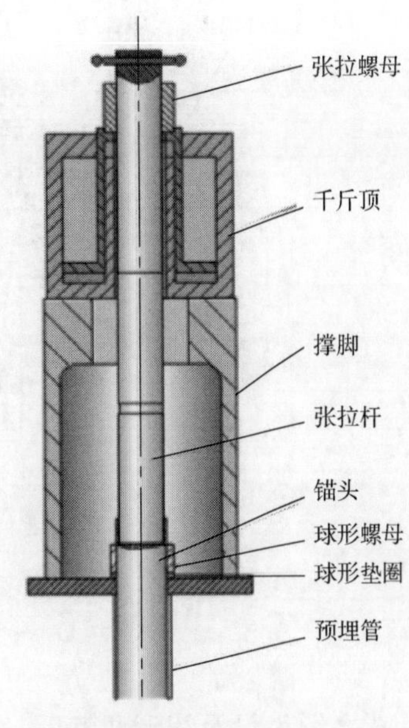

图 6.24　吊杆张拉

6.3.4　拱桥系杆索

系杆索是拱桥的重要受力构件，系杆的可靠性、耐久性和适应性关系到桥梁结构的安全和使用寿命。系杆主要由锚固体系和索体组成，如图 6.25 所示。锚固体系由锚板、夹片及防护装置组成，锚固体系要求具有优异的抗疲劳性能、防水渗漏及防腐性能；工程中推荐使用的索体为 HDPE 护套＋PE 防护环氧钢绞线。

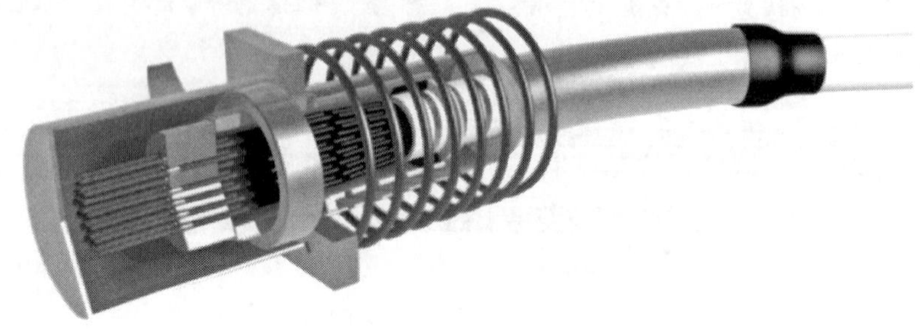

图 6.25　系杆

夹片式钢绞线系杆安装工艺流程包括施工准备、牵引设备安装、系杆安装、系杆张拉、调索及防护处理。

施工准备：搭设施工平台。

牵引设备安装：在拱脚一端布置卷扬机，卷扬机牵引绳穿过系杆导索管，然后与成品索索体相连接。

系杆安装：系杆安装包括系杆索下料、剥除两端 PE 保护层、清洗钢绞线表面油脂、由卷扬机穿索、安装锚具和夹片等工序。

系杆张拉(图 6.26)：采用千斤顶分阶段、对称张拉系杆至设计值。

防护处理：系杆锚固区进行防腐处理、安装保护罩等防护工作。

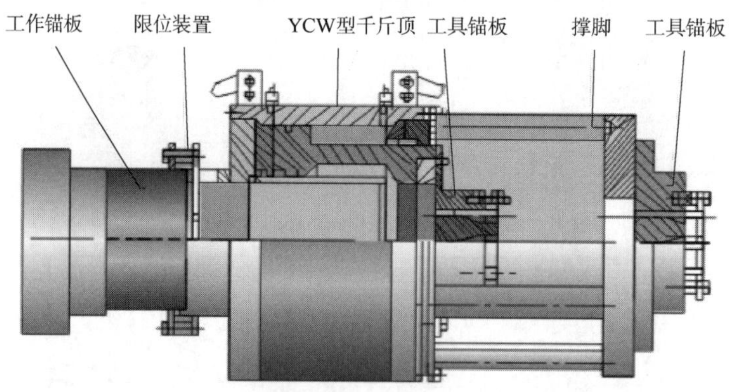

图 6.26　系杆张拉

6.4　悬索桥主梁架设

在完成主缆架设及线形调整后，安装索夹和吊索，然后进行加劲梁架设。加劲梁常用架设

方法有:

(1)悬臂架设法。当加劲梁是桁架式时,采用类似于桁式梁桥的悬臂安装法,即利用能沿着桁架上弦行走的吊机作为架梁机具。架设好的梁段立即与对应的吊索相连,把梁段自重传给主缆,这样,先架设的梁段并不承受后架设梁段的自重。该方法主要适合于桁式加劲梁的架设。

(2)梁段提升法。先将加劲梁预制成梁段,浮运到桥下,利用可行驶于主缆的起重台车,借助滑轮组及钢丝绳,将梁段提升到位。该方法仅适合于具有浮运条件的跨江河海湾的钢箱或钢桁加劲梁的架设。

(3)缆索吊装法。先将加劲梁段在两岸预制好,再利用可在主缆上行走的缆索吊机将加劲梁段吊起,通过吊机在主缆上的运输,将加劲梁段吊运至安装位置进行拼装。该方法主要适合于山区峡谷不具备浮运条件的钢箱加劲梁的架设。

(4)轨索滑移法。该方法利用悬索桥自身的永久结构主缆和吊索作为承重及传力构件,在吊索下端安装水平钢丝绳作为运梁车走行轨道(称为轨索),由主缆、吊索与轨索组成空间索网体系,梁段通过运梁小车悬挂于轨索,以坐高空缆车的方式沿轨索从两岸运至安装位置,再起吊就位,完成梁段安装。该方法已成功应用于我国矮寨大桥钢桁加劲梁的架设(图 6.27)。

图 6.27　矮寨大桥钢桁加劲梁施工

悬索桥加劲梁的架设推进方式主要有两种:架设顺序可以从主跨跨中开始,向桥塔方向逐段吊装,也可以从桥塔开始,向主跨跨中及边跨岸边前进。

(1)从桥塔开始架设

加劲梁吊装从桥塔开始,向主跨跨中和岸边逐段吊装,在每一梁段拼好以后,立即将其与对应的吊索相连,使其自重由吊索传给主缆。从桥塔开始吊装的优点是施工比较方便,缺点是桥塔两侧的索夹首先夹紧,此时主缆形状与最终几何线形差别最大,因而主缆中的次应力较大。

当加劲梁的重力逐渐作用到主缆上,主缆将产生较大的位移,改变原来悬链线的形状,所以在吊装过程中上缘一般都顶紧而下缘张开,直至全部吊装完毕下缘才闭合。如果强制使下缘过早闭合,结构及其连接件有可能因强度不够而破坏。合理的做法应该是:在架设的开始阶段,使各梁段在上缘铰接,而使下缘张开。这些上绕铰接的梁段应具备整体以横向抗弯抵抗横向风荷载的能力。待到一部分梁段也已到位,主缆线形也比较接近最终线形时,再将这一部分梁段下缘强制闭合。通过施工控制确认此时闭合是结构和其连接件都能够承受的。

(2)从跨中开始

加劲梁吊装从跨中开始,向桥塔方向前进,如图 6.27 所示。如果边跨较长,为避免塔顶产生过大的纵向位移,应从两岸向桥塔方向同时吊装边跨梁段。这种吊装次序的优点是:在架设桥塔附近的加劲梁段时,主缆线形已非常接近其最终几何形状,此时将桥塔附近的索夹夹紧,主缆的永久性角变位最小。

思考题

1. 简述斜拉索如何调索。
2. 简述悬索桥主缆和吊杆安装过程。
3. 简述系杆安装与张拉工艺。
4. 悬索桥加劲梁的安装方法有哪几种?

第 7 章　桥梁施工装备

桥梁施工装备整体上属于工程装备系列。装备水平代表着一个国家的科技水平和实力，我国改革开放以来，通过引进、消化、吸收、再创新战略，装备均取得了飞跃的发展。

桥梁施工用设备有：电焊机，混凝土搅拌机，混凝土振动棒，钢筋调直切割机，钢筋弯曲机，钢筋液压剪，型材切割机，氧气切割设备，角磨机，多功能钢结构表面处理机，电动砂轮机，手持式混凝土碎破机，风镐，喷砂机具，喷漆机具，抽水机，脚手架，卷扬机，导链，升降梯，模板，千斤顶，油压泵，压浆设备等。

大型装备：混凝土搅拌站，桩基施工设备，汽车吊、履带吊、塔吊等吊装设备，起重船，浮吊、缆索吊机，架桥机，运梁机，提梁机，龙门吊等。

此外，一些特殊工艺需要特殊装备，如钢结构加固装备、转体设备、悬索桥施工装备等。

下面简要介绍一些桥梁施工中常用装备和设备。

7.1　混凝土制备与输送设备

7.1.1　混凝土搅拌机

混凝土搅拌机是将一定配合比的水泥、沙石、水和外加剂等组分拌制成满足均质性、和易性要求的混凝土拌和物的机械设备。混凝土搅拌机按其搅拌原理可分为自落式和强制式两种，如图 7.1 所示。

(a) 自落式　　(b) 强制式

图 7.1　混凝土搅拌机

自落式搅拌原理是物料由固定在旋转拌和筒内的叶片带至高处，靠自重下落而进行搅拌；自落式混凝土搅拌机主要有锥形反转出料搅拌机和锥形倾翻出料搅拌机两种。锥形反转出料拌和机是一种小型的自落式拌和机，通过搅拌筒的旋转进行搅拌。锥形倾翻出料拌和机是一种大型的自落式拌和机，通过搅拌筒的旋转进行搅拌，适用于大容量、大骨料混凝土的搅拌，出料迅速干净。

强制式搅拌原理是通过不同位置和角度的旋转叶片改变物料运动方向，产生交叉料流而实现搅拌。强制式混凝土搅拌机主要有涡桨式、行星式和卧轴式。涡桨式搅拌机是一种构造简单的立轴强制式搅拌机，适用于各种稠度的混凝土拌和物。行星式拌和机是一种高效率的立轴强制式搅拌机，适用于各种稠度的混凝土拌和物。卧轴式搅拌机是一种新颖实用的强制式搅拌机，搅拌筒呈槽形，使用范围广。

自落式搅拌原理决定了其搅拌作用不如强制式的强烈，自落式搅拌机拌制均质混凝土拌和物所需要的搅拌时间较长，生产率低。

7.1.2　混凝土搅拌站(楼)

搅拌站(楼)是由拌和机及供料、储料、配料、出料、控制等系统及结构部件组成，用于生产混凝土拌和物的成套设备，具有全过程机械化或自动化，生产量大，搅拌效率高、质量稳定、成本低、劳动强度低等特点，其工艺流程如图 7.2 所示。按照骨料在混凝土生产流程中需要提升的次数分为混凝土搅拌楼和混凝土搅拌站。骨料经一次提升而完成全部生产流程的称为混凝土搅拌楼，俗称单阶式，骨料提升二次或二次以上的称为混凝土拌和站，俗称双阶式，如图 7.3 所示。

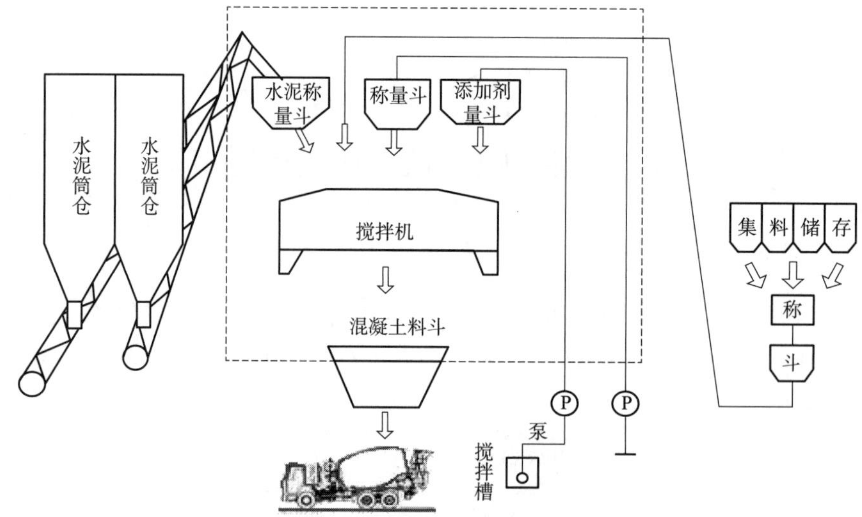

图 7.2　混凝土搅拌站工艺流程

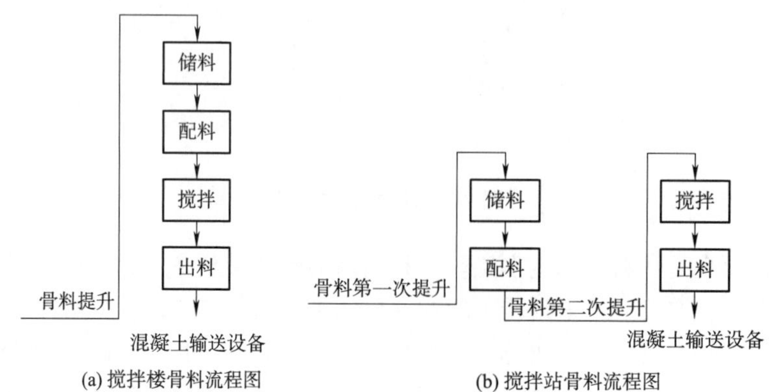

图 7.3　骨料投放

7.1.3　混凝土输送设备

常用的混凝土输送设备包括输送泵(图7.4)、搅拌运输车(图2.30)、混凝土泵车(图2.31)等。

图7.4　混凝土输送泵

混凝土输送泵,又名混凝土泵,由泵体和输送管组成,是一种利用压力将混凝土沿管道连续输送的机械。主要分为闸板阀(Z)、蝶形阀(D)和S形摆管阀输送泵。将泵体装在汽车底盘上,再装备可伸缩或曲折的布料杆,而组成的泵车。

混凝土输送泵主要技术参数:输送排量、出口压力、电机功率和分配阀形式;出口压力直接确定了输送距离和高程。

7.2　钢筋加工设备

钢筋加工的工艺主要包括调直、切断、弯曲、冷拉、冷拔、轧头、焊接等,所采用的钢筋加工机械主要为钢筋调直机、钢筋切割机、钢筋弯曲机以及钢筋焊接机械等。

7.2.1　钢筋调直机

钢筋调直机用于将成盘的细钢筋调直,适用于14 mm以下的钢筋。其工作原理为电动机使调直筒高速旋转,穿过调直筒的钢筋被调直,并由调直模清除钢筋表面的锈迹。钢筋调直机按切断控制可分为机械控制、光电控制、数码控制。数控钢筋调直机可利用光电管进行上述功能的自动控制,如图7.5所示。

7.2.2　钢筋切割机

钢筋切割机用于对钢筋原材和调直后的钢筋按混凝土结构所需要的尺寸进行切断,如图7.6所示,按切断的方式可分为机械传动和液压传动两类;按其装置方式分为固定式、移动式和手动式;按驱动方式可分为电动和手动。

图 7.5　钢筋调直机

图 7.6　钢筋切割机

7.2.3　钢筋弯曲机

钢筋弯曲机用于将已调直、切断的钢筋弯曲成设计所要求的形状，如图 7.7 所示。目前常用的有电动钢筋弯曲机和手持液压钢筋弯曲机。前者采用机械传动驱动工作盘转动弯曲钢筋，后者采用液压传动，靠摆动液压缸带动工作盘弯曲钢筋。

图 7.7　钢筋弯曲机

7.3　钢结构设备

考虑到钢构件加工及相关设备已在“钢桥”课程中介绍，下面仅简要介绍。

钢结构加工设备主要有切割、组装、钻孔、矫正和除锈等系列设备。

切割设备主要有直条火焰切割机、数控火焰切割机、仿形切割机、全自动坡口机和数控带锯机。

组装设备主要有 H 形组立机、箱形组立机、龙门焊机、埋弧焊半自动焊接机、电渣焊机、悬臂埋弧焊机和气体保护焊机。

钻孔设备主要有数控平面钻床、数控三维钻床和端面铣。

矫正设备主要为翼缘矫正机；除锈设备主要有抛丸机。

主要设备介绍如下：

(1)火焰切割机是一种利用氧、乙炔作切燃料的高效率气体火焰设备，将钢板按要求均匀的切割成条状。

(2)仿形切割机是按照工件的形状制成样板，使割炬按照样板的形状轨迹运行切割出各种形状，特别适用于零部件的批量切割，如图 7.8 所示。

图 7.8 切割机

(3)坡口机主要是利用滚铣原理，对钢板边缘按所需角度进行铣切，以得到焊接所需的坡口。

(4)带锯机以环状无端的带锯条为锯具，绕在两个锯轮上作单向连续的直线运动来锯切的锯机。

(5)组立机是钢结构生产中负责组立钢构，便于焊接，提高工作效率的现代化设备，如图 7.9 所示。其工作原理是组立机在对中过程中利用正反丝杆同步传动，实现夹紧机构同步夹紧同步对中。能确保规格范围内不同宽度的幅板、翼板定位，同步对中准确，无须每次调整；可根据用户要求设置成变截面型钢的自动组立。

图 7.9 组立机

(6)埋弧焊机是一种利用电弧在焊剂层下燃烧进行焊接的焊接机器，如图 7.10 所示。其固有的焊接质量稳定、焊接生产率高、无弧光及烟尘很少等优点，使其成为压力容器、管段制造、箱形梁柱钢结构等制作中的主要焊接机器。

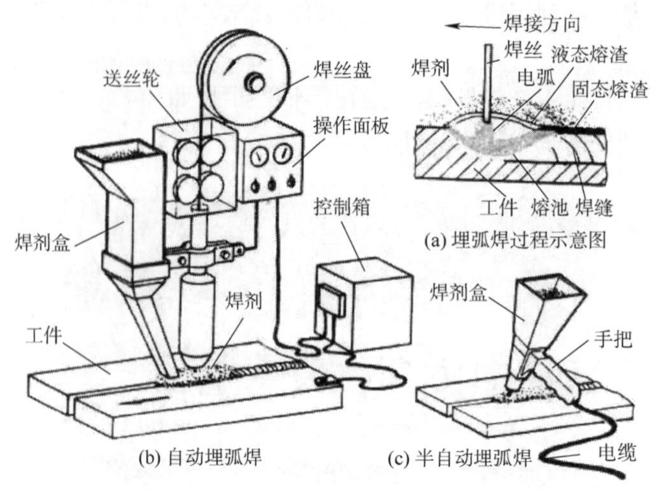

图 7.10　埋弧焊机

(7)电渣焊机是指采用焊丝为电极,焊丝通过非消耗的电渣焊枪和导电嘴送入渣池的电渣焊设备。电渣焊机主要用于钢结构垂直焊缝的高效焊接,特别适用于箱形柱和箱形梁隔板的焊接。

(8)气体保护焊机是以 CO_2 等作为保护气体的熔化极电弧焊方法,工作时在弧周围形成气体保防层,隔绝外部氧气,使焊缝不至于氧化碳化,从而提高焊缝质量,使焊接平面更加的美观平整。

(9)钻床指主要用钻头在工件上加工孔的机床。通常钻头旋转为主运动,钻头轴向移动为进给运动。钻床结构简单,加工精度相对较低,可钻通孔、盲孔,更换特殊刀具,可扩、锪孔,铰孔或进行攻丝等加工。加工过程中工件不动,让刀具移动,将刀具中心对正孔中心,并使刀具转动(主运动)。钻床的特点是工件固定不动,刀具做旋转运动,图 7.11 为数控钻床示意图。

(10)矫正机是专门用于焊接 H 形的钢矫正设备(图 7.12),其中主传动滚轮和上压轮采用优质合金钢制造,并进行热处理工艺,确保使用寿命,该机操作简单,方便易学。

图 7.11　数控钻床示意图

图 7.12　H 形钢矫正机

7.4　预应力张拉设备

预应力混凝土结构施工过程中千斤顶是张拉预应力钢筋的主要设备，分为机械式，液压式和电热式。液压式最常用，由千斤顶、高压油泵及输油管等部分组成。预应力千斤顶按其作用型式可分为单作用(拉伸)、双作用(张拉、顶锚)和三作用(张拉、顶锚、退楔)；按其结构特点又可分为拉杆式、穿心式、锥锚式和台座式。

现在比较常用的是穿心式千斤顶，如图 7.13 所示。穿心式千斤顶是由一个双作用张拉活塞油缸和一个单作用顶压活塞油缸组合而成，空心张拉活塞同时又是顶压缸的缸体，结构特点是沿其轴线有一穿心孔道，供穿预应力筋用，作用过程分张拉、顶压和回程等步骤。

高压油泵是预应力张拉设备的重要组成部分，是实施张拉的动力源，如图 7.14 所示，它与张拉千斤顶配合，构成液压系统回路，操作油泵供给千斤顶高压油，并控制千斤顶动作，实现张拉预应力筋的目的。

图 7.13　穿心式千斤顶

图 7.14　高压油泵

油泵的额定油压和流量，必须满足配套机具的要求，高压油泵按驱动方式，分为手动和电动两种。目前，国内生产的大部分为电动式高压油泵。

针对传统张拉过程中很难实现“双控”，智能张拉系统通过现代传感技术、数字控制技术，实时采集、分析每台张拉设备的压力数据和位移值数据，数据经自动对比分析后由程序实时、同步控制油泵和千斤顶的每一个机械动作，如图 7.15 所示。智能张拉系统的设计理念为：

(1)张拉力精确控制：在千斤顶油缸内置压力传感器，实现油压的精确控制。

(2)伸长值精确控制：在千斤顶内缸上设置游标卡尺实现其位移的精确测量。

(3)张拉同步：对预应力筋张拉过程中两端张拉力实现精确同步，实现施力过程的平稳与精确。

(4)智能张拉系统：结合传感、计算机、信息处理、无线传输、自动控制等技术，调整各个张拉系统的进油同步性及变频控制进油速率实现持荷过程的精细补压，实现精确调控使张拉过程以完全满足规范要求。实施传输张拉过程的控制信息至管控中心。

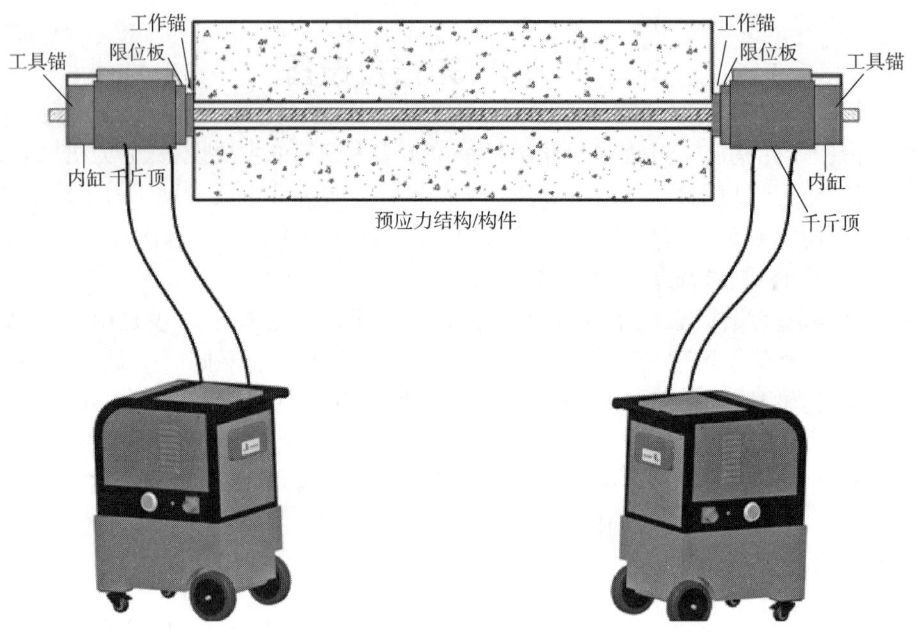

图 7.15　智能张拉系统工作示意图

为了实现对张拉系统中油压值的精确测量，将高精度压力传感器直接安装在千斤顶的进油端，同时千斤顶内缸位移的精确测量，将位移传感器通过套筒固定在千斤顶的外表面，如图 7.16 所示。压力传感器输出的电流信号转换成数字信号后传输给张拉控制系统，其测量精度可达到 0.01 MPa；位移传感器电流信号转换成数字信号在电脑上实时显示，程序自动进行伸长量校核，其精度可达 0.1 mm。

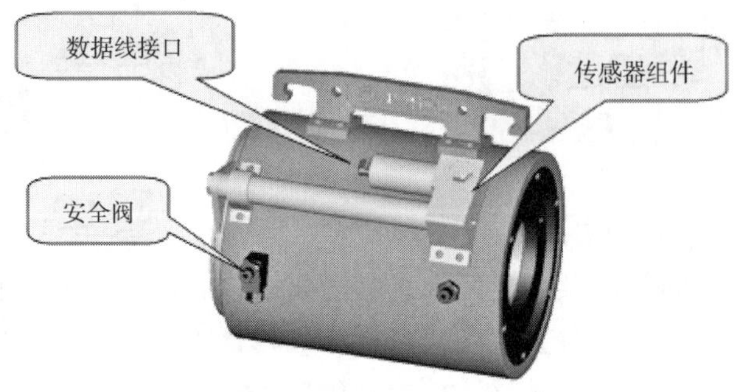

图 7.16　智能千斤顶

在智能张拉系统中还可以实现摩擦损失等的计算，以便实施张拉控制。

7.5　吊装设备

7.5.1　桅杆起重机

桅杆起重机以桅杆为机身的动臂旋转起重机，如图 7.17 所示。桅杆起重机由桅杆本体、动力—起升系统、稳定系统组成。主要部件由桅杆、动臂、支撑装置和起升、变幅、回转机构组成。

7.5.2　汽车式起重机

汽车式起重机是安装在标准的或专用的载货汽车底盘上的全旋转臂架起重机，如图 7.18 所示，其车轮采用弹性悬挂，行驶性能接近汽车。汽车起重机采用内燃机作为动力，其行驶传动都采用机械式，而起重机作业部分的动力传递则采用机械式、电动式、液压式几种。起重机的起升、变幅、旋转、臂架伸缩、支腿伸缩等机构，目前绝大多数采用液压传动。

图 7.17　桅杆起重机

图 7.18　汽车式起重机

7.5.3　塔式起重机

塔式起重机是一种具有竖立塔身，吊臂装在塔身顶部的转臂起重机，如图 7.19 所示。塔式起重机由金属结构、工作机构和电器系统三部分组成。金属结构包括塔身、吊臂和底座等，工作机构有起升、变幅、回转和行走机构，电器系统包括电动机、控制器、配电柜、连接电路、信号以及照明装置等。由于吊臂装于塔身顶部，形成“Γ”形工作空间，因此有较大的工作范围和起升高度，其幅度利用率比其他起重机高，在工程中得到广泛的应用，用于物料的垂直与水平运输和构件的安装。

7.5.4　龙门起重机

龙门起重机在桥梁工程预制场、海洋工程、车站、库场、港口码头等露天场所担负物料搬运任务，是企业生产经营活动中实现机械化和自动化的重要生产力。龙门起重机在构造上由金属结构(包括桥梁、起重小车架、支腿、驾驶室)、机构以及电气与控制系统组成，如图 7.20 所示。按行走机构龙门起重机又可以分为轮胎式龙门起重机和轨道运行式龙门起重机，以轨道运行式机型为多。

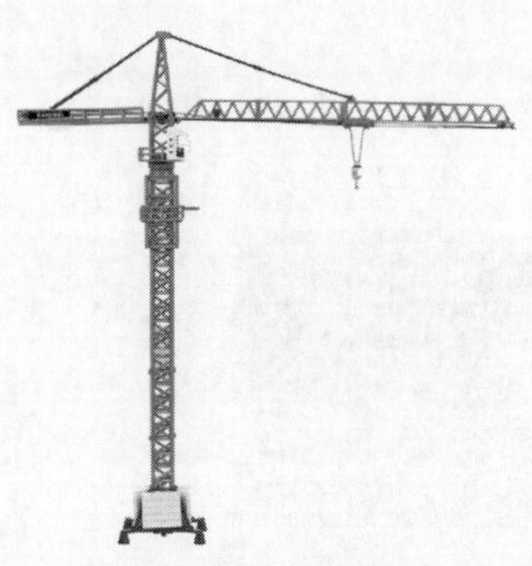

图 7.19　塔式起重机

图 7.20　龙门起重机

7.5.5　浮式起重机

浮式起重机也称为起重船或浮吊，如图 7.21 所示，通常在方形甲板上，设置不同形式的起重机，再配置船舶系缆设备及生活设施等。浮式起重机按船体机动性能可分为自航式和非自航式；按起重机性能可分为回转式浮式起重机和非回转式浮式起重机。

图 7.21　起重船

国内的大型起重船：振华 30 号、5 000 t 华西海工号、4 000 t 津泰号、3 600 t 大桥海鸥号和 3 600 t 大桥天一号等。振华 30 号：单臂固定起吊 1.2 万 t、单臂全回转起吊 7 000 t 的能力，被称为世界上最大的起重船。3 600 t 大桥海鸥号用于平潭海峡公铁大桥钢梁架设，起升高度 130 m。大型起重船在桥梁工程上的应用，极大地提高了我国的桥梁建造水平。

7.5.6　缆索起重机

缆索起重机，简称缆索吊，由两个支架和支架之间钢缆组成，起重小车在钢缆上移运，进行重物的水平和垂直运送，如图 7.22 所示，用于跨距很大，或跨越山谷、河流等障碍物情况下的吊运重物。缆索起重机由塔式支架、承载装置、驱动装置、电器系统和安全保护装置等组成，其主要特点是：①工作跨度大，水平运距长，兼有起重和水平运输双重功能；②支承钢缆高悬于空中，不受地形限制，也不影响作业范围内的其他工作和交通运输；③生产率高，高速缆索起重机的小车运行速度可达 670 m/min，吊钩起升速度可达 290 m/min。

图 7.22　缆索起重机示意图

7.5.7 卷扬机

卷扬机又名绞车，如图 7.23 所示，通过钢丝绳将重物、施工材料、机具、构件等提升到一定高度或水平拖移到需要的地方，是施工中的一种最简单的常用起重机设备。

7.5.8 架桥机

架桥机就是将预制好的梁片放置到已建造桥墩上的设备。架桥机属于起重机范畴，因为其主要功能是将梁片提起，然后运送到预定位置后落梁。

按用途可分为公路架桥机、铁路架桥机、公铁两用架桥机；按受力状态可分为悬臂式和简支梁式；按组成可分为专用架桥机和拼装式架桥机；按主梁数目可分为单梁式架桥机和双梁式架桥机；按主梁的结构可分为桁梁式、箱梁式、板梁式及蜂窝梁式等。此外，还有用运架梁一体式架桥机、下导梁式架桥机等。

公路预制梁架桥机大多数为步履式架桥机(单导梁和双导梁两种)，可架设公路多片梁，如图 7.24 所示，双导梁架桥机主要由两根分离布置的安装梁、两根起重横梁和可伸缩的钢支腿三部分组成。

图 7.23　卷扬机

图 7.24　步履式双导梁架桥机

铁路整体预制箱梁常用架桥机为导梁式架桥机、走行式架桥机、导梁式定点起吊架桥机和运架一体式架桥机，如图 7.25 所示。导梁式架桥机由主梁、导梁、支腿、吊梁小车等组成；走行式架桥机由主梁和横联、支腿、起重天车等组成；导梁式定点架桥机由主梁及横联、前后支腿、辅助支腿、吊梁车、导梁后吊车、导梁前天车等组成；运架一体架桥机实现了“三位一体”，即吊梁机、运梁车与架桥机一体化，大大降低了运架梁的成本，属于目前比较先进的架梁设备，运架一体机主要由提运梁机和下导梁组成。

(a) 导梁式架桥机

(b) 走行式架桥机

图　7.25

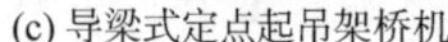
(c) 导梁式定点起吊架桥机

(d) 运架一体式架桥机

图 7.25　铁路常用架桥机

7.6　基础施工主要设备

常用的基础施工设备有:挖掘机、打桩机、空压机、钻机、推土机、装载机、自卸汽车、混凝土喷射机、注浆机、锚索钻孔机等。下面简要介绍最为常用的几种。

7.6.1　挖 掘 机

挖掘机,又称挖土机,是用铲斗挖掘高于或低于承机面的物料,并装入运输车辆或卸至堆料场的土方机械,如图 7.26 所示。常见的挖掘机结构包括动力装置、工作装置、回转机构、操纵机构、传动机构、行走机构和辅助设施等。传动机构通过液压泵将发动机的动力传递给液压马达、液压缸等执行元件,推动工作装置动作,从而完成各种作业。

图 7.26　挖掘机

7.6.2　打 桩 机

打桩机由桩锤、桩架及附属设备等组成。桩锤依附在桩架前部两根平行的竖直导杆(俗称龙门)之间,用提升吊钩吊升。桩架为一钢结构塔架,在其后部设有卷扬机,用以起吊桩和桩锤。桩架前面有两根导杆组成的导向架,用以控制打桩方向,使桩按照设计方位准确地贯入地层。打桩机的基本技术参数是冲击部分重量、冲击动能和冲击频率。桩锤按运动的动力来源可分为落锤、汽锤、柴油锤、液压锤等。

汽锤打桩机的桩锤由锤头和锤座组成，以蒸汽或压缩空气为动力，有单动汽锤和双动汽锤两种。单动汽锤以柱塞或汽缸作为锤头，蒸汽驱动锤头上升，而后任其沿锤座的导杆下落而打桩。双动汽锤一般是由加重的柱塞作为锤头，以汽缸作为锤座，蒸汽驱动锤头上升，再驱动锤头向下冲击打桩。

柴油锤打桩机的主体是由汽缸和柱塞组成，如图 7.27(a)所示，其工作原理和单缸二冲程柴油机相似，利用喷入汽缸燃烧室内的雾化柴油受高压高温后燃爆所产生的强大压力驱动锤头工作。

液压锤打桩机可按地层土质不同调整液压，以达到适当的冲击力进行打桩，如图 7.27(b)所示，是一种新型打桩机。液压锤打桩机打桩控量精确，能实现不同地层的打桩作业；液压锤打桩机在降低噪声、减振方面有出色表现，特别适合城市施工需要。液压锤打桩机节能减排效果明显，是未来打桩机发展的主流。

(a) 柴油锤打桩机

(b) 液压锤打桩机

图 7.27　打桩机

7.6.3 钻　　机

我国钻机按成孔方式可分为正反循环钻机、旋挖钻机、长螺旋钻机、深层搅拌钻机等几类。

1)正反循环钻机

正循环钻机和反循环钻机都是通过钻井液(泥浆)的循环保护钻井井壁及出渣，即通过钻井液(泥浆)的循环，把钻孔里的钻渣带出来。正循环是冲洗液由泥浆泵通过钻杆送入孔底，再从孔内上返到地面；反循环的冲洗液刚好与正循环的路径相反。

正循环旋转钻孔(图 7.28)：泥浆由泥浆泵以高压从泥浆池输进钻杆内腔，经钻头的出浆口射出。底部的钻头在旋转时将土层搅松成为钻渣，被泥浆悬浮，随泥浆上升而溢出，经过沉浆池沉淀净化，泥浆再循环使用。

反循环旋转钻孔：泥浆由泥浆池流入钻孔内，同钻渣混合。在真空泵抽吸力作用下，混合物进入钻头的进渣口，经过钻杆内腔，泥石泵和出浆控制筏排泄到沉淀池中净化，再供使用。

2)旋挖钻机

旋挖钻机(图 7.29)成孔首先是通过底部带有活门的桶式钻头回转破碎岩土，并直接将其装入钻斗内，然后再由钻机提升装置和伸缩钻杆将钻斗提出孔外卸土，这样循环往复，不断取土卸土，直至钻至设计深度。对黏结性好的岩土层，可采用干式或清水钻进工艺，无须泥浆护壁。而对于松散易坍塌地层，或有地下水分布，孔壁不稳定，必须采用静态泥浆护壁钻进工艺，向孔内投入护壁泥浆或稳定液进行护壁。旋挖钻机主要适于砂土、黏性土、粉质土等土层施工，在灌注桩、连续墙、基础加固等多种地基基础施工中得到广泛应用。

图 7.28　正循环钻机

图 7.29　旋挖钻

3)长螺旋钻机

长螺旋钻机包括液压步履桩架和钻进系统两部分，如图 7.30 所示。桩架采用液压步履式底盘；钻进系统包括动力头与钻具，动力头的输出轴与螺旋钻具为中空式，桩机采用长螺旋成孔，可通过钻杆中心管将混凝土(泥浆)进行泵送混凝土桩施工，即能钻孔成孔一机一次完成，也可用于干法成孔、注浆置换改变钻具后还可采取深层搅拌等多种工法进行施工。

4)深层搅拌钻机

用于深层搅拌法施工的设备为深层搅拌机，如图 7.31 示。深层搅拌法是加固软土地基的一种技术，是利用水泥、石灰等作为固化剂，通过专门设计的深层搅拌钻机，在钻进过程中就地将地层土和固化剂强制搅拌。深层搅拌机依其处理地层情况不同，可采用翼片式搅拌头或螺旋叶片式搅拌头。

图 7.30　长螺旋钻机

图 7.31　深层搅拌机

思 考 题

1. 比较不同混凝土搅拌设备的优缺点。
2. 如何选择合适的吊装设备?
3. 如何选择合适的基础施工设备?
4. 何为预应力的自动张拉系统?
5. 钢构件的加固工艺包括哪些?
6. 主要的钢筋加固设备有哪些?
7. 混凝土搅拌机有哪些类型？其工作原理是什么?

第三篇 >>>>>>>

桥梁维养技术

桥梁结构从建成交付运营开始，其服役状况就处于不断退化中，桥梁维养是确保桥梁结构能保持设计功能并正常运营的重要技术保障，也是桥梁工程科学中的一个重要分支，是桥梁管养部门的主要工作内容。

随着我国桥梁体量的持续增大和桥梁服役龄期的持续增长，桥梁管理、使用状况评定、加固与强化日趋重要，且其技术水平随现代测试与传感、网络通信、信号处理与分析、多媒体等技术的应用与发展而提升。

本篇内容包括5章，分别介绍桥梁养护管理、桥梁病害与成因、桥梁养护与维修技术、桥梁技术状况评定及桥梁加固方法。

第8章　桥梁养护管理

我国既有公路、市政、铁路桥梁数量巨大，且大量新建桥梁陆续投入运营。随着服役龄期的增长，在车辆动力荷载和自然环境等各种因素持久作用下，大批在役桥梁结构劣化加速，桥梁老龄化和病害问题突出。随着运输需求快速发展，部分公路桥梁超限超载严重，兼之有效管养机制欠缺，极大地缩短了桥梁的使用寿命，也影响到桥梁的正常使用，最终可能发展成为危桥甚至坍塌。世界范围内，服役桥梁垮塌事故时有发生，惨痛教训使得各国越来越重视服役桥梁的管理、养护、维修及加固。

对既有桥梁开展科学管理和维养，确保桥梁的安全、畅通、高效益运营，成为桥梁工作的重要命题。桥梁管理者期望通过在桥梁整个服役期内实施规范性养护管理，跟踪桥梁基本状况，可靠预测劣化速率，从整体上制定科学、有序的桥梁养护计划，节约和有效利用养护资金，确保桥梁结构性能维持在合理服役水平，避免桥梁倒塌事故发生。桥梁养护管理必须具备五个条件：

(1)制度。构建有效率的管理组织，明确桥梁养护管理参与方职责，制定合理的养护管理组织与市场运作流程。

(2)人员。组建科学合理的组织机构，并培训专业人员，使其具备对桥梁进行全面、及时、专业检查和维护的能力。

(3)设备。配设性能优越的桥梁维养设备，能优质地服务于桥梁维养。

(4)技术。编制服役桥梁管理及维护技术体系，制定技术操作规程；开展科学研究和技术创新，提升桥梁养护能力。

(5)资金。能够及时提供足够的维养资金，支持桥梁养护管理规范性工作。

桥梁养护管理涉及制度、人员、设备、技术和资金等多方面，本章重点介绍桥梁养护管理中技术层面的相关知识。

8.1　桥梁检查

桥梁使用状态的评估和评定是桥梁管理的重要环节，通常由具有资质的技术人员根据特定的操作程序对桥梁结构和物理状态等最新信息进行现场收集(此过程称为检查)，借此评定桥梁使用状态。检查应从新桥建成开始，有计划地在整个寿命周期内以特定频率多次实施，依据评估和评定结论，确定桥梁养护、维修、加固或替换的计划。

公路、市政、铁路部门对桥梁养护、检测的管理方法不同，下面以公路桥梁为主展开介绍。

8.1.1　桥梁养护检查等级

公路桥梁养护检查等级分为Ⅰ、Ⅱ、Ⅲ级，分级标准为：

(1)单孔跨径大于150 m的特大桥、特别重要桥梁的养护检查等级为Ⅰ级。

(2)单孔跨径小于或等于 150 m 的特大桥、大桥,以及高速公路或一、二级公路上的中桥、小桥的养护检查等级为Ⅱ级。

(3)三、四级公路上的中桥、小桥的养护检查等级为Ⅲ级。

(4)技术状况评定为 3 类的大、中、小桥应提高一级进行检查。

(5)技术状况评定为 4 类的桥梁在加固维修前应按Ⅰ级进行检查。

根据不同的目的,公路桥梁检查可分为初始检查、日常巡查、经常检查、定期检查和特殊检查几类。

表 8.1 给出了《城市桥梁养护技术标准》(CJJ 99—2017)中养护类别。

表 8.1　城市桥梁的养护类别划分

养护类别	说　明	备　注
Ⅰ类	特大桥梁及特殊结构的桥梁	特大桥指多孔跨径总长大于 1 000 m,单孔跨径大于 100 m;特殊结构桥指钢—混凝土组合梁桥、吊桥、吊杆拱桥和斜拉桥;养护要求高
Ⅱ类	城市快速路网上的桥梁	桥上行驶车速为 50～80 km/h,对桥面平整度、伸缩装置、桥面完好都有较高要求;养护要求较高
Ⅲ类	城市主干路上的桥梁	养护要求中等
Ⅳ类	城市次干路上的桥梁	一般养护要求
Ⅴ类	城市支路和街坊路上的桥梁	一般养护要求

8.1.2　初始检查

初始检查。新建或改建桥梁交付使用后,对桥梁结构及其附属构件的技术状况进行的首次全面检测,其成果是后期桥梁检查和评定工作的基准。初始检查宜与交工验收同时进行,最迟不得超过交付使用后 1 年。

初始检查应包括下列内容:定期检查需测定的所有项目,并按《公路桥涵养护规范》(JTG 5120—2021)要求设置永久观测点;测量桥梁长度、桥宽、净空、跨径等;测量主要承重构件尺寸,包括构件的长度与截面尺寸等;测定桥面铺装层厚度及拱上填料厚度等;测定桥梁材质强度、混凝土结构的钢筋保护层厚度;养护检查等级为Ⅰ级的桥梁,通过静载试验测试桥梁结构控制截面的应力、应变、挠度等静力参数,计算结构校验系数;通过动载试验测定桥梁结构的自振频率、冲击系数、振型、阻尼比等动力参数。有水中基础,养护检查等级为Ⅰ、Ⅱ级的桥梁,应进行水下检测;量测缆索结构的拉索索力及吊杆索力,测试索夹螺栓紧固力等;检测钢管混凝土拱桥钢管内混凝土密实度;当交、竣工验收资料中已经包含上述检查项目或参数的实测数据时,可直接引用。

初始检查后应提交技术状况评定报告。技术状况评定报告应包括下列内容:桥梁基本状况卡片、桥梁初始检查记录表、桥梁定期检查记录表、桥梁技术状况评定表;典型缺损和病害的照片、文字说明及缺损分布图,缺损状况的描述应采用专业标准术语说明缺损的部位、类型、性质、范围、数量和程度等;三张总体照片,包括桥面正面照片一张,桥梁两侧立面照片各一张。上述检查内容的成果;养护建议。

8.1.3　日常巡查

日常巡查,对桥面及其以上部分的桥梁构件、结构异常变位和桥梁安全保护区的日常巡视和目测检查。养护检查等级为Ⅰ、Ⅱ级的桥梁，日常巡查每天不应少于 1 次；对有特殊照明需求(功能性及装饰性照明、航空航道指示灯等)的桥梁，应适当开展夜间巡查。养护检查等级为Ⅲ级的桥梁，日常巡查每周不应少于 1 次。遇地震、地质灾害或极端气象时应增加检查频率。日常巡查可以乘车目测为主，并应做巡检记录，发现明显缺损和异常情况应及时上报。

日常巡查应包括下列内容：桥路连接处是否异常；桥面铺装、伸缩缝是否有明显破损；伸缩缝位置的桥面系是否存在异常；栏杆或护栏等有无明显缺损；标志标牌是否完好；桥梁线形是否存在明显异常；桥梁是否存在异常的振动、摆动和声响；桥梁安全保护区是否存在侵害桥梁安全的情况。

8.1.4　经常检查

经常检查，抵近桥涵结构，采用目测结合辅助工具对桥面系、上部结构、下部结构和附属设施表观状况进行的周期性检查。

经常检查频次应满足：养护检查等级为Ⅰ、Ⅱ、Ⅲ级的桥梁，经常检查的频次分别不不应少于 1 次/月、1 次/2 月和 1 次/季度；在汛期、台风、冰冻等自然灾害频发期，应提高经常检查频率；养护检查等级为Ⅱ、Ⅲ级的桥梁，在定期检查中发现存在 4 类构件时，加固处治前应提高经常检查频率；对支座的经常检查每季度不应少于 1 次。

经常检查宜抵近桥梁结构，以目测结合辅助工具进行。现场填写“桥梁经常检查记录表”。经常检查中发现桥梁重要部件缺损严重及时上报。

经常检查包括下列内容：桥梁结构有无异常的变形和振动及其他异常状况；外观是否整洁，构件表面是否完好，有无损坏、开裂、剥落、起皮、锈迹等；混凝土主梁裂缝是否有发展，箱梁内是否有积水。钢结构主梁抽查焊缝有无开裂，螺栓有无松动或缺失；斜拉索、吊杆(索)、系杆等索结构锚固区的密封设施是否完好，有无积水或渗水痕迹，密封材料等有无老化和开裂；主缆最低点是否渗水；索鞍是否有异常的位移、卡死、辊轴歪斜以及构件锈蚀、破损；鞍座混凝土是否开裂；鞍室是否渗水、积水；支座是否有明显缺陷，使用功能是否正常；桥面铺装是否存在病害；伸缩缝是否堵塞、卡死，连接部件有无松动、脱落、局部破损；人行道、缘石有无破损、剥落、裂缝、缺损和松动；栏杆、护栏有无破损、缺失、锈蚀、移动或错位；排水设施有无堵塞和破损；墩台有无明显的倾斜、损伤、开裂及是否受到车、船或漂流物撞击而受损；基础有无冲刷、损坏、悬空；墩台与基础是否受到生物腐蚀；翼墙(侧墙、耳墙)、锥坡、护坡、调治构造物有无缺损、开裂、沉降和塌陷；悬索桥锚碇是否存在渗水、积水；交通信号、标志、标线、照明设施以及桥梁其他附属设施是否完好、正常工作；永久观测点及标志点是否完好。

8.1.5　定期检查

定期检查，对桥涵总体技术状况进行的周期性检查及技术状况评定。

养护检查等级为Ⅰ级的桥梁，定期检查周期不得超过 1 年；养护检查等级为Ⅱ、Ⅲ级的桥梁，定期检查周期不得超过 3 年。

定期检查应接近各部件仔细检查其缺损情况，并应符合下列要求：现场校核桥梁基本数据，填写或补充完善“桥梁基本状况卡片”；现场填写“桥梁定期检查记录表”，记录各部件缺损状况并绘制主要病害分布图；对桥梁永久观测点进行复核，对桥面高程及线形、变位等检测指标进行量测；判断病害原因及影响范围；进行技术状况评定，提出养护建议。

定期检查中发现的各种缺损应在现场将其范围、分布特征、程度及检测日期标记清楚。对技术状况等级为3、4、5类桥梁及有严重缺损的构件，应作影像记录，并附病害状况说明。

定期检查后提交检查报告，应包括下列内容：桥梁基本状况卡片、桥梁定期检查记录表、桥梁技术状况评定表；典型缺损和病害的照片、文字说明及缺损分布图，缺损状况的描述应采用专业标准术语说明缺损的部位、类型、性质、范围、数量和程度等；三张总体照片，包括桥面正面照片一张，桥梁两侧立面照片各一张；判断病害原因及影响范围，并与历次检查报告进行对比分析，说明病害发展情况；桥梁的技术状况评定等级；提出养护建议及下次检查时间。

对需限制交通或关闭的桥梁应及时报告并提出建议。

8.1.6　特殊检查

特殊检查，对桥梁承载能力、抗灾能力、耐久性能、水中基础技术状况进行的一项或多项检查与评定，以及对定期检查中难以判明病害成因及程度的桥梁进行的检查。

下列情况应做特殊检查：定期检查中难以判明构件损伤原因及程度的桥梁；拟通过加固手段提高荷载等级的桥梁；需要判明水中基础技术状况的桥梁；遭受洪水、流冰、滑坡、地震、风灾、火灾、撞击，因超重车辆通过或其他异常情况影响造成损伤的桥梁。

特殊检查应根据检测目的、病害情况和性质，采用仪器设备进行现场测试和其他辅助试验，针对桥梁现状进行检算分析，形成评定结论，提出建议措施。

实施特殊检查前，应充分收集桥梁设计资料、竣工资料、材料试验报告、施工资料、历次检测报告及维修资料等，并现场复核。

特殊检查应包括下列一项或多项内容：材料的物理、化学性能及其退化程度的测试鉴定；结构或构件开裂状态的检测及评定；结构的强度、刚度和稳定性的检算、试验和鉴定。桥梁承载能力评定宜按现行《公路桥梁承载能力检测评定规程》(JTG/T J21—2011)执行；桥梁抵抗洪水、流冰、风、地震及其他灾害能力的检测鉴定；桥梁遭受洪水、流冰、滑坡、地震、风灾、火灾、撞击，因超重车辆通过或其他因素造成损伤的检测鉴定；水中墩台身、基础的缺损情况的检测评定；定期检查中发现的较严重的开裂、变形等病害，应进行跟踪观测，预测其发展趋势。

特殊检查后应提交检查报告。检查报告应包括下列内容：桥梁基本状况信息；特殊检查的总体情况概述，包括桥梁的基本情况、检测的组织、时间、背景、目的和工作过程等；现场调查、检测与试验项目及方法的说明；详细描述检测部位的损坏程度并分析原因；桥梁结构特殊检查评定结果；填写“桥梁特殊检查记录表”；提出结构部件和总体的维修、加固或改建的建议。

8.2　桥梁评定

根据检查结果来计算和推断桥梁技术状况和适应性的过程称为桥梁评定，其结论的准确性依赖于检查操作的规范实施、检查信息的准确及合理描述和评定理论的可靠性。桥梁评定应包括技术状况评定和适应性评定。本节仅从管理层面介绍相关概念，具体评定方法见第11章。

8.2.1　技术状况评定

桥梁评定结果是将桥梁的技术状况分级，具体如下：

(1)公路桥梁。桥梁技术状况评定等级从好到差，分为1～5类五类。桥梁技术状况等级及状态描述见表8.2。

表 8.2　桥梁技术状况评定等级及状态描述

技术状况等级	状态	技术状况描述
1类	完好、良好	1. 主要部件功能与材料均良好。 2. 次要部件功能良好，材料有少量(3%以内)轻度缺损。 3. 承载能力和桥面行车条件符合设计标准
2类	较好	1. 主要部件功能良好，材料有少量(3%以内)轻度缺损，结构受力裂缝宽度小于设计限值。 2. 次要部件有较多(10%以内)中等缺损。 3. 承载能力和桥面行车条件达到设计指标
3类	较差	1. 主要部件材料有较多(10%以内)中等缺损，结构受力裂缝宽度超过设计限值，或出现轻度功能性病害，发展缓慢，尚能维持正常使用功能。 2. 次要部件有大量(10%～20%)严重缺损，功能降低，进一步恶化将不利于主要部件和影响正常交通。 3. 承载能力比设计降低 10%以内，桥面行车不舒适
4类	差	1. 主要部件材料有大量(10%～20%)严重缺损，结构受力裂缝宽度超过设计限值，锈蚀严重，或出现轻度功能性病害，且发展较快。结构变形小于或等于设计限值，功能明显降低。 2. 次要部件有 20%以上的严重缺损，失去应有功能，严重影响正常交通。 3. 承载能力比设计降低 10%～25%
5类	危险	1. 主要部件出现严重的功能性病害，且有继续扩张现象，关键部位的部分材料强度达到极限，出现部分钢丝或钢筋断裂、混凝土压碎或杆件失稳变形、破损现象，变形大于设计限值，结构的强度、刚度、稳定性和动力响应不能达到交通安全通行的要求。 2. 承载能力比设计降低 25%以上

(2)城市桥梁。技术状况从好到差，分为Ⅰ～Ⅴ类五类。

(3)铁路桥梁。对于有病害的项目，其状态评定按劣化程度从差到好，分为 A、B、C 三级，A 级又分为 AA、A1 两等。凡结构物或主要构件功能严重劣化，危及行车安全，评定为 A 级 AA 等；凡结构物或主要构件功能严重劣化，进一步发展会危及行车安全，评定为 A 级 A1 等；凡结构物或构件功能劣化，进一步发展将会升为 A 级，评定为 B 级；凡结构物或构件劣化，对其使用功能和行车安全影响较少，评定为 C 级。

对一般评定划定等级的各类桥梁，分别采用不同的养护措施，如公路桥梁：对各类桥梁按表 8.3 采取相应的养护对策。

表 8.3　桥梁技术状况等级与养护对策

技术状况等级	养护对策
1类	正常保养或预防养护
2类	修复养护、预防养护
3类	修复养护、加固或更换较大缺陷构件；必要时可进行交通管制
4类	修复养护、加固或改造；及时进行交通管制，必要时封闭交通
5类	及时封闭交通，改建或重建

为恢复、保持或提升公路服务功能，结合阶段性专项公路养护治理工作，可对桥梁实施专项养护，包括增设、加固改造、拆除重建、灾后恢复等。

8.2.2　适应性评定

桥梁适应性评定可根据需要进行。评定工作可与定期检查、特殊检查结合进行，可采用下列方法：

(1)承载能力评定,可采用分析检算或荷载试验方法。

(2)通行能力评定,可将设计通行能力与实际交通量进行比较,也可和使用期预测交通量进行比较,评价桥梁能否满足现行或预期交通量的要求。

(3)抗灾害能力评定,可采用现场测试与分析检算方法,重要桥梁可进行模拟试验。

(4)耐久性评定,可采用外观耐久状态评定与剩余耐久年限评定相结合的方法。

对适应性不满足要求的桥梁,应采取提高承载力、加宽、加长、基础防护等改造措施,情况严重时应对桥梁进行改建或重建。当整个路段有多个桥梁的适应性不能满足要求时,应结合路线改造进行方案比较和决策。

8.3 桥梁养护与维修

《城市桥梁养护技术标准》(CJJ 99—2017)中养护定义"确保城市桥梁始终处于正常工作状态和安全运营,而进行的检查、检测、评估、养护维修及档案资料管理和安全防护管理等工作",《公路桥涵养护规范》(JTG 5120—2021)中养护定义为"为保持桥涵及其附属物的正常使用而进行的经常性保养及维修作业,预防和修复桥涵的灾害性损坏及为提供桥涵使用质量和服务水平而进行的改造",上述定义给出了桥梁养护与维修的目的及其工作内容。

1)桥梁养护

养护应从新桥建成通车开始并贯穿于整个使用期,有效的养护能减缓结构性能退化进程,减少未来维修或加固费用,并能延长桥梁使用寿命;频繁到位的养护工作能及时发现潜在病患,以便管理部门采取相应措施以减缓病害的进一步发展。根据桥梁重要性,同时综合考虑桥梁技术状况等级,本着"保证重点,养好一般"的原则来区别对待各类桥梁的养护。

广义"养护"在 1.2 节给出了定义,包括检查、检测、评估、养护维修及档案资料管理和安全防护管理等工作。

狭义的桥梁养护系指桥梁日常养护、保养作业和预防养护,目标是尽可能地保护桥梁以保证其使用舒适性和安全性,实施规模较小,对交通干扰小,在性质上是保护性的,包含重复性任务,相较于维修任务简便快捷,"预防性养护"是桥梁管理的重要宗旨。

桥涵养护应遵循"预防为主、防治结合、保障畅通"的原则,并应符合下列要求:保障结构完好、外观整洁和附属设施齐全完好;配备必要的检测和养护设备、设施;积极稳妥地采用先进的检查设备、养护技术和科学的管理方法;及时掌握桥涵技术状况的变化,并采取相应的养护对策;有效开展预防养护,保障结构耐久性;确保养护作业安全,降低对交通的影响;重视资源节约和环境保护。

桥涵养护应包括下列主要内容:桥涵检查、监测和评定;桥涵日常养护、预防养护;桥涵修复养护;建立桥涵养护技术档案、桥梁管理系统和数据库并及时更新;桥涵构造物安全运行管理;制订桥涵构造物灾害防治与抢修的应急预案,灾害发生后,及时开展应急养护;设置必要的检修设施。

公路、市政、铁路桥梁管养均颁布了相应的技术规范,规范桥梁的养护工作。

公路桥涵养护按照养护目的和养护对象,应分为日常养护、预防养护、修复养护、专项养护、应急养护和改扩建工程。

日常养护,对桥涵及其附属设施进行的维护保养和修补轻微缺损的工作。

预防养护，桥涵有轻微病害但整体性能良好，为延缓其性能衰减、延长使用寿命而采取的防护工程。

修复养护，为恢复桥涵技术状况而实施的功能性、结构性修复或更换的工程措施。包括大修、中修和小修。

专项养护，为恢复、完善或提升桥涵使用功能而集中实施的增设、加固、改造、拆除重建等工程措施。

应急养护，突发情况造成公路桥涵损毁、交通中断、产生安全隐患时，实施的应急抢修、保通等工程措施。

2)养护工程

公路养护工程包括预防养护、修复养护、专项养护、应急养护，并不包括日常养护和公路改扩建工作。

桥梁养护工程作业，必须按现行的作业规程要求实施，如《公路养护安全作业规程》(JTG H30—2015)。

3)桥梁维修

维修是对桥梁的一般性损坏进行修理或对较大的损坏进行综合治理，目的是将桥梁的技术状况或承载能力恢复到正常运营水平，以维持桥梁安全运营。维修工作通常要比日常养护工作复杂、昂贵和费时。维修一般是不定期的、有针对性地进行，主要是修补已发生退化的构件，减少未来养护成本以及延长桥梁服务寿命。按其工程量大小分为小修、中修与大修。按公路部门的定义，桥梁维修大致对应于修复养护。按铁路部门的定义，对应维修和大修，维修工作包括经常保养和综合维修。

采用何种维修措施，通常应由检查和评定的结论来确定，并由具备资质的单位实施设计、施工及监理工作。

4)桥梁加固

桥涵加固，对桥涵部件或构件采取的补强、更换或调整内力等使其满足使用要求的工程措施。

桥梁加固是通过较大规模的加固施工，使承载能力已出现较大程度降低的桥梁恢复甚至超过原有承载能力，或者满足已增长的交通需求(如加宽)。加固工作在性质上类似于修复，但比维修更加深入复杂、规模也较大。加固需求通常根据桥梁检查和评定以及交通需求来确定。

加固一般属于较大规模的工程项目，应由对旧桥加固有经验并具有施工资质的专业队伍承担。建设程序及其管理方面，与新建桥梁设计类似，包括加固设计、加固施工、施工监理，必要时还需引入监控。

5)桥梁改建与拆除

桥涵改建，桥涵不能满足使用需求，为提升其技术标准、荷载等级、通行能力、抗灾能力等而实施的改造工程。

桥梁退化严重、不能继续使用或者加固费用昂贵时，可以实施拆除，所通行的车辆需另行绕道，如有需要可建造新桥进行替换。改建的原因主要包括：通行功能不满足(如太窄)，结构能力不满足(如承载能力不足)，使用状态不满足(如较高的养护与维修费用)等。

改建决策应包括经济分析，即计算、比较各种选择方案(含保留原有结构)的生命周期费用。经济分析应基于桥梁检查所获得的现有状态以及所推荐的养护、维修和加固措施。

8.4　灾害防治与超重车过桥管理

8.4.1　桥梁灾害防治与抢修

根据桥梁所处的水文地质条件、气象特征、运营条件，结合对桥梁的技术检查，综合分析评估桥梁的抗灾能力。在汛期、台风、暴雪、冰冻等自然灾害频发期，应加强安全隐患排查。必要时应实施交通管制，并及时发布公告信息。桥区附近有落石、滑坡等自然灾害隐患时，应及时上报主管部门，并采取相应处治措施。重要桥梁和易遭受灾害的桥梁，应制订应急预案，并配备必要的应急人员、抢修材料和机械设备。

桥梁受灾后，应全面检查桥梁各构件的受损情况，对可能发生断裂、坍塌及失稳的桥梁，应采取必要的临时支护措施。同时应安排车辆绕行，组织抢修便桥、便道，尽快恢复交通。

主要类型包括：水毁防治与洪水期抢修、冰害防治、冻害防治、泥石流防治、震害防治、火灾防治、车辆、船舶、漂浮物防撞及山体落石的防治等，具体要求和技术措施参见相关技术规范。

8.4.2　超重车辆过桥

由于最短路径的行驶可以获得最大的经济效益，所以超重车辆可能会选择通过低承载能力的桥梁，这与维持桥梁正常运营相矛盾。我国公路超载已经成为公路基础设施破坏的主要“杀手”。城市路网发达，对于重车通行，可实施线路优选，引导其安全通行，最大可能地降低重载运输对桥梁的危害。超重车辆通过桥梁，应采取必要的技术措施和管理措施。

超重车辆过桥的技术措施应符合下列要求：应依据现场调查结果和桥梁技术资料，按超重车辆的实际荷载，对桥梁结构进行强度、刚度、稳定性验算。必要时应进行荷载试验，以判定桥梁的承载能力。对不能满足通行需要的桥梁应进行加固处治。有多条线路可通行时，应选取桥梁技术状况好、承载能力高、加固工程费用较低的路线通过。

超限运输车辆、大件运输车辆按运营管理进行管理时，则按《超限运输车辆行驶公路管理规定》(交通运输部令 2016 年第 2 号)执行。

8.4.3　桥梁保护

在桥梁周边距离 10～80 m 范围内为桥梁保护区，保护区内所有建筑、管线、地下及河道施工都要纳入管理。

另外，凡属于历史文物的桥梁，都是文化的积淀和地标性建筑，均应建立各自的桥梁文物保护机制。

8.5　桥梁技术管理

公路桥涵养护应加强技术管理，严格遵守和贯彻执行有关公路桥涵技术标准、规范和规程，建立健全桥涵养护技术管理制度，健全桥涵检查评定成果验收和养护工程决策、设计、施工、验收和后评价机制，提升公路桥涵养护质量和服务水平。

公路桥涵养护技术管理内容应包括技术档案管理、数据库管理、信息化管理等。

遵循“统一管理、分级负责”的原则，建立健全桥涵技术档案管理制度，规范桥涵技术档案管理工作。

按《公路桥梁养护管理工作制度》(交公路发〔2007〕336 号)要求,配备专职人员负责桥涵养护技术管理工作,应配置桥梁养护设备、仪器以及信息管理需要的计算机软硬件系统、网络设施以及数据采集等设备。

中桥及以上桥梁应设置信息公开牌,并实现"一桥一牌"。桥梁信息公开内容应包括桥名、线路编号、路线名称、桥型、中心桩号、养护单位、管理单位、监管单位、联系方式等。

8.5.1　桥梁信息管理

桥梁管理的首要环节是桥梁信息管理,要求管理部门收集、存储、更新和提取路网中所有桥梁的必要文档和信息。信息管理的目标是确保每座桥梁的相关信息记录足够精确和完整,以便能够掌握桥梁的结构状态及性能,合理安排有效的检查、养护、维修、加固等程序。这些信息记录了桥梁的整个寿命期间的第一手技术资料,对于掌握结构现状是极其重要的。

桥梁信息主要包括:

(1)静态资料。管理部门在新桥验收接管时应获得包括设计计算书、施工图纸(竣工图)、全部施工记录、照片文档、材料试验报告、各种检测报告及监理报告。对于旧桥资料不全者,应制定计划实地调查和测量获得。获取所有静态资料后,管理部门应根据管理规范的要求,对资料进行再加工,包括分类、编录、信息提取、电子化等。

(2)检查报告。每次检查活动的计划与实施情况,应根据不同目的采用相应的标准程序和记录表格,以便快速实施检测和有效评估结构基本性能。结构定期检查和特殊检查,还应由具备资质的单位提供完整的报告。报告应给出具体实施程序,描述每个结构单元状态,总结结构整体状况,描述缺陷并按统一尺度评定,采用照片显示缺陷。

(3)养护、维修和加固的细节。养护应按每年和其他偶然安排的批次加以报告。维修和加固工作完成时,应提供一份资料来更新桥梁静态数据内容,以记录采取维修和加固措施的结构。这份报告应包括维修设计计算书、维修和加固施工图纸(竣工图)、全部施工记录照片文档、材料试验报告、各种检测报告及监理报告。

通过桥梁信息管理,管理者可以随时掌握辖区内每座桥梁的基本状况。对桥梁各项数据进行记录、更新。统计是信息管理的主要工作,借助数据库信息化管理技术,可以高效处理大规模桥梁信息。桥梁档案管理工作应有计划的逐步实行电子化、数据化、多媒体化,但书面的档案形式也是很重要的备份和补充。

8.5.2　技术档案管理

公路桥梁技术档案应齐全,具体内容包括桥梁基础资料、管理资料、检查资料、养护维修资料、特殊情况资料等。

技术档案资料应以文字、图片、图纸、音频或视频等形式进行存储和管理。

技术档案的管理和归档应以单个桥梁为单位,建立"一桥一档"的档案管理模式。

积极稳妥地采用先进的技术手段,逐步实现技术档案的电子化管理。

对新建桥梁,接养单位应参与交(竣)工验收工作。桥梁建设单位应向接养单位移交桥梁基础资料,并协同做好接养工作。

基本资料缺失的桥梁,应根据历年检查、养护资料,逐步建立和完善其技术档案。必要时,可专门安排有针对性的检查、试验或特殊检查,补充、完善桥梁技术资料。

8.5.3 数据库管理

桥涵管理应建立规范的桥涵数据库。桥涵数据库的内容应包含桥涵静态数据和动态数据。桥涵静态数据包括桥涵基本信息、空间信息、技术指标、结构信息以及档案信息等，动态数据包括桥涵的技术状况和养护历史信息（包括病害信息、检查以及维修信息等）等。

桥涵数据库的信息应准确反映桥涵的实际状况，应根据检查、预防养护、修复养护、加固改造或重建等情况及时更新。应建立完善的数据采集和管理制度，保证桥涵数据库中数据的及时性和有效性。桥涵数据库应采用电子化存储与管理。

8.5.4 信息化管理

以桥涵数据库为基础，构建桥涵养护信息化平台，建立动态的评价和预警体系，实现桥涵养护管理的科学决策。应设立专人负责养护信息化管理平台的建设、运行与维护等管理工作。利用信息技术和科技手段，建立桥涵养护决策分析系统，实现桥涵养护的可视化管理、辅助决策分析和桥涵养护业务的信息化管理。建立健全桥涵建设、管理、养护全生命周期的数据集成和信息共享，提高信息的利用率。加强历史数据的分析和研究，为桥涵的养护管理提供决策支持。

8.6 桥梁管理系统（BMS）

桥梁管理系统（Bridge Managemeng System，简称 BMS）定义为："协助桥梁管理部门制定适合于本部门政策，长期规划和可用资金的最优维护策略的工具"。具体来讲，桥梁管理系统是关于桥梁基本数据、桥梁检查、状态评估、结构退化预测、维护对策和计划以及经济分析的计算机信息系统，其组成如图 8.1 所示。桥梁数据库中存储主要来自桥梁检查的桥梁信息，管理系统通过系统分析的方法，对检查结果进行评估，得出桥梁的当前状况，并对结构的未来状况、维修对策及相关费用进行预测分析，同时考虑个别桥梁和整体路网的需求，提出相应的维护方案，供决策者参考。

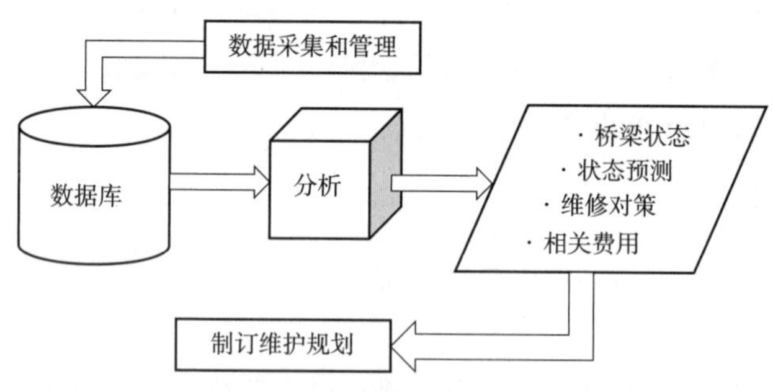

图 8.1 桥梁管理系统（BMS）

8.6.1 桥梁管理系统发展及现状

桥梁管理系统的发展经历了三个阶段：(1)第一代 BMS，采用简单的电子数据库来代替繁杂的既有桥梁资料。(2)第二代 BMS，包括桥梁数据库、桥梁检查和养护、维修信息，且还涵盖了桥梁各构件的检查和详细等级划分及维修历史等。(3)第三代 BMS,主要在第二代基础上添加了决策功能,并运用一些算法来制定维护策略、维护优化等。系统学、管理学和计算机学科的交叉发展,为信息化的桥梁管理提供了条件,这些因素促进了桥梁管理系统的发展。

目前,美国广泛使用的桥梁管理系统主要包括 FHWA 开发的 Points 系统和 NCHRP 开发的 Bridgeit 系统。其中 Points 系统是美国广泛使用的国家级桥梁管理系统,如图 8.2 所示。Points 系统的主要特色和功能包括:(1)以单元为桥梁管理的基本对象,每个单元划分为 5 个简单状态。(2)采用马尔科夫模型分析桥梁的退化。(3)可以预估意外事故花费,车辆绕道花费。(4)采用动态整体规划法来预测桥梁未来的维护管理和改建需求。

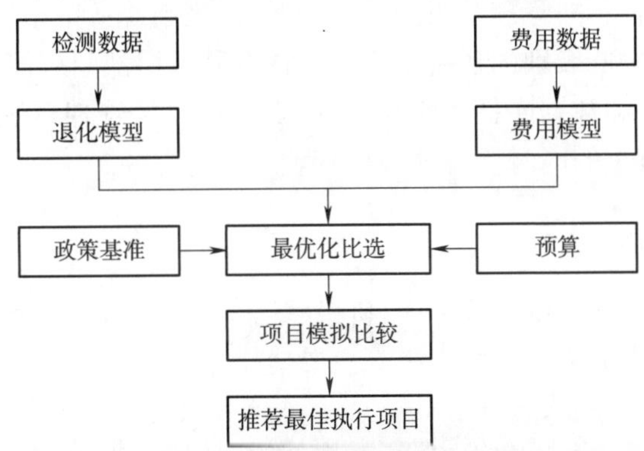

图 8.2　Points 系统的结构流程图

我国的桥梁管理系统始于 20 世纪 80 年代,交通部公路科学研究院、北京市交通委员会路政局等单位先后开发了各自的桥梁管理系统。其中较为典型的是交通运输部的 CBMS2000,该系统采用 SQL Server 网络数据库,包括数据管理、统计查询、费用模型、维修计划、GIS 嵌入等六个子系统,具有较综合的信息采集、评估、费用计算及决策功能。

8.6.2　桥梁管理系统分类

桥梁管理系统有网络级(Network Level)管理系统和项目级(Project Level)管理系统两类。

网络级管理系统主要针对特定地区或国家、特定路线、公路网桥梁群体的宏观管理,如针对一个国家公路网或一个直辖市管理单位所管辖的道路网内的所有桥梁,从道路网络的交通量、道路等级、政治及经济因素层面进行考虑,实施检查计划安排、维修优先级排序与养护资金分配等管理,其主要目的是确定网络上各桥梁的基本状态、合理分配预算维护资金以及确保桥梁网络交通处在一个可接受的服务水平。

项目级管理系统侧重于单个桥梁或桥梁的某跨,考虑结构本身的缺陷、维护措施的效果、维护进度及资金安排等因素,进行详细深入的检查与维护管理,主要目的是准确地获取所管理桥跨的实际状况,包括结构承载能力、裂缝分布与宽度等技术指标及数据,并根据网络及管理设定的维护目标,推动执行合理详细的维护计划。

网络级管理是在项目级管理基础上的更高层面管理,项目级管理是网络级管理的深入和延伸。通常,桥梁管理数据量大,仅对所管理桥梁的技术状况进行简单分级,以此来确定网络上所有桥梁的养护优先级和分配资金。将技术状况差的桥梁转入项目级桥梁管理系统,进一步安排结构检查或特殊检查,根据检查数据,对桥梁做出全面、细致的评价。其结果不再是粗略的将桥梁划分为几种状态，而是针对桥梁桥面系、上下部结构的每一个构件提出详尽的养护维修建议。

项目级管理可以成为网络级管理的基础和依据。根据项目级的桥梁管理，得到单个桥梁的更确切的数据(尤其是检查数据)，从而提取需要的单个桥梁的数据，进行网络级别的管理和分析。项目级与网络级管理系统的重要区别在于维护优化方面，项目级管理系统主要考虑桥梁本身的缺损、维护措施的效果、维护时机和相关费用，要求对各种检查数据尽量详尽地记录以备分析使用。而网络级管理系统是从保证整个交通网络的交通质量出发，综合考虑除结构退化和维护措施因素以外的其他因素，如交通量、道路等级、相关道路等。

这两大系统分别适合不同管理层级的需求，网络层级系统适用于较高级别的管理机构，而项目层级系统则适用于较低级别的各桥梁管理机构及其基层部门。但是这两大类并不是完全分离的，随着计算机网络和数据库技术的发展，在实际的桥梁管理系统的开发中，可以将基本的数据库共享，在有所侧重的同时实现这两种管理理念的统一。

8.6.3　桥梁管理系统功能

典型的桥梁管理系统包括桥梁数据库、桥梁状态等级评估、桥梁承载力评估、桥梁维护对策分析、退化预测、桥梁维护优化与优先级等主要功能。

1)桥梁数据库

桥梁数据库是管理系统的最基本组成，也是BMS的核心模块，主要储存管理系统内各桥梁的基本信息，包括桥梁属性、结构信息、检查信息、维修历史、交通信息、评估标准、维修对策及费用等。其中桥梁属性、结构信息属于静态数据，其他信息为动态数据，数据量随管理时间的延长而增加。

桥梁数据库决定了桥梁管理系统的成败。一个有效而实用的桥梁数据库需要进行合理的框架设计，实施长期、持续的检查数据和评估数据的累积，且桥梁结构构件及各类数据应实现标准化。只有具备了准确、充分的基本数据，才能实现桥梁管理系统的评估、退化预测、维护优化等高级功能。

2)桥梁状态等级评估

通常所指的桥梁状态等级评估属于网络级的评估，也称为桥梁技术状况评估，它包括安全性、适用性和耐久性评估三个方面。其主要目的是发现桥梁早期的退化过程，以便安排更详细的病害调查或退化起因分析，在合适时机采取适当的维修对策。

状态评估基于对桥梁各部件及整体的检查和检查的各类数据，评估结果是维护决策、费用分析和优化模型的依据。一般由有经验的桥梁技术人员对桥梁进行全面检查，包括目测、试验分析和无损检测，通过现场定性或定量的描述各构件间的状况，规范记录于检查表格中。将这些原始数据汇入桥梁管理系统，通过特定的分析程序，如经验公式、层次分析法、专家系统等评估算法计算出桥梁各部件的得分，并考虑构件的权重计算得到桥梁的状态等级。对评估输出较差的桥梁，需要进一步进行承载能力分析，即进入项目级的管理。

3)桥梁承载力评定

承载力评定以结构体系为对象，分析结构或构件的承载能力、稳定性等，必要时进行荷载实验，其目的是弄清楚结构的实际安全储备，以避免在日常使用中发生灾难性的后果。

4)桥梁维护对策分析

维护对策分析是指根据桥梁检查和状态评估分析的结果，选择技术可行、经济合理的方案，包括养护、维修、加固、重建等。经济因素是维护对策分析的控制因素之一，其他需要考虑的因素包括桥梁缺损状况、承载能力状况、桥梁类别、交通环境因素等。

结构维护策略主要有三种：桥梁被认为不安全或不合格时采取的加固措施，包括限载与关闭交通等紧急措施；桥梁状态等级低于临界值时采取的维修措施；桥梁状态较好的采取定期预防性维护措施来降低其退化率。

5）退化预测

桥梁退化预测是对桥梁工作状态开展变化趋势分析，预测处于某种状态下桥梁将来的退化情况，其描述可以是确定性的或概率性的。桥梁工作状态的变化趋势，可提醒桥梁管理者及时制定养护维修计划，以降低维护成本和出现重大事故的概率。

由于退化的不确定性与不同结构退化形式的复杂性，对桥梁的退化进行准确预测存在很大的难度。目前的桥梁管理系统中，退化预测是在统计数据的定量建模和概率分析的基础上，对桥梁的缺损状况进行总体预测。

6）桥梁维护的优化与优先级

桥梁维护的优化与优先级分析功能是新一代管理系统的主要特色。桥梁维护优化与优先级是为了保证网络上的道路桥梁处于一定的服务水准，对有限的资金合理安排，对需要养护、维修加固的桥梁进行排序，以期达到服务/资金的最佳性价比。

7）GIS 空间功能

由于地理信息管理系统 GIS 具有强大的数据管理和空间分析能力，新一代的桥梁管理系统开始采用 GIS 管理界面，以桥梁地理空间数据为基础，对空间相关数据进行采集、管理、操作、分析、模拟和显示，并采用地理模型方法发挥其空间分析和决策功能。

8.6.4　桥梁管理系统数据库

桥梁信息是桥梁管理系统运行的核心要素。所有的桥梁信息以预定义的格式全部存储在桥梁数据库内，运用商用的数据库管理软件进行管理和使用。对各种桥梁信息和数据进行有效的收集和统一的管理，是桥梁管理系统最根本的环节。通过调用相关的数据项，桥梁管理系统才能进行高级的管理分析，如评估分析、退化分析、维护优化、协助制定优化计划和预决策等功能。

对桥梁信息数据进行合理、科学的定义、分类、编号、表达，建立完善的桥梁信息数据库，是保障桥梁管理系统顺利运行的重要前提。

桥梁管理系统数据库的数据内容包括桥梁静态数据，桥梁构件的分类和编号，桥梁及构件检查数据，评估信息数据，桥梁及构件维修信息数据和系统数据等，其数据组成如图 8.3 所示。

1）桥梁静态数据

桥梁静态数据包括桥梁结构资料，交通资料等。根据构造特点，可分为总体信息、上部结构、下部结构、附属设施信息和结构构造图等。

2）桥梁构件的分类和编号

一座桥梁是由许多构件组成，这些构件处于桥梁的不同位置，有着不同的受力行为和退化路径。因此，桥梁检查信息应关联到具体构件，以保证烦冗的检查数据具备快速的定位性、描述的一致性和存储的相容性。对桥梁有限类型的构件进行合理分类编号，是为了使桥梁构件以及它们的各种数据容易识别和计算机归档分析，是高效、有序使用信息的重要手段。

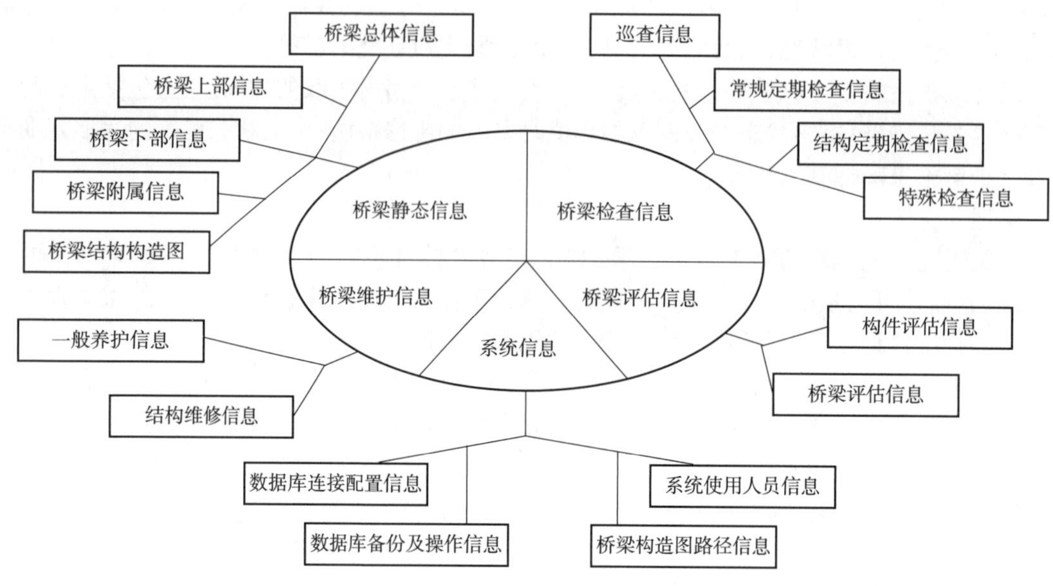

图 8.3　桥梁管理系统数据库的数据组成

《城市桥梁养护技术标准》(CJJ 99—2017)已经考虑了构件分类与编号的问题,通过记录结构缺陷的构件编号,使病害有明确的主体。

桥梁构件的编号包括两个层次,桥梁整体编号和桥梁构件编号。整体编号是为了在整个管理区域范围内的桥梁网络中定位该桥跨;构件编号则是为了体现该桥跨内部的构件组成情况,在具体检查中方便定位描述病害。

3)桥梁及构件检查数据

桥梁及构件检查数据是根据桥梁三级检查直接得到的病害记录数据,包括桥跨检查基本信息、经常性检查信息、常规定期检查信息、结构定期检查信息、特殊检查信息五大块。桥梁检查数据是整个桥梁信息数据库中最庞大、最重要的数据模块。

随着桥梁检查的不断实施,检查数据的体积随时间增长很快,尤其是定期检查成分中可能包含有大量的多媒体信息。经常性检查信息是根据对管辖区域内桥梁进行巡查时的问题记录,巡查信息不区分桥型;定期检查是区分桥型的检查信息;特殊检查信息记录的是特殊检查的各种信息及数据。

4)评估信息数据

桥梁评估信息数据是执行检查后,根据桥梁检查工程师的评价或通过一定评估模块得到的有关构件和整个桥跨的各类技术状况的信息数据,主要有桥梁技术状况指数 BCI(Bridge Condition Index)、桥跨耐久性评价信息和桥跨承载能力信息三大块。构件的技术状况指数对于构件的退化和维修决策具有很高的价值。

根据管理需求,桥梁评估信息数据还可包括运营评定、对分析评估的说明、评估方法以及分析假定的修正因素等。

5)桥梁及构件维修信息数据

桥梁维修数据是历次桥梁维修的信息数据,分为一般养护信息和结构维修信息。信息数据应该包含从桥梁施工开始按时间顺序发生的养护和修理记录,包括日期、持续时间、项目描述、承包商、合同编号、总费用和项目验收等相关数据的明细。

6)系统数据

系统的安全性以及用户程序的通用性,在数据库中应增加系统信息数据,包括数据库连接匹配信息、系统使用人员信息、数据库备份及操作信息等。桥梁管理部门可能对收集和记录桥梁数据有独特要求,如重车过桥路线信息、桥梁涂装信息、交通信息、事故信息、限载信息等。这些要求在桥梁管理系统中建立数据库时应该加以考虑。

8.6.5　桥梁管理决策

桥梁管理决策主要解决"用多少钱,用在哪里"的问题,具体来说是在保持运营水准的前提下,基于众多可行的维护方案,比较确定最经济与最有效的方案。管理决策必须考虑结构生命周期内的全寿命成本,来确定桥梁养护资金的分配和维护工作的计划。

对于一个已经退化的桥梁结构,可供选择的管理决策包括:(1)指定维护,即根据对预期寿命的阶段性估计,按需要进行指定一系列的养护、修复和加固工作。这些指定的维护必须技术上可行,且通过经济分析优选,使桥梁在预期寿命期间获得最佳的服务性能。(2)结构替换,当桥梁发生严重退化时,尤其是易于遭受洪水、荷载等级低等,而且修复非常昂贵时,将结构进行替换可能更为经济可行。(3)延迟替换,这种情况适用于桥梁结构决定在一定时间之后将不再使用。所需要做的工作是按规律进行检查,以保证在它关闭和拆除之前能够使用。

日前的桥梁管理系统还很难实现桥梁管理决策的程序模块功能,大多数情况下需要管理人员借助检测工程师的经验、检查数据及相应的评估数据。

桥梁管理决策过程中,常常需要对"桥梁寿命"和"生命周期费用"的概念有正确的理解。

1)桥梁寿命

桥梁寿命指桥梁结构保持运营能力的时间,一般在设计时拟定桥梁基准期,如 50 年或 100 年。桥梁寿命是相对于生命周期费用的术语,许多结构在达到所设计的寿命之后仍能使用,如果不加分析就盲目地采取替换,可能会忽略更经济的选择方案。

2)生命周期费用

"生命周期费用"的概念要求管理部门在决定当前维护策略时要考虑到所有未来可能发生的情况。因此,在作出决定时需要一个名义寿命,即桥梁被需要的时间,必须保证这段时间内桥梁能安全运行。

许多服役了 30～50 年的桥梁要继续运营,并期望它再有 30～50 年或甚至更长的名义寿命。在实行每次修复和加固措施之前,应该进行检查来重新评定桥梁的名义寿命。

因此,存在一个具有不同费用、可用性和预期寿命的选择范围。生命周期费用就是将每个选择的成本与结构可用性及所需寿命(名义寿命)联系在一起。

3)决策分析方法

可以用一个简单而有效的分析方法来比较不同管理策略选择的生命周期费用。首先,对不同策略都制订相应的维护措施程序表,标明其中每项未来措施的时间和费用,将所有这些当前价值总和均摊到整个桥梁期望寿命、换算成简单的等代成本,最后加上每年的养护成本。最终,每年总成本最低的管理策略将是最经济的选择。分析中还要考虑真实利率、养护、修复与加强等因素。

在信息技术高速发展的今天,充分利用大数据平台管理,发展自动检测与监测技术始终是维养管理中高度关注的发展方向。

思 考 题

1. 公路、市政桥梁养护检查等级是如何划分？为什么要进行等级划分？

2. 公路桥梁的检查有哪些类型？各种类型检查有何特点？

3. 桥梁评定的内容有哪些类型？各自的作用是什么？

4. 养护和养护工程的概念和内涵是什么？

5. 我国超重车辆过桥引发的垮塌事故时常发生，有观点认为是我国的荷载等级过低，对此如何评价此观点？

6. 调研：我国公路桥梁信息管理的执行过程和方法。

7. 调研：桥梁管理系统在我国公路或市政领域的应用情况，提出改进意见。

第 9 章　桥梁常见病害及成因

调查桥梁病害、研究病害特征并分析其成因，是采取有效防护措施或合理维修加固方案的依据，亦是确保桥梁正常服役或延长服役寿命的基础。本章主要介绍表观缺损、材质劣化、结构病害等常见的桥梁病害及其成因。

9.1　桥面系病害

桥面系包括桥面铺装、伸缩装置、防排水设施、人行道、栏杆和防撞墙等，下面分别介绍其病害特征及成因。

9.1.1　公路混凝土桥面铺装

混凝土铺装层是浇筑在桥面行车道板上的一种厚度较小、面积较大的薄层结构，多用于中小型桥梁。主要病害有磨光、脱皮、露骨、错台、坑洞、剥落、起拱、接缝料损坏、裂缝、板角断裂和破碎板等，其中最常出现的缺陷是龟裂、破碎和露筋。

引起混凝土桥面铺装病害的原因众多，涉及设计、施工、使用以及养护维修等，分述如下：

(1)设计缺陷。当配筋率不足或钢筋型号选择不当、钢筋握裹力不足时，铺装层抗力和抗变形能力降低，在车辆荷载和温度变化等作用下极易发生开裂，这种裂缝一般出现在竣工后或通车受力初期，以纵向裂缝为主，其分布特征具一定的规律性。

(2)原材料质量不合格。骨料含泥量过高等将导致混凝土强度偏低，且破坏铺装层的整体性，易发生龟裂破碎现象。

(3)铺装层与桥面板结合不紧密。当桥面板表面未进行凿毛处理或凿毛后灰渣清洗不彻底便浇筑铺装层，铺装层与桥面板将难以形成整体，甚至出现局部“空鼓”现象，竣工后车辆荷载的反复作用及引起的振动极易使接触面发生脱离等破损，铺装层薄弱处甚至发生破碎。

(4)养护不及时。桥面铺装层浇筑完成后未及时采取洒水养护等措施，混凝土凝结硬化初期因失水过快而出现干缩裂缝，表现为早期网状不规则裂纹，即龟背纹。

(5)桥面铺装层钢筋网走位。施工中铺装层钢筋网移位，或钢筋网因踩踏变形而下沉，致使混凝土保护层厚度过大，钢筋网未能充分发挥防裂作用，在反复荷载作用下铺装层表层易发生开裂。这种裂缝出现时间比干缩裂缝稍迟，但其长度和缝宽较大，一般情况下多为横向扩展，有随时间推移而发展的趋势。

(6)铺装层厚度不足。由于在桥梁下部结构或预制梁施工时未能控制好标高，安装后致使梁顶标高偏高，或为了保证路线总标高不变调整桥面纵横坡而减少了铺装层厚度，削弱了铺装层的刚度和承载能力，使得铺装层厚度不够而发生破损。

(7)过早通车。桥面铺装层完成后养护未结束，在混凝土尚未达到设计强度、变形未稳定时即开放交通，过早承受车辆荷载作用，易造成桥面铺装的早期破坏。

(8)管养中未发现病害,或发现了病害但处理不及时或不当,导致病害进一步扩展。

混凝土桥面铺装出现的病害,一般涉及上述某几种因素的综合作用(影响),因此确定病害原因时应进行综合分析。

9.1.2　公路沥青混凝土桥面铺装

沥青混凝土桥面铺装的破坏形式有两种:一种是由于与裂缝破坏同领域的低温高速荷载形成的脆性破坏,表现为汽车通过相同的位置产生的磨耗损伤或混合料的剥离;另一种破坏形式是铺装层呈现析水、车辙等的变形破坏,这种现象通常以高温低速荷载作用下最为严重。

9.1.3　铁路桥面系

铁路桥面系类型可概括为有砟轨道桥面、无砟轨道桥面和钢梁明桥面三种类型。这三类桥面系的组成部件均可能出现不同类型的病害。例如,线路静态平顺度指标轨距、轨向、高低、水平和扭曲超标;钢轨压溃、侧磨、波磨和剥离等;有砟轨道中的道床脏污、板结、飞砟、道砟厚度不足等;木枕的腐朽、劈裂、压溃、蛀朽;混凝土枕的开裂;扣件的螺栓松动、脱落;钢轨伸缩调节器变形;防水层失效;栏杆和人行道病害等。

无砟轨道的道床是一种典型的层状结构,由轨道板、CA 砂浆层或隔离层、支承层(底座板)、定位结构等构件构成,我国铁路的无砟轨道按其结构类型分为 CRTSⅠ、CRTSⅡ和 CRTSⅢ,不同类型的结构病害其成因不同,其中,设置 CA 砂浆层的 CRTSⅡ病害相对较多,表 9.1 列出了 CRTSⅡ无砟道床中常见病害的发生位置、参数特征和产生原因。对无砟轨道结构的病害及其防治仍在研究过程中。

表 9.1　CRTSⅡ无砟道床常见病害、特征及成因

病害类型	发生部位	形式描述	成因
道床板裂缝	混凝土结合面	结合面开裂	混凝土塑性和干缩收缩; 配筋量和布筋位置; 温度作用; 支承层混凝土收缩引起结构次应力; 施工和混凝土材料配比等技术
	预裂缝处;承轨台附近	不规则裂纹	
砂浆层斜裂缝	外侧砂浆层	不规则裂纹	
砂浆层空洞	砂浆层内部	不规则空洞	在列车高频冲击荷载及水和温度耦合作用下,轨道板内灌注孔破坏,引发砂浆层局部甚至大面积碎裂形成空洞; 注浆速度太快,空气无法及时排出并出现大气泡,砂浆凝固后形成空洞
层间离缝	砂浆层与上下结构结合面	不规则缝隙	温度过高或过低时,砂浆抗压性和韧性下降; 高温时,砂浆收缩,混凝土膨胀; 列车荷载作用下,轨道与桥梁相互振动; 雨雪侵袭
砂浆层掉块	外侧砂浆层	不规则缺损	
离缝泛浆	层间离缝处	冒浆	雨水流入道床板与支承层的离缝; 列车荷载作用下,轨道与桥梁相互振动
伤损漏筋	底座板	不规则缺损	钢筋保护层厚度不足; 道床板伤损加深

9.1.4　伸缩缝装置

伸缩缝装置系工业产品,由于设置在梁端部构造薄弱部位,直接承受车辆荷载的反复作用，又暴露于自然条件下，因此，伸缩缝是易损坏和不易修补的部位，其病害原因分设计原因、施工原因、外部原因和养护原因等。伸缩装置常见的损坏类型包括伸缩缝组件退化、伸缩缝锚固破坏和填缝料破坏等。

1)伸缩缝组件退化

伸缩缝的损坏归结于每个组件产生的老化和破坏，包括伸缩缝的伸缩块与锚具、填缝料、盖板和梳齿板、柔性排水管等。

2)伸缩缝锚固破坏

使用了防护角钢、防护钢板或氯丁橡胶垫板的伸缩缝是通过锚固件锚固的。防护角钢或钢板以及垫板都是用焊接在角钢上的钢筋锚固在混凝土中。在车轮荷载的反复冲击作用下，焊缝因疲劳而开裂；或由于在浇筑混凝土时角钢下存有一部分密闭空气导致此处混凝土的密实度不够，从而增加作用在钢条上的力而加大失效的可能性。另一种破坏模式是由于锚固钢筋的粘结长度不够造成的。

许多伸缩缝都是通过螺栓进行锚固。由于螺栓的数量或尺寸不够，或由于螺栓的锚固力不够，都会导致锚固件在车轮荷载作用下发生破坏，而膨胀的楔形圬工锚固件在不拧紧的情况下遭受车轮荷载的冲击作用时仍能正常工作。

防护角钢和锚固螺栓松动甚至断掉，锚固破坏，影响行车性能，甚至威胁交通安全。

3)橡胶条伸缩装置病害

橡胶条伸缩装置属于对接式伸缩装置，一般适用于伸缩量在 80 mm 以下的桥梁。其主要病害有以下四点：

(1)橡胶条脱落。橡胶条由伸缩装置的锚固型钢件中脱落，如图 9.1 所示，从而造成伸缩装置破坏，除引起桥上行车舒适性降低外，桥面流水或垃圾进入伸缩缝内还可能造成墩台帽顶面混凝土劣化和伸缩缝两侧结构的劣化。根据橡胶条脱落长度 l 划分，当 $l \geqslant 1$ m 时，表示破坏损伤严重，应紧急修补；当 $l < 1$ m 时，表示破坏损伤中等，应尽早修补。

(2)伸缩装置两侧混凝土破碎。橡胶条伸缩装置部位的后铺混凝土破碎，甚至伸缩装置的锚固钢筋露出，如图 9.2 所示。

(3)锚固件破坏。橡胶条伸缩装置的锚固钢板件破坏，属于伸缩装置本身破坏，会对桥上交通带来很大阻碍，要紧急补修。

(4)铺装层与伸缩装置部位后铺料剥离。对于沥青混凝土桥面铺装，往往在沥青混凝土桥面铺设后，将相应部位铺装层切去一块，再进行橡胶条伸缩装置施工，随后在已安装好的伸缩装置后浇混凝土(后铺料)，如果该后浇混凝土(后铺料)的交界附近出现铺装层的剥离，会引起桥面铺装层和伸缩装置后铺混凝土病害进一步发展。通常以测量检查方法计测，当剥离长度 $l_b \geqslant 3$ m，剥离高度 $H_b \geqslant 5$ m 时，会引起桥上交通障碍，应紧急抢修。

图 9.1　橡胶条脱落

图 9.2　混凝土破碎

4)橡胶组合剪切式(板式橡胶型)伸缩装置病害

橡胶组合剪切式(板式橡胶型)伸缩装置主要病害如下：

(1)板式橡胶体破坏。其破坏将进一步危及伸缩装置的使用，当橡胶体破坏长度 $l \geq 0.5$ m，橡胶体磨耗值 $H \geq 5$ m 时，会影响桥上正常交通，需紧急修补。

(2)伸缩装置本身下陷和高出桥面。伸缩装置下陷造成桥上行车舒适性与平顺性降低，甚至跳车。当伸缩装置本身下陷深度 $D \geq 5$ mm 或高出桥面高度 $H \geq 10$ mm 时，应紧急抢修；当伸缩装置本身下陷深度 3 mm$<D<$5 mm 或高出桥面高度 5 mm$<H<$10 mm 时，破坏程度中等，应尽早修补。

5)钢制支承式伸缩装置病害

钢制支承式伸缩装置主要病害如下：

(1)钢制支承式伸缩装置活动异常。钢梳齿板型伸缩装置在夏天高温季节出现齿间抵死，可能会危及与之相连的桥台背墙，造成混凝土开裂；或在冬季出现齿间间距过大的现象，会影响行车舒适性。

(2)连接螺栓缺损。锚固钢板的连接螺栓松动，紧固螺帽缺失，极易造成整块钢板脱落，严重影响行车安全，如图 9.3 所示。

图 9.3　钢板脱落

6)模数支承式伸缩装置

模数支承式伸缩装置主要病害如下：

(1)伸缩装置钢纵梁连接焊缝脱开。模数支承式伸缩装置在桥上行车通过时出现晃动，发出噪声，伸缩装置表面出现局部断裂和下凹的现象，则表明伸缩装置本身已破坏。

(2)伸缩装置密封橡胶条脱落或跳出。伸缩装置密封橡胶条由压条上脱落出来或翻跳在装置之外，引起桥面伸缩缝处跳车。

(3)伸缩装置密封橡胶条破漏。伸缩装置密封橡胶条被刺破，同时伸缩装置处会出现桥面垃圾挤压、漏水等现象。

9.2　钢筋混凝土和预应力混凝土梁桥

钢筋混凝土与预应力混凝土结构最常见的病害类型有混凝土开裂、蜂窝、麻面、剥落、掉角、钢筋锈蚀等。

9.2.1　混凝土裂缝

裂缝，总体上可归纳为受力裂缝和非受力裂缝。受力裂缝是因受力而开裂，受力裂缝是否属于正常需依据具体结构及设计理论而定。非受力裂缝的成因包括：设计构造不当引起的构造裂缝，混凝土水化热引起的早期裂缝，收缩、温度引起的开裂，施工养护不当等。

以公路桥梁为例，钢筋混凝土简支梁桥常见裂缝及产生原因，见表 9.2。

表 9.2　钢筋混凝土简支梁桥常见裂缝及成因

序号	裂缝类型	示意简图	主要特征及成因
1	网状裂缝	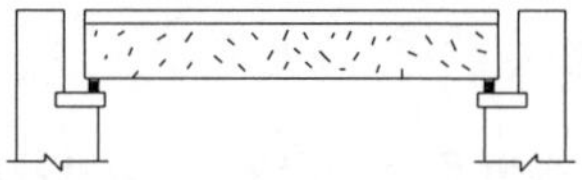	①各种跨径梁； ②裂缝宽度 0.03～0.05 mm； ③无固定规律； ④多为混凝土收缩引起的表面龟裂
2	下缘受拉区裂缝	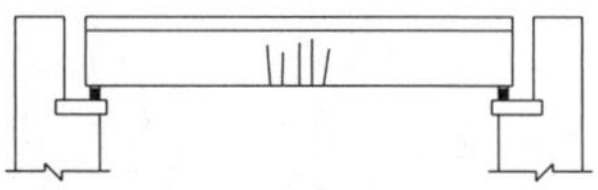	①多发生在梁跨中部； ②跨度越大，裂缝越多； ③自下缘向上发展，至上翼缘与梁肋相接处停止，裂缝宽度为 0.03～0.1 mm； ④跨度小于 10 m 的梁，裂缝少而细小(宽度 0.03 mm 以下)； ⑤多为混凝土收缩和梁挠曲引起
3	腹板竖向裂缝	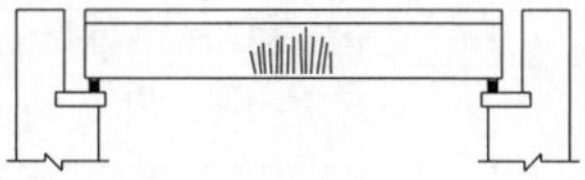	①最常见，也较严重的一种裂缝； ②跨度大于 12 m 时，裂缝多处于薄腹部分，在梁的半高线附近裂缝宽度较大(0.15～0.3 mm)，跨度越大，裂缝越宽越长； ③跨度小于 10 m 时，裂缝细小，且多数裂缝系由梁肋向上裂缝越细，上端未到腹板顶部； ④多为设计缺陷(如梁跨度大、梁身较高、梁肋较薄且分布钢筋较稀)、施工质量不良、养护不及时或温度及周围环境条件不良引起
4	腹板斜向裂缝	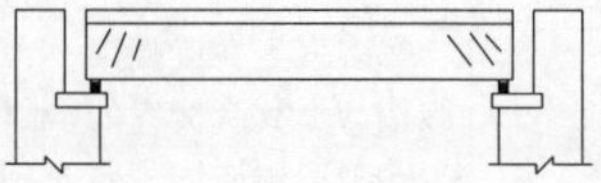	①在钢筋混凝土梁中出现最多； ②多在跨中两侧，倾角大多在 15°～45°之间，离跨中越近，倾角越小； ③腹板竖向变更截面者，裂缝由梁端半高处向上、下端斜伸，不变更者，多由下缘向上斜伸； ④裂缝宽度一般在 0.3 mm 以下，第一道裂缝多出现在距支座 0.5～1.0 m 处； ⑤多为设计缺陷所致，施工质量不良也会加速裂缝的产生和发展
5	运梁不当引起的上部裂缝	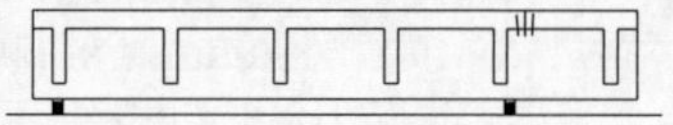	①根据支承点的不同，裂缝位置不同、程度不同，严重时应及时维修； ②运梁时支承点未设在梁的两端吊点上，使支承点处上部出现负弯矩，引起开裂
6	梁顶端裂缝	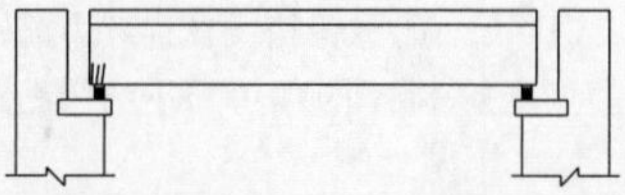	①一般均为由下往上开裂； ②裂缝严重时宽度可达 0.3 mm 以上； ③墩台不均匀下沉，形成梁端局部支承压力增大，产生局部应力所致
7	梁侧水平裂缝		①近似水平方向的层裂缝； ②多因施工不当所致：分层浇筑间隔时间太长导致开裂

续上表

序号	裂缝类型	示意简图	主要特征及成因
8	梁底纵向裂缝	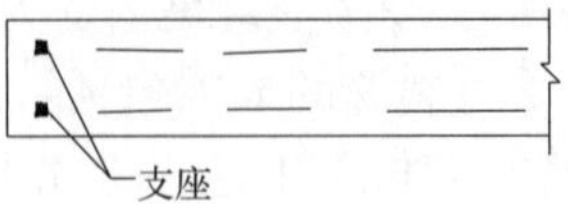 支座	①沿下缘主筋方向的裂缝； ②裂缝严重时应及时维修； ③是由于混凝土保护层过薄造成，有时是因为渗入氯盐所致
9	梁与梁间横隔板裂缝	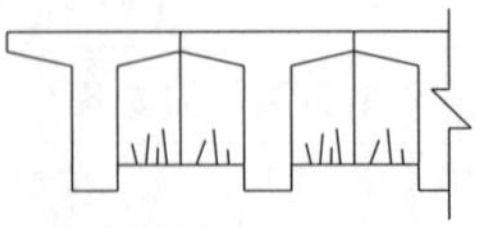	①裂缝自下而上发展，不规则； ②支座设置时与桥轴垂直向有偏斜，以及通行重型车辆时梁受力不均匀所致

预应力混凝土梁、悬臂梁及连续梁常见裂缝及产生原因，见表9.3。

表9.3　预应力混凝土梁桥、悬臂梁桥及连续梁桥常见裂缝及成因

序号	裂缝类型	示意简图	主要特征及成因
1	先张法梁梁端锚固处裂缝	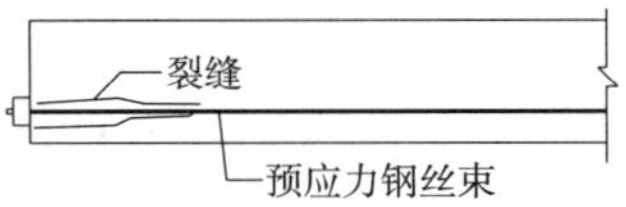 裂缝 预应力钢丝束	①裂缝均起于张拉端面，宽度约0.1 mm，长度一般只延伸至扩大部分的变截面处； ②由于两组张拉预应力束之间梁端混凝土处于受力区，使梁端易发生水平裂缝，或因锚头处应力集中和锚头产生的楔形作用而使锚头附近产生细小的水平裂缝
2	后张法梁梁端锚固处裂缝	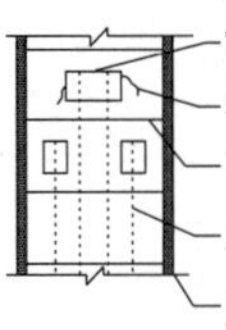 锚固齿板 裂缝 节板对接缝 力筋 腹板	①裂缝短小，通常位于梁端或力筋锚固处，在梁端时多与钢丝束方向一致，在锚固处与梁纵轴多呈30°～45°； ②运营初期有所发展但不严重，以后趋于稳定； ③由于端部应力集中，混凝土质量不良所致
3	腹板收缩裂缝	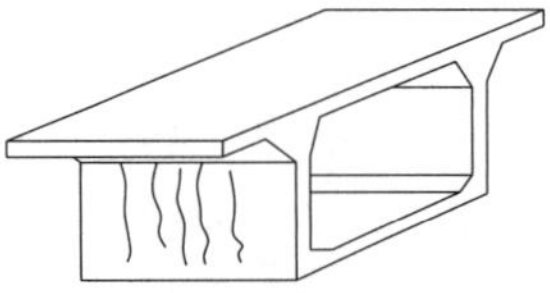	①大多在脱模后2～3天内发生，裂缝从上梁肋到下梁肋，整个腹板裂通，宽度一般为0.2～0.4 mm，施加预应力后大多会闭合； ②多为混凝土收缩和温差所致
4	预应力梁下翼缘纵向裂缝	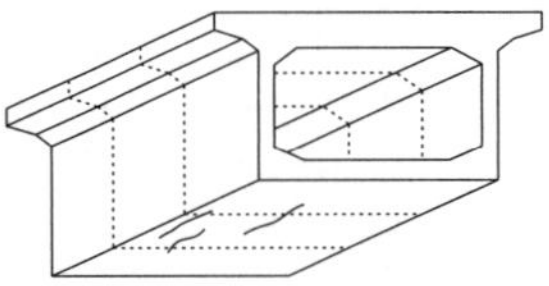	①预应力梁中最严重的一种裂缝； ②多发生在梁端第一、二节间的下缘侧面及梁底，或腹板与下翼缘交界处，也有少数发生在腹板上； ③其产生原因主要为：下翼缘受到过高的纵向压力；保护层太薄；混凝土质量不好
5	悬臂梁剪切裂缝	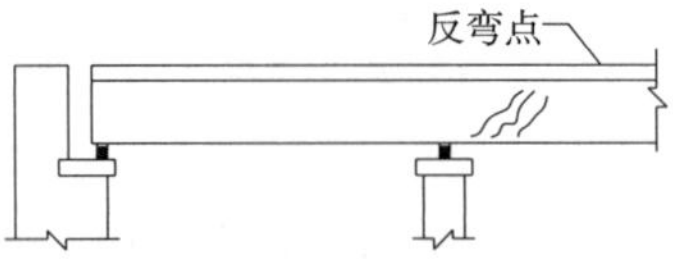 反弯点	①多出现在腹板上，按近似45°倾斜，一般出现在支点与反弯点之间的区段； ②其产生原因主要为：预应力不足；永久荷载超载；二次应力；温度作用等
6	悬臂梁锚固后接缝中裂缝	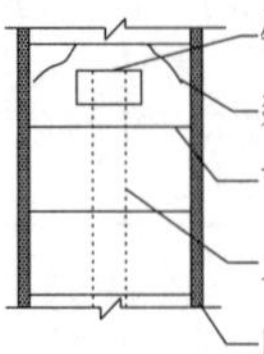 锚固齿板 裂缝 节板对接缝 力筋 腹板	①悬臂箱梁在连续力筋锚固齿板后面的底板内产生裂缝，并有可能向着腹板扩展，裂缝与梁纵轴呈30°～45°； ②其产生原因主要为：预应力筋作用面很小，产生局部应力，或者由于顶底板中力筋锚具之间水平方向错开的距离太小

续上表

序号	裂缝类型	示意简图	主要特征及成因
7	箱梁底板裂缝		①箱梁底板上产生不规则裂缝； ②其产生原因较为复杂，如剪力滞引起的纵向翘曲或箱梁畸变产生横向附加应力等
8	连续梁弯曲裂缝		①一般出现在连续梁正弯矩区（跨中区段）的梁底与负弯矩区（中支点区段）的梁顶； ②中支点区段裂缝自上而下发展，跨中区段裂缝自下而上发展； ③在恒活载作用下的正、负弯矩过大，预压应力过小，混凝土抗拉能力不足所致
9	合龙浇筑段裂缝		①一般出现在平衡悬臂施工的跨中合龙浇筑段，或在相邻箱梁翼缘端部之间纵向合龙浇筑段； ②其产生原因主要为：混凝土收缩和较大的温差所致

9.2.2　混凝土表观缺陷

对于公路和铁路钢筋混凝土及预应力混凝土梁桥结构而言，常见的混凝土表观缺陷见表 9.4。

表 9.4　钢筋混凝土及预应力混凝土桥常见表观缺陷及成因

序号	缺陷类型	图例	主要特征及成因
1	蜂窝		①混凝土表面局部酥松，存在蜂窝状的孔洞，往往还伴随着钢筋外露； ②梁体局部水泥浆少，集料之间存在空隙而没有有效地填满水泥浆而形成
2	麻面		①混凝土表面局部仅有细集料、粗集料的粗糙面，或者存在许多麻点小凹坑，一般钢筋未外露； ②梁体局部缺水泥浆
3	空洞		①深度超过混凝土保护层，没有集料和水泥浆的空穴； ②会削弱结构的有效截面

续上表

序号	缺陷类型	图例	主要特征及成因
4	露筋	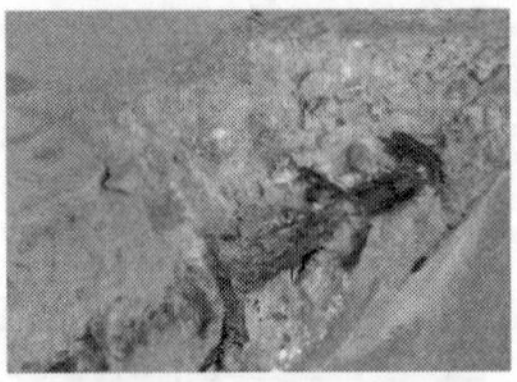	①钢筋混凝土梁中，受力主筋或箍筋没有被混凝土包裹而外露出表面； ②预应力混凝土梁中，非预应力钢筋外露出表面
5	缝隙夹层	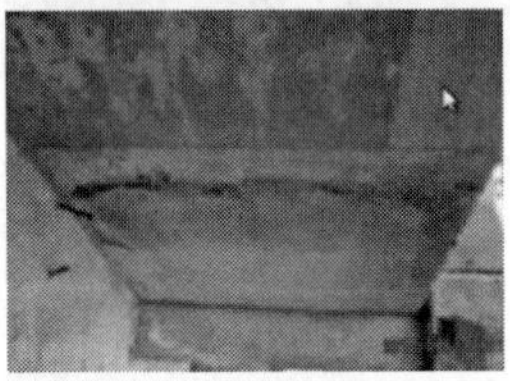	①构件表面混凝土内呈现水平方向或垂直方向的松散混凝土夹层，常有缝隙或杂物； ②常出现在整体现浇构件的施工缝、悬臂施工节段箱梁接缝等位置
6	混凝土表面剥落		①混凝土表面集料外露； ②轻度剥落的水泥砂浆流失深度小于6 mm，中度剥落的深度达到6～12 mm，重度剥落的深度达12～15 mm，集料完全暴露，严重剥落的深度达到25 mm以上，钢筋完全暴露； ③盐冻破坏等导致混凝土表面水泥砂浆层流失造成的
7	预制板间企口缝混凝土剥落		①指预制装配式钢筋混凝土和预应力混凝土空心板板缝混凝土脱落； ②企口缝表面混凝土实际强度不够、质量差所致
8	混凝土超方	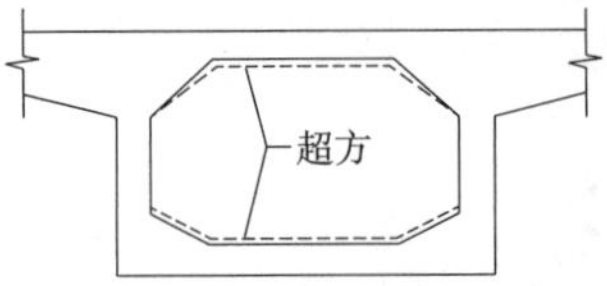 超方	①构件混凝土截面某些尺寸超过规定的误差； ②易在整体现浇混凝土箱梁施工或节段悬臂现浇施工箱梁中发生； ③增加了构件的恒载作用，可能造成构件产生受力裂缝
9	预制T梁横隔梁连接错位		①预制T形梁之间的横隔梁平面位置相差较大，或横隔梁底不在同一水平面上； ②横隔梁连接的错位会导致无法正确后焊连接钢板而成为薄弱截面
10	混凝土保护层厚度过小或过大	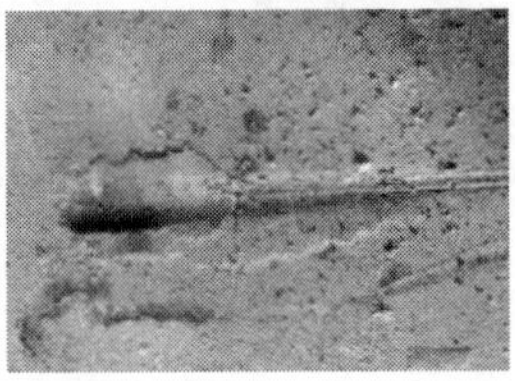	①保护层厚度过小往往会呈现表面露筋或者由构件外表混凝土明显能看到钢筋位置，外露钢筋易锈蚀； ②过厚的混凝土保护层形成素混凝土区，会产生混凝土的表面收缩裂缝

续上表

序号	缺陷类型	图例	主要特征及成因
11	混凝土剥离		①混凝土表面呈现片块状的水泥砂浆脱落，剥离面上粗集料外露，严重时集料及包着集料的水泥浆脱落； ②混凝土冻融破坏、集料膨胀反应等引起结构孔隙中的水体积膨胀或钢筋锈蚀膨胀等产生局部张力，导致其周围水泥基质断裂而破坏
12	孔道压浆不饱满		后张法预应力混凝土梁（板）的孔道中出现未压浆、压浆未充满孔道截面等现象
13	混凝土劣化		混凝土表面或整体上出现混凝土材料组成的化学性质、物理力学性能变差的现象
14	钢筋锈蚀引起混凝土开裂或剥离		钢筋锈蚀严重时所在位置混凝土表面出现与钢筋平行的裂缝，以及混凝土保护层剥离

9.2.3　普通钢筋和预应力筋锈蚀

钢筋混凝土桥和预应力混凝土桥中的普通钢筋和预应力筋，虽然有混凝土的高碱性在其表面形成的保护膜和耐腐蚀防护材料的保护，但桥梁运营过程中由于混凝土裂缝、施工不当或外界环境荷载等因素会导致钢筋锈蚀。常见的钢筋混凝土及预应力混凝土桥常见钢筋锈蚀及成因见表 9.5。

表 9.5　钢筋混凝土及预应力混凝土桥常见钢筋病害及成因

序号	缺陷类型	图例	主要特征及成因
1	钢筋锈蚀		钢筋或预应力钢绞线暴露在混凝土外造成的锈蚀
2	预应力钢筋的腐蚀		①均匀腐蚀（锈蚀）：腐蚀（锈蚀）分布于预应力钢筋整个表面，使预应力钢筋截面减小； ②局部腐蚀：预应力钢筋表面上各部分的腐蚀程度存在明显差异； ③均匀腐蚀是一种大气腐蚀，而局部腐蚀是由于构件接缝处混凝土质量不良及渗水引起的； ④预应力管道压浆不饱满或混凝土裂纹引起的锈蚀

9.3 钢　　桥

钢桥常见病害包括涂层劣化,钢结构锈蚀,结构疲劳开裂,铆钉、螺栓损失等。

在自然环境和人为因素等作用下,钢结构涂装层性能劣化是必然的,涂层损坏后,钢结构锈蚀。目前,涂装材料性能的提升大大提高了涂装防护的时效性,减小了养护中的涂装防护工作量。

在动荷载作用下,铆钉、螺栓出现松动,高强螺栓还会因材质和高应力原因产生延时断裂。

钢结构连接手段主要有销栓连接、铆接、栓焊和全焊。低合金高强度钢和焊接的使用减轻了桥梁自重,使桥梁跨度做得更大,但同时带来了新的问题,即制造缺陷和变形。变形增加了构件几何精度控制的难度,缺陷导致运营疲劳开裂的潜在危险。其病害主要是钢构件构造细节开裂(断裂)及焊接残余应力和变形,分别如图 9.4 和图 9.5 所示。

图 9.4　钢构件构造细节开裂

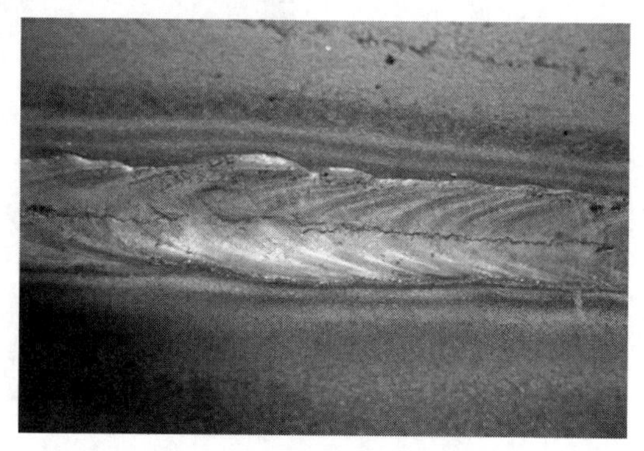

图 9.5　焊接残余变形

另外,钢结构可能出现扭曲、挠曲变形超标的病害,它一般由荷载超限所引起。

9.4 拱　　桥

9.4.1　圬工拱桥

圬工拱桥由砖、石或素混凝土材料砌筑而成,通常采用板拱形式,普遍为有推力无铰拱结构,可分为空腹式拱与实腹式拱两类。其主要构造包括拱上填料、侧墙、变形缝、防水层、拱圈、拱座、桥台及基础等。圬工拱桥的常见病害往往发生在主拱圈、前墙、侧墙及桥台等部位,具体类型包括砌缝损坏、开裂、渗水、桥面沉陷、基础不均匀沉降或位移以及生物侵蚀等。

1)拱圈和侧墙开裂

圬工拱桥拱圈开裂主要包括主拱圈横向开裂、主拱圈纵向开裂和腹拱圈开裂。

主拱圈横向开裂(图 9.6)多发生在拱顶下部或拱脚上部,有时甚至会开裂至拱壁,特点是沿砌缝开裂,贯通拱圈底面全宽,位置在封拱石一侧或两侧,裂缝数量可达两条以上。开裂导致砂浆脱落,如果横向裂缝发展到拱厚的一定深度,开裂面的抗弯惯性矩将大幅降低,相当于形成铰,改变了原结构体系,使结构内力发生变化,稳定性降低。如果出现多条横向裂缝,形成三铰以上时,将导致结构失稳破坏。除拱顶裂缝,横向开裂也可能出现在拱脚上部。导致横向开裂的主要原因有主拱圈厚度太薄或材料强度不够，基础沉陷、墩台移动和拱圈受力不对称，设计时拱轴系数选择不当和施工质量差等原因。

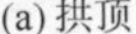

(a) 拱顶

(b)拱脚

图 9.6　主拱圈横向开裂

主拱圈纵向开裂（图 9.7）主要有两种形式：第一种形式是裂缝由桥墩向上发展到拱圈，产生纵向裂缝，由墩台基础产生不均匀沉降以及行车的振动等原因造成；第二种形式是纵向开裂到侧墙的下方，自拱顶向拱脚逐渐消失，由拱上侧土压力作用或桥台侧墙与拱上侧墙连为一体的桥台发生侧向受力变形引起。主拱圈纵向开裂会破坏结构的整体性。裂缝两侧拱圈的受力、变形不再均匀，局部构件的内力将增大。由于裂缝使横向受力性能减弱，在横向力增大的情况下，裂缝将继续发展，降低拱桥的承载能力。

图 9.7　石拱桥的纵向开裂

腹拱圈开裂是石拱桥最常见的病害，主要有以下原因：腹拱矢高过小，形成较大的腹拱推力，如果施工质量较差，则易产生裂缝，从而不能满足设计要求；铰缝处理不当，石砌腹拱圈的铰石应选择石质坚硬且无裂纹的石料，一对铰石的接触面应较一般拱石多加修凿以增大实际接触面积，如果施工中未达到要求，则会造成铰石破坏而开裂；拱与拱上建筑的联合作用显著影响拱上建筑的内力，拱上建筑刚度越大，影响就越大。考虑拱上建筑与拱共同工作与否，计算的结果可能迥然不同，如构造处理不妥或不考虑共同工作计算设计，则导致拱上建筑很可能因拱桥变形而严重开裂甚至破坏；腹拱的开裂造成桥面破坏，加上养护不到位，会引起桥面渗水，进一步加剧腹拱圈的开裂。

圬工拱桥侧（翼）墙的开裂主要在外侧或内外侧同时发生，大多出现在拱圈 1/4 跨度处拱圈上方及拱脚上方侧墙，裂缝形式为沿砌缝竖向开裂或斜向开裂。其产生原因不仅与拱桥所处的环境、设计施工等密切相关，还主要涉及自身因素，包括侧墙承受荷载过大、拱上填料不密实、侧墙承载力不足、拱上建筑未按规定设置断缝等。

2)拱圈、侧墙变形和位移

拱圈变形主要指主拱圈(尤其拱顶区段)出现明显下挠，主拱圈不再是一条圆滑的曲线。其产生原因主要有车辆荷载、基础沉陷、墩台移动、温度及温度变化、自然灾害及设计与施工方面的原因。

拱圈位移主要包括拱圈相对横墙发生的相对横向位移及拱脚发生的相对内外移或沉降，前者主要是拱座基础被冲刷掏空后，主拱圈发生了倾斜导致拱圈横向受力不均而产生偏移；后者主要由台后填土压力、地质滑移、桥台基础软弱和台后填土缺失，及设计荷载偏低、重载增多等原因造成。

侧墙变形主要包括侧墙倾斜、外鼓及外移。侧墙外鼓即是拱上局部区段(尤其拱顶附件)侧墙外鼓呈曲面的现象；若外鼓严重则引起侧墙向外倾斜，即为侧墙倾斜。侧墙病害往往由多种病害相互作用，产生的原因主要包括砂浆黏结性及石料强度不足造成侧墙抵抗力不足抵抗拱上填料侧压力，侧墙砌石不良、砌筑砂浆不饱满或侧墙抗剪未满足设计要求等导致的侧墙砌体抗剪强度不足而使侧墙发生侧移，桥面铺装破坏使得桥面渗水造成拱腔积水而削弱了侧墙抵抗填料侧压力的能力，填土膨胀或排出使得填料侧压力增大或承受荷载降低而使侧墙承受更多的竖向荷载等。

3)桥面及防水层破损

桥面破损既影响行车安全，也放大了行车的动力效应，轻则使行车轻微颠簸，重则产生跳车。引起拱桥桥面破损的主要原因有：实腹式拱桥柔性填料(砂砾或碎石)在车辆荷载作用下产生不均匀压缩变形或台后排水处理不当处，造成填料积水，填料强度降低，进而引起路面破坏；空腹式拱桥由于腹拱铰的存在，侧墙与桥面结构需相应设置伸缩缝或变形缝，若构造上不进行改善易引起桥面从变形缝处开始破坏。

防水层破坏或失效，会使拱圈漏水，进而影响结构安全，缩短桥梁的使用寿命。影响防水层破坏或失效的主要原因是：实腹式拱桥防水层施工时用一般亚黏土代替胶泥或三合土，防水效果不佳，胶泥和三合土的水固比难把握，特别是在填料夯实过程中，胶泥或三合土容易破坏或开裂，若桥面有渗水，胶泥或三合土易软化而失效；空腹式拱桥多采用沥青、油毛毡防水层，油毛毡容易老化，特别是变形缝处，很难保证沥青麻絮密实。

4)承载力不足

由于不同时期的设计荷载标准不同，很多老龄化圬工拱桥的承载力普遍不能满足现行荷载标准要求，需进行限载运行，或进行加固强化处理，参见第12章。

此外，圬工拱桥的其他病害包括材料风化、拱石缺损、桥面排水系统失效等。

9.4.2 钢筋混凝土拱桥

拱桥以受压为主，充分发挥了混凝土的优势。钢筋混凝土拱桥的病害以混凝土表面病害及开裂为主，其中混凝土表面病害可参见“9.2.2 混凝土表观缺陷”。

1)拱肋变形

包括不对称下挠、横向侧移等情况。拱肋不对称下挠主要是由于基础变位所致。拱肋横向侧移则主要是由于施工质量不佳所致。

2)拱肋开裂

当拱肋截面高度不足,截面抗弯刚度较低时,可能由于受弯而在截面上形成多种形式的开裂,如图 9.8 所示,常见的开裂位置如下所述。

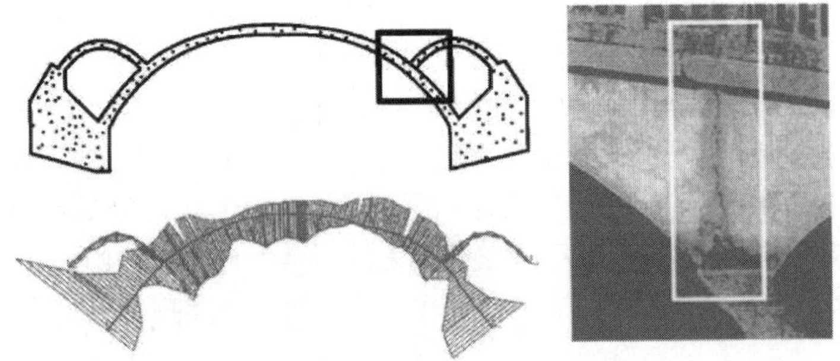

图 9.8　拱肋开裂病害及弯矩图

拱顶下缘开裂,通常发生在拱顶正弯矩区内,严重时会引起桥面下挠,或不对称变形,甚至导致水泥脱落,如图 9.9 所示。拱顶下缘开裂是由于拱顶正弯矩作用超过混凝土抗弯能力所致。在跨中形成正弯矩的影响因素较多,包括:温度、恒载及交通荷载作用;在拱轴压力作用下混凝土的收缩徐变使拱轴缩短;拱脚基础承载力低,在荷载作用下逐渐发生水平变位或者拱脚前倾。

钢筋混凝土无铰拱拱脚上缘负弯矩区段开裂,如图 9.10 所示。拱脚局部混凝土开裂使有效承压面减小,严重时可能导致受压区混凝土压碎,甚至钢筋失稳鼓出截面。拱脚上缘开裂是由拱脚负弯矩造成,其原因与拱顶下缘开裂类似,包括温度、恒载、交通荷载、混凝土收缩徐变作用等影响因素。当拱桥基础承载力不足导致拱脚基础发生不均匀沉降时,会在沉降较少一侧拱脚区段增加额外的负弯矩,当基础在拱脚推力作用下逐渐发生水平变位或者后倾转动,也会使拱脚负弯矩增加,导致拱脚上缘混凝土开裂。

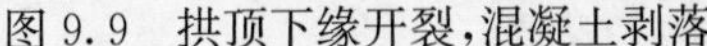

图 9.9　拱顶下缘开裂,混凝土剥落

图 9.10　无铰拱拱脚处拱肋上缘开裂

拱肋中间区段开裂,其对结构的危害程度有限。随着普通混凝土拱桥开裂程度逐渐增加,拱肋受压区截面积不断削弱。当部分受压区混凝土碎裂,则最终在开裂处形成塑性铰。由拱结构受力性能可知,拱肋以受压为主,当全桥铰的总数在三个以内时,结构的内力变化程度并不大。因此,对于普通混凝土拱桥来说,其拱肋开裂对承载力的影响有限。

3)横系梁开裂

连接拱肋的横系梁开裂属于多肋拱桥常见病害。表现为横系梁跨中出现竖向开裂,而在接近拱肋处则呈现八字形开裂。横系梁开裂是由于肋拱桥各肋承受的车辆荷载分配不均匀且各肋竖向刚度较低，导致各片拱肋间存在明显位移，使连接相邻拱肋的横系梁在跨中出现竖向裂缝，而在与拱肋接缝处形成八字形裂缝。温度以及混凝土收缩作用下也可能形成这种开裂。

此外，混凝土拱桥还可能出现拱肋变形、侧墙鼓肚、拱座偏移等病害。拱肋变形表现为突然增大的侧向变位或者S形变形（连拱结构），其原因主要是船撞或拱肋混凝土收缩徐变。实腹式拱侧墙鼓肚在北方冬季较为常见，其原因是桥面排水不畅，冰雪融水渗入拱波上方填土并在冬季冻结膨胀。拱座偏移表现为拱座不同程度的竖直沉降以及水平位移，严重时导致拱肋开裂、变形，也可能使桥台翼墙开裂。混凝土拱桥下部结构的病害包括基础出现不均匀沉降等，主要原因包括河床冲刷、基础埋深不够，特别是采用摩擦桩基础的桥梁，河床冲刷会导致基础不均匀沉降，从而产生桥台裂缝、拱圈开裂等主要承重构件的病害，严重影响桥梁的安全运营。

9.4.3　钢 拱 桥

钢拱桥的常见病害包括涂装失效、锈蚀、焊缝开裂、疲劳裂纹、冲击变形、失稳等。涂装失效是钢拱桥最常见病害，其现象及可能成因在9.3节和10.3节已经介绍。钢拱桥涂装失效通常出现在拱上构件凹角、焊缝、构件间缝隙等位置，吊杆钢拱桥易出现涂装失效的位置包括吊杆锚固套筒、拱肋锚固区焊缝等部位。特别是位于上承式拱桥桥面泄水孔下方的构件，由于长期受泄水孔中污水冲刷，经常出现涂装失效。

拱结构以受压为主，构件开裂较少发生，但中下承式钢拱桥的吊杆承受的是拉力，吊杆的连接锚固构件可能由此产生疲劳开裂破坏。

钢拱桥的拱肋以及横撑的转动惯矩远小于同跨径的混凝土拱桥或钢管混凝土拱桥，相较其他材料的拱结构而言钢拱桥更易出现屈曲变形。

9.4.4　钢管混凝土拱桥

我国钢管混凝土拱桥的发展是实践在先，技术标准发展在后，所建桥梁数量众多，其设计和施工尚欠成熟，病害在所难免。由于其构造上的特点，钢管混凝土拱桥的代表性病害及其成因与其余类型的拱桥有所区别。

1)钢管内混凝土不密实

钢管内混凝土不密实是钢管混凝土拱桥最常见的问题，表现为混凝土与钢管间脱空并在拱顶形成空腔，如图9.11所示，核心混凝土的强度沿拱肋高度分段变化。

图9.11　拱肋核心混凝土与钢管脱空

混凝土不密实现象是由于钢管内混凝土不能充分振捣，无法实现绝对密实，在拱顶部分形成空腔，甚至存在一定程度积水。

此外，钢管与混凝土的吸热、散热速度相差很远，而拱肋又是直接暴露在大气中承受阳光作用，白天钢管吸热迅速膨胀时，管内的混凝土吸热慢，且需要吸收的热量大，管内混凝土不能与钢管一起膨胀；到了夜晚，钢管遇冷收缩时，管内的混凝土因降温慢而阻止钢管的收缩，同时钢管又对混凝土产生一个紧箍力，会加速混凝土的收缩和徐变。在这样日积月累地反复作用，钢管受残余变形的影响将相对地变大，而管内混凝土因徐变、收缩的影响将相对地变小，这样钢管与混凝土产生一定的脱离是很难避免的。

以上情况导致在大直径钢管中钢管与核心混凝土脱空，尤其表现为拱顶混凝土脱空和管肋混凝土密实度不均匀，严重者还可能存在整体脱空现象。

2)拱脚外包混凝土开裂

造成拱脚外包混凝土开裂的因素：拱脚混凝土厚度不足，箍筋密度不够，导致拱脚混凝土在钢拱肋的巨大压力及拱脚弯矩作用下受力开裂；由于设计失误或施工误差，拱肋、系杆以及支座三者的作用线未交于一点，使拱脚产生较大弯矩，导致拱脚混凝土出现受力裂缝；拱脚混凝土与钢管刚度不同，拱脚混凝土收缩徐变或温度变形受到钢管限制，致使混凝土开裂。

3)钢管拱焊缝质量问题

钢管拱结构焊缝较多，且内部填充的混凝土具有弱电解性，往往存在焊缝病害，包括焊缝锈蚀与焊缝开裂两种。

4)防腐蚀措施失效导致钢管锈蚀

钢管混凝土拱桥腐蚀主要是大气腐蚀。如对拱桥的防腐处理不当，在一段时间后，则会随着钢构件的腐蚀威胁整个大桥的安全。如果在施工过程中由于方法不当以及后期养护未能及时跟上，在钢管混凝土拱桥中就会出现涂层的各种病害。

5)钢管变形、拱轴线变化

由于钢与混凝土间的黏结问题无法解决，钢管拱结构中钢拱肋与核心混凝土共同作用并不显著，实际中分别单独承担着部分拱肋压力。由于这种工作方式与设计假设不符，往往导致钢管拱的实际承载力低于设计承载力，可能导致拱结构在使用过程中出现失稳和强度破坏事故。

9.5　缆索结构

9.5.1　斜拉索

斜拉索主要由高强镀锌钢丝或钢绞线、高密度聚乙烯护套、冷铸锚具三大主材构成，在外荷载作用下容易发生较大振动。其病害主要源自斜拉索的材料病害和物理力学病害。

1)高密度聚乙烯(HDPE)护套损坏

HDPE 护套损坏有多种形式，如翘皮、龟裂、开孔、纵向裂缝、横向裂缝、环状开裂等，如图 9.12 所示。护套开裂原因复杂，主要原因如下：

(1)在制造过程中索体存在初始损伤。

(2)在卷盘运输过程中，位于内圈的索体护套由于卷绕直径较小，始终保持较高应变状态，如果护套长期处于这种状态可能导致应力开裂。

(3)施工或运营过程中，护套被碰伤或刮伤。

(4)HDPE 护套的长期暴晒老化，导致护套环向开裂。

(5)采用 PE＋PU 双层护套的索体，由于两种材料的热膨胀系数不同，且两层护套间的黏结力较弱，使得在两层材料的交界面产生分离。

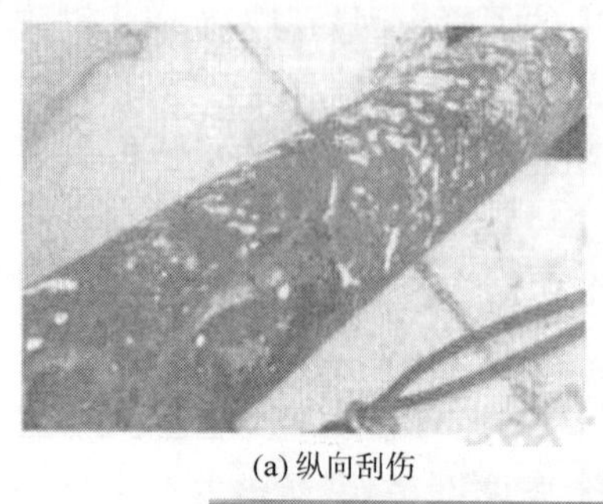

(a) 纵向刮伤

(b) 环向开裂

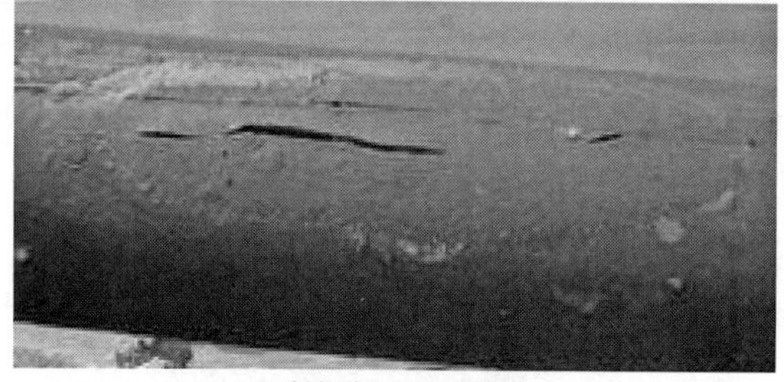

(c) 斜拉索PE护套开裂

图 9.12　索体护套损伤

2)钢丝锈蚀与断裂

斜拉索钢丝锈蚀乃至断丝是导致拉索承载能力降低的最主要原因。拉索钢丝锈蚀分布存在不均匀性，外层钢丝特别是处于护套破损位置附近的钢丝锈蚀较为严重(图 9.13)，拉索下部由于积水往往锈蚀也较严重(图 9.14)。在拉索截面上，钢丝锈蚀程度由外向内逐渐降低。钢丝锈蚀形式多种多样，包括坑蚀、均匀腐蚀、应力腐蚀和腐蚀疲劳等。拉索钢丝生锈往往伴随着锈水流淌、锈皮起鼓脱落等现象，钢丝锈蚀与断裂数量较多时，将会导致拉索断裂，酿成事故(图 9.15)。

图 9.13　拉索钢丝均匀锈蚀

图 9.14　拉索下部严重锈蚀

造成钢丝锈蚀与断裂的主要原因如下：

(1)聚乙烯或橡胶护套在拉索架设中损坏，如被割破、拉裂，又未进行及时修补，雨水、大气顺裂口侵入，腐蚀钢丝。

(2)拉索钢丝耐腐蚀能力较差(如用镀锌高强度钢丝则抗腐蚀能力大大高于无镀层防护的黑钢丝)。

(3)早期拉索采用铁丝缠绕方式保持索体的截面形状，由于缠丝部分拦阻了渗入护套内的下行水分而积水，锈蚀极为严重，如图 9.16 所示。

(4)应力腐蚀。因为斜拉索体承受很大的拉力(2 000～11 000 kN)，高强度钢丝应力很高，在高应力、反复荷载、风振的作用下，钢丝更易发生应力裂纹腐蚀。

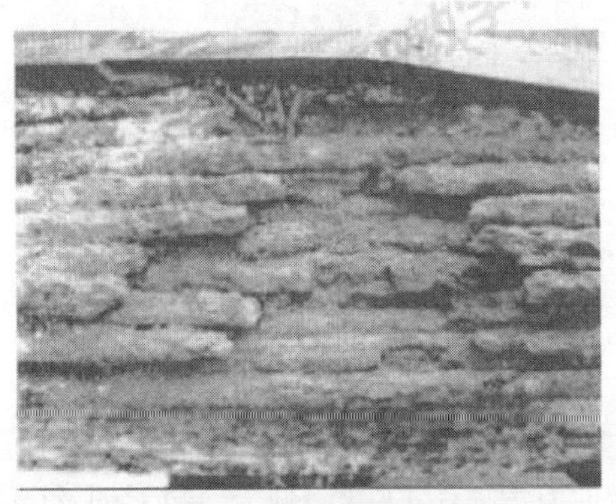

图 9.15　钢丝锈断

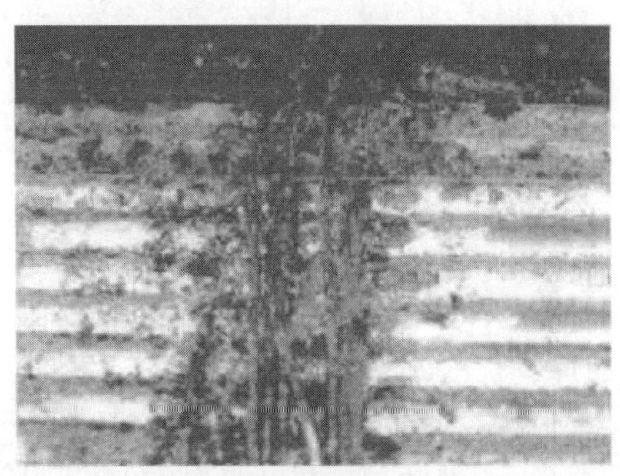

图 9.16　缠丝处锈蚀严重

3)下锚头渗水

下锚头渗水(图 9.17)是拉索锚固构造的常见病害，其主要原因在于桥面积水以及由索体破口进入顺流而下的雨水，通过索体与桥面之间的各种缝隙渗入到导管中，渗水最终导致锚杯及钢丝锈蚀。

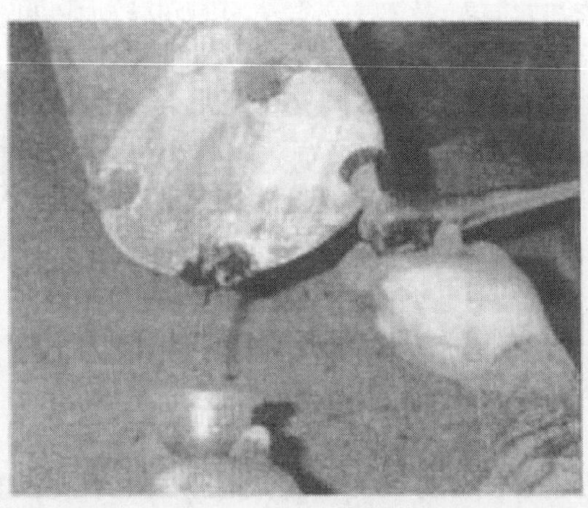

图 9.17　下锚头渗水

4)锚头锈蚀

如图 9.18 和图 9.19 所示，锚头锈蚀几乎是无法避免的，但相对于索体钢丝的使用寿命，锚杯、垫圈、锚杯螺母锈蚀对结构的危害并不大，而锚头锈蚀破裂和锚板开裂可能导致钢丝回缩卸载,降低整索的承载能力。锚头锈蚀是渗水及锚箱内潮湿空气导致,但锚杯盖板遗失或密封不严、防锈油脂和涂层老化容易使锚头锈蚀。锚头外锚圈或盖板内螺纹、锚头上的结构固定螺栓及孔洞极易发生锈蚀,轻度表面浮锈,严重时锚头流淌锈水,侵入内部锚垫板及钢丝撴头,锚圈的严重锈蚀影响锚固螺母的拧动,可能发生"烂牙"现象。造成锚头锈蚀的主要原因如下:

(1)锚头安装后没有及时除锈,没有涂黄油、防锈油或防锈涂料。

(2)锚头盖板未安装,或盖板固定螺栓松动脱落以致盖板脱落或不密封,使水、汽侵入。

(3)锚垫板的防护层如环氧树脂、橡胶板、涂层等老化、龟裂、脱落失效。

图 9.18　上锚头锈蚀

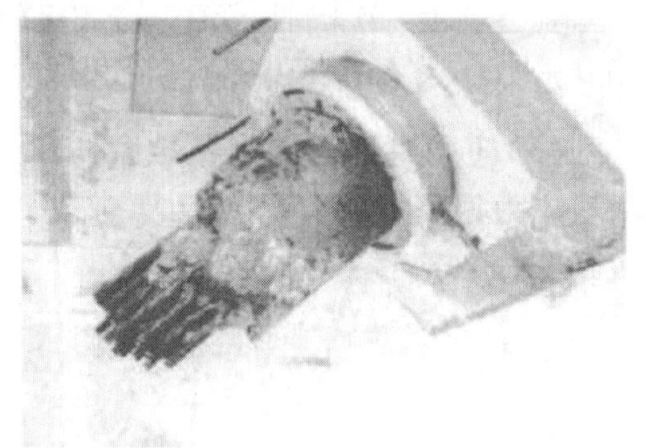

图 9.19　下锚头锈蚀

5)斜拉索物理力学损伤

由于机械力学原因引起的斜拉索病害损伤统称物理力学损伤,主要表现为斜拉索钢丝(钢绞线)的疲劳、防护罩的松动、脱落以及破坏等由斜拉索大幅振动引起的损伤以及平行钢丝斜拉索的扭转。

斜拉索的振动主要表现为由于桥梁结构振动引发的参数振动以及由于风荷载引发的风致振动现象,斜拉索大幅振动基本上是属于风致振动现象,其中斜拉索最为普遍也是最为剧烈的为风雨振,一般发生于风雨天气中,振幅较大时甚至发生斜拉索间相互撞击。

对于平行钢丝斜拉索扭转问题,主要有斜拉索自身扭转、加扭和退扭现象。斜拉索加扭现象即为安装完成后的斜拉索钢丝绞合角大于出厂前的绞合角(2°～4°)。反之,斜拉索退扭现象主要是指安装完成后的斜拉索钢丝的绞合角小于出厂前的绞合角(2°～4°)。这些扭转问题可能导致拉索索体内外圈钢丝的应力重新分布,使得部分钢丝应力变大或者减小,造成斜拉索受力不利,另外,会使钢丝伸长量改变,从而导致斜拉索长度变长或者变短,使得张拉端的锚杯处锚环的理论锚固位置发生变化,严重时,张拉端的锚环不能正常锚固。

9.5.2　悬索桥主缆与吊杆系统

悬索桥主缆及其锚固系统的常见病害如下:

1)主缆结冰

悬索桥主缆由于表面缠绕了缠丝,易于附着冰雪、灰尘。在冬季长期覆盖冰雪的地区,如不采取必要的除冰措施,主缆表面往往附结冰凌,由于冰凌改变了主缆截面形状,降低了主缆的振动频率,增加了悬索桥因驰振而破坏的风险。

2)涂装失效

涂装在使用过程中由于受自然老化、外力等多种因素的影响会出现龟裂、起皮、剥落等现象。环境因素是涂装失效的最主要原因;位于海滨或江河入海口附近的悬索桥,空气湿度较高且辐射程度比内陆强烈，由此导致主缆涂装退化较快。由于涂装并不是直接涂覆在主缆受力钢丝表面，而是涂覆在主缆外层的缠丝上，加上缠丝间连接不紧密，相邻缠丝间通常无横向联系，当主缆受弯拉时，匝丝分离引起涂装漆膜受拉，可能导致漆膜破坏。

3）缠丝锈蚀与断丝松弛

缠丝的作用主要是保持主缆截面形状，避免主缆钢丝因外力作用而损坏，同时还能起到部分阻止水汽进入的作用。缠丝表面一般采用镀锌防护，但由于缠丝缝隙较多，易于积水，因此缠丝往往在主缆表层涂装失效后迅速锈蚀，甚至断丝。此外，当缠丝锈蚀达到一定程度后，或由于受到额外的外力作用（如飞鸟啄挠，车辆撞击），极易超过缠丝抗力而导致缠丝断裂，表现为主缆某些部位的缠丝松动或变形，如图 9.20 和图 9.21 所示。

图 9.20　缠（匝）丝不均匀

图 9.21　缠（匝）丝撞击受损

4）主缆钢丝锈蚀

当主缆外部的各类防蚀措施失效后，主缆钢丝就暴露在腐蚀环境中，并逐渐锈蚀直至断裂。在主缆钢丝锈蚀初期，表面仅出现白色锌粉，此时，如能及时恢复防蚀功能则主缆的承载力不会降低。如果钢丝表面已经出现黄色锈斑，则说明钢丝表面镀锌已经耗尽，并开始出现截面损失，此时必须对主缆采取较全面的维修。当钢丝出现严重锈蚀时，钢丝可能会因应力腐蚀或腐蚀疲劳而开裂，此时应对主缆承载力进行评定，之后再确定相应的维修加固措施。

5）索夹移位

外观表现为对应的吊索倾斜，主要原因有：由于固定索夹的高强度拉杆预应力松弛，使索夹与主缆间夹紧程度放松；长期使用后，主缆的挤紧程度提高，空隙率减小，使得索夹与主缆的夹紧程度减弱。

6）索夹或鞍座锈蚀

这是悬索桥常见病害，常出现在索夹（鞍座）与主缆接触部位或其中的孔洞、凹角中。涂装失效以及凹陷处积水积尘是锈蚀发生的主要原因。

7）锚碇钢结构锈蚀

地锚室位于路面下方，其散索鞍后的缝隙不易密封，导致路面积水、雨水等大量渗入，同时由于地锚室埋入地下较深，其排水往往不佳，容易形成大量积水。以上种种因素导致地锚室内环境相对湿度较高甚至接近饱和，致使地锚室内的构件涂装加速失效，最终产生锈蚀。

8）吊耳板、锚杯、锚垫板开裂

吊索与主梁相连的吊耳板、锚杯、锚垫板开裂也是吊索常见病害，此类病害可能导致局部构件的突然破坏，危害较大，而开裂通常源于锈坑或构件连接缺陷。

9.6 支　　座

桥梁支座通常设置在梁端底面与墩台顶面之间，与上、下部结构牢固连接。桥梁支座性能发生劣化，其作用将不能充分发挥，同时会对桥梁上、下部结构造成不利影响。支座损坏的原因是多方面的，既有设计方面的原因，也有施工缺陷、维修养护不够等原因，见表 9.6。

表 9.6　桥梁支座损坏原因一览表

损坏原因	具体内容
设计时缺乏足够考虑	形式的选定与布置错误； 材料选定错误，或者施工没有按要求执行； 支座边缘距离不够； 支座支承垫块加强钢筋不足； 对螺栓、螺母等的脱落估计不够
施工制作时不完备	铸件等材料质量管理不善，质量较差； 金属支座的油漆、防腐防锈处理不可靠； 砂浆填充不可靠，或者水泥砂浆强度不足
维修、养护、管理不善	滑动面、滚动面夹杂尘埃、异物； 因防水、排水装置的缺陷向支座漏、溢水，使支座锈蚀； 螺母、螺栓松动、脱落，又没有及时修理
其他因素	桥台、桥墩产生的不均匀沉陷、倾斜与水平变位以及上部结构位移，影响支座的正常使用

桥梁支座的病害包括支座本身的病害和支座垫板(块)的病害。支座垫板(块)的病害包括支座底板翘起、扭曲或者断裂，支座滑脱与积水，支座垫块裂缝和支座座板混凝土已压坏、剥离、掉角等。

《铁路桥隧建筑物劣化评定》(Q/CR 405.3—2022)，将桥梁支座劣化等级分为 A、B、C、D 四级，A 级又分为 AA 和 A1 两个等级，见表 9.7。高速铁路桥梁支座劣化等级分为 A、B、C 三级，A 级又分为 AA 级和 A1 级。以下按照病害类型分别进行说明。

表 9.7　支座劣化等级

劣化等级		对结构功能及行车安全的影响	措施
A	AA(极严重)	支座功能严重劣化，危及行车安全	立即采取措施
	A1(严重)	支座功能严重劣化，进一步发展会危及行车安全	尽快采取措施
B 级(较重)		劣化继续发展将会升为 A 级	加强监视，必要时采取措施
C 级(中等)		影响较少	加强检查，正常维修
D 级(轻微)		无影响	正常保养与巡检

1)裂纹(裂损)及变形

裂纹分为钢部件裂损和橡胶裂纹。钢部件裂损指钢支座的钢部件或盆式橡胶支座的上、下支座板出现肉眼可见的裂纹或断裂，主要是下摆或钢盆(下支座板)的表面裂纹。而钢件变形主要指支座盆底钢板四角在支座反力作用下出现表面翘起的现象。盆式橡胶支座钢件裂纹和变形现象往往相互伴随。橡胶支座的钢部件断裂、盆式橡胶支座的钢盆盆环开裂或钢支座的钢部件折断均属于表 9.8 中的 AA 级。

橡胶裂纹指板式橡胶支座本体表面出现龟裂裂纹和水平裂缝，当裂缝(纹)宽度大于 2 mm，水平裂缝长度大于相应边长的 50%和 25%，分别属于 AA 级和 A1 级，即支座功能严重老化，危及行车安全。

2)钢部件脱焊

钢部件脱焊主要指支座焊件及不锈钢板与基层钢板之间的焊缝脱焊的现象，当主要受力构件脱焊，对于普通钢支座和板式橡胶支座属于 A1 级，对于曲面钢支座和盆式橡胶支座属于 AA 级。

3)钢部件或聚四氟乙烯板磨损

钢部件磨损主要指普通钢支座钢部件或曲面钢支座滑板工作表面由于相对运动而不断损失的现象。聚四氟乙烯板磨损主要指盆式橡胶支座中由于聚四氟乙烯滑板和不锈钢之间平面滑动所产生的磨损。磨损程度的度量对于不同支座采用不同的测量方式，普通钢支座通过测量钢部件陷凹的深度来表示，曲面钢支座和盆式橡胶支座则通过(不锈钢或聚四氟乙烯)滑板的外露高度来表示。

4)锚(螺)栓剪断

支座锚(螺)栓是支座与梁体和墩台联结固定的零件，当梁伸缩时位移受阻而致使薄弱面的锚(螺)栓被松动及剪断，钢支座及橡胶支座的销钉或锚(螺)栓剪断 50%及以上时，属于 A1 级；锚栓剪断 25%以上且小于 50%，曲面钢支座和橡胶支座套筒松动时，属于 A1 级；锚栓剪断小于 25%，普通钢支座锚栓松动或曲面钢支座和橡胶支座螺栓未全部拧进套筒时，属于 B 级。

5)钢板外露

由板式橡胶支座表面的龟裂裂纹目测到支座本体内部的薄钢板外露情况。钢板外露实际表面局部黏结区域的粘结强度已超过粘结力，表明板式橡胶支座问题严重，当钢板外露长度大于 100 mm 时，支座处于 AA 级，局部外露属于 A1 级。

6)不均匀鼓凸

不均匀鼓凸指板式橡胶支座两侧面或一个侧面上下之间不均匀鼓凸现象。当沿支座一侧外鼓长度占相应边长 25%及以上时，属于 A1 级；占相应边长 10%～25%时，属于 B 级；小于相应边长 10%时，属于 C 级。

7)脱空

板式橡胶支座与梁底面或支承垫石顶面出现的缝隙大于相应边长的 25%时，称为局部脱空，一方面造成支座局部压应力增加，另一方面支座脱空部位(顶面)与外界空气接触，容易进一步使橡胶老化。板式橡胶支座脱空缝隙不小于相应边长 25%时属于 A1 级，当脱空缝隙小于支座相应边长 25%时属于 B 级。当缝隙等于边长时称为全脱空，空心板梁下板式橡胶支座的全脱空将改变板梁受力图示。

8)支座剪切超限

板式橡胶支座在最高或最低温度条件下，上部结构最大恒载作用时，其剪切变形 $\tan\alpha>0.45$ 时(图 9.22)，支座剪切变形过大，属于 AA 级。

9)支座位移超限

支座位移超限主要指梁体在荷载作用下实际位移超出支座设计位移。钢支座纵向出现伸长或缩短，横向发生位移，支座弧形接触面被压平，梁体纵向变形无法复位而导致上下底板之间纵向错位超限(图 9.23)，横向限位板外凸变形及限位板脱落缺少而导致横向错位超限，当普通钢支座超限纵向大于 5 mm，横向大于 2 mm，曲面钢支座超限不小于 10 mm，则属于 A1 级。盆式橡胶支座的聚四氟乙烯滑出不锈钢板面范围，当位移超限不小于 10 mm，则属于 A1 级。

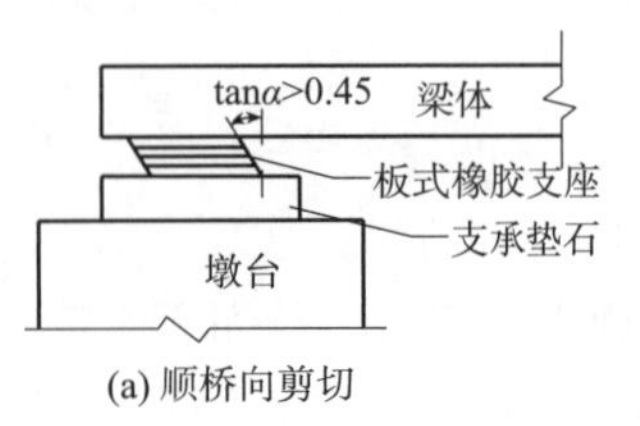

(a) 顺桥向剪切

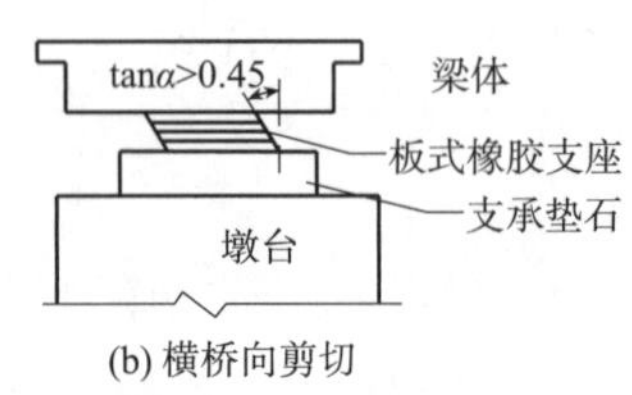

(b) 横桥向剪切

图 9.22　板式橡胶支座剪切超限

图 9.23　钢支座位移超限

图 9.24 为某高速公路桥中盆式支座位移超限、失效的图片。

(a) 支座滑动量过大

(b) 支座位移过大而偏压失效

图 9.24　某高速公路桥盆式支座病害

10）支座转角超限

普通钢活动支座的转角超限指其摇轴或削扁辊轴倾斜度不能恢复而使得下摆转角超过最大预期设计转角，当倾斜度超过规定限值则属于 A1 级。曲面钢支座和盆式橡胶支座转角由支座顶、底板之间的最大间隙和最小间隙计算，当实际转角超过设计值的 20%则属于 A1 级。

11）钢部件或钢盆锈蚀

对于钢支座和盆式橡胶支座而言，指钢部件或钢盆出现外表保护漆脱落、锈蚀的现象。轻微锈蚀属于 D 级，有锈蚀时属于 C 级，出现锈蚀且伴有锈皮剥落时属于 B 级。

12）上下座板与梁底及支承垫石不密贴或垫石部位缺陷

由于施工或后期使用导致支座与梁底及支承垫石间不能均匀接触、垫石缺陷等，使支座局部受力过大、变形过大，寿命减少。对于普通钢支座，当支承垫石裂损影响支座受力时，属于 A1 级；当不密贴缝隙不小于 1 mm，深度不小于相应边长 25%，垫石出现积水、翻浆时，属于 B 级；不密贴缝隙不小于 1 mm，深度不小于 50 mm 时，属于 C 级；不密贴缝隙小于 1 mm，深度不小于 30 mm 时，属于 D 级。对于曲面钢支座和橡胶支座，当不密贴缝隙不小于 1 mm，长边深度不小于相应边长 25%或短边深度不小于相应边长 20%，支承垫石开裂，属于 A1 级；不密贴缝隙不小于 1 mm，长边深度不小于相应边长 15%或短边深度不小于相应边长的 10%，支承垫石砂浆垫层开裂时，均属于 B 级；不密贴缝隙不大于 1 mm，深度不小于 30 mm 时，属于 C 级。

9.7 墩台与塔柱

我国的桥梁墩台和塔柱以圬工结构为主，个别采用钢结构，钢结构的病害类同钢桥的，圬工墩台与塔柱结构的病害以表观病害为主。

1)表面的青苔、杂草、灌木和污物。

2)混凝土结构常见裂缝及产生原因，见表 9.8。

表 9.8　混凝土桥梁墩台与塔柱结构的常见裂缝及成因

序号	裂缝种类	示意简图	主要特征及成因
1	网状裂缝	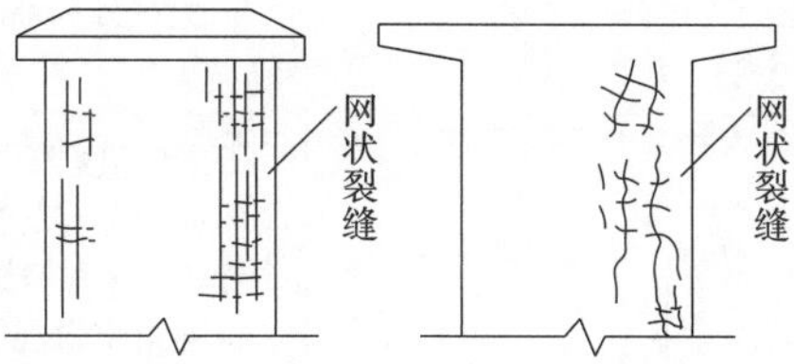 网状裂缝　网状裂缝	①多发生在常水位以下墩身的向阳部分，裂缝宽度为 0.1～1 mm，深 1～1.5 cm，长度不等。 ②产生这种裂缝的主要原因： a. 混凝土内部水化热和外部气温的温差，或日气温变化影响和日照影响而产生的温度拉应力； b. 混凝土干燥收缩也会引起
2	从基础向上发展至墩、台上部的裂缝	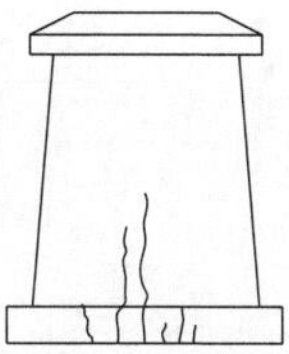	①裂缝下宽上窄，且往往会发展。 ②产生这种裂缝的主要原因： a. 基础松软或沉陷不均匀所致； b. 墩台非一次性浇完，先浇筑的部分收缩完成的早，限制了后浇混凝土的收缩，导致开裂
3	墩、台身水平裂缝	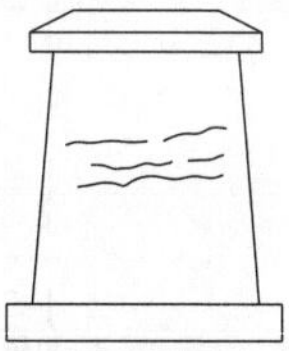	①裂缝呈水平层状。 ②产生这种裂缝的主要原因：多为混凝土灌注不良所致；北方墩台受较大切向冻胀力或水平冻胀力作用，可能出现被拔断或剪断现象所致
4	翼墙、前墙断裂裂缝	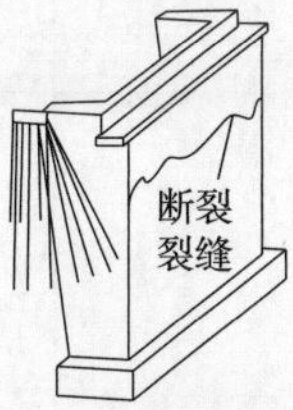 断裂裂缝	①在翼墙、前墙出现(见左图)。 ②产生这种裂缝的主要原因： a. 墙间填土不良、冻胀； b. 地基承载力不足。 a、b 会引起墙体下降或外倾而开裂
5	由支承垫石从上向下发展的裂缝	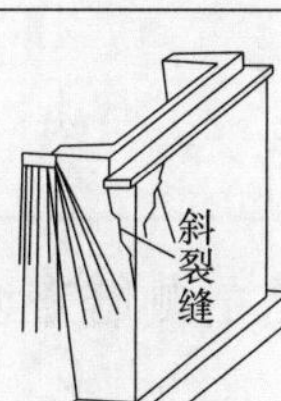 斜裂缝	①由支承垫石从上向下发展。 ②产生这种裂缝的主要原因： a. 墩、台帽在支承垫石下未布扩散应力的钢筋网； b. 也可能因为墩、台帽受到了较大的冲击力所致

续上表

序号	裂缝种类	示意简图	主要特征及成因
6	桥墩墩帽顺桥轴线横贯墩帽的水平裂缝	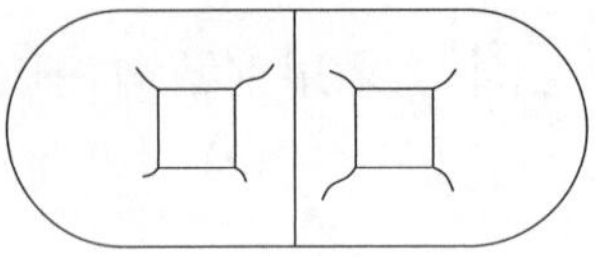	①由支承垫石从上向下发展。 ②产生这种裂缝的主要原因： 主要由于局部应力所致，因梁和活载的作用力集中地通过支座传至桥墩，使其周围墩顶其他部位产生拉应力
7	双柱式桥墩下承台的竖向裂缝	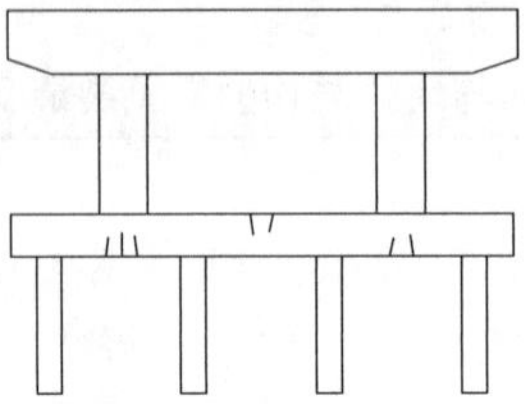	①由柱底承台底部从下向上发展及相邻桩基础承台跨中处从上向下发展。 ②产生这种裂缝的主要原因： a. 桩基不均匀沉降； b. 立柱处局部应力过大
8	墩台盖梁跨中及柱顶的竖向裂缝	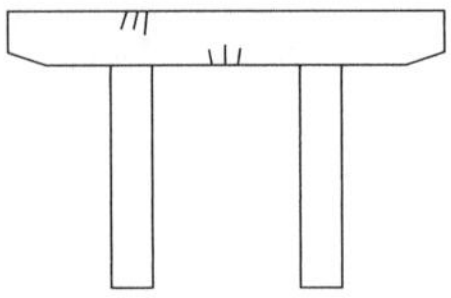	①由柱顶盖梁处从上向下发展及盖梁跨中底部从下向上发展。 ②产生这种裂缝的主要原因： a. 盖梁抗弯配筋不足，活载作用导致； b. 混凝土收缩裂缝； c. 局部应力集中造成的竖向劈裂，如支座或垫石处的竖向劈裂
9	墩台盖梁从上至下的竖向裂缝	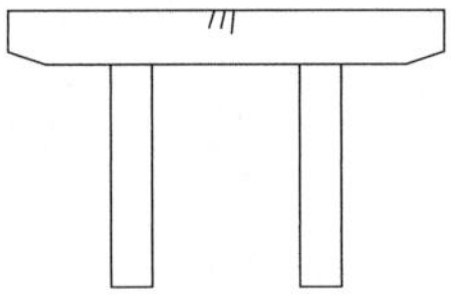	①由盖梁跨中顶部向下发展。 ②产生这种裂缝的主要原因： 桩基不均匀下沉而引起盖梁上缘拉应力过大，导致开裂
10	墩台镶面石裂缝	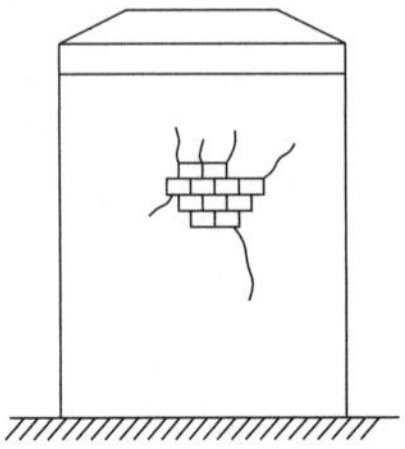	①多为不规则裂缝。 ②产生这种裂缝的主要原因： 镶面石与墩台连接不良
11	悬臂桥墩角隅处的裂缝	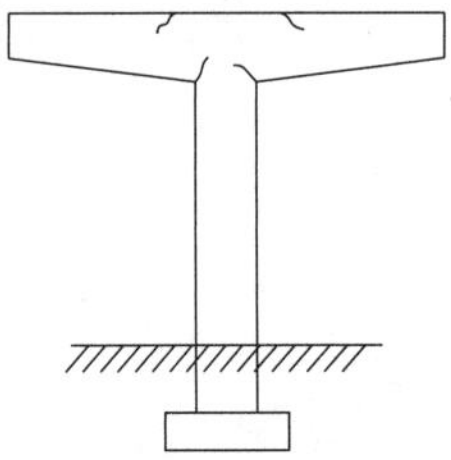	①多为不规则裂缝。 ②产生这种裂缝的主要原因： 局部应力过大

3)圬工砌体的砌缝脱落、开裂等，如U形桥塔的侧墙开裂。常常由早期的地基变形或施工质量不佳引起；

4)冰凌河流中墩台身被冰凌划伤；

5)船舶、汽车等撞击致伤；

6)桥梁墩台发生异常变位，此时往往伴随基础变位发生，参见9.8节；

7)地震导致的桥台病害情况复杂、类型较多,在此不再赘述,具体可参见相关著作。

9.8 基　　础

桥梁基础结构形式及修筑基础地形(包括地基地质条件)的差异,所产生的缺陷也不完全相同。桥梁基础的主要类型及其常见的缺陷列于表 9.9 中。

表 9.9　桥梁基础的类型与常见缺陷

<table>
<tr><th colspan="3">基础类型</th><th>常见的缺陷</th></tr>
<tr><td rowspan="3">浅基础</td><td colspan="2">天然地基上的浅基础</td><td>桥梁基础埋置深度浅,易受大水的冲刷而淘空;
桥梁基础埋置深度不足,受冻害影响;
桥梁地基不稳定,易产生滑移和倾斜</td></tr>
<tr><td colspan="2">岩石基础</td><td>基础置于风化岩层上,风化部分易经水流冲刷而淘空或悬空;
桥梁基础受地震时的剪切作用,易产生裂缝</td></tr>
<tr><td colspan="2">人工地基基础</td><td>因桥梁基础处于软弱地基上,在竖向荷载作用下压实沉陷</td></tr>
<tr><td rowspan="4">桩基础</td><td rowspan="2">打入桩</td><td>木桩</td><td>地下水位下降时,桥梁的桩身经常腐蚀</td></tr>
<tr><td>钢筋混凝土预制桩</td><td>打桩时,桩身受损坏;
桥墩受水冲刷、侵蚀,产生空洞、剥落等;
桥墩受船只或其他漂浮物的撞击而损坏</td></tr>
<tr><td colspan="2">钻(挖)孔桩</td><td>施工时,淤积未完全清除即灌注混凝土,因而使成型后的桩基产生缺陷;
施工不当,或受水冲刷、侵蚀而产生空洞、剥落、钢筋外露等;
灌注混凝土过程中发生塌孔而未作处理,桩身部分脱空;
桥墩受外力冲击而产生损坏</td></tr>
<tr><td colspan="2">管桩基础</td><td>承载力不足而使基础产生下沉</td></tr>
<tr><td colspan="3">沉井基础</td><td>桥梁所处的地基下沉时,基础也常发生一些下沉;
地基下沉不均,或桥台台背高填土受地基侧向流动的影响时,产生滑移、倾斜</td></tr>
</table>

从总的方面来分析,桥梁基础主要缺陷具有一定的规律性,一般容易发生的缺陷主要有如下几类。

1)桥梁基础的沉降和不均匀沉降

由于地基的压密下沉而引起基础沉降,这对于非岩石地基上的桥梁都是难以避免的,也是正常现象,但变形超过一定的范围则将对桥梁产生有害的影响。在软土地基上修建的桥梁基础,由于受到土基压实下沉和地下水位升降等的影响,往往会产生不均匀沉降。

因此,在桥梁施工过程中或通车后相当长的一段时间内,应定期和及时做好基础沉降变位的观测分析工作,以便了解基础的沉降情况及发展趋势,分析均匀沉降和不均匀沉降对桥梁结构的影响,并对有害的基础沉降采取有效的防治措施。

2)桥梁基础的滑移和倾斜

桥梁基础由于经常受到洪水的冲刷导致覆盖层厚度减小、冲坑,甚至发生滑移、倾斜,最不利时导致桥梁垮塌。冲刷深度由河流的流量、流速与河床堆积物成分等因素决定。特别是泄洪能力设计不足的桥梁,洪水期间桥梁阻水严重,水位壅高,导致桥墩受力增大,同时基础受到严重冲刷,使其病害加剧,这是水毁桥梁的最根本原因。

由于桥梁所在河床潜挖,减少了桥台台前临河面地基土层的侧向压力,从而使基础产生侧向滑移。

桥台基础建造于软土地基，当台背填土超过一定高度且基础构造处理不当时，作用于台背的水平力增大，将导致地基失稳，产生塑性流动，使桥台产生前移。当基础上下受力不均时，台身也随之产生不均匀滑移，导致基础出现倾斜。

产生滑移或倾斜的桥台基础，多为建造在软土地基上的重力式桥台、倒 T 形桥台。沉井基础也有产生前移，这是由于沉井基础施工时扰动了地基且承受台背土压力的宽度大，不像桩基础有使流动土压力从桩间挤过去的效果，所以作用于沉井基础的流动压力比桩基础要大。

基础产生的滑移或倾斜，在严重时会导致桥梁结构破坏，其破坏形式有：支座和墩台支承面破坏以及落梁；伸缩缝装置破坏或使接缝宽度减小，伸缩功能受损；滑移量过大时，梁端与桥台背墙紧贴，严重时导致背墙破坏或梁局部压碎。

3)桥梁基础结构的异常应力和开裂

由于桥梁受力不均，往往会产生局部异常应力，并导致桥梁出现横向或竖向裂缝。在外荷载作用下，还会使基础结构物因出现异常应力而局部损坏。

思考题

1. 简要描述铁路桥梁道床的病害类型和成因。
2. 公路沥青混凝土桥面的典型病害有哪些？
3. 钢筋混凝土梁桥混凝土的表观缺陷有哪些？
4. 钢筋混凝土拱桥和梁桥的裂缝有何相同和不同处？
5. 简述缆索结构钢丝锈蚀与断裂的主要原因。
6. 钢结构的主要病害有哪些？
7. 斜拉索的风雨振是什么？它算斜拉索的病害吗？
8. 支座剪切超限和位移超限分别指什么？
9. 导致桥梁基础不均匀沉降的机理有哪些？

第 10 章　桥梁养护与维修内容及对策

桥梁养护与管理涉及桥梁生命周期的全部过程。首先，桥梁管理部门应该在桥梁工程实施前期，积极参与相关的规划与评审，从桥梁管理养护以及全寿命费用的角度提出建议与要求；其次，桥梁管理部门还可以在施工期间实行同步监管，待桥梁建成后正式接管，并开展初始检查，有权要求对新建桥梁各类文档包括电子图档进行交接；然后，对各种档案实施信息采集与编录，纳入管理养护体系；最后，按照图 10.1 所示桥梁养护技术流程进行管理与维护。

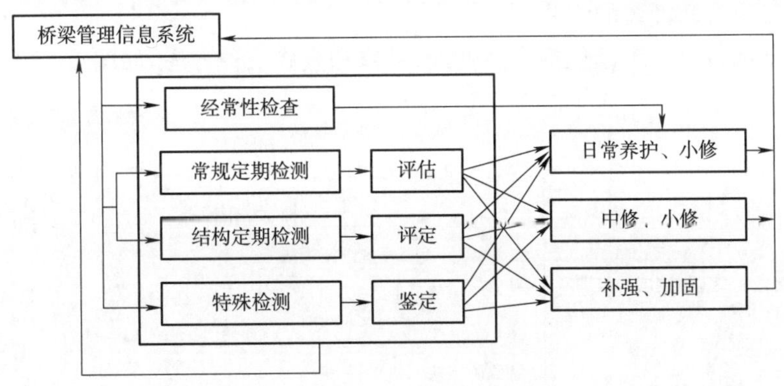

图 10.1　桥梁养护技术流程图

管养单位在桥梁管理信息系统的辅助下，制订年度维护计划，主要内容包括桥梁现状调查、已实施养护项目反馈及评估、拟实施养护项目、预算资金及使用、具体运作方式等。养护计划应依据桥梁检测结果，尤其是定期检查结果和相应的桥梁技术状况评定结果，并充分考虑经济与费用等因素制定，并报相关部门审批。

桥梁的日常管养工作包括桥梁上部结构、下部结构和附属结构的养护和维修工作。桥梁上部结构包括桥面系、上部承重结构、支座，下部结构包括墩、台、基础。

10.1　桥面系养护

桥面系结构包括桥面铺装、伸缩装置、防排水设施、栏杆和防撞护栏等。桥面系各组成部分的使用性能，直接影响桥梁的服务质量，包括交通车辆行驶的安全性、舒适性等。经验表明：桥面系是桥梁结构使用中养护维修最频繁的部位，也是桥梁结构早期病害和损伤的多发部位。

10.1.1　桥面铺装养护

桥面铺装层与一般路面的受力条件不同，在桥跨的不同位置，荷载作用下的变位差异较大，从而使其受力更为不利，因此在维修时应选用较好的材料，在混凝土桥面铺装中布置钢筋网，并考虑其他加强的工程措施。桥面铺装的养护维修宜在不中断交通的情况下进行，可采用半幅施工或夜间施工。

1)桥面铺装的日常养护

桥面铺装的日常养护主要包括以下内容：

桥面应经常清扫，排除积水，清除泥土、杂物、冰凌和积雪，保持桥面平整、清洁。

沥青混凝土桥面出现泛油、拥包、裂缝、波浪、坑槽、车辙等病害时，应及时处治。当损坏面积较小时，可局部修补；损坏面积较大时，可将整跨铺装层凿除，重铺新的铺装层。一般不应在原桥面上直接加铺，以免增加桥梁恒载。

混凝土桥面出现断缝、拱胀、错台、起皮、露骨等病害时，应及时处理。损坏面积较大时，应将原铺装整块或整跨凿除，重铺新的铺装层。有的混凝土桥面铺装层设计为参与上部结构受力，这类桥面翻修时，不能将该层凿除改作沥青混凝土桥面。

在桥面铺装下面应设置防水层，防水层一般有涂敷式或防水卷材两种。若发现桥有渗漏水现象，说明防水层已损坏，应对防水层进行修补。

2)沥青混凝土桥面铺装的维修

沥青混凝土铺装层的维修包括应急处理、补修和翻修三种方法，如图 10.2 所示。

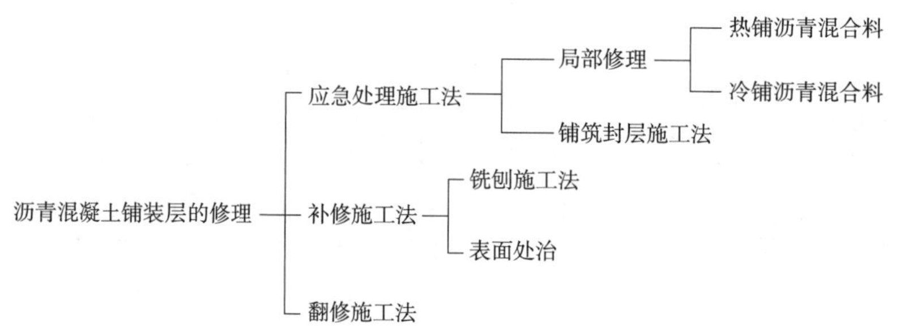

图 10.2　沥青混凝土铺装层的维修方法

(1)应急处理维修方法

应急处理维修施工方法包括局部修理和铺筑封层。所谓局部修理，是修复裂缝坑槽等面积比较小的损伤部位，以沥青混合料，或只以沥青填埋。补修用的沥青混合料应与原铺装材料类型相同，一般使用热铺沥青混合料。另外，当要求紧急处理时可使用冷铺沥青混合料。

沥青铺装层裂缝可使沥青混合料由于水和空气等的侵蚀而产生沥青剥离的现象，因而失去粘结力，缩短铺装的使用年限。为了防止这些问题的发生，用铺装焦油等办法将裂缝灌满，其施工顺序和方法为：①非常仔细地清扫裂缝，除掉灰尘泥土等；②坡道由高向低方向注入；③将从裂缝溢出、冒到铺装面上的注入料刮去；④用加热注入料时，在温度下降之后，开放交通。

(2)补修施工方法

补修施工方法包括铣刨施工法和表面处治施工法。

铺装铣刨施工的目的大致可以分为：翻修、罩面、修补桥面铺装层的凸凹不平。施工的一般方法：以路用加热器加热到规定温度(60～180 ℃)后，用铁刨机旋转刀铣刨，将废料用装料器或铲车装到载货汽车上，经人力或动力扫除机清扫后，可开放交通，或再做罩面工程，开放交通。

表面处治施工法是为了维持和恢复铺装层抗滑机能的施工方法，其施工步骤包括：

①铺装层磨光。运用刻槽施工法和用合成树脂使硬质集料黏结铺装层站工法等，在弯道区间、下坡路、合流区间等线形条件较差的地点较为有效。

②车辙和松散。在铺装层变形比较小时，采用开级配沥青混凝土、间断电级配沥青混凝土

等混合起来的表面处治施工法。为了确保铺装的最小厚度和取得均匀的压实等，要将凸出部分铣刨掉。

③裂缝。当裂缝宽度小于 5 mm 时，且缝边沥青混合料未脱落，可灌入合适的沥青材料，如 SBS 改性沥青。当裂缝宽度大于 5 mm 时，且缝边沥青混合料松动脱落，则可将一定范围内的沥青铺装层凿除，底面和侧壁涂 0.3～0.5 kg/m^2 黏层沥青后，采用与原沥青铺装层相同的级配和材料进行修复，并用小型机械充分压实，缝边采用热烙铁烫密。

(3)翻修施工方法

表面处治和薄层覆盖等主要是针对铺装层损伤比较轻微时的处治，但其作用效果持续时间短。当处理变得困难应进行翻修铺装。依据损伤的程度，可以采取翻修桥面板上铺装总厚度，或仅翻修面层，或翻修局部的铺装层三种方法。

3)混凝土桥面铺装的维修

混凝土铺装的维修方法包括：采用混凝土表面修补料修补病害部位；桥面铺装凿除后重新铺筑；补强层加固。补强层加固法会增大桥梁恒载，应慎用。

10.1.2 伸缩装置养护

1)伸缩装置的日常养护

伸缩缝装置应保证平整顺直、正常伸缩，处于良好的工作状态。伸缩装置的日常养护主要包括以下内容：

经常清除缝内积土、垃圾等杂物，使其发挥正常作用，若有损坏或功能失效应及时修理或更换。

当伸缩装置出现下列病害时应及时进行更换，如 U 形锌铁皮伸缩装置的锌铁皮老化、开裂、断裂；钢板伸缩装置或锯齿钢板伸缩装置的钢板变形，螺栓脱落，伸缩不能正常进行；橡胶条伸缩装置的橡胶条老化、脱落，固定角钢变形、松动；板式橡胶伸缩装置的橡胶板老化开裂，预埋螺栓松脱，伸缩失效。

维修或更换伸缩装置，可采取半幅桥面施工，采取在伸缩缝上覆盖钢板等措施来维持交通，并实行交通管制以保证施工安全。维修或更换伸缩装置应由有资质的专业公司来进行。

2)伸缩装置的维修

在查明伸缩缝破损原因后，依据伸缩缝的类型和缺陷程度，采取行之有效的修补办法。伸缩缝修理的一般方法包括锚固修补、密封层或密封条替换和伸缩缝替换等。

(1)锚固修补。松动的保护角钢或平板以及松动的底板可以通过重新锚固加以修理。如果是过分松动，则必须更换。

(2)密封层或密封条替换。因大多数密封层和密封条寿命较短，且不能修补，一旦退化就应采用优质材料替换。当其软性填料老化脱落时，在充分扫清原缝隙泥土后，重新注入新的填缝料。

(3)伸缩缝替换。在伸缩缝严重损坏时，建议用新的伸缩缝进行整体替换。

在修补施工过程中，为不阻断交通，通常可考虑采用限制车辆通行，半幅施工、半幅通行车辆，施工尽量缩短工期且严格保证修补质量。

10.1.3 排水系统养护

排水系统养护要求为保持排水通畅以及修复损坏的防、排水系统。排水系统的日常养护主要内容:桥面的泄水管、排水槽应及时疏通,并经常保持畅通;桥梁上设置的封闭式排水系统应保持各排水管道畅通,排水系统的设备如水泵等应工作正常,若有堵塞应及时疏通,若有损坏则应及时更换。

10.1.4 人行道、栏杆、防撞护栏、防撞墙、灯具养护

1)人行道的养护

人行道的日常养护主要内容包括:人行道块件应牢固、完整,桥面路缘石应经常保持完好状态。

人行道的养护应符合下列要求:表面应平整、无障碍物、无积水,块件应无松动、残缺,相邻块高差应符合要求;缘石和台阶应稳定牢固,不得缺失;人行道上检查井不得凸起、沉陷,检查井盖不得缺失;当人行道维修或更换时,不得损坏防水层,损坏的防水层应按要求进行修补。

2)栏杆的养护

栏杆的日常养护主要包括以下内容:桥梁栏杆应经常保持完好状态。

栏杆养护应符合下列要求:栏杆柱应竖立正直,扶手应无损坏、断裂,伸缩缝处的水平杆件应能自由伸缩;栏杆柱、扶手如有缺损,应及时补齐;钢筋混凝土栏杆开裂严重或混凝土剥落,应凿除损坏部分,修补完整。钢质栏杆应涂漆防锈,一般每年一次。

3)防撞护栏、防撞墙的养护

防撞护栏、防撞墙的日常养护主要内容包括:防撞护栏、防撞墙应牢固、可靠,若有损坏应及时修理或更换。

防撞护栏和防撞墙养护应符合下列要求:钢护栏与钢筋混凝土护栏上的外露钢构件应定期涂漆防锈,一般每年一次;桥梁两端的防撞栏杆柱或防撞墙端面涂有立面标记或示警标志的,应定期涂刷;对大于 3 mm 小于 5 mm 的混凝土裂缝,可灌缝封闭;对防撞墙混凝土裂缝大于 5 mm 或因撞击造成结构性破坏的,应拆除该段混凝土结构并重新浇筑;对被损毁的钢结构,应按原样恢复。

4)灯具的养护

桥上灯柱应保持完好状态,如有缺损和歪斜,应及时修理、扶正。灯具损坏应及时更换,保证夜间照明。

10.2 混凝土梁

钢筋混凝土和预应力混凝土梁桥典型的病害特征有:混凝土开裂和钢筋锈蚀,产生的原因有人为引起和自然环境引起两种。

10.2.1 钢筋混凝土和预应力混凝土梁桥养护

1)钢筋混凝土梁桥日常养护的主要内容

(1)清除表面污垢。为了防止清洗对混凝土造成损害,梁体的污垢宜用清水洗刷,不得使用有腐蚀性的化学清洗剂。

(2)修补混凝土空洞、破损、剥落、表面风化以及裂缝。

(3)清除外露钢筋的锈渍、恢复保护层。

(4)保持箱梁的箱内通风,以减少箱内外温差对结构的不利影响。

(5)空气、雨水、河流水中含有对混凝土和钢筋有侵蚀的化学成分时，应对桥梁结构进行防护，如表层涂装防护。

2)钢筋混凝土梁桥的常见病害处理方法

(1)对梁(板)体混凝土的空洞、蜂窝、麻面、表面风化、剥落等应先将松散部分清除，再用高强度等级混凝土、水泥砂浆或其他材料进行修补。新补的混凝土要密实，与原结构应结合牢固、表面平整。

(2)梁体若发现露筋或保护层剥落，应先将松动的保护层凿去，并清除钢筋锈迹，然后修复保护层。如损坏面积不大可用环氧砂浆修补，如损坏面积过大可用喷射高强度等级水泥砂浆的方法修补。

(3)梁(板)体的横、纵向联结件开裂、断裂、开焊，可采取更换、补焊、帮焊等措施修补。

(4)钢筋混凝土梁桥的裂缝处理：当裂缝宽度在限值范围内时，可进行封闭处理，一般涂刷环氧树脂胶；当裂缝宽度大于限值规定时，应采用压力灌浆法灌注环氧树脂胶或其他灌缝材料。当裂缝发展严重时，应加强观测，查明原因，按照规范《公路桥涵养护规范》(JTG 5120—2021)的有关规定进行加固处理。

3)预应力混凝土梁桥的日常养护和常见病害处理方法

预应力混凝土梁桥的日常养护主要内容和常见病害处理方法基本与钢筋混凝土梁桥相同，但有一些特殊之处，如全预应力及A类构件(部分预应力)在正常使用的条件下，是不允许开裂的，当出现受力裂缝时应查明原因后进行处理。

10.2.2　钢筋锈蚀修补

1)锈蚀类型

钢筋锈蚀修补方法的选择取决于锈蚀成因、锈蚀程度、所处位置和相邻部位钢筋锈蚀的程度和原因。首先，根据目测结果对钢筋锈蚀程度大致分类；然后，再根据以下情况对其成因进行分析和评估：

没有明显锈蚀迹象。应在代表性区域钻芯取样以确定碳化深度或氯化物可能存在的区域。如果没有碳化或氯化物侵蚀痕迹，则无须采取进一步措施。取芯孔应用低收缩或微膨胀水泥砂浆恢复原有状态。

完好混凝土中的局部锈蚀。在完好混凝土表面有明显的瑕疵，应钻芯取样详细检查以确定锈蚀的程度和原因。

大面积混凝土劣化中的广泛锈蚀。详细检查显示钢筋锈蚀问题普遍发生，则应全面检查相关的环境侵蚀和易发性区域，在受影响的区域可通过电势电流检测确定阳极(锈蚀区域)的锈蚀程度。

2)锈蚀处理方法

不同的混凝土劣化和钢筋腐蚀进程对应着不同的修补方法，不同的腐蚀机理要求采取相对应的养护方法。针对不同钢筋锈蚀状况，相应的处理措施如下：

(1)有氯化物但无明显锈蚀。在氯化物含量较高但暂无锈蚀的部位，可以根据氯化物侵蚀边界和混凝土龄期来估计去钝化时间，由此可定出一个适当的重新检测时间间隔，或者立即采取措施限制氯化物进一步侵蚀。具体可采用在混凝土表面用硅烷涂刷、混凝土包裹、阴极保护和除去氯化物等方法。

(2)碳化严重但无明显锈蚀。根据混凝土龄期和由酚酞测试确定的碳化深度来确定重新检测的时间。可采用在受影响的混凝土表面涂上一层水泥粉底，再涂刷一层丙烯酸涂料；重新碱化和阴极保护等方法阻止钢筋锈蚀。

(3)钢筋处锈蚀但外观无明显锈蚀迹象。有时在混凝土表面出现问题之前，由于某种原因甚至没有探到碳化或氯化物，但水和氧气已使钢筋发生了锈蚀(可能是采用了劣质混凝土导致钢筋的早期锈蚀)，且不久将反映到混凝土的表面。此种情况需监视其发展状态，并在适当时机加以修补。

(4)完好混凝土中的局部锈蚀。可采用除去剥裂混凝土、修理钢筋以及在局部锈蚀区域使保护层恢复到良好状态的修补技术进行处理。

(5)大面积混凝土劣化中的广泛锈蚀。在大面积混凝土退化和钢筋锈蚀的部位，可采用多种修补方法进行修补。修补方法的选择应根据检测结果，由整个工程和经济评价结果决定。

(6)预应力钢筋锈蚀的修补。一旦探测到预应力钢筋出现锈蚀，结构应加以支护并对结构进行详细的分析和评估。对于预应力管道内的水和其他污染物(如氯化物)，可采用排水、提取氯化物、管道重新压浆、安装阴极保护、重新碱化、硅烷涂层或粉底及丙烯酸涂料涂刷等措施加以修护。

3)由混凝土碳化、氯离子引起钢筋锈蚀的修补方法

(1)混凝土碳化引起钢筋锈蚀的修补方法

重建碱性环境防锈方法，即通过更换砂浆或混凝土提高钢筋周围的 pH 值，重建钢筋表面钝化层。

限制混凝土中含水率防锈方法，即通过减低混凝土中的含水率，减少电解质传导能力，进而将腐蚀速度降到实际可忽略程度，并通过合适的表面防护系统阻止水分进一步侵入。

钢筋涂层防锈方法，即通过钢筋表面涂层阻止阳极铁溶解的一种修补技术。

(2)氯离子引起钢筋锈蚀的修补方法

当钢筋表面脱钝是由于氯离子侵蚀引起时(如采用含氯的化冰盐或位于海边时)，所有氯离子含量超标范围并考虑加上一定安全余量的旧混凝土，都必须全部除去。修补原则是保证在整个剩余使用期内，钢筋周围混凝土的氯离子含量不再超标，设计中可考虑在混凝土表面涂刷一层表面防护系统。

10.2.3　混凝土裂缝和空洞填补

混凝土裂缝和空洞的填补应判定混凝土构件中裂缝和空洞对其承载能力、使用性能和耐久性的影响，并根据控制特征量描述裂缝，见表 10.1。所谓判定指的是开裂原因、填缝必要性、措施目标、裂缝边缘的活动性以及产生新裂缝的可能性。在理想状态下填缝措施可达到以下目标：阻止腐蚀促进物质进入构件；密封穿透性开裂的构件；封闭裂缝，并使其有一定的伸展能力；使裂缝和空洞边缘传力连接。

表 10.1　裂缝与空洞特征的收集与判定

编号	特征	收集与检查方法	资料收集与整理
1	裂缝类型	目检，必要时钻芯取样	区分为浅表裂缝和深度裂缝
2	裂缝走向	目检	图形描绘，必要时简略说明
3	裂缝宽度	线宽尺度条，裂缝观测仪(精度 0.05 mm)	带有日期的说明，必要时写明测量结果、时间、天气，有必要时记录构件温度

续上表

编号	特征	收集与检查方法	资料收集与整理
4	裂缝宽度短期变化	走向变化，如用走向传感器	最大变化，带有日期、时间和天气
	裂缝宽度每日变化	走向变化，如用应变测量仪，走向传感器	早晚间隔约 12 h 的变化，带有日期、天气条件和构件温度
	裂缝宽度长期变化	粘贴标签（必要时校正），应变测量仪	较长时间内的变化（可能几个月），带有日期、天气，必要时记录构件温度
5	空洞特点	钻芯取样，内窥镜	含有空洞集料的位置和范围，畅通性
6	裂缝状态	目检，必要时钻芯取样	
7	前期修补工作	施工资料查询	按定义加以区别，必要时估计再次开裂的概率
8	开裂或空洞原因的判断	目检，查询建造条件，编号 1～4 的评价结论，必要时计算	早期处治措施的说明，例如填缝

一般来说，伸展能力和传力连接是相互矛盾的。实际上，只有在涂刷混凝土涂层和裂缝宽度不发生变化的理想情况下，对于宽度小于 0.3 mm 以下的裂缝，才能长久密封。

1）填缝材料

常用的填缝材料有环氧树脂（EP）、聚氨酯（PUR）、水泥砂浆（ZL）和水泥灰浆悬浮液（ZS）。

环氧树脂主要用于裂缝的传力连接，适合于裂缝宽度小于 0.1 mm 的情况。环氧树脂需持续一个较长的压浆时间，以便能压进较小的裂缝。由于它的抗拉强度和它对混凝土的粘结强度比混凝土自身强度要高，因此超载破坏不会发生在原来的裂缝处。

聚氨酯主要用于封闭活动裂缝。

砂浆和水泥浆必须研磨得很细。一般来说，采用普通硅酸盐水泥，其强度等级要满足 42.5，或者采用特殊的喷射水泥。

填缝材料主要技术要求如下：足够的混合稳定性（主要指砂浆和水泥浆）；低黏度，以便易于压密充满裂缝；无论气温高低，都要具有足够的施工处理时间；在混凝土表面有较好的附着性；足够的抗拉和抗压强度。

2）裂缝和空洞的填补方法

在填缝之前，必须将裂缝中的细小杂质除去（可使用吸尘器）。如果混凝土潮湿，在处理裂缝边缘之前必须烘干，再决定采用浸入法还是注入法。浸入法是在近似水平的表面上，由上向下在最大压力 0.01 MPa 时填缝，填料由于重力和裂缝空隙而渗入。通常，浸入法只对近表面裂缝比较有效，裂缝仅部分被封闭，裂缝宽度稍有变化时就会再次张开。在浸缝时，必须保证有足够的填缝料流入，直到不再被吸收时为止。垂直平面的浸缝一般使用刷子，水平面浸缝用橡胶耙子。环氧树脂由于其较低的表面张力，特别适合于狭长裂缝的填补。

除浸缝之外，也可通过注浆来封闭裂缝。填缝料通过注浆嘴压入，常用的有管状嘴和粘贴嘴。采用管状嘴时，首先需钻一个孔，呈 45°斜角与裂缝交叉，用于较高注浆压力。压浆嘴用一个板粘在裂缝上面（图 10.3），压浆嘴沿裂缝走向布置，间距视裂缝宽度大小一般为 200～400 mm。安装好压浆嘴之后，裂缝在表面完全被堵住。注浆顺序原则上从下往上进行，在最高点必须留有出气口。一旦填缝料在下一个高点涌出时，注浆再从此处往上继续进行。无论采用何种填料，第一次修补后都应再加注填料，以补偿如毛细作用或不密实带来的体积损失。

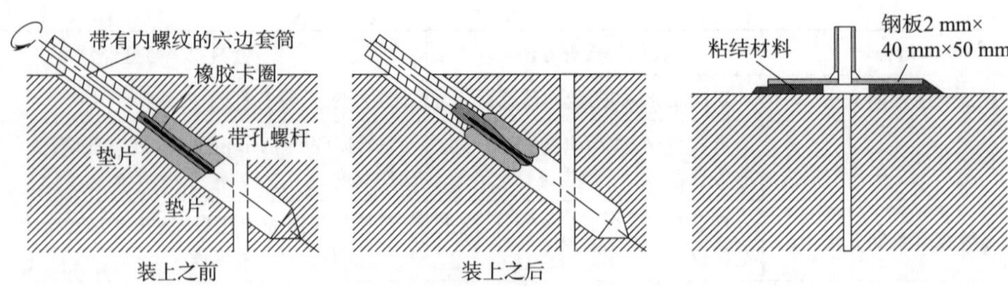

图 10.3　管状嘴和粘贴嘴的应用图解

由于用低压长时比高压短时能获得更好的填缝效果，在实际工程中可采用充气嘴和弹簧嘴注浆，注浆压力为 0.06 MPa。当注浆时间较长时，对 0.2 mm 宽的裂缝注浆深度可达 0.5 m。

在压注透水裂缝并采用聚氨酯材料时，首先要用聚氨酯泡沫预注，以阻止水分进入。但必须限定使用区域，以便达到尽可能高的密实度。

实现传力连接功能的裂缝封闭，只有在裂缝附近的应力不超过混凝土抗拉强度时才有意义。

10.3　钢 结 构

桥梁钢结构的一般养护及维修主要针对防腐涂层失效、钢构件锈蚀、钢构件疲劳开裂和连接松动等问题。

10.3.1　桥梁钢结构日常养护主要内容

早期修建且仍在运营中的钢桥多是铆接结构，所以对铆钉的检验和更换仍是养护要点之一。近年来，新建钢结构桥梁大都采用栓焊结构，使用的高强螺栓是依靠摩擦力传力，高强螺栓的预拉应力是养护重点。钢桥的日常养护主要包括以下内容：

清除钢结构的表面污垢，保持杆件清洁，特别应注意节点、转角、钢板搭接处等易积聚污垢的部位。

更换松动和损坏的铆钉。更换过的铆钉在检验之后，均应涂上与桥梁结构显著不同的颜色，并记入桥梁记录簿，注明其数量和位置。更换铆钉后，应对其所有相邻而未更换的铆钉加以敲击，检查是否受到损伤。

普通螺栓或高强螺栓连接的构件，若发现松动应及时加以拧紧，对于高强螺栓必须施加设计的预拉应力。为了便于螺栓的更换，应防止丝口锈蚀，如接合杆件表面有角度时，则应在螺帽下方垫楔形垫圈。

焊接连接的构件，焊缝处若发现裂纹、未熔合、夹渣、未填满、弧坑等缺陷时，应进行返修焊，焊后的焊缝应随即铲磨匀顺。对于焊接连接的构件，焊接质量受人为因素影响相对较大，在桥梁结构的使用过程中，难免会暴露出一些缺陷，对这些缺陷应及时修补，但在同一部位的修补次数不宜超过 2 次。

钢杆件受到冲击造成局部弯曲时，可用撬棍、弓形螺旋顶或油压千斤顶进行冷矫，禁止用锻钢烧材的方法来矫正。钢杆件如有不同方向的弯曲，应对导致弯曲的原因做调查分析以确定矫正方法，矫正时按不同的弯曲方向分别进行。如杆件同时有扭转和弯曲，应先矫正弯曲，再矫正扭转。若由于杆件强度、刚度不足或稳定性差等原因引起弯曲，则矫正后应进行加固处理。

钢梁木桥面板的保养，可抽换破损桥面板，加铺轨道板或加设辅助横梁（木梁或钢梁），经计算允许增加恒载时可把木桥面改为钢筋混凝土桥面。

10.3.2　桥梁钢结构防腐涂层养护和维修

桥梁钢结构中主要采用防腐涂层，包括金属涂层、有机油漆涂层和复合涂层等防锈措施。当构件由很多单个小构件组成时（如栏杆），可采用电镀。大面积构件难于油漆时，可采用阴极防护。在大跨度桥梁的箱形主梁内除油漆外，还常常安放除湿机。

有机油漆老化的主要原因是紫外线照射。油漆退化还与所处环境和构造形式相关。如在箱梁、板梁的下翼缘，边梁上翼缘的下表面，桁架下弦杆的节点处，上弦杆的顶面，在铳钉头部、焊接部位，还有在桥梁端部伸缩缝附近常会发生油漆退化。

油漆老化时，油漆会变脆，敲击时变为碎片。一般来说，油漆防护系统的破坏程度按发展过程依次是：粉化、龟裂、开裂、爆皮、锈斑，油漆涂层最终沿锈蚀部位全部开裂、剥落。

1）防腐涂层的退化机理

钢结构防腐涂层的退化因素可以分为内部和外部两方面，内部因素包括调漆料（干性油与树脂）的化学组织结构和颜料的影响，外部因素包括紫外线、水分、温度与湿度、海盐微粒和大气污染物质等。钢桥上防腐涂层的退化是由内外部因素长期作用和桥梁不利构造形式等不同因素组合所引起的。

（1）有机油漆涂层的退化机理

有机油漆涂层的失效可具体归结为老化、化学侵蚀、溶胀和微生物腐蚀等类型。油漆涂层在使用过程中与空气接触，从而老化。在一般环境温度下，涂层的老化较为缓慢，但在光、热、水等多种因素的组合作用下，其氧化速度会加快，最终导致油漆的防蚀功能失效。涂层的老化形式包括热氧老化、臭氧老化和光氧老化等几种形式。

涂层除与氧气发生反应外，水解反应也较为普遍，此外大气污染物也可能与涂层发生反应，包括溶剂水解反应和污染物反应等。

涂层与部分溶剂间具有较高的亲和力，使高分子链间的作用削弱，间距增大。但由于高分子相互纠缠，因此即使被溶剂溶化了，仍然难以扩散到溶剂中，因此仅导致涂层宏观上的体积和质量增加。

微生物对高分子材料的降解是通过生物合成所产生的蛋白质酶起作用。

（2）金属涂层和复合涂层的退化机理

金属涂层主要有热喷锌、铝涂层、热浸镀锌、锌涂层和高锌涂料涂层。金属涂层失效形式为均匀化学腐蚀或电化学腐蚀。由于其涂层均匀覆盖钢结构表面，因此，一开始在大气环境下发生均匀化学腐蚀，速率较低，均匀变薄。当涂层出现孔洞时，涂层就发生电化学腐蚀，被逐渐消耗掉，达到保护钢材的效果，即阴极保护作用。有机高锌涂层兼有有机涂层和金属涂层的特性，一方面起着阴极保护作用，另一方面有机涂层的失效使得锌粉颗粒附着不住而脱落。

钢桥防腐涂层一般是底层为金属涂层，上面覆盖有机涂层所组成的复合涂层。底层金属涂层除起到均匀化学或电化学保护作用外，还起到对钢材屏蔽隔离的保护作用，表层有机涂层直接阻挡环境腐蚀介质，保护金属涂层。复合涂层的失效，首先是外层的失效，全部或部分脱落，随后再是底层失效。对于热喷涂加有机封闭的长效防腐复合涂层，有机涂层部分失效后，腐蚀介质渗透到达金属涂层空隙、金属涂层和有机封闭涂层界面，一方面引起金属涂层腐蚀，腐蚀产物的生成使有机封闭涂层附着力下降，导致有机涂层加速剥落；另一方面腐蚀介质使金属涂层孔隙内有机物局部溶胀，对金属涂层仍有较好的封闭效果，对金属涂层耐蚀性能有利。

2)防腐涂层的检查

一般对钢桥防腐涂层的检查有 3 个层次，即日常巡查、定期检查和特殊检查。

(1)日常巡查

日常巡查是采用目视及简单工具调查并发现缺陷的方法，一般以城市次干道以上钢结构桥梁的涂层退化状态为检查重点，包括对栏杆、钢梁、桁架腹杆、排水附属物和桥面板局部等状态的检查。发现缺陷或异常，确定有无详细检查的必要。日常巡查内容为检查涂层是否变色，是否有膨胀、剥离和锈蚀等。

(2)定期检查

根据防腐涂层退化状况及部位进行定期检查，可分为常规定期检查和结构定期检查，具体内容见表 10.2。采用检测仪器来测定有机涂层老化程度是定量方法，比较客观，通常可以采用厚度测定仪和电阻漏电测量仪来测定和鉴别有机涂层的老化程度。我国《色漆和清漆涂层老化的评级方法》(GB/T 1766—2008)列出了对有机涂层老化评价标准。在工程应用中，有机涂层老化失效综合等级达到了规范的 3(S3)或 4(S4)等级以上时，应尽早安排进行更新涂装。

表 10.2　防腐涂层的定期检查

项目	常规定期检查	结构定期检查
方法	从桥梁检测车或船只等处目视(或用望远镜)近距离观察	目视检查和划格试验； 对于膨胀、开裂和剥离，除了用肉眼观察外，还应用放大镜(8～10 倍)观察可能漏掉的小裂纹； 对于锈蚀状态，依据点锈、鼓包锈和板锈等表象，剖开涂层进行检查，以区分点锈与涂层下夹有砂粒和灰尘等异物的情形
周期	田园、城市道路地区，规定每年一次；河流上、海滨工业地区和强烈污染地带，规定每年两次	从上一次涂刷经过 7 年后； 不到 7 年，但当日常巡查发现退化显著时
重点部位	梁端四周(伸缩缝附近)；箱梁和板梁的下部；边梁上翼缘下表面；桥面板漏水部位四周	常规定期检查的重点部位； 日常巡查发现退化的部位； 下翼缘上表面及角隅部位； 箱梁和桥墩等里面的漏水和积水部位的四周； 由火灾引起的热影响部位的四周； 由撞击等磨损的部位； 焊接部位的四周

(3)特殊检查

在遇到火灾和撞击等意外情况时，应随即进行详细检查，可参照结构定期检查的内容。但在火灾时，从涂层的受热变化现象确定必须替换的受热退化涂层的范围较为困难。对于判断为涂层缺陷者，其变色、碳化、膨胀、皱纹、开裂、剥离和烧掉等，可从外观上查明，也可做试验确定，将其残存程度较少的部位按受热退化引起的缺陷进行涂层处理。

3)防腐涂层的修复方法

修复方法的选择应考虑涂层的退化状况、使用年数和环境等。根据涂层检查结果进行综合评定，对于需要修复的涂层，在修复之前要查明其退化原因，并判断是由外部因素还是内部因素引起。以便在修复时确定底层的处理程度、新旧涂层的适应性、涂料种类等，同时还应兼顾现场作业的可行性，制订有效的修复计划。

修复可分为维修涂装和重新涂装两种方法。维修涂装是指在桥梁运营全过程中对涂层进行的维修涂装；重新涂装是指彻底的除去旧涂层，重新表面处理后，按照完整的涂装规格进行的涂装。

(1)维修涂装处理

有机涂层老化程度较轻：一种情况是涂层面上几乎不产生锈点，但漆膜已显著粉化，并伴有层间剥离现象，为保护底层和外观颜色则需局部除锈；另一种情况是存在零散的大锈蚀点，或整个范围内呈稀疏状态，但其余表面涂层老化程度非常轻微，仅需对失效部位进行维修，例如，由于混凝土桥面板裂缝漏水，对下面钢构件涂层受到侵害的部位，还有伸缩缝附近由于同样原因使得涂层退化的部位，此外，还有梁下缘等处，应考虑涂层年数和活性涂层范围等，以便研究比较，再行确定维修方案。

(2)重新涂装处理

为了使防锈效果长期地保持下去，常倾向于在出现初期退化时，就进行全面重新涂刷。当然选择整体重新涂装时要优化经费支出，如果提前重新涂装，原有涂层还没有完全发挥作用就清除掉，造成浪费。如果更新时间太晚，钢材遭受一定程度锈蚀，则增加了基底处理的难度和费用。全面更新包括有机涂层和复合涂层中有机封闭涂层的更新。

有机涂层更新选在下列情形下进行：涂层经过 5～10 年以上使用后，整体涂层寿命到期，表现为整体涂层体系老化失效。有机涂层全面更新可以重选原涂装体系或选择更耐蚀的涂装体系。复合涂层更新在下列情形下进行：外层有机封闭涂层完全失效后，钢材无锈蚀，底层基本完好或腐蚀掉一定厚度，空隙内有机封闭物仍残留有效。与有机涂层更新相比，由于底层不脱落则无须喷砂除锈和更换，维修成本较低。要更换的外层应采用与原来体系相同，以减少新外层与底层以及空隙旧封闭层之间不相容问题。

10.3.3　桥梁钢结构锈蚀养护和维修

1)锈蚀概述和锈损程度分级

锈蚀是钢材与外界介质相互作用而产生的损坏过程。锈蚀分为化学腐蚀和电化学腐蚀。化学腐蚀是指钢材直接与大气或工业废气中含有的氧气、碳酸气、硫酸气或非电解质液体发生表面化学反应而产生的腐蚀。电化学腐蚀是由于钢材内部具有不同电极电位的金属杂质，与电解质或水、潮湿气体接触时，产生原电池作用使钢材腐蚀。

绝大多数桥梁钢结构锈蚀是电化学腐蚀或化学与电化学腐蚀同时作用的结果。对于桥梁钢构件的锈蚀，重要的是评价它的范围、位置和所取的形式，并应进一步评定因锈蚀引起的结构有效截面损失并找到锈蚀原因。

钢结构锈损程度一般可分为五级，见表 10.3。

表 10.3　钢结构的锈损程度分级

锈损程度		症状描述
A 级	影响表观	涂层漆膜还有光泽，构件可有少量锈点，构件无使用限制
B 级	局部锈蚀	构件基本没有锈蚀，面漆有局部脱落，底漆完好；个别构件有少量锈点，或构件边缘、死角、缝隙、隐蔽部分有锈蚀。对应锈蚀等级 Ri1、Ri2，构件无使用限制，但防腐效果极差

续上表

锈损程度		症状描述
C级	较严重	构件局部腐蚀，面漆脱落面积达20%左右，底漆也有局部锈透，其基本金属完好，应着手维护准备工作。对应锈蚀等级≥MRi3，较强缝隙锈，对钢基材黏结力丧失。构件使用无限制，但起不到继续防护作用
D级	严重	构件锈蚀面积达40%左右，面漆大片脱落，失去保护功能，但基本金属没有破坏，应限制结构使用，立即进行维护工作。对应锈蚀等级Ri5，严重缝隙锈或接触锈，并带有钢基材锈损
E级	特别严重	基本金属已有锈蚀，由于无法控制锈蚀进程，如特别严重的缝隙锈和接触锈，带有明显的截面削弱和刻痕效应，并可能存在应力腐蚀，应立即限制使用，测量构件断面削弱程度，计算是否需要更换或采取加固等措施

2)针对锈蚀的养护措施

对于锈损程度为A级的钢结构，并不需要采取特别措施，出于美观考虑，可在清洁表面后做一层新的覆盖层。对于最常见的B级和C级，选择最佳维修时间点维修或修复涂装。对于D级，为了阻止钢材锈损，必须尽快重做防腐涂层。如果锈蚀已达到E级，即基本金属锈蚀，断面出现削弱，则仅重新涂装是没有用的，必须采取外贴钢板补强截面等加固方法。

钢桥针对锈蚀的养护措施需要从阻锈、选材和构造三方面入手，既涉及既有桥梁的养护，又对钢桥设计提出具体的防锈要求。

(1)阻止锈蚀进程

阻止锈蚀进程可采取阻止与水分、氧气接触、化学阻锈和阻止锈蚀元素生成等措施。

工程经验表明，当空气相对湿度超过65%时锈蚀才会发生。除阻止与水分接触之外，还可以在金属表面覆盖阻水层，或在结构构造上采取相应的措施。

工程上常常看到金属保护层，即所谓的防腐涂料，在金属表面产生一种化学环境，阻止或减缓锈蚀。富锌涂层使得钢筋表面钝化，进入的水分溶解部分涂层后，它促进钢筋表面覆盖层进一步生成。化学防腐的另一个措施是在防腐介质中添加阻化剂。

涂抹油脂也可以阻止锈蚀元素的生成，因为这些有蠕变能力的油脂可以使生成的锈蚀元素再也没有危害。

(2)选材防锈

原则上尽可能使用相同材质的材料，否则应考虑接触锈蚀发生的可能性。接触锈蚀指两种不同导电金属处于电解质中产生电化学作用。这种电化学反应仅侵蚀两种金属中的活泼金属，为了防止这种接触锈蚀，必须将两种金属及其连接件加以隔离，如图10.4所示。不锈钢和耐候钢可以起到防锈效果，但也要区分环境。

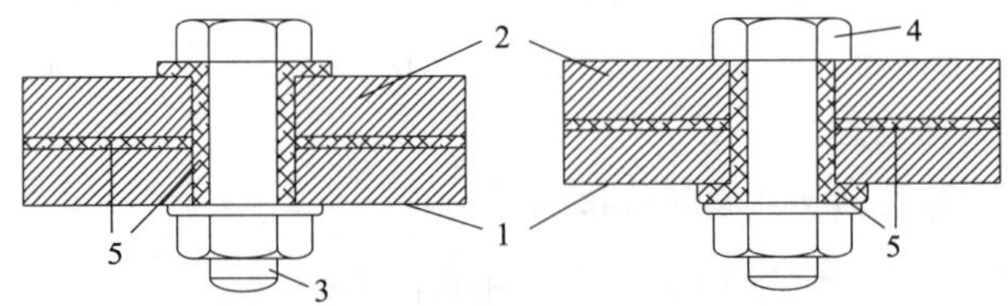

图10.4　两种不同金属构件连接的隔离

1—钢部分；2—铝部分；3—钢连接件；4—铝连接件；5—隔离层

构件中发生应力腐蚀是应加以避免的。因为它在断裂之前，往往金属构件的锈损轻微，且不可见，破坏没有明显征兆。在承重缆索中采用易于应力腐蚀的钢丝时，必须认真防锈。对于这类构件,开发特殊的防锈技术时必须考虑到它的受力和相对滑动。

(3)构造防锈

通过合理构造也可以达到减少构件锈蚀的可能性,一方面减轻运营过程中的腐蚀作用,另一方面使构件具有良好的保洁条件,不易积尘积水,养护简便,更换容易。

10.3.4　桥梁钢结构疲劳开裂养护和维修

钢桥中的裂纹主要是因疲劳产生,在一定的条件下会导致结构脆性断裂。脆性断裂一般是在没有明显征兆和无塑性变形的情况下,贯穿全构件的开裂破坏。脆性断裂可能发生在易疲劳构件的细部出现初始疲劳裂纹之处。

疲劳引起的裂纹经常出现在拉应力较集中的部位、焊接搭件或焊缝端点上。裂纹可能会由于超载、车辆的撞击或由于腐蚀使截面抗力减小而产生或加剧。另外,由于制造细节的低质量造成的应力集中和使用较差断裂韧性的材料也是其中的因素。材料的韧性决定开裂发生前容许裂纹的大小。

1)桥梁钢结构常见疲劳开裂部位

正交异性钢桥面板、横梁(横联)与主梁腹板连接处和横梁弯曲导致主梁腹板扭转处等地方最常出现疲劳裂缝。

(1)正交异性钢桥面板

由于集中轴载引起的局部变形,如图 10.5 和图 10.6 所示,在顶板与纵肋连接焊缝处产生裂纹。另外纵肋与横梁连接处也易发生疲劳开裂,尤其在连续梁中墩处更危险,因为此处局部拉应力与主梁拉应力相叠加。正交异性钢桥面板的疲劳寿命取决于纵肋制造精度、焊缝质量、横梁与纵肋的刚性、桥面板局部刚性以及作为主梁上翼缘的拉应力大小。

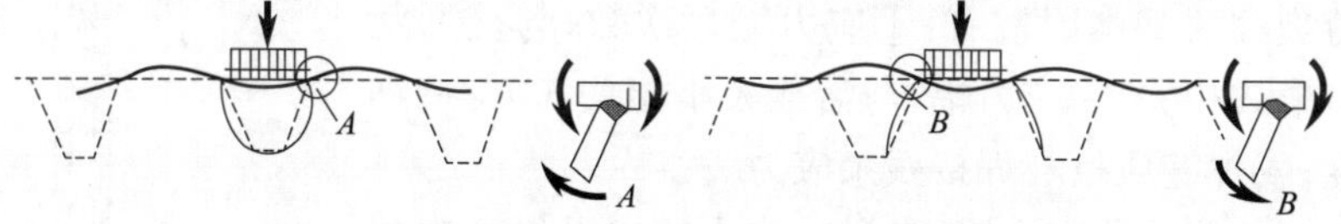

图 10.5　集中轮载产生的正交异性钢桥面板变形

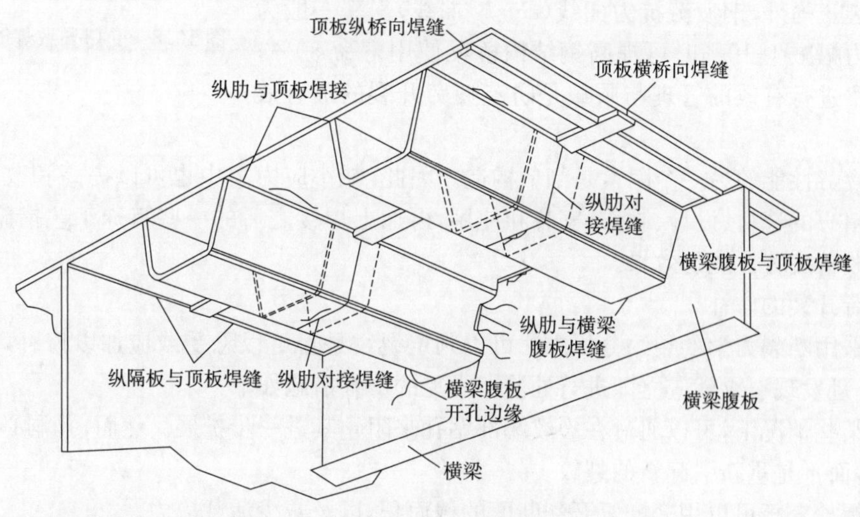

图 10.6　正交异性板中疲劳开裂部位

(2)横梁(横联)与主梁腹板连接处

横梁(横联)与主梁腹板一般都采用刚性连接,在活载作用下,连接角处产生交变弯矩,因此易引起疲劳裂纹,如图 10.7 所示。

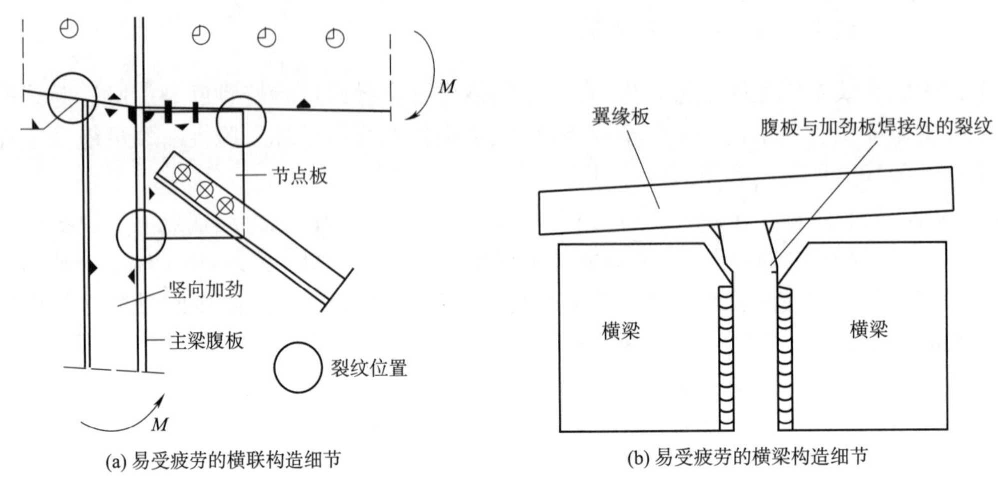

(a) 易受疲劳的横联构造细节　　(b) 易受疲劳的横梁构造细节

图 10.7　横联(梁)与主梁连接处开裂

(3)主梁扭转引起的疲劳裂纹

主梁腹板的竖向加劲随主梁一起扭转,由于加劲部分刚度较大,因而引起加劲端部发生折角而开裂(图 10.8)。

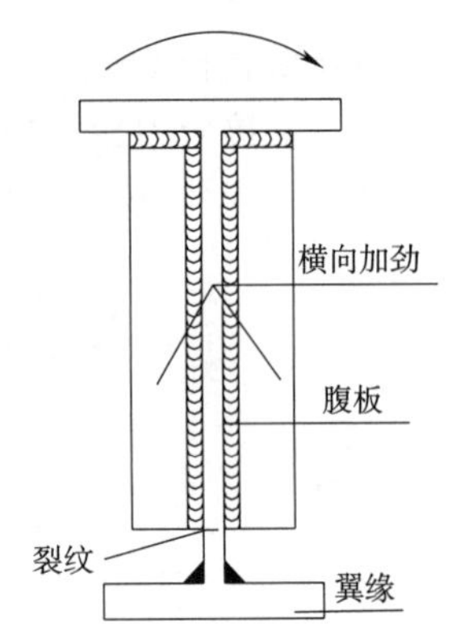

图 10.8　受扭导致焊缝处开裂

2)疲劳开裂成因与防范

导致疲劳裂纹的基本因素有:①应力循环次数,与交通状况及桥梁构造形式相关;②应力幅,与活载大小相关;③构造细部的疲劳强度;④焊缝质量与焊接残余应力。

从影响疲劳性能的前三个因素可知,应力幅 S 及循环次数 N 与外来作用相关,因此,限制过桥交通量和车辆重量能够防止疲劳开裂。另外,钢疲劳抗力曲线($S—N$ 曲线)斜率一般为 3.0,当应力幅减少 10%时可提高钢结构桥梁使用寿命 30%,因此对桥梁进行有效的管理与限载是防范疲劳开裂的最有效措施。

影响疲劳性能的另一个因素是细节构造。因此,减小应力集中也可以提高和改善疲劳性能。依靠精心的选材、设计、制作、安装和使用,再加上焊接之后的一些特殊工艺措施,可以达到提高和改善疲劳性能的效果。

3)疲劳开裂的修补

虽然采用断裂力学的裂纹分析方法可以判定裂纹是否可以忍受或应加以修补,但在实际工程中,一旦发现裂纹就应立即进行处治。常见的修补措施如下:

①在某些情况下,可以通过在裂纹端部钻孔来阻止其进一步扩展。然而,孔洞必须有足够大的直径,而不是重新引起新的裂纹。

②加螺栓盖板可以用来恢复开裂断面的截面积,以及减少活载应力。

③开裂也可由重新焊接加以修补。但应在咨询专家意见之后才能进行。通常在现场结构上实施,完成起来比制作新焊缝要困难得多。一个好的修补办法不是预先能够已知的。尽管能够采取像锤击和烘烤技术来消去不良应力,但是,低劣的重焊仍可能诱发再次开裂。

10.3.5　桥梁钢结构连接松动养护和维修

1)铆钉和螺栓连接松动现象及原因

除焊接外,铆钉和螺栓连接是钢构件主要连接形式。

铆钉承受铆杆剪切和孔壁挤压,承载能力极高,在超载情况下铆杆产生锯齿状变形。由于铆合不良、塑性变形以及环境锈蚀等因素,铆钉可能会出现连接松动、锈蚀、烂头、裂纹等缺陷,甚至出现松动状况下退出工作的现象。

高强螺栓的工作原理是给螺栓施加很大的预拉力,使被连接件接触面之间产生挤压力,因而垂直于螺杆方向有很大摩擦力,依靠这种摩擦力来传递连接剪力。因此,螺杆不仅存有较高预拉力,而且在活载作用下产生一定的变化幅度。由于在潮湿空气、雨水等环境中长期暴露,外部环境中的氢离子侵入螺杆,螺纹处的小缺陷在应力腐蚀及腐蚀疲劳的作用下开裂,发生延迟断裂。延迟断裂是“材料—环境—应力”相互作用而发生的一种环境脆化,是氢离子导致高应力材质的脆性破坏。

铆接和栓接常常由于连接件和紧固件的腐蚀、过度振动、超应力、开裂或单个紧固体失效等原因造成松动。具体原因有:①螺栓初始安装不正确,伽钉施力不当;②连接件的局部拉伸破坏,可能是连接件局部腐蚀而造成了截面损失;③板间锈蚀引起板层膨胀力,造成铆钉松动;④螺栓的振动导致螺母松动等。

2)铆钉和螺栓连接松动检查

连接缺陷检测着重于使用阶段的剪断、松动和烂头,同时检查建造时留下的缺陷。检查时应着重下述部位:①连接板束较厚处,即长御钉或长螺杆处;②已经维修或更换过铆钉与螺栓的连接处;③纵横梁及横梁与主桁连接处;④承受反复应力的连接;⑤易于积水、积灰、积污的隐蔽角落,如各节点处,尤其下弦节点部位。

连接的检查方法采用目测或敲击方法。工具包括木槌、卷尺、弦线、10 倍以上放大镜、铆钉规、厚薄规、卡尺、钢尺等。目视检查时,如发现钉头有流锈痕迹,或油漆开裂,多为松动,再用 0.2 kg 小锤敲击钉头,听声或触摸判别,哑声或手指感到颤动则表明此钉头已松动,应标上颜色记号,作出记录,以备查考。

10.4　拱 结 构

拱桥的主要构造包括拱肋、拱座、桥面系、系梁、吊杆与系杆等。本节主要介绍拱肋及其他拱桥特有构造的相关养护措施。

10.4.1　拱桥日常养护主要内容

拱桥的日常养护主要包括以下内容:

(1)经常清除表面污垢及圬工砌体因渗水而在表面附着的游离物。

(2)经常疏通泄水管孔,保持桥面及实腹拱拱腔排水畅通。

(3)主拱及拱式腹拱的拱铰及变形缝应保持正常工作状态。

(4)中、下承式拱桥的吊杆养护参见10.5节桥梁缆索体系的养护部分;系杆采用无混凝土包裹的预应力钢束时,应定期对钢束的防锈保护层进行养护、更换防护油脂等;系杆的支承点如有下沉要及时调整;中、下承式拱桥的吊杆及系杆拱的系杆,是检查、养护的重点,吊杆和未采用混凝土包裹的系杆都是结构的易损坏部件,要切实做好防锈蚀养护工作,及时修补止水、防水构件,更换防锈涂装等。

(5)冬季月平均气温低于−20 ℃的地区,对淹没于结冰水位的拱圈,应在枯水期从结冰水位以上50 cm开始至拱脚涂抹一层防冻环氧砂浆,砂浆表面再涂刷沥青进行保护。

(6)对于实腹拱和腹拱式空腹拱,因为拱上填料难以压实和各处填料厚度不均,使得铺装层易于破坏,尤其要加强养护。

拱桥构件表面缺陷及局部损坏的修补,主要有以下几类:

(1)圬工砌体的边角压碎、砌块断裂,干砌石拱桥砌缝张口等,可用水泥砂浆修补。若个别块体压碎或脱落,应用新的块体填塞更换,更换时应保证嵌挤或填塞紧密。砌缝砂浆若发生脱离,应凿除后重新用干硬性砂浆或微膨胀砂浆填筑,表面重新勾缝。

(2)钢筋混凝土拱构件的表面缺损与裂缝修补与钢筋混凝土梁桥构件的表面缺损与裂缝修补类似。

(3)钢管混凝土拱钢构件表面的防锈涂层应保持完好,并定期重涂,养护工作与钢桥构件的养护工作类似。

(4)实腹拱的侧墙若发生较大变形、开裂,应查明原因并作相应处理。若是填料不实,或拱腔积水,应挖开拱上填料,修补防排水系统,拆除鼓凸部分侧墙后重新砌筑,重新回填拱上填料及重做路面,也可酌情换用轻质填料或加大侧墙尺寸。若发现侧墙与拱圈之间脱开,或侧墙上有斜向(若是砌体通常沿砌缝成锯齿状)开裂,应检查墩台与主拱的变形。开裂轻微且不再发展的,可作一般修补裂缝处理。若开裂严重或裂缝在发展中,应考虑加固、改造方案。

10.4.2 圬工拱桥养护

1)圬工拱桥的养护与检测评估

圬工拱桥的养护工作主要包括以下内容:

保持圬工拱桥清洁。

对砌缝进行养护,如有脱落或植被生长,应及时清除脱落灰浆或砌缝内的植被及根系,同时除去受影响的石灰砂浆,换上新的石灰混合砂浆,尽可能多地保护砌块。重新勾缝,最好在冬天进行,如果在夏季作业,则每天应间隔2～3 h轻微喷一些水。发现拱桥表面风化、剥落等病害应及时抹灰修补。

保护拱桥基础。保持拱桥墩台、护坡、护岸完好,严禁在拱脚上下游200 m范围内挖沙取土。

保障拱桥防排水设施的有效运作,避免雨水或雪水大量渗入桥面下填料。如发现堵塞的排水孔或管,应及时疏通。

定期对圬工拱桥进行检测与评定,当评定发现承载能力下降威胁结构安全时,应及时进行维修加固。

圬工拱桥的检测以目检为主,检测内容如下:暴露在表面的退化、侵蚀和碎裂;接缝的张开、开裂和移动;挡土墙、耳墙、桥台和拱桥拱肩之间填充材料的排水性能;垃圾和植被的堆积;结构顺直和几何形状;拱脚的位移与拱圈形状的变形;拱上侧墙外凸与开裂。

当检测发现圬工结构开裂时，需根据表 10.4 中的限值判断裂缝是否安全。

表 10.4　圬工拱桥裂缝限值

结构类别	裂缝状态	缝宽限值(mm)
拱圈	横向	0.30，裂缝长度小于一半截面
	纵向(竖缝)	0.50，裂缝长度小于跨径的 1/8
	拱波与拱肋结合处	0.20
墩台	受水侵蚀	0.25，裂缝长度小于一半截面
	干沟或季节性河流	0.40
	有冻结作用	0.20

2)圬工拱桥的维修

圬工拱桥的维修应根据病害类型和成因采取针对性的措施。圬工拱桥的维修工作主要包括：

(1)压浆法修补砖石拱桥裂缝(图 10.9)。砖、石拱桥一旦开裂，往往容易发展，危及桥梁的使用与安全，可用压注水泥砂浆或其他化学浆液的方法进行修补。

(2)修复防水层。为防止渗漏，砖、石拱桥均应做防水层。如发现没有防水层或防水层损坏失效时，应挖开拱上填料重做或在桥面上加铺黑色路面，防止桥面水渗漏。

(3)为修复拱圈纵向裂缝，增强拱圈横向联系。

(4)防风化。砖、石拱桥要注意砌缝的养护，如有脱落应及时修补，如砖、石有风化剥落，应先清理风化表面，再喷刷一层 1～3 cm 的 M10 以上的水泥砂浆，喷浆应分 2～3 层喷注，每隔 1～2 d 喷一层。必要时，可加铺一层钢丝网，以增加喷涂层的强度。

(5)降低拱脚水平推力和位移。当拱脚存在水平位移，并导致裂缝产生时，应将拱脚恢复至原位，并可在拱脚设置水平钢拉杆，平衡拱脚水平推力，也可按图 10.10 所示的方法顶推消除桥台变位。采用图 10.10 所示的方法时可以一端推，也可以两端推。为防止拱脚位移，提高拱的承载力，也可凿开拱圈根部混凝土，在外露钢筋焊接钢拉杆锚座(或在清理混凝土表层后以环氧砂浆黏结锚座)，再装上拉杆螺栓锚固拱脚。

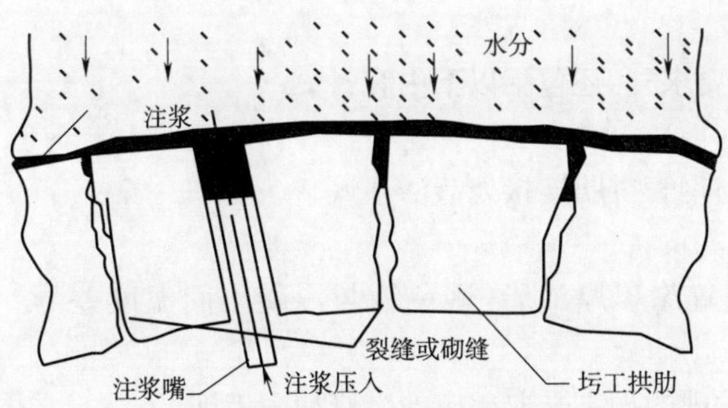

图 10.9　压浆法修补砖石拱桥裂缝示意图

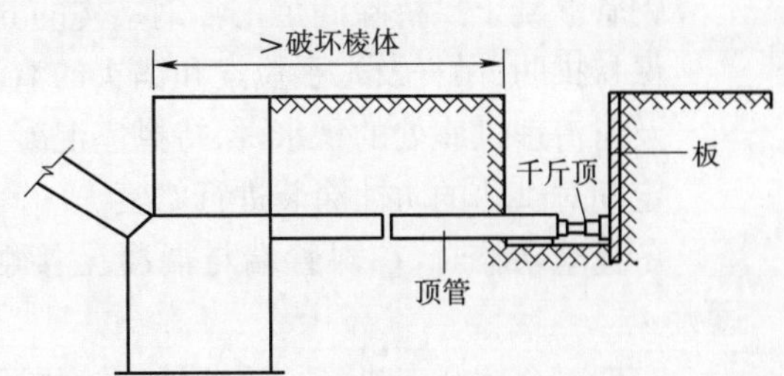

图 10.10　台后采用顶管法顶推加固示意图

10.4.3　钢筋混凝土拱桥养护

混凝土拱桥日常养护包括以下内容：

(1)保持结构表面清洁，避免结构积水积尘。

(2)保持有推力拱桥的墩台、护坡、护岸完好，避免拱桥基础被冲蚀削弱，禁止在拱脚上下游 200 m 的范围内挖沙取土。

(3)保障桥面排水设施和拱顶防水层正常工作，对存在规范允许裂缝的混凝土拱桥进行除雪除冰作业时，采用非电解质溶剂，避免恶化钢筋锈蚀环境。

(4)清理有铰拱铰缝中垃圾和碎石，保障伸缩装置正常工作，避免结构由于约束状态改变而开裂。

(5)按相关规程对结构定期进行检测评估，并对损坏的构件进行及时修复。

混凝土拱桥的检测方法与普通混凝土梁桥的检测无本质区别，但鉴于拱结构与梁式结构的受力特点不同，在检测中需注意以下几个要点：有推力的混凝土拱结构应加强对拱脚、拱座及基础的观测，避免拱脚、拱座开裂或基础移位威胁结构的使用安全；有铰拱各铰的弯矩为零，其相邻截面的抗弯强度往往较低，检测时应注意检查铰节点能否正常转动；拱结构以受压为主，其中钢筋的作用往往被忽视，相应的对钢筋外露及锈蚀的检测重视程度不够，可能导致结构因钢筋锈蚀致使抗弯能力降低而发生脆性破坏。

当混凝土拱桥损伤达到相关评估标准规定的等级时，应根据损伤部位、病害成因，采取必要的、有针对性的维修和加固措施。

10.4.4　钢拱桥养护

钢拱桥局部构件的维修与加固方法与梁桥类似。

当钢拱桥因局部构件锈蚀出现截面损失时，可采用除锈、表面涂装、局部钢结构补强的方式予以维修或加固；采用混凝土桥面板的钢拱桥可将桥面板更换为正交异性钢桥面板，通过降低结构恒载达到提高承载能力的目的；两铰拱和三铰拱结构的钢拱桥受弯矩较小，可通过在铰点施加约束，变铰接为固结，通过提高结构的刚度间接达到加固目的。

钢拱桥加固前应进行结构检算，并对基础进行适当加强。

10.4.5　钢管混凝土拱桥养护

钢管混凝土拱桥在国内的设计规范颁布前就已建成 200 余座，且大都采用无推力的系杆拱桥。

1)钢管混凝土拱桥的日常养护与检测

钢管混凝土拱桥除满足正常钢结构的养护要求外，还包括以下内容：

保持拱肋、吊杆及水平拉索和锚头的清洁。

及时清理拱座处的积水，保持拱座混凝土与钢管拱肋连接处清洁干燥。

定期对拱肋的防蚀涂装进行修复。

冬夏季来临时，在裸管端与混凝土接触位置涂覆厚油脂，避免钢与混凝土间温度差异过大。

定期对全桥状态进行检测评估，并对检测发现的病害采取相应的维修加固措施。

钢管混凝土拱桥检测包括以下内容：

检测钢管与混凝土间的黏结状态，检测可由有经验的检测人员通过敲击判断钢管中是否存在空隙，也可采用超声透射法检测。超声透射法根据超声波沿钢管或混凝土传播时波速、波幅和频率的变化判断钢管中混凝土的状态，当钢管与混凝土有较好黏结时，纵波波速接近 3 300～4 600 m/s，但当混凝土中存在空隙或钢管与混凝土间存在缝隙时，纵波波速低于 3 300 m/s。考虑到钢与混凝土热膨胀系数差异较大，检测应安排在夏季进行。

采用目检方法检查拱肋与拱脚外包混凝土间的黏结状态，判断拱肋与外包混凝土间是否出现缝隙，外包混凝土是否开裂。

借助登高车等设备目检钢管表面涂装是否老化失效，焊缝是否锈蚀。

采用超声检测方法检测拱肋吊杆套管与拱肋间焊缝是否开裂。

检查拱桥吊杆上锚固区的密封程度及下锚固区是否积水。

2)钢管混凝土拱桥的维修与加固

发现钢管混凝土拱桥拱肋病害可采取以下维修与加固措施：

当拱肋焊缝局部开裂时，应用手电钻在裂纹前缘钻直径为 2～3 mm 的止裂孔，再用碳弧气刨清除裂纹部位，接着用砂轮将裂纹部位打磨干净，预热后用 CO_2 气体保护焊修复。修复完毕应进行无损检查，确认焊缝缺陷不复存在；否则，应聘请相关专业技术人员重新设计修复方案。

当超声探伤发现拱肋内混凝土有空洞或离析时，应先确定空洞的范围和程度，选择空洞范围内合适位置在钢拱肋侧壁上钻直径为 5～8 cm 的圆孔，通过钻孔向空洞内注入环氧树脂水泥砂浆，完成注浆并确保灌浆硬化后采用焊接方法封闭钻孔，并将焊缝打磨光滑，再行涂装防蚀。

当拱脚外包混凝土出现褶皱、龟裂、裂纹，但无明显变形时，可暂用水泥砂浆涂抹，加强观察，分析原因。待稳定后再根据情况进行修复(如压浆、封闭或凿除裂损部分进行修复)。

如发现拱脚外包混凝土存在严重开裂，应立即中断交通，并通过相关计算，分析确定拱脚混凝土开裂的原因，采用植筋、凿毛重筑等方式对拱脚混凝土进行加固。

10.5　缆索结构

缆索是用高强度钢丝或钢绞线制成的长细构件，用以承受强大拉力作用。除缆索自身外，缆索体系还包括防护系统、锚固系统和转向系统(如鞍座)。

10.5.1　斜拉索养护

斜拉桥养护重点之一是斜拉索。斜拉索截面较小，处于高应力状态，对腐蚀作用十分敏感，养护中对拉索的防护十分关键。

斜拉索防护主要采用热挤压包裹聚乙烯护套，这种效果较好，有的还采用了喷涂铝锌加聚乙烯护套多重防护措施。

养护中应保持防护套的完好，发现破裂、渗水，应及时修补。斜拉索最易进水的部位是索与锚具的连接部位。连接部位的阻水、密封装置应保持完好；发现已有渗漏水的现象或疑点，则应打开防护套对拉索进行检查和除锈，然后做防锈涂装，恢复护套等。斜拉索两端锚具的防锈也是养护工作的重点。

对有条件的大型斜拉桥，可定期对拉索的索力进行测定。一般可直接测定拉索内力或通过测定索的振动频率来换算内力，依据测值来指导养护与维修。

1)斜拉索的检查与评估

(1)拉索及锚具的表观检查

斜拉索及锚具的检查方法和主要内容如下：

斜拉索检查周期：第一、二年内每两个月检查 1 次，以后每半年检查 1 次。在损坏处作出标记，做好记录。

斜拉索的检查项目包括护套、减振系统、锚具。

对斜拉索的PE护套应进行经常性检查。检查拉索护套有无裂纹、破损、老化和积尘。重点检查索端出索处的钢护筒，钢管与索套管连接处的外观情况。不锈钢管护套有无松动、脱落，锈蚀连接处有无渗水、漏水等。若套管破裂，索内钢丝可能会因雨水的渗入而受到腐蚀。

锚固设施及附属设备的检测包括锚杯、垫板、螺母的锈蚀程度检测；锚箱及锚下混凝土病害检测；梁塔导管与桥面、塔柱间密封状态检测；结构阻尼器是否失效。

利用检查挂篮对锚头小孔进行捅孔检查，保持排水畅通。

(2)钢丝锈蚀检测与评估

在结构定期检查过程中，若发现护套上有穿透性开裂，应剖索检查内部钢丝锈蚀程度。具体步骤如下：

检测护套损伤位置是否为穿透性的裂缝，当发现穿透性裂缝后继续按下列步骤进行检测。

将护套环形剥开，露出索体锈蚀较为严重位置的钢丝。用鬃刷清除钢丝表面松动的浮锈，按钢丝锈蚀等级标准评定表层钢丝的锈蚀程度。

检测结束后，应立即采用绕包带将护套临时修复。

对斜拉索系统来说，索体损伤程度控制着整个拉索系统的承载能力和使用寿命，对其进行较为精确的评估尤为重要。

由于斜拉索的索力较高，钢丝紧密成束，不能像主缆一样采用现场向索体中插入楔块，检查索内锈蚀状况。因此，为了评定拉索承载能力和剩余使用寿命，需要对撤换下来的拉索进行打开检查，确定截面锈蚀分布情况，进行统计以供后续斜拉索评定使用。

《城市桥梁养护技术标准》(CJJ 99—2017)明确当拉索断丝数量超过总数量的2%或锈蚀总面积超过索体截面积的10%时应进行换索。

2)斜拉索的日常养护

拉索两端的锚具及护筒应经常保持清洁和干燥。塔端锚头若漏水、渗水应及时用防水材料封堵，梁端锚头若漏水、积水应及时将水排出并封堵水源。

定期更换拉索两端锚具锚杯内的防护油。

定期更换钢护筒与套管连接处的防水垫圈及阻尼垫圈，做好搭接处的防水处理。

定期对索端钢护筒做涂漆防锈处理。

若拉索护套出现开裂、漏水、渗水应及时处理。可剥开已损坏的护套，将已潮湿的钢索吹干，对已生锈的钢索做好除锈处理，再涂刷防护漆及防护油，并用玻璃丝布或其他防护材料包扎严密。

斜拉索的减振装置要保持正常工作状态，发现异常或失效要及时维修。

3)斜拉索的维修

(1)破损护套的修复

PE护套开裂可采用冷补法(即用高强黏结剂)修复破损护套，施工时注意补丁应方正规则，且不应与PE护套黏结。

PE护套开裂应按以下步骤进行护套修复(图10.11)：首先用机械方法剔除PE套管破损部位，直至露出完好聚乙烯；然后用丙酮对待修补部位进行清洗，加工坡口；然后用与原护套材料相同的焊条进行加压堆焊，直至恢复护套厚度，最后用抛光机对焊接部位进行抛光。修补后的PE护套应光滑、平整、牢固、无裂痕。修复后可在护套表面涂刷特制的颜料，还可用绕包带密封。

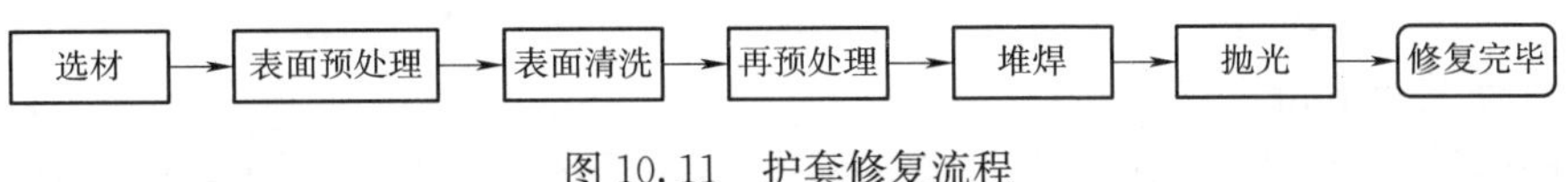

图 10.11　护套修复流程

此外,也可以采用热缩带对护套进行修复,这套系统的防腐原理为:用缠绕机按一定的缠绕角将带状热缩材料缠绕在外层 PE 管上,再经加热装置处理,使缠绕材料与 PE 管相结合,从而实现拉索的二次防腐。这种方法具有以下优点:无须对桥梁进行全封闭,且工程量少、成本低、工期短、无污染。

(2)锈蚀钢丝的修复

钢丝锈蚀一旦经过评估认为拉索可继续使用时应采取以下修复步骤:首先切除部分护套,露出钢丝锈蚀程度达到Ⅳ级以上的部分;用钢丝刷清除钢丝表面浮锈,并涂刷环氧富锌底漆两道;用防锈油脂填充钢丝间空隙;最后修复护套,将索体密封。

4)斜拉索的调整和更换

对因钢索、锚具损坏而超出安全限值的拉索应及时进行更换。

对索力偏离设计限值的拉索进行索力调整。张拉的顺序、级次和量值应按设计规定进行,并测定索力和延伸值,同时进行控制。

拉索的更换按改建工程进行,应对各方案技术经济的合理性进行分析比选,确定安全、简便的施工方案。竣工后必须对全桥斜拉索的索力和主梁高程进行测定,检验换索效果,并作为验收的依据。

对于斜拉桥的拉索,必须通过特殊检查、检算来确定是否需要调索、换索,调索、换索的方案以及调索、换索的施工程序。更换斜拉索的费用相当高,技术也比较复杂,在研究方案时应对结构的安全性、耐久性、经济性、施工期间的交通组织等进行综合分析比选。调索、换索应按改建工程来管理。

10.5.2　悬索桥主缆和吊杆系统养护

1)悬索桥主缆和吊杆系统的检查和评估

(1)主缆表观状态检查

外观检查以散索鞍为起点沿主缆全长进行涂膜检查。检查有无粉化、开裂、起泡、脱落、锈蚀和机械碰损,并对检查结果进行分类评定。检查重点是主缆边跨、中跨最低点索夹两侧、主鞍两侧部位有无进水的现象。

如发现涂膜严重破损或缠丝严重锈蚀或断裂,可能危及主缆钢丝腐蚀,在报请主管部门同意的情况下,可在破坏处和主边跨主缆最低点打开缠丝,用木楔撑开主缆钢丝进行内部检查,重点检查主缆截面顶部、两侧和底部的钢丝是否锈蚀及其锈蚀程度。

由散索鞍开始检查锚室内裸露散开丝股有无钢丝松弛、凸出和断丝,有无钢丝锈蚀,并对腐蚀等级作出评估。

对锚室内锚头、锚板、拉杆和连接器的涂装、锈蚀状况进行检查,必要时作出涂膜劣化及锈蚀等级评定。

检查锚室内除湿机系统运转是否正常,室内相对湿度是否在 45%~50%范围内,密封门是否密封。

检查散索鞍内的主缆丝股是否有尘污及锈蚀，锌填筑块是否滑移，锚固螺栓有无松动，鞍座油漆有无脱落和锈斑，散索鞍前墙有无开裂漏水，墙外主缆进口防水罩密封是否完好，防水罩本身材质有无老化和开裂等。

对主鞍座鞍罩内主缆外观检查，锌块有无滑移，主缆丝有无尘污、锈蚀，紧固螺栓及锚螺栓有无移动，各钢部件有无油漆脱落和锈蚀，密封门橡胶条密封状态是否完好，罩内相对湿度是否在45%～50%范围内。

定期检查主缆限位拉杆及限位索夹的销轴是否转动灵活、锈死，销孔的周边是否有裂纹等。

(2)主缆内力检查

主缆内力检查包括主缆索股内力及锚固拉杆和预应力束锚固系统，在外观检查中如未发现防松标记错动或相应部位油漆涂层开裂，可认为基本无变化，则主要检查索股内力。

(3)主缆线形检查

在桥梁长期运营过程中，由于主缆松弛以及载重量的改变(如桥面重量增加、附属设施增加)，会导致主缆和加劲梁线形的变化。这种变化积累到一定程度便会影响桥梁的使用功能和美观，因此必须定期检查并予以调整。

主缆线形检查和主缆索股内力检查一样，是判断主缆内力变化的依据。主缆线形的永久性变化预示着锚碇、主缆锚固系统、主塔及主鞍的病害以及加劲梁恒载的变化。判断主缆线形变化的主要参照是主缆设计线形和竣工线形数据，并且两者均有相对应的大气温度数据，如设计线形一般相对于设计标准温度20 ℃，竣工线形测试温度一般偏离20 ℃，但经温度差的修正，线形数据应是吻合的。

在悬索桥建成第一年内，应在年最高温度、年最低温度及年平均温度时对主缆进行线形测量，应在桥上无活荷载和一天内气温稳定时进行。在取得温度影响的修正数据后，每年可进行一次线形检测。在发现主塔墩、锚碇有沉降和位移时应进行详细线形检测；加劲梁线形有明显变化时，应进行加劲梁详细线形检测。

(4)吊索表观状态检查

检查索夹本身及拉杆等配件漆膜是否退化；索夹上下接缝及索夹端部与主缆间填缝是否完好；下锚筒及密封盖的密封是否完好(骑挂式吊索)；锚头眼板及销子等涂膜是否完好(销连接吊索)；索体PE管是否老化、失去弹性甚至出现环向开裂等。各项均应仔细检查并记录，对涂膜劣化及锈蚀等级应作出评定。

(5)索夹滑移的检查

检查索夹是否在主缆上滑移的方法是在主缆和索夹上分别做出相对明显的标记，每次定期检查时须量测这两个标记之间的相对位移。测量工具可采用游标卡尺或者其他的工具(如钢尺)。

(6)索夹螺杆内力检查

检查拉杆内力前，应首先检查索夹是否沿主缆滑移。

根据实桥测试经验，一般悬索桥成桥后2～3年内应进行索夹螺栓轴力检查，索夹螺栓轴力降低为原来的20%～30%时应补拧，以保证索夹抗滑移安全系数不低于3。

(7)吊杆索力检查

一般情况下，吊杆索力检查应和主缆线形检查同时进行，当发现索夹有滑移迹象时，除立即检查索夹内力外，尚需进行吊杆索力检查。吊杆索力检查的测试方法有频谱法和压力传感器法。

(8)吊索断丝及连接件裂纹检查

一般悬索桥投入营运数年后，吊索可能会发生断丝现象，吊索连接件有可能产生裂纹，应进行断丝及裂纹检查。

2)悬索桥主缆和吊杆系统的日常养护与维修

(1)主缆系统的日常养护

主缆涂层维护性涂装：在涂层寿命前5年之内，或锈蚀或涂层劣化为一级时，涂层只需养护而不需维修。

保持主缆清洁，经常清除上面的积灰和油污，尤其海洋大气下的积尘含有大量氯离子，具有极强的腐蚀性。

(2)主缆的修复

主缆的修复包括主缆缠丝修复和索股维修。

主缆缠丝连同其涂装，是主缆防护的最外层，直接承受腐蚀介质的作用。主缆缠丝的破坏，意味着涂装层的破坏和失去主要防护能力。发现缠丝严重锈蚀或断裂应及时修复。

主缆钢丝除腐蚀外，尚有断丝、鼓丝、腐坑削弱，以及长期腐蚀介质作用下材质失去塑韧性等病害。鼓丝实际是断丝的表现，断口就在鼓出钢丝的不远处。这些变化均会使钢丝失去承载能力，甚至整束索股断裂。断丝和鼓丝多发生在锚室内散索鞍以后。主缆维修时除单根钢丝拼接外，有时甚至要整条索股重新拼接。

对于裂纹已扩展至50%直径，或腐坑已削弱截面至50%的钢丝，均应考虑拼接和更换，甚至考虑更严格的处理，即腐坑削弱25%和带有裂纹的钢丝一律予以更换或拼接。

在跨度中间，当断丝较少并较分散时，可以暂不处理；锚室内断丝可采用接丝器拼接断丝。接丝器可以是一个套筒挤压接头，也可以是一个内径带正反螺纹的连接器。挤压接头需专用液压挤压设备将两断头连接在一起。

(3)主缆线形的调整

主缆线形变化，如下挠变大，必须经多次春秋相同气温下无活载时测试复核确认，再研究其发生的原因。一般发生这种情况多为主鞍座偏移，主塔非中心受压，产生向主跨方向的附加弯曲。治理办法：封闭交通，解除主鞍的锁定，中跨减载(如更换铺装时)，边跨加载，使主鞍移向边跨，恢复至要求位置再锁定。这种处理需对设计和施工周密计划安排后实施。

受季节变换和日温度变化影响的悬索桥的主缆线形，会发生可恢复的变化，加劲梁的线形亦有相应的改变，这种线形变化表现为加劲梁高程的改变，一般在20 cm以内属正常范围，不要轻易作出调整主缆线形的决定。只有在经过仔细检测和反复核算，发现确有不可恢复的线形变化时，才考虑做适当调整。

悬索桥线形变化过大，即挠度变化太大时，常常是结构隐藏着较大问题的征兆。此时，养护部门应请设计单位并经专家分析研究，找出原因并提出相应的整治措施。

(4)吊杆的养护

定期对吊索系统各零部件涂刷防锈漆，始终保持漆膜完好。

对已经锈蚀的吊索及各有关零部件应及时除锈，涂刷防锈漆。

清查吊索已锈蚀的钢丝数及其锈蚀程度。当锈蚀根数和受锈蚀的程度等级叠加后相当的断丝根数超过总丝数的10%时，应更换此索。

当吊索的冷铸锚头发生裂纹和破损时，也应该更换此索。

更换吊索宜逐根进行。即使有时需要同时更换，每次也不得超过 3 根，且这 3 根吊索不能是彼此相邻。

检查索夹的高强度拉杆有无松动；索夹是否有裂纹或损坏；索夹与主缆之间缝隙的填充物是否完好；索夹的泄水孔是否畅通等。

根据索夹检查结果，做好相应的养护维修工作，紧固或更换高强度拉杆以及垫圈；更换索夹；将索夹与主缆间的缝隙填满；清除污垢和积水等。

吊索上安装的制振十字撑极易因疲劳断裂，应特别注意检查，一旦发现断裂，须及时更换。

(5)吊杆索力的调整

测量后若发现吊杆索力与桥梁通车时的索力数据（或与前次的数据）相差较大，则应仔细探明原因，并采取相应的措施。

对是否需要调整吊杆索力，应持谨慎态度。因使用不同的测量方法检测吊索索力，可能有5%的差别，再加上施工安装吊索时的索力误差，所以不同时间用不同方法的测试结果差别在10%以内当属正常。即使个别吊杆索力差值较大（如 30%），若主缆及加劲梁线形良好，仍可不调整吊杆索力。

10.6　墩台及基础

桥梁下部结构由墩台和基础组成，直接承受着桥梁上部结构及交通车辆的重力，同时将所有荷载传递给地基。

10.6.1　墩台养护与维修

1)桥梁墩台的养护

桥梁墩台的日常养护主要包括以下内容：

保持墩台表面整洁，及时清除墩台表面的青苔、杂草、灌木和污垢。

对发生灰缝脱落的圬工砌体，应清除缝内杂物，重新用水泥砂浆勾缝。

墩、台身圬工砌体表面风化剥落或损坏时，及时修补，方法见后。

圬工砌体镶面部分严重风化和损坏时，应用石料或混凝土预制块补砌、更换，新老部分要结合牢固，色泽质地应与原砌体基本一致。

墩、台表面发生侵蚀剥落、蜂窝麻面、裂缝、露筋等病害时，应采用水泥砂浆、环氧树脂或其他聚合物混凝土进行修补。

墩、台混凝土裂缝宽度超过限值时，应进行裂缝的修补。

2)桥梁墩台的维修与加固

(1)圬工砌体墩台表面风化剥落，深度在 3 cm 以内的，可用 M10 以上的水泥砂浆抹面修补；砌体砌筑砂浆强度一般不应低于 M5。当损坏面积较大，深度超过 3 cm 时，应浇筑混凝土层予以裹覆，为使新旧混凝土接合牢固，松浮部分应先予清除，用水冲洗干净，并采用挂网喷浆或浇筑混凝土的方法维修，如图 10.12 所示。

墩台身坊工砌体如出现裂缝，应拆除部分石料，重新砌筑。

当墩台损坏严重，如大面积裂缝、破损、风化、剥落等或为粗石与工及砌石巧工的墩台，一般可用钢筋混凝土“箍套”的方法进行维修，如图 10.13 所示。

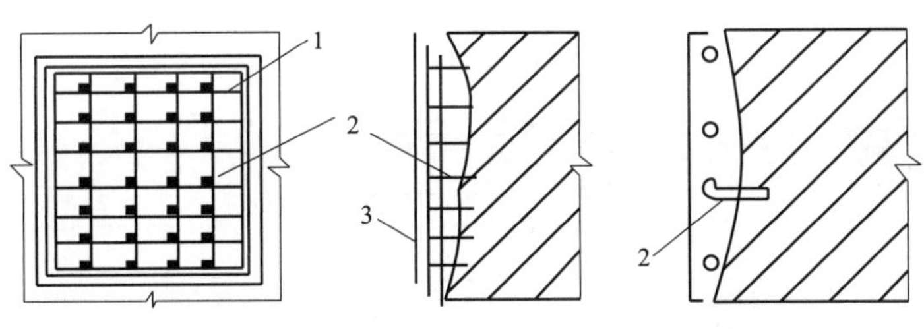

图 10.12　混凝土缺损修补

1—钢筋网>12 mm；2—牵钉间距≤50 cm；3—模板

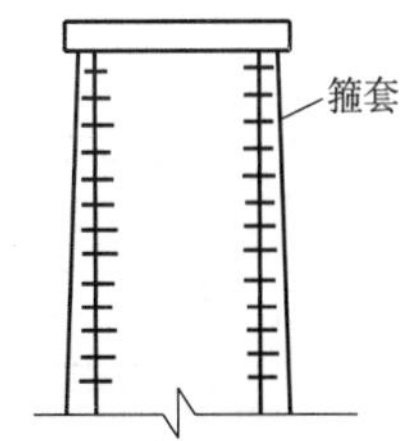

图 10.13　钢筋混凝土"箍套"维修示意图

(2)墩台变形

当墩台出现变形，应查明原因，可采取下列针对性措施：

由于桥台台背填土遇水膨胀而变形，应挖去膨胀土，检修排水设施，填以砂砾土，修好损坏部位。

若由于冻胀原因使墩台产生缺陷，应及时挖去冻土，填以矿渣、砂砾等，并封闭表面，使其不渗水，修好损坏部位。

由于砌筑不良而发生变形，应凿去或拆除变形部分，重新砌筑或浇筑混凝土。

由于砌筑填缝不实，墩台有空洞的，可在空洞部位附近开凿洞眼，以压浆机压注水泥砂浆或环氧树脂修补。

(3)墩台裂缝

当墩台由于混凝土温度收缩、局部应力集中以及施工质量不良等原因而产生裂缝时，应视裂缝大小，分别采取下列措施：

裂缝小于表 10.5 所列限值时，应进行封闭处理，一般涂刷水玻璃或环氧树脂。

表 10.5　桥梁裂缝极限值

类别	裂纹部位			最大允许宽度(mm)	附注
墩台	墩台帽			0.3	不允许贯通墩台身截面一半
	墩台身	经常受腐蚀性环境水影响	有筋	0.2	
			无筋	0.3	
		常年有水，但无侵蚀性影响	有筋	0.25	
			无筋	0.35	
		干沟或季节性有水河流		0.4	
		有冻结作用部分		0.2	

裂缝大于表 10.6 所列极限值时，可采用压力灌浆法灌注环氧树脂胶，确保裂缝不再发展。

砌石与工出现通缝或错缝时，应拆除部分石料，重新砌筑。

由于活动支座失灵而造成墩台拉裂，应修复或更换支座，并处理裂缝。

由于基础不均匀沉降而产生的裂缝，应先加固基础，再视裂缝发展程度确定灌缝还是加固墩台。

裂缝已贯通墩台，可用钢筋混凝土围带或钢箍进行加固。

墩台身发生纵向贯通裂缝，可用钢筋混凝土围带粘贴钢板箍或加大墩台截面的方法进行加固。如因基础不均匀下沉引起自上而下的裂缝，则应先加固基础，后再确定采用灌缝或加箍的方法进行维修，如图 10.14 所示。

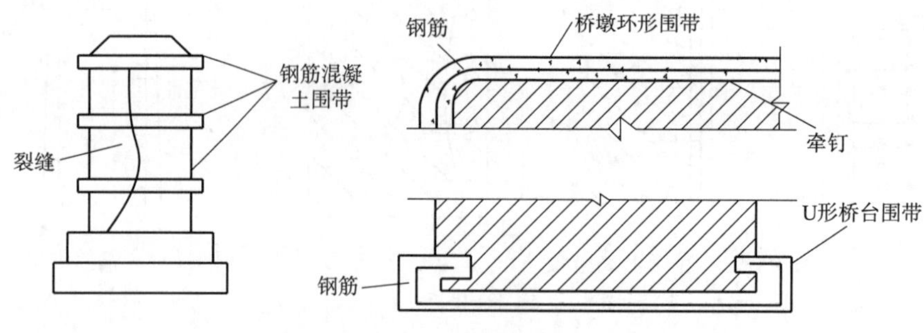

图 10.14 钢筋混凝土围带加固桥墩

U 形桥台的侧墙外倾时，可在横向钻孔加设钢拉杆，钢拉杆固定在侧墙外壁的型钢或钢筋混凝土枕梁上。

10.6.2 基础养护与维修

1)桥梁墩台基础的养护

桥梁墩台基础的日常养护主要包括以下内容：

保持桥梁墩台基础附近河床的稳定。适时进行河床疏浚。每次洪水过后，应及时清理河床上的漂浮物，使水流顺利宣泄；在桥下树立警告示牌，禁止任何人或单位在上述范围内挖砂、取土、采石、倾倒废弃物；禁止进行爆破作业及其他危及公路桥梁安全的活动。

不得任意修建对桥梁有害的建筑物。因抢险、防汛需要修筑堤坝、压缩或拓宽河床时，应事先报经交通主管部门或公路管理机构同意，并采取有效的防护措施。

若基础冲刷过深或基底局部掏空，应立即抛填块石、片石、铅丝石笼等进行维护。

桥下河床铺砌出现局部损坏时应及时维修。若砌块损坏，可补砌或采用混凝土修补。

对设置的防撞、导航、警示等附属设施应经常检查、维护，保持良好状态。

2)桥梁墩台基础的维修

应根据基础病害的程度、范围和具体形式选择不同的维修加固方法。

(1)基础局部被冲空的维修

基础局部被冲空时，可采取下列措施：

水深在 3 m 以下，可筑围堰将水抽干，以砌石或混凝土填补冲空部分。修复部分顶端与基础顶面平齐或稍高于基础顶面，如图 10.15 所示。

水深在 3 m 以上，可在四周打板桩或用其他方法做坝围堰，灌注水下混凝土防护，也可用编织袋盛装干硬性混凝土，每袋装置量为袋容积的 2/3，通过潜水作业将袋装混凝土分层填塞冲空部分，并注意比基础每边边缘宽 0.4 m 以上，如图 10.16 所示。

当基础置于风化岩上，基底外缘已被冲空，应及时清除表面严重风化部分。在浅水时，填以混凝土，并将周围风化地基用水泥砂浆封闭；在深水时，应采取潜水作业并铺以袋装干硬性混凝土。

(2)基础大范围冲空的维修

基础周围被冲空范围较大时，除填补基底被冲空部分外，并应在基础四周采取下列防护措施：

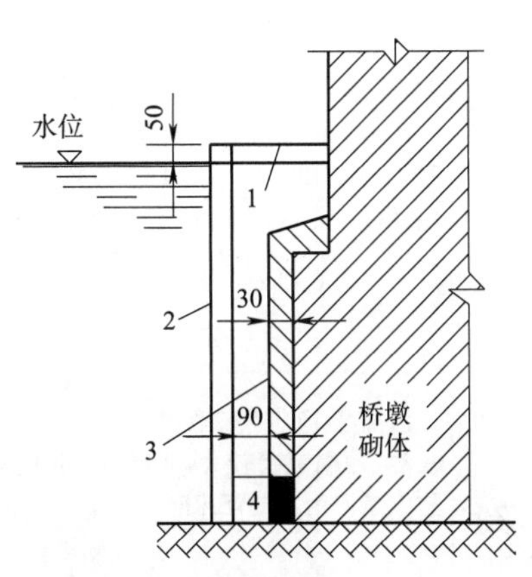

图 10.15　抽水后修理桥墩(单位:cm)

1—支承;2—板桩围堰;3—钢筋混凝土护套;4—水下混凝土封底

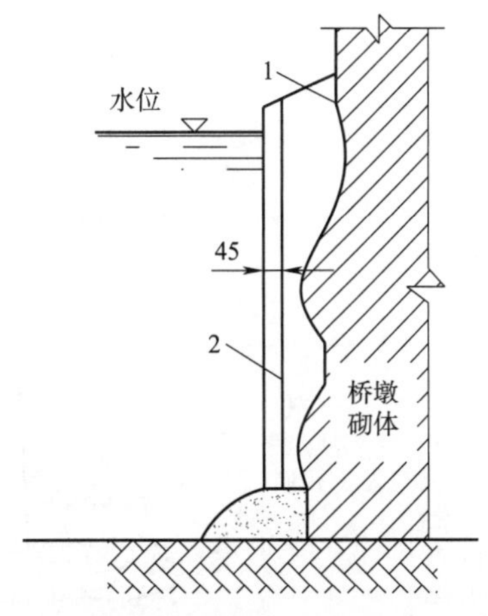

图 10.16　不抽水修理桥墩水下部分(单位:cm)

1—用水下混凝土填充;2—钢筋混凝土灌护套

打梅花桩,桩间用块片石砌平卡紧。

浆砌块片石或混凝土预制块,如图 10.17 所示。

用铁丝、毛竹石笼,或以长柳枝、荆条织成捆,内装石片或卵石,如图 10.18 所示。

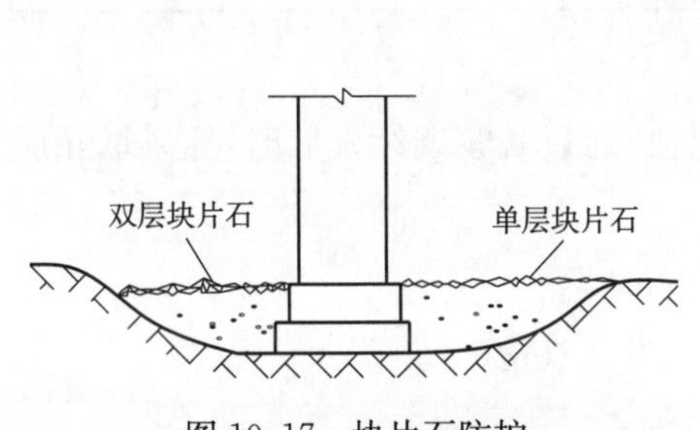

图 10.17　块片石防护

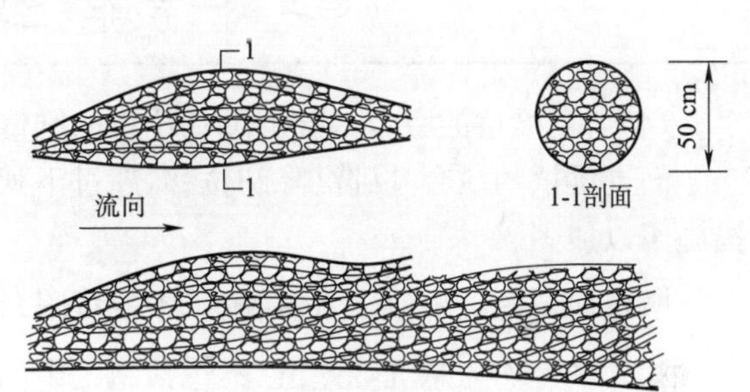

图 10.18　铁丝石笼、梢捆防护

(3)墩台周围河床严重冲刷的维修

墩台周围河床冲刷严重,危及基础的,除修补被冲空的基础外,必须在洪水期过后,采取有效的防护措施,以防再次被冲坏。各种不同的护基工程的施工方法见表 10.6。

表 10.6　河床冲刷及基础的防护措施

序号	方法	简图	使用条件	方法
1	石笼防护	石笼	河床较稳定,冲刷范围比较小,且以泥砂为主的河床时	以竹子、铁丝或钢筋建成石笼护基,石笼间要互连锁,使其整体下卧
2	板桩防护	板桩　砂砾　浆砌块石	河床比较稳定,冲刷范围较小,并且为土质及细砾河床时	在基础周围打板桩围堰,堰内填砂砾、石块。注意板桩顶面高程不高于河床

续上表

序号	方法	简图	使用条件	方法
3	浆砌块片石防护	双层块片石 单层块片石	河床不稳定，基础埋置较浅，冲刷范围较大，并且以泥砂为主的河床时	采用平面铺砌的方法，需在河床整个宽度内进行施工
4	铺混凝土预制块防护	混凝土预制板 混凝土	河床不稳定，基础埋置较浅，冲刷范围较大，并且是以淤泥为主的河床时	采用平面铺砌的方法，需在河床整个宽度内进行施工，不能部分地施工
5	梢捆防护	1 1 片石或卵石 50 cm 1-1剖面 流向 梢捆重叠	河床不稳定，基础埋置较浅，冲刷范围较大，并且以砂石为主的河床	以 1.5 m 长鲜柳枝条织成捆，内装片石或石块

(4)简支梁桥的墩台基础沉降和位移的维修

简支梁桥的墩台基础沉降和位移，超过下列容许限值，通过观察继续发展时，应采取相应措施予以加固。

墩台均匀总沉降值(不包括施工中的沉陷)：$2.0\sqrt{L}$(cm)

相邻墩台均匀总沉降差值(不包括施工中的沉陷)：$1.0\sqrt{L}$(cm)

墩台顶面水平位移值：$0.5\sqrt{L}$(cm)

其中，L 为相邻墩台间最小跨径长度，以 m 计，跨径小于 25 m 仍以 25 m 计算；桩、柱式柔性墩台的沉降，以及基桩承台上的墩台顶面水平位移值，可视具体情况确定，以保证正常使用为原则。

10.7　支　　座

1)支座的日常养护

日常养护应保持支座的机动性和位移功能。防止杂物、垃圾等将支座卡死，防止钢构件锈蚀，橡胶件老化，紧固件松动等，主要包括以下内容：

支座各部应保持完整、清洁，每半年清扫至少一次。清除支座周围的油污、垃圾，防止积水、积雪，保证支座正常工作。

滚动支座的滚动面应定期涂润滑油(一般每年一次)。在涂油之前，应把滚动面揩擦干净。

对钢支座要进行除锈防腐。除铰轴和滚动面外，其余部分均应涂刷防锈油漆。

及时拧紧钢支座各部接合螺栓，使支承垫板平整、牢固。

应防止橡胶支座接触油污引起老化、变质。

滑板支座、盆式橡胶支座的防尘罩，应维护完好，防止尘埃落入或雨、雪渗入支座内。

2)支座的维修

当桥梁支座出现缺陷或发生故障时，首先要进行原因分析，然后及时进行维修或更换，以保证结构的安全和正常运营。在支座日常检查和养护过程中，若出现以下病害情况，应采取相应的措施进行维修：

滚动面不平整，辊轴有裂纹或切口，个别辊轴大小不合适时，必须予以更换。

梁支点承压不均匀时，应进行调整。调整时可采用千斤顶将梁上部顶起，然后移动调整支座的位置。在矫正支座位置以后，降落上部结构时，为避免桥孔结构倾斜，应徐徐下落，并注意千斤顶的工作状态是否均衡，调整顶升时可采用楔子，以保证上部结构恢复原位。

支座上板翘起、扭曲、断裂时，应予以更换或补充，焊缝开裂应予维修加固，支座更换时，采用顶升法施工。

橡胶支座已老化、变质而失效时，需要及时更换。

高阻尼橡胶支座等减隔震类支座连接构件失效时，应予处治。

10.8　附属结构

1)桥梁的附属结构主要包括锥体护坡，翼墙，桥头搭板，防撞、导航、警示标志，防抛网、声屏障，调治构造物和检修设施等。

2)锥体及护坡应完好，当下沉超过 30 mm、残缺面积超过 0.2 m^2，开裂，受洪水冲空时应及时维修。

3)翼墙出现下沉、断裂或其他损坏时，应及时维修加固。

4)桥头搭板应完好，当桥头搭板下沉、破损、断裂及板底脱空时，应及时修复。当桥头不均匀沉降(桥头跳车)时，应及时接顺。对不均匀沉降严重的，应查明原因后处置。

5)防撞、导航、警示标志等附属设施应保持醒目、完好。

6)应保持桥塔内、箱梁内的照明系统处于正常工作状态。

7)爬梯、工作电梯、观光电梯应定期保养，包括除锈、涂漆、修理损坏的构件等。工作电梯、观光电梯应按生产厂家提供的有关规定或行业规定进行保养。

8)桥梁监测系统及其他附属设施，应保持完好，运行正常。桥梁永久观测点应保持完好。

9)导流堤、丁坝、顺坝、格坝和透水坝等调治构造物应保持完好，出现基础淘空、塌陷或其他损毁时应及时修复。汛期应及时清除调治构造物周边的漂流物。发现调治构造物的位置不当，数量、长度不合理等，不能发挥正常作用时，应予以改造。因河道变迁、流向不稳定，或因桥梁上下游河道弯曲形成斜流、涡流，危及桥梁墩台、基础、桥头引道时，应因地制宜地增设调治构造物。

10.9　铁路桥梁维养特点

10.9.1　基本原则

铁路桥梁修理工作分为检查、维修和大修。维修工作分为周期性保养和综合维修。检查、维修工作实行检、养、修分开的管理体制。遵循“预防为主、防治结合”原则，强化设备检查，采取周期性保养和综合维修相结合的方式，预防病害发生，保持桥梁使用状态均衡完好，使列车能以规定的速度安全、平稳和不间断地运行。

桥梁大修工作应根据设备技术状况和运输需要，有计划地对设备进行整治、加固，恢复或提高桥梁的使用能力，充分发挥桥梁的使用效能。

铁路局集团公司下设立普速铁路工务段和高铁工务段负责相应的工作，对于技术复杂的特大型钢桥，可视具体情况设置专门检查维修管理机构。检修机构应配置必要的作业机具、测试仪器及检修设备。

修理工作必须执行检查、计划、作业、验收等基本工作制度，依靠科技手段，强化基础建设，大量发展机械化作业，不断提高工作效益和经济效益，全面实现科学化管理。桥梁技术资料管理应采用信息化手段，实现及时准确地传递信息和资源，提高管理效能。

检修作业应加强安全管理，严格遵守营业线施工作业相关规定，正确处理施工作业与运输关系，在保证安全和质量的前提下，尽量缩短中断行车和限制行车速度的时间。

高速铁路实行天窗维修制度，优先采用综合维修模式，并应坚持“严检慎修”的原则，实现设备状态修与预防性计划修相结合的维修方式。

10.9.2　维养特点

铁路桥梁中除轨道部分外，其余的结构和构件包括主梁、墩台和基础等主体受力结构、桥头锥体等附属结构，其病害、成因、修理等工作的内容和方法与公路、市政桥梁大体相同，不再复述。其特色可归结为：

1)由于普速铁路桥梁荷载大、高速铁路桥梁速度高等特点，其维养和技术评定指标是有区别的，如高速铁路桥梁挠跨比等刚度指标比普速铁路、公路桥梁要严很多，同时还提出了梁端转角、支座不平整度、横向挠跨比等变形与刚度技术指标，特别是与列车运行安全性和舒适性相关的系列静力和动力指标。

2)与公路、市政桥梁相比，最体现铁路桥梁的维养特色和不同的是其桥面系中的轨道部分，包括钢轨、扣件、道床、轨道板等，它是铁路维养的重点，内容丰富，其中无砟轨道的病害及其修理研究仍是目前的研究热点。按铁路部门的管理方式，这部分划归线路部分，其维修参见《普速铁路线路修理规则》(TG/GW 102—2019)。

3)检测方面，除常规的方法外，大量采用轨检车、综合检测列车等设备开展在线检测。

4)轨道修理方面，向依靠大型装备进行修理方向发展，常见的大型修理设备有线路捣固车、钢轨打磨车、道砟清筛机、配砟整形车等。

5)修理时间，依据铁路运营的特色，其修理工作一般安排在“天窗”时间开展。

思 考 题

1. 请简述混凝土桥面系、混凝土梁、钢结构、拱结构、索结构、墩台、基础、支座、附属结构养护与维修的主要内容和方法。

2. 请简述斜拉索和悬索桥主缆养护主要内容异同点。

3. 请简述铁路桥梁的养护特点。

4. 对于钢箱梁,常见的裂缝一般发生在什么位置？理由是什么？
5. 试阐述洪水致桥梁灾害的机理。
6. 钢筋锈蚀处理方法有哪些？
7. 您认为何时需要进行吊杆力的调整？
8. 简要介绍混凝土裂缝的修补方法。
9. 如何开展钢管混凝土中钢管与混凝土空隙的修补？
10. 铁路桥梁支座变化的等级是如何划分的？

第11章　桥梁技术状况与适应性评定

本书8.2节指出，公路桥梁评定包括技术状况评定和适应性评定两类，其中适应性评价包括承载能力、通行能力、抗灾害能力和耐久性评定，本章介绍这些具体的评价方法。

市政桥梁的评定与公路类似，铁路桥梁的评定参见《普速铁路桥隧建筑物修理规则》(TG/GW 103—2018)和《高速铁路桥隧建筑物修理规则(试行)》(TG/GW—2011)中附录：铁路桥隧建筑物状态评定标准。

11.1　分层综合评定

《公路桥梁技术状况评定标准》(JTG/T H21—2011)中技术状况评定采用分层综合评定法，并结合桥梁单项控制指标方法使用。

11.1.1　评定层级

技术状况评定对梁桥、拱桥、悬索桥及斜拉桥四类桥型分别展开，并细为上部结构、下部结构和桥面系三个模块。每个模块由构件、部件和结构组成，其中构件为最基本组成单元(如一片梁)，而部件则由相同的构件组成(如几片梁组成“梁”部件)，进而组成上部“结构”。部件则进一步细分为主要部件(表11.1)和次要部件(除主要部件之外的其他部件)。

表11.1　各结构类型桥梁主要部件

结构类型	主要部件
梁式桥	上部承重构件、桥墩、桥台、基础、支座
板拱桥(圬工、混凝土)、肋拱桥、箱形拱桥、双曲拱桥	主拱圈、拱上结构、桥面板、桥墩、桥台、基础
刚架拱桥、桁架拱桥	刚架(桁架)拱片、横向联结系、桥面板、桥墩、桥台、基础
钢—混凝土组合拱桥	拱肋、横向联结系、立柱、吊杆、系杆、行车道板(梁)、支座
悬索桥	主缆、吊索、加劲梁、索塔、锚碇、桥墩、桥台、基础、支座
斜拉桥	斜拉索(包括锚具)、主梁、索塔、桥墩、桥台、基础、支座

进行技术状况评定时，从底层到高层递进展开，完成每个模块的构件、部件、结构三个层级评定后进行桥梁总体层级评定，其相互关系如图11.1所示。每个部件、层级分别建立病害评分细则和计算方法，具体评定计算流程如图11.2所示。

11.1.2　技术状况评定标度和等级

根据桥梁各部件和桥梁总体结构这两大不同层次，分别划分不同技术状况评定标度和等级。其中，对部件而言用“标度”衡量，总体结构用“等级”衡量。

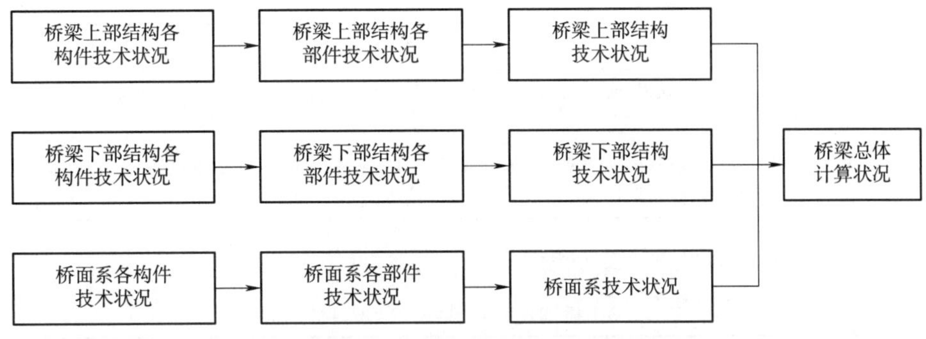

图 11.1　桥梁技术状况评定指标

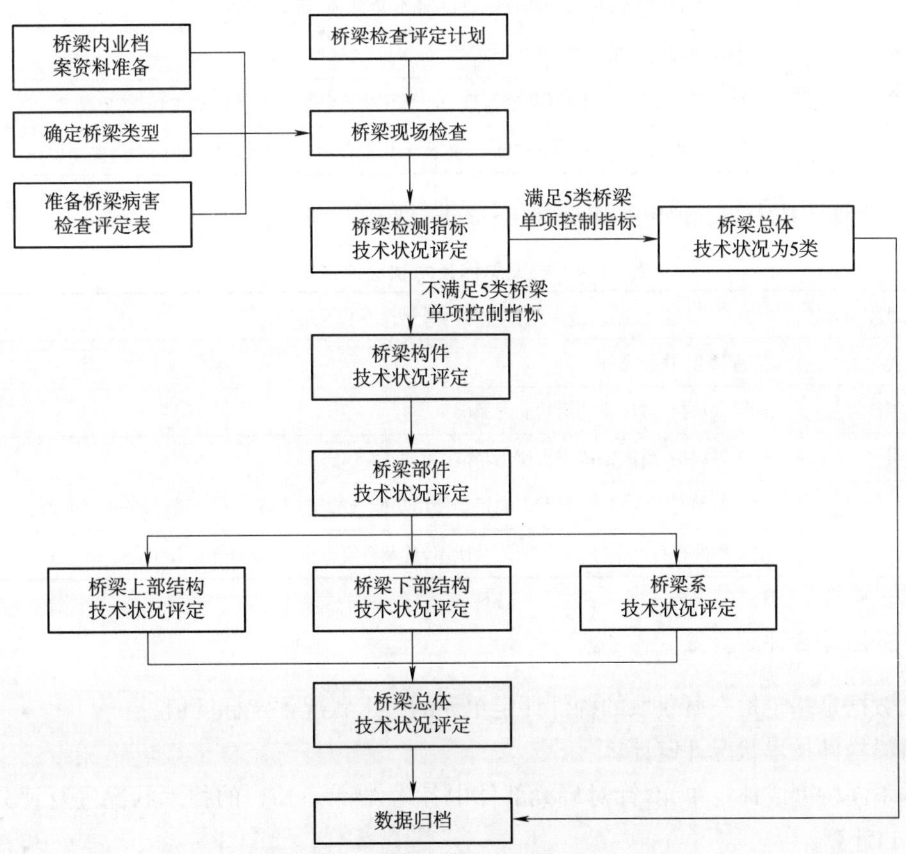

图 11.2　桥梁技术状况评定工作流程图

桥梁部件按照主要部件和次要部件分开进行等级分类：

(1)桥梁主要部件技术状况评定标度分为 1～5 类，见表 11.2。

表 11.2　桥梁主要部件技术状况评定标度

技术状况评定标度	桥梁技术状况描述
1 类	全新状态，功能完好
2 类	功能良好，材料有局部轻微缺损或污染
3 类	材料有中等缺损；或出现轻度功能性病害，但发展缓慢，尚能维持正常使用功能

续上表

技术状况评定标度	桥梁技术状况描述
4类	材料有严重缺损，或出现中等功能性病害，且发展较快；结构变形小于或等于规范值，功能明显降低
5类	材料严重缺损，出现严重的功能性病害，且有继续扩展现象；关键部位的部分材料强度达到极限，变形大于规范值，结构的强度、刚度、稳定性不能达到完全通行的要求

(2)桥梁次要部件技术状况评定标度分为1～4类，见表11.3。

表11.3　桥梁次要部件技术状况评定标度

技术状况评定标度	桥梁技术状况描述
1类	全新状态，功能完好；或功能良好，材料有轻度缺损、污染等
2类	有中等缺损或污染
3类	材料有严重缺损，出现功能降低，进一步恶化将不利于主要部件，影响正常交通
4类	材料有严重缺损，失去应有功能，严重影响正常交通；或原无设置，而调查需要补设

(3)桥梁总体技术状况评定等级分为1～5类，见表11.4。

表11.4　桥梁总体技术状况评定等级

技术状况评定等级	桥梁技术状况描述
1类	全新状态，功能完好
2类	有轻微缺损，对桥梁使用功能无影响
3类	有中等缺损，尚能维持正常使用功能
4类	主要构件有大的缺损，严重影响桥梁使用功能；或影响承载能力，不能保证正常使用
5类	主要构件存在严重缺损，不能正常使用，危及桥梁安全，桥梁处于危险状态

11.1.3　分层综合评定算法

基础数据是基于检查所获取的构件评定单元的技术状况评定标度值。

1)桥梁构件技术状况评定计算

根据不同桥型或评定单元，针对桥梁部件中各构件(表11.1)的技术状况进行评分，具体按式(11-1)计算。

$$\mathrm{PMCI}_l(\mathrm{BMCI}_l\text{ 或 }\mathrm{DMCI}_l)=100-\sum_{x=1}^{k}U_x \tag{11-1}$$

当$x=1$时　　$U_1=DP_{i1}$

当$x\geqslant 2$时　　$U_x=\dfrac{DP_{ij}}{100\times\sqrt{x}}\times\left(100-\sum_{y=1}^{x-1}U_y\right)$ (其中$j=x$)

当$DP_{ij}=100$时　　$\mathrm{PMCI}_l(\mathrm{BMCI}_l\text{ 或 }\mathrm{DMCI}_l)=0$

式中　PMCI_l——上部结构第i类部件l构件的得分，值域为0～100分；

BMCI_l——下部结构第i类部件l构件的得分，值域为0～100分；

DMCI_l——桥面系第i类部件l构件的得分，值域为0～100分；

k——第 i 类部件 l 构件出现扣分的指标的种类数；

U,x,y——引入的变量；

i——部件类别，例如 i 表示上部承重构件、支座、桥墩等；

j——第 i 类部件 l 构件的第 j 类检测指标；

DP_{ij}——第 i 类部件 l 构件的第 j 类检测指标的扣分值，扣分值按表 11.5 取值。

表 11.5　构件各检测指标扣分值

检测指标所能达到的最高等级类别	指标类别				
	1 类	2 类	3 类	4 类	5 类
3 类	0	20	35	—	—
4 类	0	25	40	50	—
5 类	0	35	45	60	100

由于发生在不同构件的各种病害对桥梁影响程度不同，对此，按照“检测指标所能达到的最高等级类别”体系，分为表 11.5 所示的 3～5 类，规范规定了构件的取值。“指标类别”为检测人员判定的检测指标实际所达到的类别，按规范给定的判据判定，在“检测指标所能达到的最高等级类别”范围内取值。例如，“检测指标所能达到的最高等级类别”为 3 类，实际“指标类别”判别为 2 类时则扣分为 20 分；“检测指标所能达到的最高等级类别”为 4 类，实际“指标类别”判别为 3 类时则扣分为 40 分，按照这种扣分方法能体现出不同构件的不同病害对桥梁影响程度的不同。

2)桥梁部件技术状况评定计算

综合考虑各部件所有构件评分的平均值、最低值和随构件数变化而变化的系数，分别针对上部结构、下部结构、桥面系各部件的技术状况进行评分，具体按式(11-2)计算。

$$\mathrm{PCCI}_i=\overline{\mathrm{PMCI}}-(100-\mathrm{PMCI}_{\min})/t \tag{11-2}$$

或

$$\mathrm{BCCI}_i=\overline{\mathrm{BMCI}}-(100-\mathrm{BMCI}_{\min})/t$$

或

$$\mathrm{DCCI}_i=\overline{\mathrm{DMCI}}-(100-\mathrm{DMCI}_{\min})/t$$

式中　PCCI_i——上部结构第 i 类部件的得分，值域为 0～100 分；当上部结构中的主要部件某一构件评分值 PMCI_l 在[0，60)区间时，其相应的部件评分值 $\mathrm{PCCI}_i=\mathrm{PMCI}_l$；

$\overline{\mathrm{PMCI}}$——上部结构第 i 类部件各构件的得分平均值，值域为 0～100 分；

BCCI_i——下部结构第 i 类部件的得分，值域为 0～100 分；当下部结构中的主要部件某一构件评分值 BMCI_l 在[0，60)区间时，其相应的部件评分值 $\mathrm{BCCI}_i=\mathrm{BMCI}_l$；

$\overline{\mathrm{BMCI}}$——上部结构第 i 类部件各构件的得分平均值，值域为 0～100 分；

DCCI_i——桥面系第 i 类部件的得分，值域为 0～100 分；

$\overline{\mathrm{DMCI}}$——桥面系第 i 类部件各构件的得分平均值，值域为 0～100 分；

$\mathrm{PCCI}_{\min}$——上部结构第 i 类部件中分值最低的构件得分值；

$\mathrm{BCCI}_{\min}$——下部结构第 i 类部件中分值最低的构件得分值；

$\mathrm{DCCI}_{\min}$——桥面系第 i 类部件分值最低的构件得分值；

t——随构件的数量而变的系数，见表 11.6。

表 11.6 t 值

n(构件数)	t	n(构件数)	t	n(构件数)	t	n(构件数)	t
1	—	11	7.9	21	6.48	40	4.9
2	10	12	7.7	22	6.36	50	4.4
3	9.7	13	7.5	23	6.24	60	4.0
4	9.5	14	7.3	24	6.12	70	3.6
5	9.2	15	7.2	25	6.00	80	3.2
6	8.9	16	7.08	26	5.88	90	2.8
7	8.7	17	6.96	27	5.76	100	2.5
8	8.5	18	6.84	28	5.64	≥200	2.3
9	8.3	19	6.72	29	5.52		
10	8.1	20	6.6	30	5.4		

注：1. n 为第 i 类部件的构件总数。

2. 表中未列出 t 值采用内插法计算。

3)桥梁结构技术状况评定计算

分桥梁上部结构、下部结构、桥面系三类结构，进行其技术状况评分。根据所涉及部件的技术状况得分和对应的权重，按式(11-3)计算其分值。

$$\text{SPCI(SBCI 或 BDCI)} = \sum_{i=1}^{m} \text{PCCI}_i(\text{BCCI}_i \text{ 或 } \text{DCCI}_i) \times W_i \tag{11-3}$$

式中 SPCI——桥梁上部结构技术状况评分，值域为 0～100 分；

SBCI——桥梁下部结构技术状况评分，值域为 0～100 分；

BDCI——桥面系技术状况评分，值域为 0～100 分；

m——上部结构(下部结构或桥面系)的部件种类数；

W_i——第 i 类部件的权重，按《公路桥梁技术状况评定标准》(JTG/T H21—2011)相关规定取值；对于桥梁中未设置的部件，应根据此部件的隶属关系，将其权重值分配给各既有部件，分配原则按照各既有部件权重在全部既有部件权重中所占比例进行分配。

实际工作中当存在某座桥梁缺失某些部件时，如单跨桥梁无桥墩、部分桥梁无人行道等类似情况，需根据此构件隶属于上部结构、下部结构或桥面系关系，将此缺失构件的权重值分配给其他部件，即将缺失部件权重值按照既有部件权重在全部既有部件权重中所占比例进行分配，这样考虑保证了既有部件参与评价，使桥梁评价更符合实际情况。

4)桥梁总体技术状况评定计算

根据上部结构、下部结构和桥面系的技术状况评分及其相应权重，按式(11-4)计算。

$$D_r = \text{BDCI} \times W_D + \text{SPCI} \times W_{SP} + \text{SBCI} \times W_{SB} \tag{11-4}$$

式中 D_r——桥梁总体技术状况评分，值域为 0～100 分；

W_D——桥面系在全桥中的权重，为 0.2；

W_{SP}——上部结构在全桥中的权重，为 0.4；

W_{SB}——下部结构在全桥中的权重，为 0.4。

11.1.4　桥梁技术状况评定界限和分类

由上述计算得到的桥梁不同部位的技术状况分值和总体技术状况分值，按照 5 个等级进行分值界限划分，具体分类界限见表 11.7。

表 11.7　桥梁技术状况分类界限表

技术状况评分	技术状况等级 D_j				
	1 类	2 类	3 类	4 类	5 类
D_r(SPCI、SPCI、SPCI)	[95,100]	[80,95)	[60,80)	[40,60)	[0,40)

实际进行桥梁技术状况评价时，应考虑 11.1.5 所示的几种情况：

11.1.5　桥梁技术状况单项控制指标

出现下列“5 类桥梁技术状况单项控制指标”的任何一项，则整座桥应评为 5 类桥：

(1)上部结构有落梁；或有梁、板断裂现象。

(2)梁式桥上部承重构件控制截面出现全截面开裂；或组合结构上部承重构件结合面开裂贯通，造成截面组合作用严重降低。

(3)梁式桥上部承重构件有严重的异常位移，存在失稳现象。

(4)结构出现明显的永久变形，变形大于规范值。

(5)关键部位混凝土出现压碎或杆件失稳倾向；或桥面板出现严重塌陷。

(6)拱式桥拱脚严重错台、位移，造成拱顶挠度大于限值；或拱圈严重变形。

(7)圬工拱桥拱圈大范围砌体断裂，脱落现象严重。

(8)腹拱、侧墙、立墙或立柱产生破坏造成桥面板严重塌落。

(9)系杆或吊杆出现严重锈蚀或断裂现象。

(10)悬索桥主缆或多根吊索出现严重锈蚀、断丝。

(11)斜拉桥拉索钢丝出现严重锈蚀、断丝，主梁出现严重变形。

(12)扩大基础冲刷深度大于设计值，冲空面积达 20%以上。

(13)桥墩(桥台或基础)不稳定，出现严重滑动、下沉、位移、倾斜等现象。

(14)悬索桥、斜拉桥索塔基础出现严重沉降或位移；或悬索桥锚碇有水平位移或沉降。

11.2　耐久性评定方法

《公路桥涵养护规范》(JTG 5120—2021)指出，耐久性评定可采用外观耐久状态评定与剩余耐久年限评定相结合的方法。公路桥梁耐久性主要是指公路桥梁对其安全性和适用性等性能的保持能力，这种能力保持主要体现在构件材质劣化、环境侵蚀、保护构造和防护措施等方面。因此，外观耐久状态评定可以通过外观检查，根据其对耐久性的影响程度和外观劣化程度进行。

《既有混凝土结构耐久性评定标准》(GBT 51355—2019)规定既有混凝土结构在出现下列情况时，应进行耐久性评定：

(1)达到设计使用年限，拟继续使用时；

(2)使用功能或环境明显改变时；

(3)已出现耐久性损伤时；

(4)考虑结构性能随时间劣化进行可靠性鉴定时。

重要工程或设计使用年限为 100 年及以上的工程应定期进行耐久性评定。混凝土结构耐久性应分构件、评定单元两个层次，按三个等级进行评定。其中，评定单元应根据结构所处环境条件、结构使用功能、结构布置等情况划分。构件的耐久性等级应根据耐久性裕度系数或耐久性损伤状态评定，评定单元的耐久性等级应根据耐久性裕度系数确定。下面分别列出构件和评定单元的三个等级。

1)构件

a 级：在目标使用年限内，构件耐久性满足要求，可不采取修复、防护或其他提高耐久性的措施；

b 级：在目标使用年限内，构件耐久性基本满足要求，可不采取或部分采取修复、防护或其他提高耐久性的措施；

c 级：在目标使用年限内，构件耐久性不满足要求，应及时采取修复、防护或其他提高耐久性的措施。

2)评定单元

A 级：在目标使用年限内，评定单元耐久性满足要求，可不采取修复、防护或其他提高耐久性的措施；

B 级：在目标使用年限内，评定单元耐久性基本满足要求，可不采取或部分采取修复、防护或其他提高耐久性的措施；

C 级：在目标使用年限内，评定单元耐久性不满足要求，应及时采取修复、防护或其他提高耐久性的措施；

采用耐久性裕度系数 ξ_d 进行耐久性等级评定时，应按表 11.8 进行。而耐久性裕度系数 ξ_d 应根据结构所处的环境类别及作用等级、结构的技术状况，并考虑耐久性重要系数 γ_0，按式(11-5)和式(11-6)确定。

$$\xi_d=\frac{t_{re}}{\gamma_0\cdot t_e} \tag{11-5}$$

$$\xi_d=\frac{[\Omega]}{\gamma_0\cdot\Omega} \tag{11-6}$$

式中　t_{re}——结构剩余使用年限；

t_e——目标使用年限；

$[\Omega]$——某项性能指标的临界值；

Ω——某项性能指标的评定值；

γ_0——耐久重要性系数，按表 11.9 确定。

表 11.8　耐久性等级评定

耐久性裕度系数 ξ_d	≥1.8	1.8～1.0	≤1.0
构件耐久性等级	a 级	b 级	c 级
评定单元耐久性等级	A 级	B 级	C 级

表 11.9　耐久等级评定标准

耐久重要性系数	耐久性失效后果	耐久重要性系数
一级	很严重	1.1
二级	严重	1.0
三级	不严重	0.9

当结构受到多种类型环境作用时，应分别进行每类环境单独作用下的耐久性评定，并宜考虑多环境耦合作用进行耐久性评定，而且还应考虑目标使用年限内可能受到的作用和使用条件的变化，应根据评定目的，选取相应的耐久性极限状态进行评定。

11.3　通行及抗洪能力评定方法

桥梁线路通行能力适应率计算公式如下：

$$\beta_t = \frac{N_x}{N} \times 100\% \tag{11-7}$$

式中　β_t——桥梁线路泄洪能力适应率；

N_x——考查线路上计算泄洪能力可满足要求的桥梁座数；

N——考查线路上总的桥梁座数。

当 $90 \leqslant \beta_t \leqslant 100$ 时，线路泄洪能力评定等级为“良好”；当 $70 \leqslant \beta_t < 90$ 时，线路泄洪能力评定等级为“适应”；当 $\beta_t < 70$ 时，线路泄洪能力评定等级为“不适应”。

《公路桥涵养护规范》(JTG 5120—2021)中对抗洪能力分“强”“可”“弱”“差”四个等级进行评定，详见该规范，在此不再赘述。

11.4　桥梁承载能力评定

桥梁结构承载力涉及结构的安全和承载能力水平，是安全性评定、加固、拆除的重要基础性工作。中华人民共和国交通运输部颁布了相应技术标准以规范评价工作，如《公路桥梁承载能力检测评定规程》(JTG/T J21—2011)。

对服役桥梁，应从结构或构件的强度、刚度、抗裂性和稳定性四个方面进行承载能力检测评定。其中，结构或构件的截面强度和稳定性属于承载能力极限状态评定，结构或构件的刚度和抗裂性属于正常使用极限状态评定。下面主要针对桥梁结构或构件的承载能力评定方法及其检测内容进行介绍。

11.4.1　桥梁承载能力评定的检测内容

既有桥梁的承载能力分析与评定，相较于新桥设计要复杂，主要原因是，新桥设计的材料参数采用规范值，结构几何参数采用设计值，各类分项系数也采用规范值，在此前提下，设计人员通过合理的设计计算，使结构满足规范规定的强度、刚度和稳定性指标要求，一旦这些参数确定了，分析计算和评价基本上就是确定性分析了。相反，服役桥梁这些指标由于桥梁各种因素引起的老化、性能退化，均变成了不确定性分析，因此，完整的承载力评定，需要从结构状况、材质、荷载变化调查与检测等入手，开展桥梁缺损状况检查与评定，掌握好最基础且可靠的资料后，方能开展评价工作，具体内容如下，有关检测方法见第 13 章。

1)桥梁几何形态参数

桥梁几何形态的变化在一定程度上能反映结构内力的变化情况，对于超静定结构，产生的次内力对结构的影响往往不可忽略，因此，几何形态参数的实测数据，可用于确定桥梁结构持久荷载状态的变化，也可推求判定结构基础变位情况。

梁桥应测定桥跨结构纵向线形和墩(台)的竖向和水平变位；拱桥除应测定梁桥所测定的内容外，还应测定拱轴线；索塔应测定塔顶水平变位、桥面结构纵向线形和主缆线形。测定结构纵向线形时，宜沿桥纵向分断面布设测点，分桥轴线和车行道上、下游边缘线 3 条线，按二等工程水准测量要求进行闭合水准测量。测点应布置在桥跨或桥面结构的跨径等分点截面上。中小跨径桥梁单跨测量截面不宜少于 5 个，大跨径桥梁单跨测量截面不宜少于 9 个。墩(台)顶的水平变位或塔顶水平变位，可采用悬挂垂球方法、极坐标法或其他可靠方法进行测量。拱轴线和主缆线形，宜按桥跨的 8 等分点分别在拱背和拱腹、主缆顶面布设测点，采用极坐标法进行平面坐标和三角高程测量。

2)桥梁恒载变异状况

桥梁结构在施工时造成的结构或构件尺寸差异、运营期的附加构造物布设等会引起桥梁结构恒载变异，其对结构承载能力的影响在结构检算分析过程中应加以考虑。

桥梁长度、跨径可在桥面上按桥跨结构中心线和车行道上、下游边缘线 3 条线进行测量；桥梁宽度可沿桥纵向分断面采用钢尺进行量测，每跨不宜少于 3 个；构件长度与截面尺寸可采用钢尺进行测量，跨径小于 40 m 的桥梁量测断面单跨不得少于 5 个，跨径不小于 40 m 的桥梁量测断面单跨不得少于 9 个，墩台、主塔等主要承重构件，量测断面不得少于 3 个，另外，截面突变处应布设测量断面；桥面铺装层厚度可采用分断面布点钻芯量测，量测断面宜布置在跨径四等分点位置，每断面宜布设 3 个钻孔测点，分设在车行道桥跨结构中心线和上、下游边缘处，也可采用雷达结合钻芯修正的方法测定。

3)桥梁材质强度

服役桥梁材质强度检测主要包括混凝土和钢材两类材料的材质强度检测，为减少对结构构件的损坏，应尽量采用无损检测方法(如回弹法、超声回弹综合法等)进行。确有必要时方可考虑对混凝土采用半破损检测方法(如取芯法)，对钢材采用截取试样方法。在桥梁上钻、截取试件时，应选择在主要承重构件的次要部位或次要承重构件上，并应采取措施保证结构安全，取后应及时进行修复或加固处理。

混凝土桥梁结构或构件实测强度推定值或测区平均换算强度值按式(11-8)、式(11-9)计算，然后按表 11.10 确定强度评定标度。

$$K_{bt}=\frac{R_{it}}{R} \tag{11-8}$$

$$K_{bm}=\frac{R_{im}}{R} \tag{11-9}$$

式中　K_{bt}——混凝土推定强度匀质系数；

K_{bm}——混凝土平均强度匀质系数；

R_{it}——混凝土实测强度推定值；

R_{im}——混凝土测区平均换算强度值；

R——混凝土设计强度等级。

表 11.10 桥梁混凝土强度评定标准

K_{bt}	K_{bm}	强度状况	评定标度
≥0.95	≥1.00	良好	1
(0.95,0.90]	(1.00,0.95]	较好	2
(0.90,0.80]	(0.95,0.90]	较差	3
(0.80,0.70]	(0.90,0.85]	差	4
<0.70	<0.85	危险	5

4)混凝土桥梁钢筋锈蚀电位

混凝土中钢筋锈蚀不仅影响结构耐久性，而且影响结构的安全性。钢筋锈蚀电位可直观反映混凝土中钢筋锈蚀的活动性，因此，通过布设测区（每一测区测点数不宜少于 20 个），测试混凝土桥梁主要构件或主要受力部位钢筋/混凝土与参考电极之间的电位差，判断钢筋发生锈蚀的概率。钢筋锈蚀电位检测宜采用半电池电位法，参考电极可采用铜/硫酸铜半电池电极。根据测区锈蚀电位水平最低值，按表 11.11 确定钢筋锈蚀电位评定标度。

表 11.11 混凝土桥梁钢筋锈蚀电位评定标准

电位水平(mV)	钢筋状况	评定标度
≥−200	无锈蚀活动性或锈蚀活动性不确定	1
(−200,−300]	有锈蚀活动性，但锈蚀状态不确定，可能坑蚀	2
(−300,−400]	有锈蚀活动性，发生锈蚀概率大于 90%	3
(−400,−500]	有锈蚀活动性，严重锈蚀可能性极大	4
<−500	构件存在锈蚀开裂区域	5

注：量测时，混凝土桥梁结构或构件应为自然状态。

5)混凝土桥梁氯离子含量

对钢筋锈蚀电位评定标度值为 3、4、5 的主要构件或主要受力部位，应布置测区测定混凝土中氯离子含量及其分布，每一被测构件测区数量不宜少于 3 个，采用在结构构件上钻取不同深度的混凝土粉末样品的方法通过化学分析进行混凝土中的氯离子含量测定，并按表 11.12 评判其诱发钢筋锈蚀的可能性，按照测区最高氯离子含量值确定评定标度。

表 11.12 混凝土氯离子含量评定标准

氯离子含量（占水泥含量的百分比）(%)	诱发钢筋锈蚀的可能性	评定标度
<0.15	很小	1
[0.15,0.40)	不确定	2
[0.40,0.70)	有可能诱发钢筋	3
[0.70,1.00)	会诱发钢筋锈蚀	4
≥1.00	钢筋锈蚀活化	5

6)混凝土桥梁电阻率

混凝土电阻率反映了混凝土的导电性能，可间接评判钢筋的可能锈蚀速率，通常对钢筋锈蚀电位评定标度值为 3、4、5 的主要构件或主要受力部位，应进行混凝土电阻率测量（宜采用四电极法)，且被测构件或部位的测区数量不宜少于 30 个。混凝土电阻率越小，混凝土导电能力越强，钢筋锈蚀发展速度越快，因此，一般根据测区电阻率最小值，按表 11.13 确定混凝土电阻率评定标度。

表 11.13　混凝土电阻率评定标准

电阻率(Ω・cm)	可能的锈蚀速率	评定标度
≥20 000	很慢	1
[15 000,20 000)	慢	2
[10 000,15 000)	一般	3
[5 000,10 000)	快	4
<5 000	很快	5

注：量测时，混凝土桥梁结构或构件应为自然状态。

7)混凝土桥梁碳化状况

配筋混凝土构件中的钢筋通常由于碱性混凝土环境的保护而处于钝化状态，混凝土碳化将造成钢筋失去碱性混凝土环境的保护，钢筋就易发生锈蚀，通过测试混凝土的碳化深度，并结合钢筋保护层厚度状况来评判混凝土碳化对钢筋锈蚀的影响。通常对钢筋锈蚀电位评定标度值为 3、4、5 的主要构件或主要受力部位，设置不少于 3 个或混凝土强度测区数量的 30%的测区进行混凝土碳化状况检测。推荐采用在混凝土新鲜断面观察酸碱指示剂反应厚度的方法测定，根据测区混凝土碳化深度平均值与实测保护层厚度平均值的比值 K_c，按表 11.14 确定混凝土碳化评定标度。

表 11.14　混凝土碳化评定标准

K_c	评定标度	K_c	评定标度
<0.5	1	[1.5,2.0)	4
[0.5,1.0)	2	≥2.0	5
[1.0,1.5)	3		

8)混凝土桥梁钢筋保护层厚度

混凝土对钢筋的保护作用包括两个方面：一是混凝土的高碱性使钢筋表面形成钝化膜；二是保护层对外界腐蚀介质、氧气及水分等渗入的阻止作用；后一种作用主要取决于混凝土的密实度及保护层厚度。因此，混凝土保护层厚度及其分布均匀性是影响结构钢筋耐久性的一个重要因素。通常，采用电磁检测方法对主要构件或主要受力部位、钢筋锈蚀电位测试，结果表明需对钢筋可能锈蚀活化的部位、发生钢筋锈蚀胀裂的部位、布置混凝土碳化测区的部位等四个主要部位进行无损检测，但缺失资料的桥梁，可在结构非主要受力部位采用局部破损的方法进行校验，还包括钢筋直径估测。

钢筋保护层厚度平均值和特征值，可按式(11-10)和式(11-11)进行计算：

$$\overline{D_n} = \frac{\sum_{i=1}^{n} D_{ni}}{n} \tag{11-10}$$

$$D_{ne} = \overline{D_n} - K_p S_D \tag{11-11}$$

$$S_D=\sqrt{\frac{\sum_{i=1}^{n}(D_{ni})^2-n(\overline{D_n})^2}{n-1}}$$

式中　$\overline{D_n}$——钢筋保护层厚度平均值；

D_{ni}——第 i 号测点的钢筋保护层厚度实测值，精确至 0.1 mm；

n——测点数；

D_{ne}——钢筋保护层厚度特征值；

K_p——判定系数，按表 11.15 取用；

S_D——钢筋保护层厚度实测值标准差，精确至 0.1 mm。

表 11.15　钢筋保护层厚度判定系数

n	10～15	16～24	≥25
K_p	1.695	1.645	1.595

最后，根据检测构件或部位的钢筋保护层厚度特征值 D_{ne} 与设计值 D_{nd} 的比值，按表 11.16 确定钢筋混凝土保护层厚度评定标度。

表 11.16　钢筋保护层厚度评定标准

D_{ne}/D_{nd}	对结构钢筋耐久性的影响	评定标度
≥0.95	影响不显著	1
(0.85,0.95]	有轻度影响	2
(0.70,0.85]	有影响	3
(0.55,0.70]	有较大影响	4
≤0.55	钢筋易失去碱性保护，发生锈蚀	5

9)拉吊索索力

拉吊索索力直接反映索结构桥梁持久状况下的内力状态，是评价桥梁承载能力的重要指标。现场检测时应先解除索的阻尼装置并通过现场试验确定换算索长，通常采用振动法测量服役桥梁拉吊索索力，也可利用锚下预先安装的测力传感器直接测量，并应依据不少于前五阶特征频率计算索力的平均值，然后按式(11-12)计算索力偏差率 K_t。

$$K_t=\frac{T-T_d}{T_d} \tag{11-12}$$

式中　T——实测索力值；

T_d——设计索力值。

当索力偏差率超过±10%时应分析原因，检定其安全系数是否满足相关规范要求，并应在结构检算中加以考虑。

10)桥梁基础与地基

桥梁基础的检测评定主要是指桥梁基础变位的检测评定，主要包括以下三个方面：

(1)基础的竖向沉降、水平变位和转角；

(2)相邻基础的沉降差；

(3)基础的不均匀沉陷、滑移、倾斜等。

桥梁基础变位通常从以下两个方面进行评定：

(1)基础变位是否趋于稳定。若基础变位尚未稳定,应设立永久性观测点,定期通过测量观测点平面坐标与高程的变化分析其变位;对无永久性观测点的桥梁基础,可采用几何测量、垂线测量、光学测距等间接测量的方法,也可通过测量桥跨结构几何形态参数的变化推定其变位。

(2)基础变位是否超过设计容许值。若超出设计容许值,除应检算评定基础变位对上部结构的不利影响外,还应对地基进行探查,检算评定其承载能力。

若通过观察确认其仍在继续发展时,应采取相应措施进行加固处理。

11)桥梁缺损状况检查与评定

确定桥梁评定等级与维修事项。方法同前述。

12)静、动荷载试验

承载能力评定一般均将开展静载试验,评估桥梁对使用荷载等级的适应性和安全性;动载试验,视情况而定,获取自振频率、冲击系数等动力学特性,评定桥梁动力工作特性、校验静力分析精度等。

桥梁自振频率变化不仅能够反映结构损伤情况,而且还能反映结构整体性能和受力体系的改变。通过测试桥梁自振频率的变化,可以分析桥梁结构性能,评价桥梁工作状况。根据实测自振频率 f_{mi} 与理论计算频率 f_{di} 的比值,按表 11.17 确定自振频率评定标度。

表 11.17　桥梁自振频率评定标准

上部结构	下部结构	评定标度
f_{mi}/f_{di}	f_{mi}/f_{di}	
≥1.1	≥1.2	1
[1.00,1.10)	[1.00,1.20)	2
[0.90,1.00)	[0.95,1.00)	3
[0.75,0.90)	[0.80,0.95)	4
<0.75	<0.80	5

静、动荷载试验方法见第 13 章。

11.4.2　承载能力评定

根据以上检测、试验和评估结果,确定旧桥的承载能力。桥梁承载力评估流程如图 11.3 所示。

考虑到服役桥梁材料组成主要包括圬工结构桥梁、配筋混凝土桥梁和钢结构桥梁,在计算三类不同材料组成的桥梁结构承载能力极限状态的抗力效应时,引入不同的分项检算系数、截面折减系数、承载能力恶化系数进行修正,荷载效应根据《公路桥梁承载能力检测评定规程》(JTG/T J21—2011)有关规定计算,对交通繁忙和重载车辆较多的桥梁,通过活载影响修正系数进行修正,再从结构或构件的强度、刚度、抗裂性和稳定性四个方面进行检测评定。

对服役桥梁,当结构或构件的承载能力检算系数评定标度为 3、4 或 5 时,应采用引入检算系数的方式对限制应力、结构变形和裂缝宽度等,进行正常使用极限状态评定计算。

1)圬工桥梁承载能力

圬工桥梁承载能力极限状态评定,主要考虑采取引入桥梁检算系数、截面折减系数和活载修正系数分别对极限状态方程中结构抗力效应和荷载效应进行修正,并通过比较判定结构或

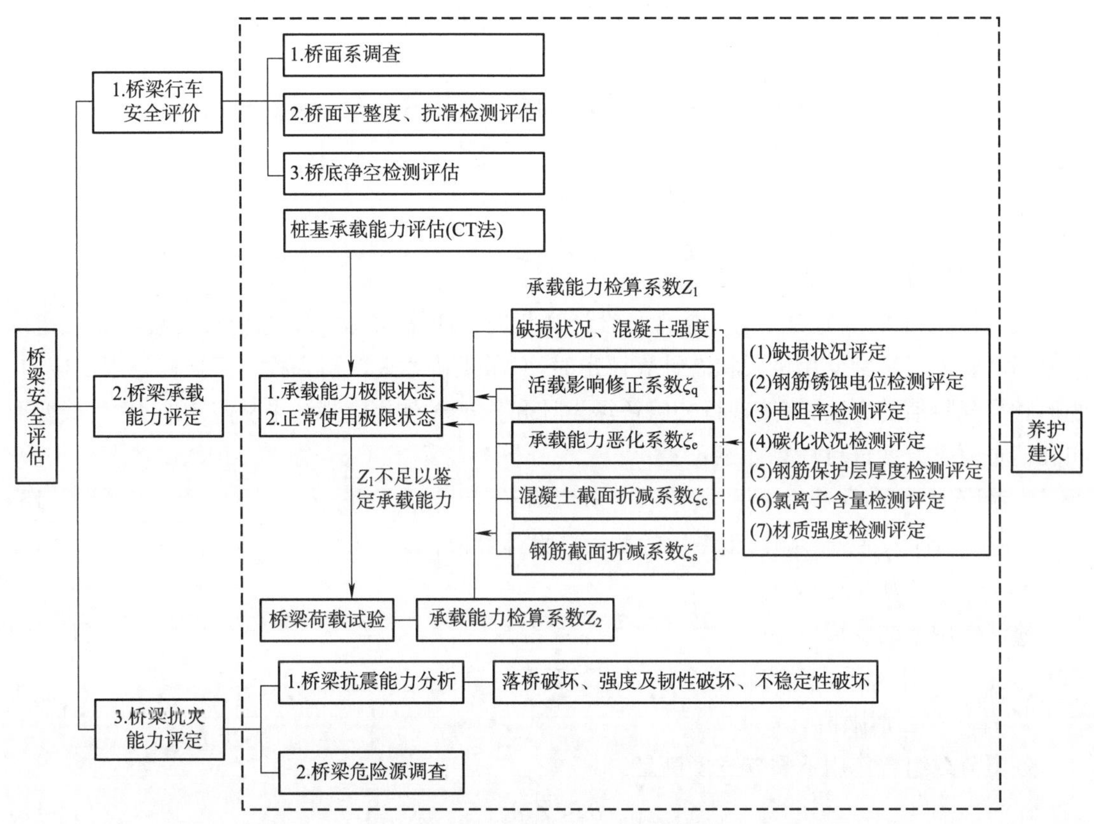

图 11.3　桥梁承载力评估流程图

构件的承载能力状况。圬工桥梁承载能力极限状态，应根据桥梁检测结果按式(11-13)进行计算评定。

$$\gamma_0 S \leqslant R(f_d, \xi_c a_d) Z_1 \tag{11-13}$$

式中　γ_0——结构的重要性系数；

S——荷载效应函数；

$R()$——抗力效应函数；

f_d——材料强度设计值；

a_d——结构的几何尺寸；

Z_1——承载能力检算系数；

ξ_c——截面折减系数。

式(11-14)中的抗力效应值应按现行设计规范进行计算，Z_1、ξ_c 应按《公路桥梁承载能力检测评定规程》(JTG/T J21—2011)有关规定取值。圬工桥梁正常使用极限状态，宜按现行相关公路桥涵设计和养护规范进行计算评定。

2)配筋混凝土桥梁承载能力

配筋混凝土桥梁承载能力极限状态评定，采取引入桥梁检算系数、承载能力恶化系数、截面折减系数和活载修正系数分别对极限状态方程中结构抗力效应和荷载效应进行修正，并通过比较判定结构或构件的承载能力状况。配筋混凝土桥梁承载能力极限状态，应根据桥梁检测结果按式(11-14)进行计算评定。

$$\gamma_0 S \leqslant R(f_d, \xi_c a_{dc}, \xi_s a_{ds}) Z_1 (1-\xi_e) \tag{11-14}$$

式中　a_{dc}——构件混凝土几何参数值；

a_{ds}——构件钢筋几何参数值；

ξ_e——承载能力恶化系数；

ξ_c——配筋混凝土结构的截面折减系数；

ξ_s——钢筋的截面折减系数；

其他未列符号意义同前(下同)。

式(11-14)中的抗力效应值应按现行设计规范进行计算，Z_1、ξ_e、ξ_c、ξ_s 应按规程有关规定取值。当需要进行正常使用极限状态计算评定时，对服役桥梁采取引入检算系数修正限制应力、变形和裂缝限值的方法，宜按现行公路桥涵设计和养护规范及检测结果从限制应力、荷载变形和裂缝宽度三方面进行计算评定：

限制应力

$$\sigma_d < Z_1 \sigma_L \tag{11-15}$$

式中　σ_d——计入活载影响修正系数的截面应力计算值；

σ_L——应力限值。

荷载作用下的变形

$$f_{d1} < Z_1 f_L \tag{11-16}$$

式中　f_{d1}——计入活载影响修正系数的荷载变形计算值；

f_L——变形限值。

各类荷载组合作用下裂缝宽度满足：

$$\delta_d < Z_1 \delta_L \tag{11-17}$$

式中　δ_d——计入活载影响修正系数的短期荷载变形计算值；

δ_L——变位限值。

桥梁结构或构件在持久状况下裂缝宽度限值应满足《公路桥梁承载能力检测评定规程》(JTG/T J21—2011)中相应部位容许最大宽度要求。

3)钢结构承载能力

对钢结构，采取引入检算系数修正容许应力和容许变形的方式给出相应的限值取值，钢结构桥梁结构构件强度、总体稳定性和疲劳强度验算应按现行《公路钢结构桥梁设计规范》(JTG D64—2015)给出的计算公式进行承载能力计算评定，其应力限值取值为 $Z_1[\sigma]$。钢结构荷载作用下的变形按式(11-18)计算评定

$$f_{d1} < Z_1 [f] \tag{11-18}$$

式中　$[f]$——容许变形值。

4)拉吊索承载能力

拉吊索承载能力的计算评定依据其强度引入检算系数修正系数的方式给出相应的限值取值，计算公式如下：

$$\frac{T_j}{A} < Z_1 [\sigma] \tag{11-19}$$

式中　T_j——计入活载影响修正系数的截面应力计算值；

A——索的计算面积；

$[\sigma]$——容许应力限值。

5)地基承载能力

《公路桥涵地基与基础设计规范》(JTG 3363—2019)中规定，对于经久压实的桥梁地基土，在墩台与基础无异常变位的情况下可考虑适当提高承载能力，最大提高系数为 1.25；当桥头填土经久压实时，在桥台无结构性病害的情况下，填土内摩擦角 φ 可根据土质情况适当放大 5°～10°，但提高后的最大取值不得超过 50°。

6)分项检算系数确定

对于前述圬工与配筋混凝土桥梁，应综合考虑桥梁结构或构件表观缺损状况、材质强度和桥梁结构自振频率等的检测评定结果，按式(11-20)计算确定结构或构件承载能力检算系数评定标度 D。

$$D = \sum \alpha_j D_j \tag{11-20}$$

式中　α_j——某项检测指标的权重值，$\sum_{j=1}^{3} \alpha_j = 1$，按表 11.18 取值；

D_j——结构或构件某项检测指标的评定标度，按规程中关于结构或构件表观缺损状况、材质强度和自振频率的评定计算值取定标度值。

表 11.18　承载能力检算系数检测指标权重值

检测指标名称	缺损状况	材质强度	自振频率
权重 α_i	0.4	0.3	0.3

根据公式(11-21)计算得到的评定标度，分别针对圬工、配筋混凝土桥梁和钢结构、拉吊索，按结构或构件受力类型或缺损状况给出了明确的桥梁检算系数 Z_1 的取值范围，分别列于表 11.19、表 11.20 和表 11.21。

表 11.19　圬工及配筋混凝土桥梁的承载能力检算系数值

承载能力检算系数评定标度 D	受弯	轴心受压	轴心受拉	偏心受压	偏心受拉	受扭	局部承压
1	1.15	1.20	1.05	1.15	1.15	1.10	1.15
2	1.10	1.15	1.00	1.10	1.10	1.05	1.10
3	1.00	1.05	0.95	1.00	1.00	0.95	1.00
4	0.90	0.95	0.85	0.90	0.90	0.85	0.90
5	0.80	0.85	0.75	0.80	0.80	0.75	0.80

表 11.20　钢结构桥梁承载能力检算系数值

缺损状况评定标度	性状描述	Z_1 值
1	焊缝完好，各节点铆钉、螺栓无松动；构件表面完好，无明显损伤，防护涂层略有老化、污垢	(0.95,1.05]
2	焊缝完好，少数节点有个别铆钉、螺栓松动变形；构件表面有少量锈迹，防护涂层油漆变色、起泡剥落，面积在 10%以内	(0.90,0.95]
3	少数焊缝开裂，部分节点有铆钉、螺栓松动变形；构件表面有少量锈迹，防护涂层油漆明显老化变色并伴有大量起泡剥落，面积在 10%～20%以内。个别次要构件有异常变形，行车稍感振动或摇晃	(0.85,0.90]

续上表

缺损状况评定标度	性状描述	Z_1 值
4	焊缝开裂，并造成截面削弱。联结部位铆钉、螺栓松动变形，10%～30%已损坏；构件表面锈迹严重，截面损失在3%～10%以内，防护涂层油漆明显老化变色并普遍起泡剥落，面积在50%以上。个别主要构件有异常变形，行车有明显振动或摇晃并伴有异常声音	(0.80,0.85]
5	焊缝开裂严重，造成截面削弱在10%以上。联结部位30%以上铆钉、螺栓已损坏；构件表面锈迹严重，截面损失在10%以上，材质特性明显退化；防护涂层油漆完全失效。主要构件有异常变形，行车振动或摇晃显著并伴有不正常移动	≤0.80

表 11.21 拉吊索承载能力检算系数值

缺损状况评定标度	性状描述	Z_1 值
1	表面防护完好，锚头无积水，锚下混凝土无裂缝	(1.00,1.10]
2	表面防护基本完好，有细微裂缝，锚头无锈蚀，锚固区无裂缝	(0.95,1.05]
3	表面防护有少量裂缝，伴有少量锈迹，锚头有轻微锈蚀，锚固区有细小裂缝	(0.90,0.95]
4	表面防护普遍开裂，并有部分脱落，锚头锈蚀，锚固区有明显的受力裂缝	(0.85,0.90]
5	表面防护普遍开裂，并有大量脱落，钢索裸露，钢索锈蚀严重，锚头积水锈蚀，锚固区有明显的受力裂缝，裂缝宽度大于0.2 mm	≤0.85

对配筋混凝土桥梁而言，为考虑评定期内桥梁结构质量状况(缺损状况、钢筋锈蚀电位、钢筋保护层厚度以及混凝土强度、电阻率、氯离子含量和碳化状况等)进一步衰退恶化产生的不利影响，使结构质量状况进一步衰退至某一阶段时，承载能力评定结果仍能维持在一定的可靠度水平之上，通过承载能力恶化系数 ξ_e 来反映这一不利影响可能造成的结构抗力效应的降低。首先根据检测结果，按表11.22确定构件恶化状况评定标度 E，再结合桥梁所处的环境条件，按表11.23确定配筋混凝土桥梁的承载能力恶化系数 ξ_e。

表 11.22 配筋混凝土桥梁结构或构件恶化状况评定标度

序号	检测指标名称	权重 α_j	综合评定方法
1	缺损状况	0.32	恶化状况评定标度 E 按下式计算：$E=\sum_{j=1}^{7}E_j\alpha_j$ 式中 E_j——结构或构件某项检测评定指标的评定标度，按前述相关规定确定； α_j——某项检测评定指标的权重，$\sum_{j=1}^{7}\alpha_j=1$。
2	钢筋锈蚀电位	0.11	
3	混凝土电阻率	0.05	
4	混凝土碳化状况	0.20	
5	钢筋保护层厚度	0.12	
6	氯离子含量	0.15	
7	混凝土强度	0.05	

注：对混凝土电阻率、碳化状况、氯离子含量三项检测指标，在不需要进行检测评定时，其评定标度值应取1。

表 11.23 配筋混凝土桥梁的承载能力恶化系数值

恶化状况评定标度 E	环境条件			
	干燥不冻 无侵蚀性介质	干、湿交替不冻 无侵蚀性介质	干、湿交替冻 无侵蚀性介质	干、湿交替冻 有侵蚀性介质
1	0.00	0.02	0.05	0.06
2	0.02	0.04	0.07	0.08

续上表

恶化状况评定标度 E	环境条件			
	干燥不冻 无侵蚀性介质	干、湿交替不冻 无侵蚀性介质	干、湿交替冻 无侵蚀性介质	干、湿交替冻 有侵蚀性介质
3	0.05	0.07	0.10	0.12
4	0.10	0.12	0.14	0.18
5	0.15	0.17	0.20	0.25

注：恶化系数 ξ_e 可按结构或构件恶化状况评定标度值线性内插。

对圬工及配筋混凝土桥梁，由于材料风化、碳化、物理与化学损失（如混凝土剥落、疏松、掉棱、缺角、桩基与墩柱由于冲蚀引起的剥落缩径等）引起的结构或构件有效截面损失，以及由于钢筋腐蚀剥落造成的钢筋有效面积损失，对结构构件截面抗力效应会产生影响。因此，用截面折减系数计及这一影响，分别从圬工与配筋混凝土桥梁材料风化、碳化、物理与化学损伤三项检测指标确定结构或构件截面损伤的综合评定标度 R，再按表 11.24、表 11.25 确定截面折减系数 ξ_c 和 ξ_s。

表 11.24　圬工与配筋混凝土桥截面折减系数 ξ_c 值

截面损伤综合评定标度 R	截面折减系数 ξ_c
$1 \leqslant R < 2$	(0.98,1.00]
$2 \leqslant R < 3$	(0.93,0.98]
$3 \leqslant R < 4$	(0.85,0.93]
$4 \leqslant R < 5$	≤0.85

表 11.25　配筋混凝土钢筋截面折减系数 ξ_s 值

评定标度	性状描述	截面折减系数 ξ_s
1	沿钢筋出现裂缝，宽度小于限值	(0.98,1.00]
2	沿钢筋出现裂缝，宽度大于限值，或钢筋锈蚀引起混凝土发生层离	(0.95,0.98]
3	钢筋锈蚀引起混凝土剥落，钢筋外露，表面有膨胀薄锈层或坑蚀	(0.90,0.95]
4	钢筋锈蚀引起混凝土剥落，钢筋外露、表面膨胀性锈层显著，钢筋断面损失在10%以内	(0.80,0.90]
5	钢筋锈蚀引起混凝土剥落，钢筋外露、出现锈蚀剥落，钢筋断面损失在 10%以上	≤0.80

$$R = \sum_{j=1}^{N} R_j \alpha_j \tag{11-21}$$

式中　R_j——某项检测指标的评定标度，按《公路桥梁承载能力检测评定规程》(JTG/T J21—2011)相关规定确定；

α_j——某项检测指标的权重值，$\sum_{j=1}^{N} \alpha_j = 1$，按《公路桥梁承载能力检测评定规程》(JTG/T J21—2011)相关规定确定；

N——对砖、石结构，$N=2$；对混凝土及配筋混凝土结构，$N=3$。

活载影响系数用于考虑实际桥梁所承受的汽车荷载与标准汽车荷载之间的差异。主要根据桥梁运营荷载的调查统计情况，从典型代表交通量、大吨位车辆混入率和轴荷分布情况三个方面进行综合修正确定。具体系数值的确定可按规程相关规定取值。

思 考 题

1. 桥梁结构评定按目的和依据可主要分为哪几种？各自的含义是什么？

2. 简要介绍耐久性评定的主要内容。

3. 简述桥梁结构分层综合评定方法的流程。

4. 简要列举桥梁承载能力评定的检测内容。

5. 桥梁结构承载能力评定过程中，考虑配筋混凝土桥梁结构或构件恶化状况的因素有哪些？

第 12 章　桥梁加固方法

本章结合桥梁结构体系、构件构造特点及其受力特征和规范要求，根据加固与强化目的，阐述桥梁加固基本原理、加固方法、加固计算及加固技术的应用。

12.1　加固常用材料

进行桥梁结构加固时，需根据原桥梁结构材料、加固方法和施工工艺选用加固材料。材料品种、规格及使用性能，应符合国家、行业相关标准的规定，并满足桥梁结构设计规范要求。定义“加固”用材料是由于对加固材料有特殊的性能和功能要求，它有别于“修复”材料，如钢结构涂装层修复，采用原设计等级材料即可进行。

12.1.1　水泥砂浆及混凝土

加固用混凝土的强度等级应比原桥梁结构构件混凝土高一等级，且不得低于 C30；采用预应力混凝土加固时，其强度等级不得低于 C40。混凝土中掺用外加剂时，其质量及相关技术指标应符合《混凝土外加剂》(GB 8076—2008)与《混凝土外加剂应用技术规范》(GB 50119—2013)的要求，并不得使用含有氯盐、亚硝酸盐、碳酸盐和硫氨酸盐类成分的外加剂，亦不能将铝粉作为混凝土的膨胀剂。

制作加固用水泥砂浆及混凝土的水泥，其强度等级不应低于 32.5 级；当配置加固用聚合物砂浆时，水泥强度等级不应低于 42.5 级。

裂缝修补用聚合物水泥注浆料，其劈裂抗拉强度应不小于 5 MPa，抗压强度应不小于 40 MPa，抗折强度应不小于 10 MPa，注浆料与混凝土的正拉黏结强度应不小于 2.5 MPa。

加固用的聚合物混凝土、微膨胀混凝土或合成短纤维混凝土，其强度、抗干缩性及耐腐蚀性应符合相关规范要求。

12.1.2　钢　　材

钢筋混凝土及预应力混凝土构件加固所用的普通钢筋宜选用 HPB300、HRB400、HRB500、HRBF400 和 RRB400。

当采用预应力筋时，其力学性能和指标应满足《预应力混凝土用钢丝》(GB/T 5223—2014)、《预应力混凝土用钢绞线》(GB/T 5224—2014)、《预应力混凝土用螺纹钢筋》(GB/T 20065—2016)规定。体外预应力索应采用防腐性能可靠的产品，宜采用成品索，成品索应由无粘结钢绞线束热挤 HDPE 护套组成(图 12.1)。采用环氧涂层预应力钢材时，应检测涂层的质量及主要性能指标。

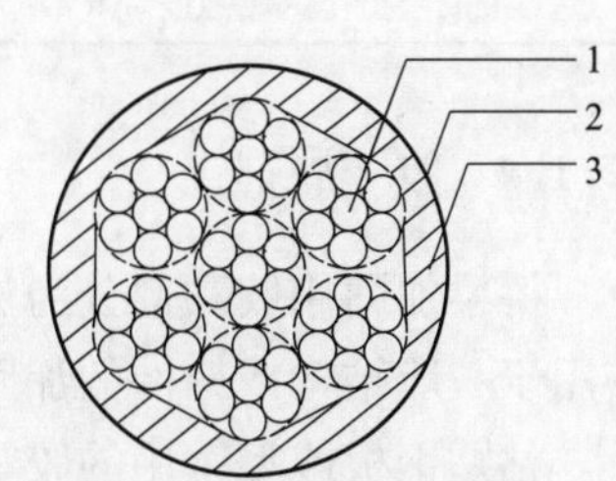

图 12.1　预应力体外索构造示意图

1—无粘结钢绞线；2—外护套；3—HDPE 护套

钢板、型钢、扁钢和钢管应采用 Q235、Q355、Q390、Q420 钢；对重要结构的焊接构件，应采用 Q235-B、Q355-C 等可焊性好的钢材。

植筋宜采用 HPB300、HRB400、RRB400 级热轧带肋钢筋。锚固件使用钢螺杆时，应采用全螺纹非焊接螺杆，钢材应采用 Q355 级或 Q235 级。锚固件为锚栓时，其钢材的性能指标必须符合表 12.1 要求。

表 12.1 加固用锚栓主要力学性能指标

性能等级		性能项目		
		抗拉强度标准值(MPa)	屈服强度标准值(MPa)	伸长率(100%)
碳素钢及合金钢锚栓	4.8 级	400	320	14
	5.8 级	500	400	10
	6.8 级	600	480	8
	8.8 级	800	640	12
不锈钢锚栓	50($d \geqslant 39$ mm)	500	210	0.6d
	70($d \geqslant 24$ mm)	700	450	0.4d
	80($d \geqslant 24$ mm)	800	600	0.3d

12.1.3 纤维复合材料

纤维复合材料指的是高强度连续纤维按一定规则排列、经用胶黏剂浸渍及黏结固化后形成的具有纤维增强效应的复合材料。通常采用碳纤维、玻璃纤维及芳纶纤维，其中碳纤维片材(碳纤维布、碳纤维板)应用最为广泛，其主要力学性能指标见表 12.2。单层碳纤维布材的单位面积纤维质量不应低于 200 g/m^2，不宜高于 300 g/m^2；单层碳纤维板材的厚度不应小于 1.0 mm，不宜大于 2.0 mm，板宽不宜大于 150 mm。

表 12.2 碳纤维片材主要力学性能指标

性能项目	碳纤维布	碳纤维板
抗拉强度标准值(MPa)	≥3 000	≥2 000
层间剪切强度(MPa)	≥35	≥40
弹性模量(MPa)	$\geqslant 2.1\times10^5$	$\geqslant 1.4\times10^5$
伸长率(%)	≥1.5	≥1.5
与混凝土正拉黏结强度(MPa)	≥2.5(且混凝土内聚破坏)	≥2.5(且混凝土内聚破坏)

12.1.4 胶 黏 剂

桥梁加固用胶黏剂分为 A 级胶与 B 级胶，其中 A 级胶用于重要结构或构件的加固，B 级胶用于一般结构或构件的加固。

粘贴钢板或型钢用的胶黏剂，其抗压强度应不小于 60 MPa，抗拉强度应不小于 30 MPa(A 级)、25 MPa(B 级)，抗弯强度应不小于 45 MPa(A 级)、35 MPa(B 级)，弹性模量应不小于 3 500 MPa(A 级)、3 000 MPa(B 级)，与混凝土的正拉粘结强度应不小于 2.5 MPa，且应满足一定的伸长率、钢—钢拉伸抗剪强度、钢—钢不均匀扯离强度、钢—钢粘结抗拉强度、与混凝土的正拉粘结强度要求。

应用纤维复合材料加固时，应采用与此材料相适配的树脂类找平、黏结和表面防护材料。底层树脂和找平树脂与混凝土的正拉黏结强度应不小于 2.5 MPa，且不小于被加固混凝土的强度。碳纤维浸渍、胶黏剂的抗压强度应不小于 70 MPa，抗拉强度应不小于 40 MPa（A 级）、30 MPa（B 级），抗弯强度应不小于 50 MPa（A 级）、40 MPa（B 级），抗拉弹性模量应不小于 2 500 MPa（A 级）、1 500 MPa（B 级），且应满足一定的伸长率、钢—钢拉伸抗剪强度、钢—钢不均匀扯离强度、钢—钢粘结抗拉强度、与混凝土的正拉粘结强度要求。

混凝土桥梁结构锚固用的胶黏剂，必须采用专用改性环氧胶黏剂、改性乙烯基酯胶黏剂或改性氨基甲酸酯胶黏剂。胶体劈裂抗拉强度应不小于 8.5 MPa（A 级）、7 MPa（B 级），抗压强度应不小于 60 MPa，抗弯强度应不小于 50 MPa（A 级）、40 MPa（B 级），并应满足约束拉拔条件下带肋钢筋与混凝土的粘结强度要求。

12.1.5　裂缝修补和混凝土表层缺陷修补及防护用材料

混凝土桥梁裂缝注射或压力灌注用修补胶，其抗拉强度应不小于 20 MPa，抗压强度应不小于 50 MPa，抗弯强度应不小于 30 MPa，弹性模量应不小于 1 500 MPa，钢－钢拉伸抗剪强度标准值应不小于 10 MPa，且在产品说明书规定的压力下，能注入宽度为 0.1 mm。

混凝土裂缝修补用聚合物水泥注浆料，其劈裂抗拉强度应不小于 5 MPa，抗压强度应不小于 40 MPa，抗折强度应不小于 10 MPa，注浆料与混凝土的正拉黏结强度应不小于 2.5 MPa。

混凝土表层缺陷修复材料可采用混凝土（砂浆）、聚合物水泥混凝土（砂浆）、改性环氧混凝土（砂浆）等材料。处于侵蚀性环境桥梁的钢筋防锈宜采用渗透型阻锈剂。受侵蚀性环境影响的混凝土桥梁，其表面防护用涂装材料可采用丙烯酸类、聚氨醋类、硅烷类或环氧类涂料，各层涂料间应具有良好的相容性。

12.2　加固基本原理

桥梁结构中各构件，按受力特点可分为受弯、受压、受拉、受扭及组合受力构件，不同受力构件的设计方法不同，其加固原理亦不同。通常情况下，加固是为了恢复或提高桥梁结构整体或某一构件的强度（截面承载力）、刚度、稳定性和耐久性中的一项或几项指标，因而加固方案及其加固原理随结构体系和构件受力特征、构造特点及加固目的而变化。

12.2.1　桥梁加固基本原理

加固原则是依据原桥梁竣工图、设计图和检测评估报告以及现场核对，在尽可能降低对原结构损伤前提下进行，加固方案经济可行，加固后桥梁结构安全可靠且易于养护和维修。

加固基本原理为根据加固目的、加固原则，针对桥梁结构（构件）受力特点和构造特征，运用力学原理、设计方法、施工技术，确定合理的加固方案和加固技术，加固后桥梁结构满足加固规范和现行设计规范要求。桥梁结构的加固整体上分为两大类：

一类为针对构件作用效应组合设计值（给定表达式左边项），加固构件（改变截面尺寸、增加配筋等）使设计指标（截面承载力、应力、变形、裂缝等）满足规范要求。

另一类为调整桥梁结构体系（如将原多孔简支梁改为连续梁），降低使用荷载作用下控制截面设计内力（降低表达式左边项），使桥梁结构及各构件的设计指标满足规范要求。

12.2.2 构件加固基本原理

以钢筋混凝土和预应力混凝土受弯、受压构件为例，介绍桥梁构件加固基本原理。

1)钢筋混凝土受弯构件

若在给定设计荷载情况下截面承载力不足或应力过大，不满足规范要求时，可采用增大截面高度、增大截面宽度、增大纵向钢筋截面积中的一项或多项来增大截面承载力或降低截面应力以满足规范要求。

在原构件外面增大混凝土截面积的加固方法称为增大截面加固法。所增大的混凝土截面内，必须配设参与抗力的主筋或按构造要求配设钢筋。一般情况下，增大截面高度能更加有效地增大截面模量、降低截面应力及提高抗弯、抗剪承载力。通常在梁底(受拉边缘)增加现浇或喷射钢筋混凝土来增加截面高度；但当构件净空受限时，如桥梁下面通行车辆或行人时梁底标高不能变动情况下，可通过在梁顶(受压边缘)增设现浇钢筋混凝土来增加截面高度，或增大截面宽度以增大截面积和截面刚度。

如果在受弯构件拉区边缘增设高强度材料，与原截面共同工作，则可有效提高正截面抗弯强度；如果在受剪区域增设斜向高强度材料，则可有效提高斜截面抗剪强度。工程上常用的高强度材料为钢材和纤维复合材料，在截面底面、顶板底面或腹板侧面粘贴钢板以提高构件截面强度或降低原截面钢筋拉应力的方法称为粘贴钢板加固法，粘贴纤维复合材料以提高构件截面强度或约束裂缝发展的方法称为粘贴纤维复合材料加固法。

当加固目的是降低荷载作用下的构件挠度时，可采用增大截面高度来提高截面抗弯刚度，或在受拉边缘附近增设偏心布置的预应力筋以降低荷载作用下截面弯矩。

在构件实体截面外面增设预应力筋的方法称为体外预应力加固法。

当需要降低荷载作用下的构件挠度时，亦可采用粘贴钢板加固法。在拉区边缘粘贴钢板，可增大换算截面积，从而提高换算截面模量和抗弯刚度。

当加固目的是降低荷载作用下的构件裂缝宽度时，有效方法是降低荷载作用下拉区边缘钢筋的拉应力，此时，可采用增大截面(梁高)加固法、粘贴钢板加固法及体外预应力加固法；当裂缝宽度较小时，亦可采用粘贴纤维复合材料加固法，降低钢筋拉应力、约束裂缝扩展。

采用增大截面法、粘贴钢板法、粘贴纤维复合材料法加固桥梁时，新增加固部分重量作用于原构件上，产生新的截面内力和变形，但这些加固方法不能主动改变加固前荷载作用下的原构件截面内力和变形，因此，通常又将增大截面加固法、粘贴钢板加固法、粘贴纤维复合材料加固法称为被动加固法。体外预应力加固法又称为主动加固法，在张拉新增预应力筋期间体外预加力将主动改变加固前荷载作用下原构件的截面内力和变形。

2)钢筋混凝土受压构件

桥梁的墩柱等受压构件强度或稳定性不满足规范要求时，可采用增大混凝土截面(配套增设轴向钢筋和环向箍筋)、粘贴轴向钢板、增设环向钢筋箍、粘贴环向纤维复合材料等方法进行加固。增大混凝土截面积、粘贴轴向钢板，可增加截面承载力、降低荷载作用下截面上钢筋和混凝土应力；截面外围粘贴环向钢板、粘贴环向纤维复合材料，增强对既有构件截面的环向约束，可有效增加构件抗压强度和稳定性，也可有效约束竖向裂缝的发生和扩展。

为降低增大混凝土截面所增加的重量，也可在轴向间隔一定距离处截面外围增设螺旋筋或环式焊接间接钢筋，外包混凝土，这种加固形式称为围带或围箍加固法。

当受压构件延性不足时，可采用全长无间隔环向连续粘贴纤维复合材料进行加固，环向封闭纤维复合材料增大了换算箍筋体积含筋率,有效增加了受压构件延性。

当大偏心受压构件拉区钢筋应力过大或裂缝宽度过大,可采用增大混凝土截面、粘贴轴向钢板、增设轴向体外预应力等方法进行加固。

3)预应力混凝土受弯构件

原则上,适用于钢筋混凝土受弯构件的加固方法均可用于加固预应力混凝土受弯构件。然而,由于预应力混凝土受弯构件一般用于中、大跨度结构,若采用增大混凝土截面法,一方面,在降低荷载引起的截面应力时亦明显增大了结构自重,由此降低了加固效果;另一方面,采用增大混凝土截面法时为了增加新混凝土与原混凝土截面的良好粘结,常需在原混凝土截面上进行钻孔、植筋,这对于构件中直径较小的预应力筋(尤其是高强钢丝、钢绞线)易造成损伤,因此,预应力混凝土受弯构件中一般不采用在受拉区增大混凝土截面法进行加固。

增大预应力混凝土受弯构件截面抗弯强度的常用方法有体外预应力加固法、粘贴钢板加固法、粘贴纤维复合材料加固法,条件许可时,也可采用在构件外侧增设型钢或钢桁架构成钢—混组合结构进行加固。

当荷载作用下混凝土法向拉应力超过规范限值时,有效的加固措施是在拉区边缘附近增设纵向体外预应力筋,或在梁底面或腹板侧面粘贴纵向钢板。当荷载作用下混凝土主拉应力超过规范限值,可增设斜向体外预应力筋、粘贴斜向钢板进行加固,或通过增设与斜裂缝相交的竖向预应力筋、粘贴竖向钢板进行加固。

为了降低预应力混凝土简支梁上拱过大,可在箱梁顶板或 T 梁翼缘板下面的腹板两侧增设体外预应力筋;为了防止预应力混凝土简支梁下挠过大,可在箱梁底板或 T 梁靠近梁底的腹板两侧增设体外预应力筋。

12.2.3　改变桥梁结构体系的加固原理

给定设计活载等级情况下,如果桥梁结构竖向变形、构件控制截面承载力(如梁体跨中截面抗弯承载力)等设计指标不能满足规范要求,可通过合适措施改变原结构受力体系,降低控制构件截面内力,使桥梁工作性能、强度(承载力)等满足规范要求,这种加固方法称为改变结构体系加固法。采用改变结构体系加固法进行一座桥梁加固时,可结合增大截面、粘贴纤维复合材料、粘贴钢板、增设体外预应力等一种或几种加固法对桥梁构件进行加固。下面讨论梁桥和拱桥常用的改变结构体系加固法。

1)梁桥改变结构体系加固

简支变连续。当多跨简支梁体系的梁体跨中强度(承载力)不足时,可将各简支梁端部连接形成连续梁,从而降低活荷载作用下的跨中截面弯矩。

设置支撑。在条件许可时,可在梁体下面增设支撑结构(如刚架支撑、拱支撑等)。对于连续梁或连续刚构,可在桥梁上增建矮塔并增设斜拉索,成为矮塔斜拉桥结构;斜拉索提供弹性支撑,降低了梁体工作跨度,从而降低了荷载作用下的截面内力。

对于带挂梁的 T 形刚构,可将其改造成连续刚构体系,改善结构受力性能和变形性能。

采用改变结构体系的加固时:梁桥被改变结构体系后,由于自重荷载内力已经发生,不会因体系的改变而变化,能改变的荷载内力为活载内力和部分二期恒载内力(铺装等翻新时);由于结构体系的改变,原设计的配筋可能对新体系不适应,如多跨简支梁改变为连续梁时,其支点负弯矩区的配筋问题,需要开展细致的力学分析。

工程实践中,也有在单跨简支结构跨中增设桥墩,改变为连续梁的加固案例,该方法对提高结构刚度、减小活载内力效果非常显著，但必须深入分析新增的中支点效应，使新体系的中支点段能承受相应负弯矩，而不至于产生新的病害。如采用简支状态的恒载内力＋连续状态的活载内力的原理进行加固，两者叠加后，中支点负弯矩很小，原结构截面能满足加固后的承载力要求。

2)拱桥改变结构体系加固

对于上承式拱桥，当拱上建筑恒载过大，或基础强度(承载力)不足，致使拱脚产生水平位移或转动，主拱发生变形、拱轴线发生变化时，可采用降低拱上建筑重量或调整拱上建筑布置，改变原拱桥结构受力体系，改善主拱受力状况。如将实腹式拱改为空腹拱，将圬工拱桥中的腹拱改为梁式结构等，使新建拱上建筑重量小于原有拱上建筑重量，提高拱桥承载力和工作性能。

对于中、下承式拱桥，可通过增设斜拉索，形成拱—斜拉组合体系，降低主拱受力，提高整体工作性能。

对于双曲拱桥、桁架拱桥、刚架拱桥、钢管混凝土拱桥，可通过加强或增加横向拉杆、横向联系，使主拱和横向联系形成可靠受力框架体系，提高横向稳定性能，改善主拱圈受力。

12.3　构件加固方法及加固计算

本节介绍桥梁结构构件加固的常用方法及其计算，包括增大截面加固法、粘贴钢板加固法、粘贴纤维复合材料加固法、体外预应力加固法。

12.3.1　增大截面加固法

用增大截面法加固时，应采取措施卸除或大部分卸掉作用于构件上的荷载，并尽可能降低作用于构件上的施工荷载。

1)基本概念及规范一般规定

增大截面加固法有四种典型加固形式，如图 12.2 所示。图 12.2(a)、(b)分别为在受拉区增加现浇钢筋混凝土和在受压区增加现浇钢筋混凝土，常用于钢筋混凝土和预应力混凝土受弯构件的加固，增大截面抗弯能力。图 12.2(c)在受拉区和截面侧面增加现浇钢筋混凝土，可增大截面抗弯能力和抗剪能力。图 12.2(d)在截面四周均增加现浇钢筋混凝土，常用于钢筋混凝土和预应力混凝土受压构件的加固，可提高截面抗压能力和稳定性；亦可在受压构件的一侧或对称的两侧进行加固。进行抗震加固时，可采用在柱体外包 0.25 mm 厚钢纤维或钢筋混凝土套箍予以加固。

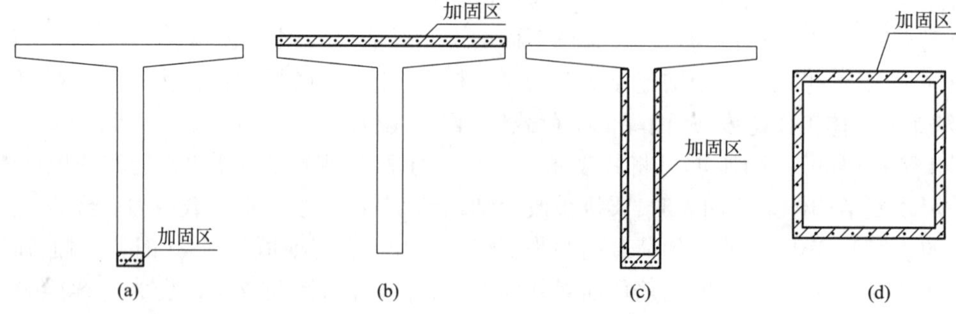

图 12.2　增大截面加固法典型形式示意图

在桥梁受弯构件的受压区增加现浇钢筋混凝土进行加固时[图 12.2(b)]，需先拆除原桥面，在梁顶表面进行处理后，现浇钢筋混凝土补强层，再重新铺筑桥面。

增大截面法加固时，新增截面一般采用现浇钢筋混凝土、喷射混凝土，条件许可时亦可采用预应力混凝土。当新浇混凝土厚度较小(如小于 10 cm)时，喷射混凝土可采用小石子混凝土、高性能抗拉复合砂浆，在结构复杂、施工条件受限情况下亦可采用微膨胀或自密实混凝土。在受弯构件的受压区进行加固时，若新增混凝土层可满足强度要求，亦须在新增混凝土中按构造要求配置普通钢筋。新增截面混凝土强度应比原截面混凝土强度高一个等级，主筋直径不小于 12 mm，不宜大于 25 mm。箍筋直径不宜小于 8 mm，箍筋应做成 U 形或封闭形，并与原截面牢固连接。为保证加固效果，对原截面混凝土有强度要求，对于钢筋混凝土，受弯构件混凝土不应低于 C20，受压构件混凝土不应低于 C15；预应力混凝土构件混凝土不应低于 C30。

施工时，为增强新、旧混凝土的结合，应先在原截面表面进行凿毛(表面凹凸差应不小于 6 mm)、洗净等处理，再进行新增截面的钢筋布设和混凝土浇筑。为提高共同受力性能，或增大新旧混凝土界面的抗剪能力，有时在原截面表面凿毛后进行植筋。植筋前，按照设计要求进行钻孔、清孔，然后将周边涂满胶黏剂的带肋钢筋或螺杆插入孔洞，将植筋锚固于混凝土中。

2)加固计算基本要求

增大截面加固后，桥梁构件应按下面两个阶段进行计算：

第一阶段：新浇混凝土达到标准强度之前，按原截面进行验算；荷载应包括原截面自重、新增截面自重、部分或全部原二期恒载、施工荷载等；

第二阶段：新浇混凝土达到标准强度之后，按加固后整体截面进行验算；荷载应包括原截面自重、新增截面自重、后期(二期)恒载、活载等。

进行截面应力计算时，采用平截面假定和叠加原理，依据上面两阶段荷载作用特点进行分步计算，可获得加固后新截面受拉、受压边缘钢筋和混凝土正应力及混凝土剪应力，从而进行应力验算和裂缝宽度验算。

进行截面承载力验算或基于破坏阶段的强度验算时，应区别在受压区加固和受拉区加固两种情形进行计算，计算中仍采用平截面假定。当在受压区进行加固，相对界限受压区高度按原构件混凝土等级和钢筋种类取用；计算新增混凝土与原截面混凝土的收缩效应时，应考虑混凝土徐变影响；当在受拉区进行加固，构件达到承载力极限状态或破坏时，认为受压区混凝土应变达到极限压应变，受拉区新增钢筋的应变按平截面假定计算，钢筋应力为应变与其弹性模量的乘积。

在受拉区进行加固的受弯构件，新增纵向钢筋截断时，应从截断计算点外延伸至少一个锚固长度。

在受压区增厚梁体高度加固时，原构件与新增混凝土现浇层间的抗剪强度按式(12-1)计算。

$$KV \leqslant V_R = 0.12 f_{ck} b h_0 + 0.85 f_{sk,v} \frac{A_{sv}}{S_v} h_0 \tag{12-1}$$

式中　V_R——加固后剪力设计值；

h_0——加固后截面有效高度；

A_{sv}——结合面上同一竖向截面配置的箍筋各肢总截面面积或植筋总截面面积；

$f_{sk,v}$——箍筋抗拉强度标准值；

A_{sv}——斜截面内配置在同一截面的箍筋各肢总截面面积；

S_v——箍筋间距。

12.3.2　粘贴钢板加固法

1)基本概念及规范一般规定

钢板与混凝土之间通过胶粘剂实现粘贴,钢板和混凝土间可直接涂胶粘贴,亦可采用压力注胶粘贴,前者用于厚度小于 5 mm 的钢板加固,后者用于厚度大于 5 mm 的钢板加固。加固完成后钢板表面应进行防锈处理。为了确保钢板和混凝土间的粘结性能,一般要求被加固构件的混凝土强度等级不小于 C15。

粘贴钢板加固时,宜将钢板受力方式设计成仅承受轴向力作用。根据此原则,在受弯构件中,当抗弯强度不足时,在需加固区域的构件受拉边缘、受压边缘粘贴纵向钢板(图 12.3)进行加固;当抗剪强度不足时,在需加固区域的构件侧面粘贴斜向钢板进行加固,为施工方便有时亦可粘贴竖向 U 形箍或 L 形箍进行加固(图 12.3)。为了增强 U 形箍锚固效果,通常在 U 形箍顶端加设纵向压条钢板,并用锚栓将 U 形箍和压条钢板锚固于混凝土(图 12.3)。在受拉和受压构件中,加固钢板方向应与拉力或压力方向一致,沿构件截面对称两侧布置;亦可在偏心受拉构件的受拉侧粘贴钢板进行加固。

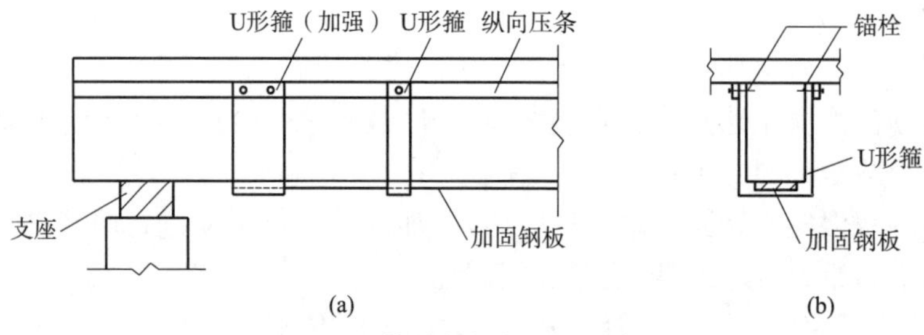

图 12.3　粘贴钢板加固法示意图

在受弯构件正弯矩受拉边缘加固区,应将钢板端部延伸至低应力区,减少钢板端部区域的应力及端部的应力集中,防止出现端部粘贴钢板被拉脱或构件出现裂纹。一般情况下,受拉钢板的截断位置距其充分利用截面的距离应不小于粘贴延伸长度:

$$l_p=\frac{f_{sp}A_{sp}}{\tau_p b_p}+300 \tag{12-2}$$

式中　l_p——受拉钢板粘贴延伸长度(mm);

b_p——对梁为受拉粘结钢板的总宽度(mm),对板为 1 m 板宽范围内粘结钢板的总宽度(mm);

A_{sp}——粘结钢板的截面积(mm^2);

f_{sp}——粘结钢板的抗拉强度设计值(MPa);

τ_p——钢板与混凝土间的粘结强度设计值,设计时可参照表 12.3 取用。

表 12.3　钢板与混凝土间的粘结强度设计值(MPa)

混凝土强度等级	C15	C20	C25	C30	C35	C40	C45	C50	≥C60
粘结强度设计值 τ_p	0.61	0.80	0.94	1.05	1.14	1.21	1.26	1.31	1.35

当粘贴的钢板延伸至支座边缘仍不能满足式(12-2)的粘贴延伸长度要求时,需在延伸长度范围内采取加强措施。对于梁,在延伸长度范围内均匀布置竖向 U 形箍,且在延伸长度端部设置一道加强箍(图 12.3);对于板,在延伸长度范围内通常设置垂直于受力钢板方向的压条。

在受弯构件负弯矩受压边缘加固区,在负弯矩包络图范围内钢板应连续粘贴,其端部延伸长度应不小于按式(12-2)计算的粘贴延伸长度。对无法延伸的一侧，应粘贴钢板条进行锚固。

当粘贴钢板多于一层以上时，相邻两层钢板的截断位置应错开，其错开距离不应小于300 mm，并在截断处加设U形箍(梁)或横向压条(板)进行锚固。

2)加固计算基本要求

钢板加固后，桥梁构件应按下面两个阶段进行计算：

第一阶段：粘贴钢板加固施工结束但尚未完全粘结前，按原截面进行验算；荷载应包括原截面自重、粘贴钢板自重、施工荷载等；

第二阶段：粘贴钢板加固达到粘结标准强度之后，按加固后整体截面进行验算；荷载应包括原截面自重、粘贴钢板自重、后期(二期)恒载、活载等。

进行第二阶段截面应力计算时，采用平截面假定，针对换算截面(将钢板换算成混凝土截面)进行，可获得原构件控制截面钢筋最大拉应力、混凝土最大压应力和剪应力，以及受拉边缘钢板应力，从而进行应力验算和裂缝宽度验算。

进行截面承载力验算或基于破坏阶段的强度验算时，仍采用平截面假定，当在受拉区进行加固，构件达到承载力极限状态或破坏时受压区混凝土应变达到极限压应变，受拉区加固钢板应变按平截面假定计算，钢板应力为应变与其弹性模量的乘积。

3)受弯构件加固计算

进行钢筋混凝土和预应力混凝土受弯构件截面承载力或基于破坏阶段的强度验算时，受拉区边缘加固钢板的拉应变 ε_{sp} 按下列公式计算：

$$\varepsilon_{sp}=\frac{\varepsilon_{cu}(\beta h-x)}{x}-\frac{\varepsilon_{c1}(h-x_1)}{x_1}\leqslant\frac{f_{sp}}{E_{sp}} \tag{12-3}$$

$$\varepsilon_{c1}=\frac{M_{d1}x_1}{E_c I_{cr}} \tag{12-4}$$

式中　ε_{cu}——受压边缘混凝土极限压应变；

ε_{c1}——在 M_{d1} 作用下，原构件截面受压边缘混凝土压应变；

M_{d1}——第一阶段弯矩组合设计值；

x——混凝土受压区高度；

x_1——加固前原构件开裂截面换算截面的混凝土受压区高度；

β——截面受压区矩形应力图高度与实际受压区高度的比值，当混凝土强度等级为C50及C50以下时，可取 $\beta=0.8$；

E_c——原加固构件混凝土的弹性模量；

I_{cr}——加固前原构件开裂截面换算截面的惯性矩；

h——截面高度；

f_{sp}——加固钢板的抗拉强度设计值；

E_{sp}——加固钢板的弹性模量。

下面介绍受弯钢筋混凝土构件截面承载力的钢板加固计算。

(1)对于在矩形截面或翼缘位于受拉区的钢筋混凝土T形截面受弯构件的受拉面粘贴钢板进行加固时(图12.4)，其正截面承载力应按下列公式计算：

$$\gamma_0 M_d\leqslant f_{cd1}bx\left(h_0-\frac{x}{2}\right)+f'_{sd}A'_s(h_0-a'_s)+E_{sp}\varepsilon_{sp}A_{sp}a_s \tag{12-5}$$

混凝土受压区高度 x 应按下式计算：

$$f_{cd1}bx=f_{sd}A_s+E_{sp}\varepsilon_{sp}A_{sp}-f'_{sd}A'_s \tag{12-6}$$

截面受压区高度 x 尚应满足下列要求：

$$2a_s' \leqslant x \leqslant \xi_b h_0 \tag{12-7}$$

式中 γ_0——桥梁结构的重要性系数，按规范规定采用；

M_d——第二阶段弯矩组合设计值；

f_{cd1}——原构件混凝土抗压强度设计值；

x——等效矩形应力图形的混凝土受压区高度，简称混凝土受压区高度；

b,h——原构件截面宽度和高度；

f_{sd},f_{sd}'——纵向普通钢筋的抗拉强度设计值和抗压强度设计值；

E_{sp}——加固钢板的弹性模量；

ε_{sp}——构件达到承载力极限状态时，加固钢板的拉应变；

A_{sp}——加固钢板的截面面积；

A_s,A_s'——原构件受拉区、受压区纵向普通钢筋的截面面积；

h_0——原构件截面有效高度，$h_0=h-a_s$；

ξ_b——相对界限受压区高度，按原构件混凝土和受拉普通钢筋强度级别选用。

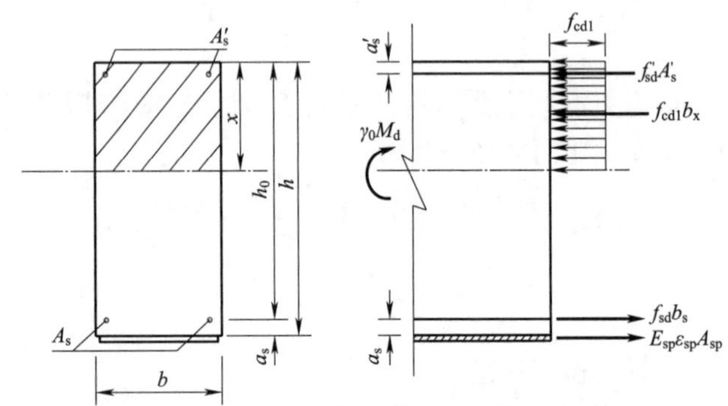

图 12.4　钢板粘贴正截面受弯承载力计算

当 $x<2a_s'$时，正截面抗弯承载力按下式计算：

$$\gamma_0 M_d \leqslant f_{sd} A_s (h_0 - a_s') + E_{sp}\varepsilon_{sp} A_{sp}(h - a_s') \tag{12-8}$$

(2)用钢板进行抗剪加固后，其斜截面抗剪承载力按下式计算：

$$\gamma_0 V_d \leqslant \alpha_1 \alpha_3 0.43\times 10^{-3} \psi_{cs} b_2 h_0 \sqrt{(2+0.6P)\sqrt{f_{cu,k}}\rho_{sv} f_{sd,v}} + 0.75\times 10^{-3} f_{sd} A_{sb} + \psi_{vb} V_{d2} \tag{12-9}$$

其中修正系数为

$$\psi_{vb} = \frac{0.8A_{spv}E_{sp}}{A_{sv}E_{sv} + 0.707A_{sb}E_{sb} + A_{spv}E_{sp}} \tag{12-10}$$

式中 V_d——剪力组合设计值；

V_{d2}——第二阶段斜截面受压端上由作用(或荷载)效应所产生的最大剪力组合设计值(kN)；

α_1——异号弯矩影响系数，计算简支梁和连续梁近边支点梁段的抗剪承载力时，$\alpha_1=1.0$；计算连续梁和悬臂梁近中间支点梁段的抗剪承载力时，$\alpha_1=0.9$；

α_3——受压翼缘的影响系数，取 $\alpha_3=1.1$；

ψ_{cs}——与原梁有关的修正系数，加固前未出现斜裂缝时 $\psi_{cs}=1$，斜裂缝宽度小于 0.20 mm 时 $\psi_{cs}=0.835$，斜裂缝宽度大于 0.20 mm 时 $\psi_{cs}=0.78$；

b_2——加固后斜截面受压端正截面处腹板宽度；

h_0——加固后斜截面受压端正截面的有效高度；

P——斜截面内纵向受拉钢筋和钢板的配筋百分率，$P=100\rho$，$\rho=(A_s+A_{sp})/bh_0$，当 $P>2.5$，取 $P=2.5$；

$f_{cu,k}$——边长为 150 mm 的混凝土立方体抗压强度标准值(MPa)；

ρ_{sv}——原梁斜截面内箍筋配筋率；

$f_{sd,v}$——原梁箍筋抗拉强度设计值；

A_{sb}——原梁斜截面内在同一弯起平面的弯起普通钢筋的截面面积；

A_{spv}——配置在同一截面处箍板的全部截面面积；

A_{sv}——配置在同一截面处箍筋的全部截面面积；

E_{sp}, E_{sb}, E_{sv}——箍板、弯起钢筋、箍筋的弹性模量。

用钢板加固后的斜截面应满足下面条件：

$$\gamma_0 V_d \leqslant 0.51\times 10^{-3}\sqrt{f_{cu,k}}\,bh_0 \tag{12-11}$$

12.3.3　粘贴纤维复合材料加固法

粘贴纤维复合材料加固法适用于钢筋混凝土受压构件，以提高构件抗压强度及延性、耐久性；亦可用于梁、板等受弯构件的加固，以提高构件抗弯强度、抗剪强度和抗裂能力。

1)基本概念及规范一般规定

加固受弯构件时，通常在受拉边缘粘贴纵向纤维复合材料[图 12.5(a)]来提高抗弯强度；由于纤维复合材料与混凝土共同工作，降低了受拉边缘钢筋应力，且约束混凝土变形，从而亦可提高截面抗裂性能；当在构件侧面粘贴纵向纤维复合材料来提高抗弯强度时，其粘贴高度不宜大于 1/4 梁高。在构件侧面粘贴封闭式或与构件轴向垂直的 U 形纤维复合材料，可提高抗剪强度[图 12.5(a)]。加固受拉构件时，纤维复合材料方向应与构件受拉方向一致；加固大偏心受压构件时，宜将纤维复合材料粘贴在受拉侧，纤维方向与构件轴线方向一致。加固受压构件抗压强度时，应环向粘贴纤维复合材料，纤维方向与柱纵轴线垂直；加固受压构件延性时，应采用全长无间隔环向连续粘贴纤维复合材料(称环向围束法加固)。

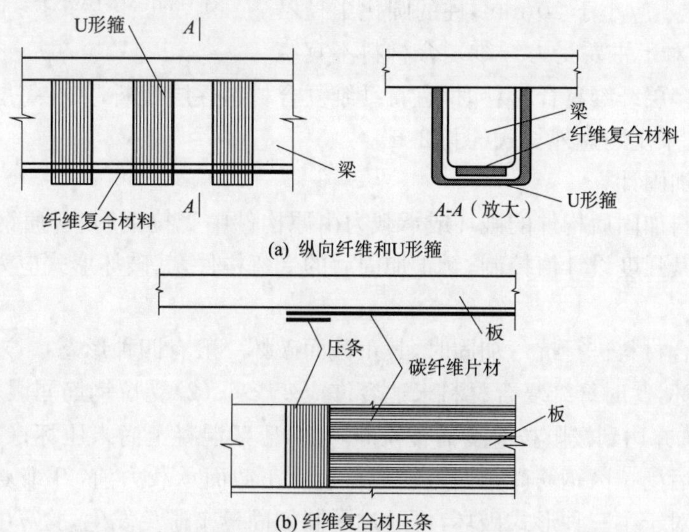

图 12.5　抗弯加固时纤维复合材料端部附加锚固措施

对梁、板进行加固时，应在纵向纤维复合材料两端布设U形箍或横向压条[图 12.5(b)]。其切断位置距其充分利用截面的距离应不小于粘结长度：

$$l_d = \frac{E_f \varepsilon_f A_f}{\tau_f b_f} + 200 \tag{12-12}$$

式中　l_d——纤维复合材料从强度充分利用截面向外延伸所需的粘结长度(mm)；

E_f——纤维复合材料的弹性模量；

ε_f——充分利用截面处纤维复合材料拉应变；

A_f——纤维复合材料的截面积；

b_f——受拉面上粘贴的纤维复合材料的宽度；

τ_f——纤维复合材料与混凝土间的粘结强度设计值，一般取 0.5 MPa。

当粘贴的纤维复合材料延伸至支座边缘仍不能满足式(12-12)的粘结长度要求时，需在延伸长度范围内采取加强措施。对于梁，在延伸长度范围内至少设置两道纤维复合材料竖向U形箍锚固[图 12.5(a)]；U形箍在延伸长度范围内宜均匀设置，且在端部必须设置一道。对于板，在延伸长度范围内至少设置两道垂直于纤维受力方向的压条[图 12.5(b)]；压条在延伸长度范围内宜均匀设置，且在端部必须设置一道。

当粘贴的纤维复合材料延伸长度小于式(12-12)粘结长度的1/2时，需采用可靠的附加机械锚固措施。

沿柱轴向粘贴纤维复合材料时，应有足够的锚固长度，必要时在纤维复合材料两端增设锚固措施。当采用纤维复合材料环向围束加固柱延性时，圆形截面柱的围束不应小于2层，矩形截面柱的围束不应小于3层；围束上下层间搭接宽度不应小于50 mm，各层搭接位置应相互错开。

纤维复合材料宜粘贴成条带状，非围束时板材不宜大于2层、布材不宜大于3层。纤维复合材料沿纤维受力方向的搭接长度不应小于100 mm，当采用多条或多层加固时其搭接位置应错开。当纤维复合材料绕过构件(截面)外倒角时，粘贴前应对棱角进行打磨，梁的圆化半径不应小于20 mm，柱的圆化半径不应小于25 mm。对于主要受力纤维复合材料不宜绕过内倒角。粘贴多层纤维复合材料时，宜将纤维复合材料逐层截断，并在每层截断处最外侧加压条，其粘贴形式采用内短外长式(图 12.6)。

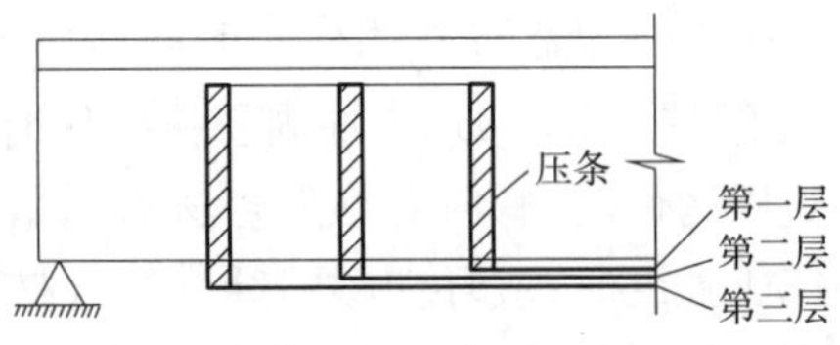

图 12.6　多层纤维复合材料粘贴构造

2)受弯构件加固计算

纤维复合材料加固后构件的破坏或承载力由原构件中受拉钢筋(普通钢筋、预应力筋)或受压混凝土达到其强度设计值控制，对于加固后的受弯构件，其破坏形式应为正截面破坏先于斜截面破坏。

采用纤维复合材料进行抗弯加固时，其正截面破坏一般有四种形态：(1)受拉钢筋屈服，然后压区混凝土压坏，此时纤维复合材料未达容许应变[ε_f]；(2)受拉钢筋屈服，然后纤维复合材料达容许应变[ε_f]并达到极限拉应变而被拉断，此时压区混凝土尚未压坏；(3)因配筋量较多，压区混凝土压坏后受拉区钢筋尚未屈服；(4)在达到正截面承载力前，纤维复合材料与混凝土发生剥离破坏。对于第三种形式破坏，可通过限制加固量来避免发生，验算中可通过限制受压区高度来实现。第四种形式破坏为脆性破坏，应该避免，一般通过构造或锚固措施予以保证。

设计中,应对第一、二种破坏形式进行计算。

进行截面应力计算时,采用平截面假定,针对换算截面(将纤维复合材料换算成混凝土截面)进行,可获得原构件控制截面钢筋最大拉应力、混凝土最大压应力和剪应力,以及受拉边缘纤维复合材料应力(应力为应变与其弹性模量的乘积)。

对基于破坏阶段的强度验算或截面承载力验算,仍采用平截面假定,构件达到承载力极限状态或破坏时受压区混凝土应变达到极限压应变,受拉区纤维复合材料应变 ε_f 按平截面假定计算(ε_f 应小于材料容许拉应变),应力为应变与其弹性模量的乘积。

下面介绍受弯钢筋混凝土构件截面承载力的纤维复合材料加固计算。

(1)对矩形截面或翼板位于受拉边的钢筋混凝土 T 形截面受弯构件,在受拉面粘贴加固时,正截面承载力按下列公式计算(图 12.7)。

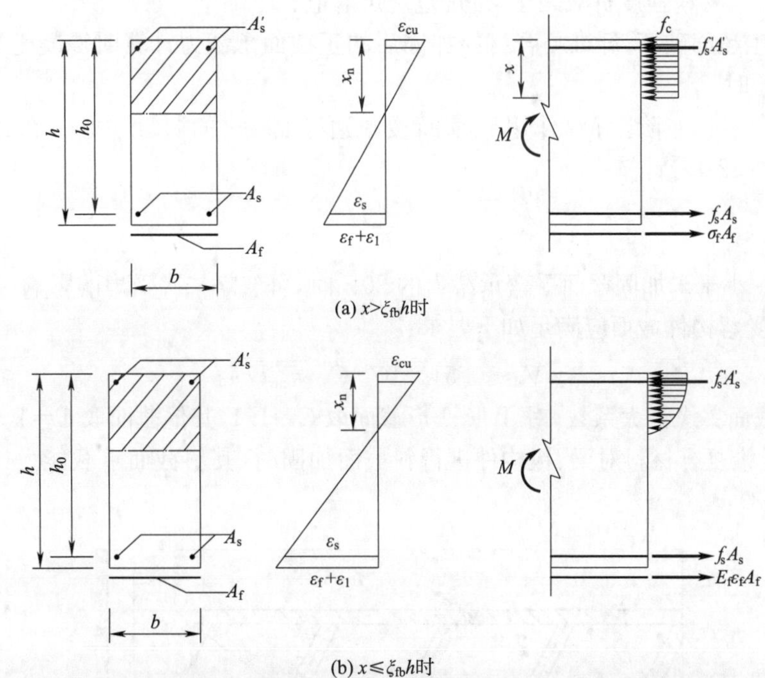

图 12.7　粘贴纤维复合材料的矩形截面正截面受弯承载力计算

当混凝土受压区高度 x 大于 $\xi_{fb}h$,且小于 $\xi_b h_0$ 时:

$$\gamma_0 M_d \leqslant f_{cd}bx\left(h_0-\frac{1}{2}x\right)+f'_{sd}A'_s(h_0-a'_s)+E_f\varepsilon_f A_f a_s \tag{12-13}$$

混凝土受压区高度 x 和受拉面纤维复合材料拉应变 ε_f 按下列公式联立求解:

$$f_{cd}b'_f x=f_{sd}A_s+E_f\varepsilon_f A_f \tag{12-14}$$

$$(\varepsilon_{cu}+\varepsilon_f+\varepsilon_1)x=0.8\varepsilon_{cu}h \tag{12-15}$$

当混凝土受压区高度 $x\leqslant\xi_{fb}h$ 时:

$$\gamma_0 M_d \leqslant f_{sd}A_s(h_0-0.5\xi_{fb}h)+E_f\varepsilon_f A_f h(1-0.5\xi_{fb}) \tag{12-16}$$

当混凝土受压区高度 $x<2a'_s$时:

$$\gamma_0 M_d \leqslant f_{sd}A_s(h_0-a'_s)+E_f\varepsilon_f A_f(h-a'_s) \tag{12-17}$$

式中　A_f——受拉面粘贴的纤维复合材料的截面面积;

f_{cd}——原构件混凝土抗压强度设计值;

E_f——纤维复合材料的弹性模量；

ε_f——纤维复合材料的拉应变；

ξ_{fb}——纤维复合材料达到其允许拉应变与混凝土压坏同时发生时的界限相对受压区高度；

ε_1——考虑二次受力影响时，加固前构件在初始弯矩作用下，截面受拉边缘混凝土的初始应变，当不考虑二次受力时取 0；

$$\xi_{fb}=\frac{0.8\varepsilon_{cu}}{\varepsilon_{cu}+[\varepsilon_f]+\varepsilon_1} \tag{12-18}$$

其中　$[\varepsilon_f]$——纤维复合材料的允许拉应变，取$[\varepsilon_f]=\kappa_m\varepsilon_{fu}$，且不应大于纤维复合材料拉应变的2/3 和 0.007 中的较小值，ε_{fu}为纤维复合材料的极限拉应变；纤维复合材料强度折减因子，按规范规定取值。

为避免发生超筋破坏，纤维复合材料加固后的正截面承载力计算时混凝土受压区高度 x 应小于 $0.8\xi_b h_0$ 时。

加固前构件在第一阶段 M_{d1} 作用下，截面受拉边缘混凝土的初始应变 ε_1（纤维复合材料的滞后应变）按式(12-19)计算：

$$\varepsilon_1=\frac{M_{d1}x_1}{E_c I_{cr}} \tag{12-19}$$

当弯矩 M_{d1} 小于未加固截面受弯承载力的 20%时，可忽略二次受力的影响。

加固后的受弯构件截面应满足如下要求：

$$\gamma_0 V_d \leqslant 0.51\times10^{-3}C\sqrt{f_{cu,k}}\,bh_0 \tag{12-20}$$

式中　C——截面翼缘扩大系数，对 T 形、I 形截面取 $C=1.1$，其他截面取 $C=1$。

(2)采用纤维复合材料对梁、板构件进行斜截面加固时，其斜截面承载能力计算应满足下列要求（图 12.8）：

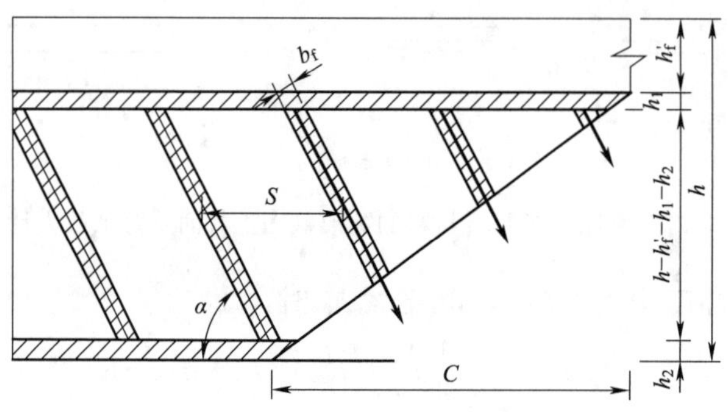

图 12.8　粘贴纤维复合材料抗剪加固计算

$$\gamma_0 V_d \leqslant 0.43\times10^{-3}\alpha_1\alpha_3 bh_0\psi_{cs}\sqrt{(2+0.6P)\sqrt{f_{cu,k}}\rho_{sv}f_{sv}}+0.75\times10^{-3}f_{sd}\sum A_{sb}\sin\theta_b+V_f \tag{12-21}$$

$$V_f=D_{sh}\kappa_m f_f n_f t_f b_f\frac{C-C_1}{s}\sin\alpha \tag{12-22}$$

$$C_1=\frac{C(h_1+h_2)}{h-h_f'} \tag{12-23}$$

式中　V_f——粘贴纤维复合材料加固后抗剪承载力的提高值；

C——斜裂缝水平投影长度，$C=0.6mh_0$，其中，m 为原构件的剪跨比；

h_1——纤维上侧锚固区压条宽度；

h_2——纤维下侧锚固区压条宽度，对于 U 形粘贴取 0；

h'_f——梁顶面至上侧锚固区上边缘的距离；

D_{sh}——纤维应力分布系数；$D_{sh}=1-\dfrac{L_e}{h-h'_f-h_1}\sin\alpha$，其中，$\alpha$ 为纤维受力方向与梁轴线的夹角（≤90°），L_e 为有效粘贴高度，$L_e=\sqrt{\dfrac{E_f n_f t_f}{\sqrt{1.18 f_{ck}}}}$；

b_f——纤维条带宽度(mm)；

f_f——复合纤维材料的抗拉强度设计值；

n_f, t_f——纤维复合材料的层数和厚度；

S——斜截面加固纤维条带间距，$S\leqslant S_{max}=\dfrac{h-h'_f-h_1}{2\tan\alpha}$。

3)受压构件加固计算

(1)轴心受压构件加固计算

环向围束加固轴心受压构件时，由于围束约束混凝土变形，从而提高构件轴压强度或承载力。

纤维复合材料围束的作用类似受压构件中的螺旋式或焊接环式间接钢筋，其换算截面面积为

$$A_{f0}=\rho_f A_{cor} \tag{12-24}$$

式中　A_{cor}——原构件截面有效面积；

ρ_f——环向围束体积比。

对于按容许应力法验算的铁路钢筋混凝土轴心受压构件，粘贴纤维复合材料围束后的强度验算公式为

$$\sigma_c=\frac{N}{A_{con}+n_s A'_s+2m_f\beta_c k_c A_{f0}}\leqslant[\sigma_c] \tag{12-25}$$

式中　m_f——纤维复合材料抗拉强度标准值与混凝土抗压极限强度的比值，$m_f=\dfrac{E_f\varepsilon_{fe}}{f_c}$，其中 E_f 为纤维复合材料的弹性模量；ε_{fe} 为纤维复合材料的有效拉应变设计值，取 $\varepsilon_{fe}=0.0035$；

β_c——混凝土强度系数，当混凝土强度等级不大于 C50 时，$\beta_c=1.0$；当混凝土强度等级为 C80 时，$\beta_c=0.8$；其间按线性内插法确定；

k_c——环向围束的有效约束系数；

A_{f0}——纤维复合材料的截面面积；

n_s——原构件截面内钢筋与混凝土弹性模量之比。

对于按承载力验算的公路桥梁，环向围束加固后轴心受压构件的正截面承载力应符合式(12-26)要求：

$$\gamma_0 N_d\leqslant 0.9(f_{cd}A_{cor}+2\beta_c k_c E_f\varepsilon_{fe}A_{f0}+f'_{sd}A'_s) \tag{12-26}$$

式中　N_d——轴向力组合设计值。

(2)偏心受压构件加固计算

在求得考虑粘贴纤维复合材料后的换算截面积(不计拉区)及其对受压边缘或受压较大边

缘的截面抵抗矩后，可进行应力验算。

对于按承载力验算的桥梁，粘贴纤维复合材料加固后的大偏心受压构件的正截面承载力应符合下列要求：

$$\gamma_0 N_d \leqslant f_{cd1} bx + f'_{sd} A'_s - f_{sd} A_s - \sigma_f A_f \tag{12-27}$$

$$\gamma_0 N_d e \leqslant f_{cd1} bx\left(h_0 - \frac{x}{2}\right) + f'_{sd} A'_s (h_0 - a') + \sigma_f A_f a_s \tag{12-28}$$

$$f_{cd1} bx\left(e_s - h_0 + \frac{x}{2}\right) = f_{sd} A_s e_s + \sigma_f A_f (e_s + a_s) - f'_{sd} A'_s e'_s \tag{12-29}$$

$$e_s = \eta e_0 + \frac{h}{2} - a_s, e'_s = \eta e_0 - \frac{h}{2} + a'_s \tag{12-30}$$

式中　η——偏心受压构件考虑二阶弯矩影响的轴向压力偏心距增大系数；

A_f——纤维复合材料的面积；

(3)墩柱延性加固计算

采用粘贴封闭式纤维复合材料对墩柱的延性进行加固后，总折算体积含筋率可按下列公式计算：

$$\rho_v = \rho_{ve} + \rho_{vf} \tag{12-31}$$

$$\rho_{vf} = k_c \rho_f \frac{b_f f_f}{s_f f_{sv}} \tag{12-32}$$

式中　ρ_{ve}——被加固柱原有箍筋的体积含筋率；当需要重新复核时应按箍筋范围内的核心截面进行计算；

ρ_{vf}——环向围束作为附加箍筋换算的箍筋体积含筋率的增量；

k_c——环向围束的有效约束系数，圆形截面取 0.90；正方形截面取 0.66；矩形截面取 0.42；

b_f——环向围束条带的宽度；

s_f——环向围束条带的中心间距；

f_f——环向围束纤维复合材料的抗拉强度设计值；

f_{sv}——原构件箍筋抗拉强度设计值。

12.3.4　体外预应力加固法

体外预应力加固法适用于钢筋混凝土和预应力混凝土受弯构件、受压构件、受拉构件的加固，可提高构件截面强度、调整构件变形及改善抗裂性能。

1)基本概念及规范一般规定

通过在构件实体截面上制作(内嵌或外伸)锚固装置、布置体外预应力筋(简称体外索)并进行张拉和锚固，可在现有结构上建立体外预应力体系；如果要将体外索布置成折线形状，则需布设转向装置(图 12.9)。通过锚固装置和转向装置，体外预应力体系荷载以集中力形式作用于原构件截面，从而改变了荷载作用下的截面内力、构件变形，改善了截面抗裂性能。通过调整锚固装置和转向装置的位置、体外索数量、张拉控制应力，可实现提高原构件截面抗弯强度和抗剪强度、降低构件变形、提高抗裂性能等加固目标。

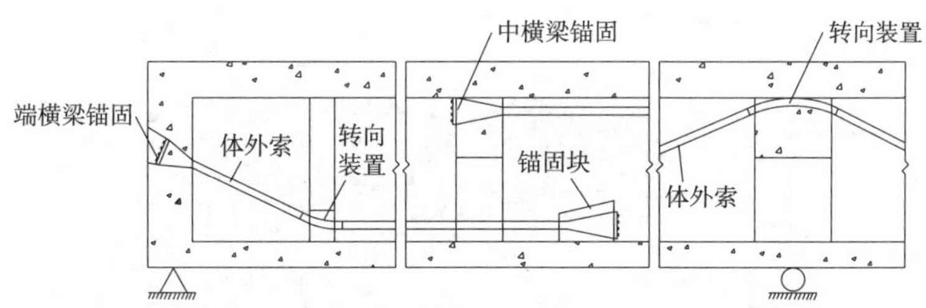

图 12.9　体外预应力加固束在箱梁内的纵向布置形式

采用体外预应力技术加固桥梁时，体外索布置形式可分为三类，如图 12.10 所示。

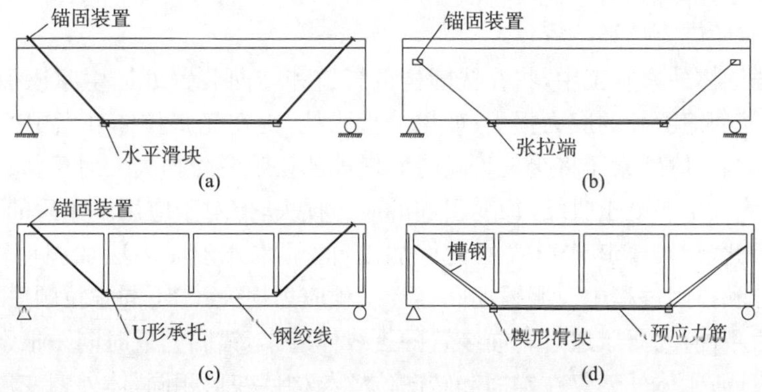

图 12.10　常用的简支体系的体外索布置形式

第一类，将连续长度体外索布置成折线形式，在简支梁中可布置成与梁体轴线平行的水平段和斜线段[图 12.10(a)、图 12.10(c)]，在连续梁或连续刚构中布置成多段折线，在线形转折位置制作转向装置，采用的体外索一般为钢绞线、钢丝束或钢丝绳。第二类，水平段和斜线段体外预应力筋分别由两根粗钢筋组成，斜线筋一端与梁体固定、另一端与滑块固定[图 12.10(b)]，固定端可布置于腹板或梁顶。将第二类中的斜线筋用刚度大的槽钢等替代，水平筋采用粗钢筋、钢绞线或钢丝绳，便成为第三类[图 12.10(d)]。

体外预应力体系主要包括以下部分：体外索及其防腐系统、锚固系统、转向装置、减振装置与定位构造。锚固装置用于体外索的锚固和张拉，转向装置改变体外索线形。对于较长的体外索，为了避免其与桥梁固有频率接近而发生共振，减少疲劳寿命，应在体外索上每隔一定距离安装减振装置，以改变体外索固有频率。体外索自由长度超过 10 m 时，应设置定位装置。

桥梁中采用的体外索主要有带 HDPE 套管的单根或多根无粘结筋束、无粘结钢绞线多层防护束、热挤聚乙烯束、双层涂塑多根无粘结筋束、大直径钢棒、精轧螺纹钢筋等。由于体外索在自然环境下长期工作，必须进行防腐，通常有三道措施，即体外索本身防腐、HDPE 套管防腐及管内灌注油脂或水泥浆防腐。图 12.11 为在锚固位置灌注防腐油脂的构造示意图。

锚固装置和转向装置的位置和型式根据加固需要及梁体构造特点确定。锚固装置可在梁体横隔板(梁)、腹板、顶板或底板通过植筋制作外伸钢筋混凝土或钢结构得到，一般包括植筋部分、主体部分、体外索锚固系统三部分。转向装置可采用下列形式：对于箱梁结构，可在既有横隔板上钻孔、制作转向装置，在截面内增设外伸转向装置，在面内增设包含转向装置的横隔板；对于 T 梁结构，在既有横隔板底加设转向装置，在腹板外侧增设转向装置。

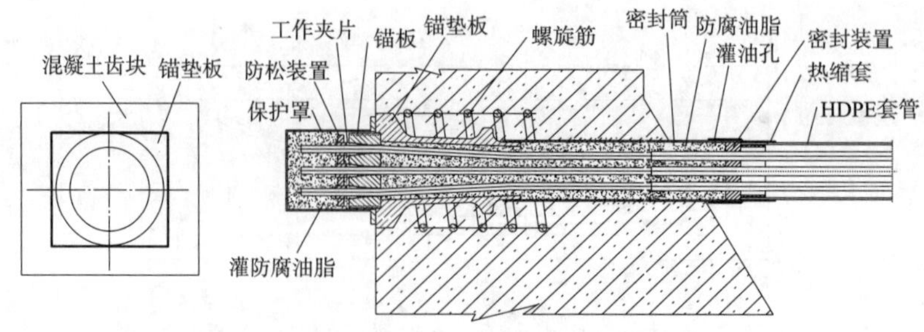

图 12.11　体外索锚固装置构造示意图

2)体外索应力计算

(1)体外索有效应力计算

在张拉和锚固体外索施工中，将在锚固构造管道和转向装置处产生摩擦引起的应力损失和锚具变形、力筋回缩引起的应力损失；如果分批张拉，则在先张拉体外索中产生压缩引起的应力损失；在锚固后，体外索还将会发生随时间增大的松弛应力损失。对于新建混凝土桥梁的加固，体外索还将发生混凝土收缩、徐变引起的应力损失，但对于应用多年后的构件进行加固，可忽略不计。因此，相较于其他形式的构件加固计算，体外预应力法加固计算有如下特点：①体外索在张拉和锚固过程中及服役期间会产生预应力损失；②不同张拉顺序、不同类型体外索的有效预应力不同；③对于通过转向装置的折线体外索，锚固完成时同一根索中不同节段位置的应力可能不同；④体外索仅在锚固和转向位置与构件变形相同，体外索变形与梁体截面变形不协调，尤其在极限状态下这种不协调更为明显，会引起体外索应力增量，同时产生二次效应，降低构件承载力。基于以上因素，完整、准确的体外预应力加固计算十分复杂，工程中一般采用简化方法进行近似分析和计算。

体外索张拉控制应力应按相关规范要求取用。公路桥梁加固规范按式(12-33)取用：

钢绞线、钢丝束　　$\sigma_{con,e} \leqslant 0.65 f_{pk,e}$　　(12-33a)

精轧螺纹钢筋　　$\sigma_{con,e} \leqslant 0.75 f_{pk,e}$　　(12-33b)

式中　$f_{pk,e}$——体外索抗拉强度标准值；

$\sigma_{con,e}$——张拉时体外索张拉控制应力。

(2)正常使用阶段体外索应力计算

在正常使用阶段，体外索应力为有效应力与体外索锚固后作用于构件上荷载引起的应力之和。设体外索锚固后构件上施加二期恒载引起的体外索应力增量为 $\Delta\sigma_{pe,1}$，设计活载(考虑冲击系数)引起的体外索应力增量为 $\Delta\sigma_{pe,2}$，则在使用阶段活载作用下体外索的应力为

$$\sigma_{p,e} = \sigma_{pe,e} + \Delta\sigma_{pe,1} + \Delta\sigma_{pe,2} \tag{12-34}$$

(3)极限应力计算

在构件处于破坏阶段或承载力极限状态时，体外索应力不一定达到极限强度或设计强度，其应力与体外索中有效应力、构件截面特征、体外索位置等有关。在受弯构件的正截面抗弯承载力计算中，体外索的水平筋(束)极限应力可按式(12-35)计算。

$$\sigma_{pu,e} = \sigma_{pe,e} + 0.03 E_{p,e} \frac{h_{p,e} - c}{\gamma_p l_e} \leqslant f_{pd,e} \tag{12-35}$$

式中　$f_{pd,e}$——体外预应力筋(束)的抗拉强度设计值；

$\sigma_{pe,e}$——体外预应力筋(束)的永存预应力；

l_e——计算跨体外索的有效长度，$l_e=\dfrac{2l_i}{N_s+2}$，其中，N_s 为构件失效时形成的塑性铰数目：对简支梁 $N_s=0$，对于连续梁 $N_s=n-1$，n 为连续梁的跨数；l_i 为两端锚固间体外索的总长度，对于简支梁加固体系，$l_e=l_i$；

γ_p——体外预应力钢材的安全系数，取 $\gamma_p=2.2$；

$h_{p,e}$——体外预应力筋(束)合力点到截面顶面的距离；

$E_{p,e}$——体外预应力筋(束)的弹性模量；

c——截面中性轴到混凝土受压顶面的距离；

对于 T 形截面：$c=\dfrac{A_{p,e}\sigma_{pu,e}+A_s f_{sk}+A_p f_{pk}-A'_s f'_{sk}-0.75f_{cu,k}\beta(b'_f-b)h'_f}{0.75f_{cu,k}b\beta}$

对于矩形截面：$c=\dfrac{A_{p,e}\sigma_{pu,e}+A_s f_{sk}+A_p f_{pk}-A'_s f'_{sk}}{0.75f_{cu,k}b\beta}$

其中　β——混凝土受压区高度折减系数，取 $\beta=0.8$；当混凝土强度等级高于 C50 时，应按规范规定进行折减，

$A_{p,e}$——体外预应力筋(束)的截面面积；

$f_{cu,k}$——混凝土轴心抗压强度标准值。

对于体外索的斜筋(束)极限应力，可根据水平筋极限应力计算得到：

$$\sigma_{pub,e}=\lambda\sigma_{pu,e} \tag{12-36}$$

式中　λ——体外索的水平筋拉力与斜筋拉力比例系数。

采用有水平向移动的滑块或转向块时：$\lambda=\dfrac{1}{\cos\theta_e+f_0\sin\theta_e}$

采用楔形滑块时：　$\lambda=\cos\theta_e-f_0\sin\theta_e$

式中　θ_e——体外预应力筋斜筋与构件水平轴线的夹角；

f_0——摩擦系数，钢材间可取 0.16，混凝土与钢材间可取 0.25，采用聚四氟乙烯板时可取 0.06。

3)受弯构件体外预应力加固计算

受弯构件进行体外预应力加固后，不仅其截面内力、应力发生变化，截面强度或承载力亦发生变化，因此，受弯构件体外预应力加固后整体计算应包括截面强度(承载力)计算、抗裂性计算、构件变形计算、裂缝宽度计算等；局部计算包括转向装置的强度(承载力)和抗裂性计算、锚固区的强度(承载力)和抗裂性计算等。

(1)正常使用阶段应力计算

在使用阶段，活载作用下体外索的拉力为

$$N_{p0,e}=A_{p,e}(\sigma_{pe,e}+\Delta\sigma_{pe,1}+\Delta\sigma_{pe,2}) \tag{12-37}$$

混凝土的法向应力为

$$\sigma_{kp}=\frac{N_{p0,e}}{A_0}\mp\frac{N_{p0,e}h_e}{I_0}y_0+\sigma_{pc}+\sigma_{L,c} \tag{12-38}$$

式中　σ_{kp}——考虑体外索拉力作用的构件截面上混凝土法向(拉、压)应力；

A_0，I_0——原构件换算截面积和换算惯性矩；

h_e——体外索合力中心至换算截面重心轴的距离；

y_0——换算截面重心轴至计算纤维的距离；

σ_{pc}——原构件中体内预应力筋预加力引起的截面上混凝土的法向应力；

$\sigma_{L,c}$——恒载、活载引起的截面上混凝土的法向应力。

原构件截面中预应力筋的应力为

$$\sigma_{p,i}=\sigma_{pe,i}+\alpha_{Ep}\sigma_{kp,i} \tag{12-39}$$

式中 $\sigma_{p,i}$——考虑体外索拉力作用的原构件中体内预应力筋的应力；

$\sigma_{pe,i}$——原构件中体内预应力筋的有效应力；

$\sigma_{kp,i}$——体内预应力筋位置的混凝土法向应力；

α_{Ep}——体内预应力筋与截面混凝土的弹性模量之比。

按原构件截面计算混凝土剪应力后，结合上面应力计算可得到混凝土主拉、主压应力。由此，可按规范要求进行体外索、体内预应力筋、混凝土法向应力和主应力验算及抗裂性验算，以及对允许开裂的构件进行裂缝宽度验算。

(2)截面抗弯强度(承载力)计算

进行混凝土正截面抗弯承载力计算时，采用以下假定：

①平截面假定，即混凝土截面应变沿截面高度线性分布；

②不考虑受拉区混凝土的抗拉作用；

③混凝土截面内的普通钢筋/预应力筋与混凝土完全粘结，变形协调；

④极限状态时体外索应力达到 $\sigma_{pu,e}$[式(12-35)]。

体外索加固梁的正截面抗弯承载力计算图式如图 12.12 所示。

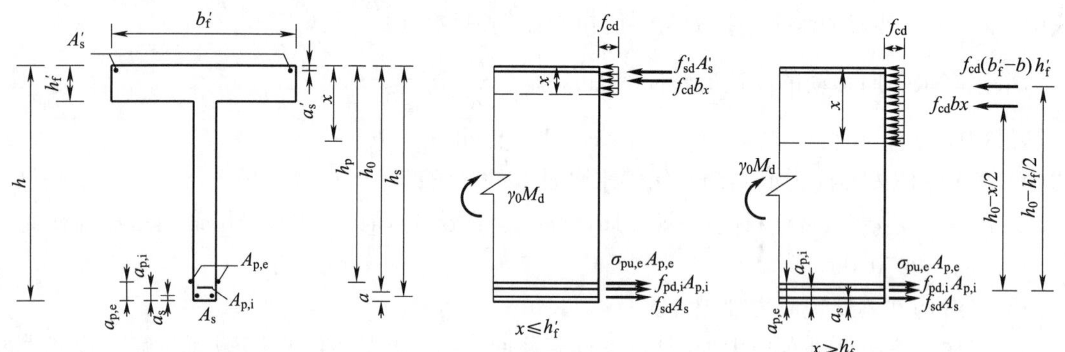

图 12.12 矩形、T 形截面梁抗弯承载力计算图式

对于矩形截面或中性轴位于 T 形或 I 形截面翼板内($x\leqslant h'_f$)的情形：

$$f_{cd}b'_f x+f'_{sd}A'_s=\sigma_{pu,e}A_{p,e}+f_{pd,i}A_{p,i}+f_{sd}A_s \tag{12-40}$$

$$\gamma_0 M_d\leqslant f_{cd1}b'_f x\left(h_0-\frac{x}{2}\right) \tag{12-41}$$

对于 T 形或 I 形截面且中性轴位于截面腹板内($x>h'_f$)：

$$f_{cd}bx+f_{cd}(b'_f-b)h'_f+f'_{sd}A'_s=\sigma_{pu,e}A_{p,e}+f_{pd,i}A_{p,i}+f_{sd}A_s \tag{12-42}$$

$$\gamma_0 M_d\leqslant f_{cd}bx\left(h_0-\frac{x}{2}\right)+f_{cd}(b'_f-b)h'_f\left(h_0-\frac{h'_f}{2}\right)+f'_{sd}A'_s(h_0-a'_s) \tag{12-43}$$

为确保加固后混凝土梁仍为塑性破坏，上述公式中截面受压区高度 x 应满足如下要求：

$$x\geqslant\xi_b h_s \text{ 或 } x\leqslant\xi_b h_p;x\geqslant 2a'_s$$

式中 $\sigma_{pu,e}$——体外预应力筋(束)的极限应力；

$A_{p,i}$——原梁体内预应力筋的截面面积；

$f_{pd,i}$——原梁体内预应力筋的抗拉强度设计值；

A_s——原梁体内纵向受拉普通钢筋的截面积；

A'_s——原梁体内纵向受压普通钢筋的截面积；

f_{sd}——原梁体内纵向受拉普通钢筋的抗拉强度设计值；

f_{cd}——原构件混凝土抗压强度设计值；

b'_f——受压翼缘的有效宽度；

b——矩形截面宽度或 T 形截面的腹板宽度；

h'_f——受压翼缘的厚度；

h_s，h_p——原梁中普通钢筋和预应力钢筋的合力作用点至梁顶面的距离；

h_0——体(内)外预应力筋和原梁中普通钢筋的合力作用点到梁顶面的距离，$h_0=h-a$，其中，a 为受拉体内(外)预应力筋和普通钢筋的合力作用点至受拉区边缘的距离；

a'_s——受压区普通钢筋的合力作用点至受压区边缘的距离；

ξ_b——原构件的相对界限受压区高度。

(3)斜截面抗剪承载力计算

体外索加固的矩形、T 形和 I 形截面的受弯构件，其截面尺寸应符合式(12-44)要求：

$$\gamma_0 V_d-\frac{1}{\gamma_{fs}}\sigma_{pub,e}A_{pb,e}\sin\theta_e\leqslant 0.51\times10^{-3}\sqrt{f_{cu,k}}bh_0 \tag{12-44}$$

式中　V_d——斜截面受压端剪力的组合设计值(kN)；

γ_{fs}——体外预应力斜筋(束)的材料安全系数：对于钢绞线和钢丝 $\gamma_{fs}=1.47$，对于精轧螺纹钢 $\gamma_{fs}=1.2$；

$\sigma_{pub,e}$——体外预应力斜筋(束)的极限应力(MPa)；

$A_{pb,e}$——体外预应力斜筋(束)的截面面积(mm^2)；

b——相应于剪力组合设计值处的矩形截面宽度(mm)或 T 形和 I 形截面腹板宽度(mm)；

h_0——相应于剪力组合设计值处的截面有效高度，即自纵向受拉钢筋合力点至受压边缘的距离(mm)；

θ_e——体外预应力斜筋(束)在竖直平面内的弯起角度(竖弯角)，$\theta_e\leqslant45°$。

体外索加固梁的斜截面抗剪承载力可按钢筋混凝土或预应力混凝土梁计算，如图 12.13 所示，但必须考虑穿过验算斜截面的体外预应力斜筋的竖向分力影响。

$$\gamma_0 V_d\leqslant\alpha_1\alpha_2\alpha_3\times0.45\times10^{-3}bh_0\sqrt{(2+0.6P)\sqrt{f_{cu,k}}\rho_{sv}f_{sd,v}}+0.75\times10^{-3}f_{sd,b}\sum A_{sb}\sin\theta_s+0.75\times10^{-3}f_{pb,i}\sum A_{pb,i}\sin\theta_i+0.8\times10^{-3}\sigma_{pub,e}\sum A_{pb,e}\sin\theta_e \tag{12-45}$$

式中　α_1——异号弯矩影响系数，计算简支梁和连续梁近边支点段的抗剪承载力时，$\alpha_1=1.0$；计算连续梁和悬臂梁近中间支点段的抗剪承载力时，$\alpha_1=0.9$；

α_2——预应力提高系数，原梁为钢筋混凝土受弯构件 $\alpha_2=1.0$，为预应力混凝土受弯构件 $\alpha_2=1.25$，但原梁中由钢筋合力引起的截面弯矩与外弯矩的方向相同时，或加固梁为预应力混凝土 B 类受弯构件，取 $\alpha_2=1.0$；

α_3——受压翼缘的影响系数，对于 T 形截面梁，取 $\alpha_3=1.1$；对于矩形截面梁，取 $\alpha_3=1.0$；

$f_{cu,k}$——原梁混凝土立方体抗压强度标准值(MPa)；

P——原梁斜截面内纵向配筋率，$P=100\rho$，$\rho=(A_s+A_{p,i})/(bh_0)$；

b,h_0——原梁计算斜截面顶端正截面的腹板宽度和有效高度(mm)；

ρ_{sv}——斜截面内箍筋配筋率，$\rho_{sv}=A_{sv}/(S_v b)$，其中，S_v 为斜裂缝范围内的箍筋间距(mm)；A_{sv} 为斜裂缝范围内同一截面内箍筋各肢的总截面面积(mm²)；

$f_{sd,v}$，$f_{sd,b}$——原梁箍筋和弯起普通钢筋的抗拉强度设计值(MPa)；

$f_{pb,i}$——体内预应力筋的抗拉强度设计值(MPa)；

$A_{pb,i}$——斜裂缝范围内体内弯起预应力筋的截面面积(mm²)；

A_{sb}——原梁中一排普通弯起钢筋(或斜筋)的截面面积；

$A_{pb,e}$——体外预应力弯起筋(束)的截面面积；

θ_i——体内预应力筋(束)在斜截面受压端正截面处与梁轴线的夹角；

θ_e——体外预应力筋(束)在竖直平面内的弯起角度(竖弯角)，$\theta_e \leqslant 45°$；

θ_s——体内普通弯起钢筋的弯起角度。

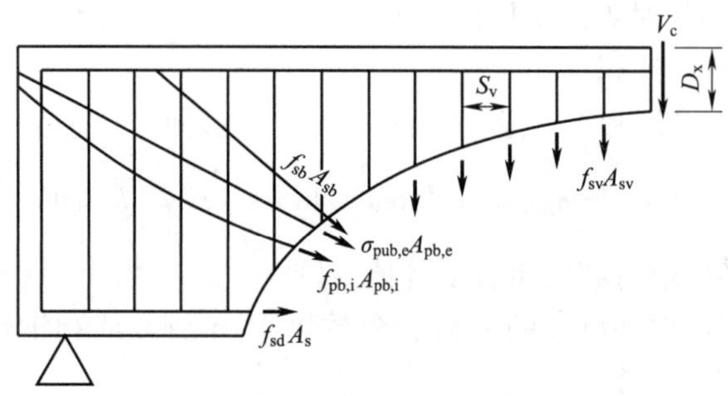

图 12.13　截面梁的抗剪承载力计算图式

(4)转向装置强度或承载力计算

常用转向装置有专门制作的在原混凝土截面外伸的钢筋混凝土转向块、钢筋混凝土转向横肋，或在既有横隔板、横肋、横梁上制作而成的转向装置。转向块的强度(或承载力)计算包括抗拉强度(承载力)、抗剪强度(承载力)计算。

在体外索有效预加力作用下，转向块承受的水平力和竖向力为

$$N_h=A_{p,e}\sigma_{pe,e}\sqrt{1-2\cos\theta_e\sin\beta_e+\cos^2\theta_e} \tag{12-46a}$$

$$N_v=A_{p,e}\sigma_{pe,e}\sin\theta_e \tag{12-46b}$$

在使用阶段，活载、体外索有效预加力等作用下转向块承受的水平力和竖向力为

$$N_h^l=N_{p0,e}\sqrt{1-2\cos\theta_e\sin\beta_e+\cos^2\theta_e} \tag{12-47a}$$

$$N_v^l=N_{p0,e}\sin\theta_e \tag{12-47b}$$

式中　N_h，N_v——在体外索有效预加力作用下转向块承受的水平力和竖向力；

N_h^l，N_v^l——在设计荷载(包括体外索有效预加力、活载等)作用下，转向块承受的水平力和竖向力；

$N_{p0,e}$——在使用阶段活载作用下体外索的拉力；

β_e——体外索在水平面的弯起角度(平弯角)。

对于公路桥梁，桥梁加固设计规范规定，计算转向块的荷载效应设计值时，不考虑可变荷载应力增量的影响，荷载分项系数取为 1.3，即 $N_{hd}=1.3N_h$，$N_{vd}=1.3N_v$。

根据式(12-46)和转向装置的构造、配筋特点，可对转向装置进行弯矩、剪力承载力验算。

根据式(12-47)可进行荷载作用下钢筋混凝土转向装置的钢筋、混凝土应力计算。

12.3.5　钢—混凝土组合加固法

钢—混凝土组合加固技术是在既有混凝土结构加固方法和钢—混凝土组合结构基础上发展起来的一种新型加固方法。近年来钢—混凝土组合加固技术的应用逐渐增多。

组合加固方法一，首先是在原有混凝土结构表面凿毛和植筋，然后通过后浇混凝土与抗剪连接件将原混凝土结构与新增加的钢结构组合成整体共同工作。该加固方法可用于混凝土梁的抗弯加固、抗剪加固等，加固后的截面形式如图 12.14 所示。

如图 12.14(a)所示的组合加固对原结构高度的增加虽然比粘贴钢板加固、粘贴纤维复核材料等加固方法稍大一些，但远小于加大截面法等加固方法。若工程中对截面高度控制的要求较为严格，抗弯加固可以与抗剪加固相结合，截面的抗弯承载力仅通过增加的钢板来提高，如图 12.14(b)所示。这样的方法基本没有增加高度。

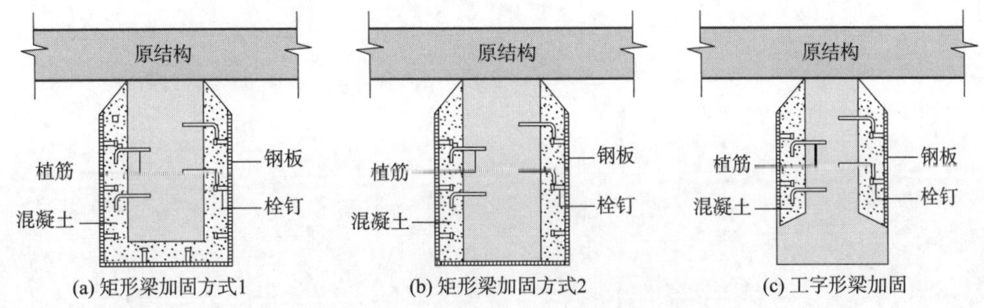

图 12.14　钢—混凝土组合加固梁截面图

组合加固方法二，直接在原混凝土结构上植筋、灌胶粘贴钢构件形成整体。图 12.15 是为提高某预应力混凝土箱梁的刚度而采用在梁底植筋、粘贴工字钢加固的照片，理论分析和试验结果均证实其具有良好的加固效果。这类方法需要满足桥下有足够的净空。

图 12.15　工字钢钢—混凝土组合加固预应力箱梁效果图

钢—混凝土组合加固法充分利用钢—混凝土组合结构的优点，具有承载力和刚度提高幅度大等特点。涉及钢—混凝土组合结构计算原理的加固计算，可参阅相关专著。

思考题

1. 加固用复合材料有哪些？其基本力学特性是什么？

2. 桥梁加固的基本方法有哪几类?

3. 对于简支梁,将其加固为两跨连续梁,是否可行? 你认为加固设计中需要注意什么问题?

4. 对既有桥梁加固是否需要考虑既有结构的材质性能退化问题? 目前规范的计算方法中是如何考虑的?

第四篇

桥梁检测与安全监测

桥梁检测与监测是桥梁建造中质量控制和维养中检查的重要手段，本篇分 3 章分别介绍桥梁试验检测、桥梁施工监控、桥梁结构健康监测方面的主要内容。

桥梁试验和检测是评判桥梁建造质量、评定桥梁技术状况的重要手段和方法，贯穿于桥梁施工、桥梁运营阶段。本书重点介绍施工与运营阶段常用的检测技术与试验方法。为配合结构设计而开展的桥梁科研型实验，如模型试验、风洞试验等不在本书介绍。

桥梁施工监控和健康监测合称为安全监测，但各自的服务目的不同。桥梁施工监控服务于施工阶段，其目的是使得建成的桥梁在线形和受力状态方面尽可能地与设计状态吻合，目前主要在大型、复杂桥梁中应用。而桥梁健康监测是为营运桥梁服务，其目的是检测桥梁的劣化和健康状态，必要时进行预警。

桥梁试验、检测、监测技术正处于大力发展阶段，包括方法、设备等，本书简要介绍了一些发展前沿的内容，供读者参考。

第 13 章　桥梁试验检测

桥梁检测涵盖桥梁设计、施工、运营和拆除全寿命周期，包含材料、构件和结构诸多方面，内容丰富，其应用主要归结为五大方面：(1)控制桥梁施工质量；(2)确定新建桥梁结构的承载能力和使用条件；(3)评估既有桥梁的使用性能与承载能力；(4)监测与诊断桥梁服役的健康状况；(5)研究结构(构件)的受力行为，总结结构受力行为的一般规律，一般用于新结构设计期。

桥梁荷载试验是桥梁检测的重要方法，也是检测与评定桥梁使用和安全性能的主要手段，根据试验荷载作用的性质，桥梁试验可分为静荷载试验、动荷载试验和特殊试验；根据试验持续时间的长短，桥梁试验可分为长期试验和短期试验。根据试验对结构产生的后果，桥梁试验可分为破坏性试验和非破坏性试验；破坏性试验一般在实验室进行，用于科学研究；实际营运桥梁采用非破坏性试验，试验应以不损伤破坏服役桥梁为前提开展。

桥梁检测装备包括检测设备、交通工具、照明设备和办公设备几大类。常用的检测设备有：水准仪、全站仪、钢筋探测仪、钢筋锈蚀探测仪、碳化仪、回弹仪、混凝土拉拔仪、裂缝检测仪、裂缝探深仪、激光测距仪、钢梁漆膜检测设备、索力仪、爬索仪、流速仪、风速仪、冲刷检测仪、扭转扳手，梯子、升降高空作业车等。铁路上还有轨道检测车等专用检测设备。

下面先介绍常规的检测内容和依据，然后介绍桥梁施工和维养中比较常规的梁检测内容，包括无损检测、静载和动载试验、旧桥承载力评定专项试验等。

13.1　桥梁试验检测内容和依据

13.1.1　试验检测内容

桥梁工程试验检测的内容与桥梁所处的位置、结构形式和所用材料不同而异，本书“1.3.1 桥梁结构试验与检测”按试验检测方法进行了分类介绍，本节按桥梁所处的状况进一步介绍，针对施工准备阶段、施工过程中、成桥与服役阶段，常规检测的主要内容包括：

1)施工准备阶段的试验检测

(1)桥梁放样测量。

(2)钢材原材料试验。

(3)钢结构连接性能试验。

(4)预应力锚具、夹具和连接器试验。

(5)水泥性能试验。

(6)混凝土粗细集料试验。

(7)混凝土配合比试验。

(8)砌体材料型钢试验。

(9)台后压实标准试验。

(10)其他成品、半成品试验检测,如支座、伸缩缝等。

2)施工过程中的试验检测

(1)地基承载力试验检测。

(2)基础位置、高程和尺寸检测。

(3)钢筋位置、高程和尺寸检测。

(4)钢筋加固检测。

(5)混凝土强度试验检测。

(6)砂浆强度试验检测。

(7)桩基检测。

(8)墩台位置、高程和尺寸检测。

(9)上部结构或构件位置、尺寸检测。

(10)预制构件张拉、运输含按照强度控制试验。

(11)预应力张拉控制检测。

(12)桥梁上部结构高程、变形、内力(应力)监测。

(13)支架内力、变形和稳定性监测。

(14)钢结构连接加固检测。

(15)索结构索力的检测。

(16)钢结构防护涂装检测。

(17)挂篮、围堰等临时结构变形和应力检测。

3)施工或加固完成后的试验检测

(1)桥梁总体检测。

(2)桥梁荷载试验。

(3)桥梁使用性能检测。

4)服役桥梁试验检测

(1)桥梁几何形态参数测定。

(2)桥梁结构恒载变形状况调查。

(3)桥梁结构构件材质强度检测与评定。

(4)混凝土中钢筋锈蚀检测。

(5)混凝土中氯离子含量的测定。

(6)混凝土电阻率的检测。

(7)混凝土碳化状况的检测。

(8)混凝土结构钢筋分布状况的检测。

(9)索结构索力的检测。

(10)墩台与基础变位检测。

(11)地基与基础的检测。

13.1.2　试验检测依据

试验检测是一种程序性非常严格的活动,应以国家和相关部委颁布的工程法规、技术标准、设计施工规范、材料和构件试验规程以及评定标准等为依据进行。对应创新性的检测方法需按先评定、后使用的程序进行。

试验检测包括检测活动和结果评定，前者依据相关的检测试验规程规范，选用适当的满足检测参数要求的检测设备展开。实际操作应依据被认可的“作业指导书”进行，包括设备标定、设备操作等。获取检测数据后，需按相应的检测参数评定标准进行检测结果评定。

目前我国试验检测活动执行持证上岗制度，包括单位资质和个人从业资质。单位资质规定了单位所能承担的任务和检测参数，个人资质规定了从业人员从事的专业领域，如桥梁等。

13.2　无损检测技术

13.2.1　无损检测技术及特点

无损检测技术是建立在现代科学技术基础上的一门应用型高技术学科，指以不损坏被检测物体的内部结构、受力性能为前提，应用声、光、热、电、磁和射线等技术，检测物体内部或表面的物理性能、状态特性以及内部结构，检查物体内部是否存在不连续性(即缺陷)，推定材料的强度、均匀性、连续性、耐久性等技术指标，从而对结构或构件的性能和质量状况做出评定。现代材料学和应用物理学的发展为无损检测技术奠定了理论基础，而现代电子技术和计算机科学的发展为无损检测技术提供了现代化的测试工具。

无损检测技术属于间接测试，检测结果受许多因素的影响，检测精度和可靠性相对较差，进行评价时，必须与破坏性检测所得到的结果进行互相对比。

针对结构材料物理属性检测的技术有：冲击锤检测、超声波检测、超级弹性波检测和微孔探伤等。

针对结构表观损伤的检测技术有：超声波检测、超级弹性波检测、声发射(AE)技术、X 射线技术、数字化图像处理技术等。

针对结构内部损伤的检测技术有：超声波检测、超级弹性波检测、AE 技术、X 射线技术、电磁波雷达扫描、红外线扫描、光纤内窥探伤技术等。

无损检测工作为桥梁的施工、维护、加固以及延长桥梁的使用寿命提供及时、科学、准确的数据资料。随着结构检测市场的逐步扩大，不断有先进的新技术被引入到土木工程结构检测当中。无损检测设备逐步倾向于便携化、智能化以及无人化操作，实现全自动化检测。

13.2.2　无损检测方法

无损检测技术根据其应用对象不同主要分为混凝土无损检测技术、钢筋状况无损检测技术、钢结构无损探伤技术、拉索无损检测技术和水下基础无损检测技术。混凝土无损检测技术主要用于构件的强度推定、施工质量检测、结构内部缺陷分析等方面，它在实际桥梁结构中应用最为广泛。钢筋状况无损检测技术主要用于混凝土内部钢筋位置及混凝土保护层厚度、钢筋直径及数量、钢筋锈蚀等项目的检测。钢结构无损探伤技术主要检测钢材和焊缝的缺陷。拉索无损检测技术主要用于拉索外观、病害及索力的检测。水下基础无损检测技术是判断结构使用状态的辅助手段，能实现的无损检测非常有限，目前主要用于基础外观病害和冲刷情况检测。

1)混凝土无损检测方法

混凝土无损检测主要用于检测混凝土强度、连续性、完整性等，方法可分为表面硬度法、声学和超声波法、电磁法及综合法几大类。我国目前主要使用以下几种混凝土无损检测技术。

(1)回弹法

回弹法属于表面硬度法的一种，其原理是根据混凝土强度与其表面硬度存在的内在联系，通过测量混凝土表面硬度推定混凝土抗压强度，两者的相关性主要采用统一测强曲线、地区测强曲线和专用测强曲线表示，其中应用最广泛的是采用回弹值和碳化深度两个指标按全国统一测强曲线来推定混凝土强度。

按《回弹法检测混凝土抗压强度技术规程》(JGJ/T 23—2011)规定，取一个构件混凝土作为评定混凝土强度的最小单元，至少取 10 个测区。测区宜均匀布置在构件的检测面上，两个相邻测区的间距不宜大于 2 m，测区的大小宜为 20 cm×20 cm，以能容纳 16 个回弹测点为宜。测区表面应清洁、平整、干燥，尽量选择混凝土浇筑侧面进行水平方向测试，测区应避开外露钢筋和预埋钢板。

当回弹仪水平方向弹击混凝土浇筑侧面时，应从该测区的 16 个回弹值中剔除 3 个最大值和 3 个最小值，对余下 10 个数据作平均处理：

$$R_{\mathrm{m}} = \frac{1}{10}\sum_{i=1}^{10} R_i \tag{13-1}$$

式中　R_i——第 i 个测点的回弹值。

当回弹仪非水平方向检测混凝土浇筑侧面时，测得的回弹值应进行角度修正，当检测混凝土浇筑顶面或底面时，测得的回弹值应按进行测试面修正，当仪器处于非水平状态，同时测试面又非混凝土的浇筑侧面，则应对测得的回弹值先进行角度修正，再进行顶面或底面修正。

(2)超声波法

超声波法即超声脉冲检测法，是通过超声波(纵波)在混凝土中传播的声时、振幅、波形这三个声学参数与混凝土强度之间的相关性，综合判断混凝土结构物的强度和内部缺陷等情况。这种方法主要被用于桥梁工程基桩混凝土的连续性、完整性、均匀性以及混凝土强度和缺陷等方面检测。

(3)超声回弹综合法

超声回弹综合法是超声、回弹两种方法的综合，是指采用超声波检测仪和回弹仪，在结构或构件混凝土的同一测区分别测量超声声速和回弹值，再利用已建立的测强公式推算混凝土强度。一般来说，声波在混凝土中传播速度越快，其强度越高。这种方法不仅操作简单方便、设备便携，而且能减少或抵消一些单一方法测强的不利影响因素，较全面地反映混凝土的质量。该方法成为处理混凝土质量问题的一个主要依据，测试精度比单一法高。

每个测区应在相对测试面上对应布置 3 个测点，并且发射和接收换能器应在同一轴线上。测区声速计算：

$$v=\frac{l}{t_{\mathrm{m}}} \tag{13-2}$$

式中　v——测区声速值(km/s)，精确至 0.01 km/s；

l——超声波检测距离(mm)，精确至 1.0 mm，且测量误差不超过±1%；

t_{m}——测区平均声时值(μs)，精确至 0.1 μs，按式(13-3)计算：

$$t_{\mathrm{m}}=\frac{t_1+t_2+t_3}{3} \tag{13-3}$$

其中　t_1，t_2，t_3——分别为测区中 3 个测点的声时值(μs)，精确至 0.1 μs。

经过实验归纳建立混凝土强度与声速的关系曲线($f_{\mathrm{cu}}^{\mathrm{c}}-v$)或经验公式，目前常用的相关关系表达式有：

抛物线方程　$f_{cu}^{c}=A+Bv+Cv^{2}$　(13-4)

幂函数方程　$f_{cu}^{c}=Av^{B}$　(13-5)

指数函数方程　$f_{cu}^{c}=Ae^{Bv}$　(13-6)

式中　f_{cu}^{c}——混凝土抗压强度换算值；

v——超声波在混凝土中的传播速度；

A,B,C——经验系数。

在选定测区内分别进行超声和回弹测试，得到声速值和回弹值，可优先采用专用测强曲线或地区测强曲线推定混凝土强度。当无专用和地区测强曲线时，按《超声回弹综合法检测混凝土抗压强度技术规程》(T/CECS 02—2020)附录 D 通过验证后，可按该规程附录 C 规定的全国统一测区混凝土抗压强度换算表换算。

(4)射线法

射线法是根据 γ 射线在混凝土中的穿透衰减或散射强度推算混凝土的密实度，并据此推定混凝土的强度。此方法由于 γ 射线的防护问题，应用较少。

(5)半(微)破损法

半(微)破损法不影响结构或构件的承载能力，该方法在结构或构件上直接进行局部破坏性试验，或直接钻取芯样进行破坏性试验，根据试验值与结构混凝土标准强度的相关关系，换算成标准强度换算值，并据此推算出结构混凝土强度标准值的推定值或特征强度。钻芯法、拔出法、射击法等属于这类方法。

钻芯法是从结构混凝土中钻取芯样，直接检测芯样的强度和观察混凝土内部状况。此方法简便、直观、精度高，是国内应用较广的一种半破损检测结构混凝土强度和质量的有效方法，是处理工程质量事故的重要方法之一，但对构件损伤较大且成本较高，一般用于检测对象的问题比较严重，或对无损检测结果有怀疑时采用。芯样试件的混凝土强度换算值是指将芯样实测强度换算成 150 mm 立方体试件的抗压强度值，采用下式计算：

$$f_{cu}^{c}=\alpha\frac{4F}{\pi d^{2}}\tag{13-7}$$

式中　f_{cu}^{c}——芯样试件混凝土圆柱体抗压强度(MPa)，精确至 0.1 MPa；

F——极限荷载(N)；

d——芯样试件的平均直径(mm)；

α——不同高径比的芯样试件抗压强度修正系数，按表 13.1 采用。

表 13.1　高径比强度修正系数 α

高径比(h/d)	1.0	1.1	1.2	1.3	1.4	1.5	1.6	1.7	1.8	1.9	2.0
系数 α	1.00	1.04	1.07	1.10	1.13	1.15	1.17	1.19	1.21	1.22	1.24

拔出法是使用拔出仪器拉拔埋设在混凝土表层内的锚固件，根据拉拔力度大小推算混凝土的强度，是介于无损和半破损之间的检测方法。根据拉拔法的安装方法又分为预埋法和后装法，前者是浇筑混凝土时埋入锚杆，后者是在硬化后的混凝土上钻孔，装入锚杆。

射击法是采用射击装置将硬质合金钉打入混凝土中，显然射钉钉外露长度与混凝土的贯入阻力相关，以此为量度推算混凝土的强度。此测试方法简便，对构件损伤较小，但测试结果受混凝土粗骨料的影响较明显。

2)混凝土碳化深度无损检测

钢筋混凝土结构物中,钢筋处于混凝土的碱性保护之中,混凝土碳化深度一旦到达钢筋,钢筋就失去保护。当外部条件成熟,就会发生锈蚀,因此检测混凝土碳化深度对判断钢筋状态是很重要的。目前,常用的混凝土碳化深度检测方法有:酚酞指示剂法、热分析法、X射线物相分析法和红外光谱法等,下面以酚酞指示剂法为例进行介绍。

酚酞指示剂法是碳化深度的传统测量方法,通过酚酞遇碱变红的原理来确定混凝土的碳化情况,但对于部分碳化区酚酞难以判断。水泥水化后的产物为氢氧化钙、水化硅酸钙、水化氯酸钙、水化硫铝酸钙等,它们稳定存在的 pH 值分别为 12.23、10.4、11.43、10.17。混凝土的孔隙水为氢氧化钙饱和液,其 pH 值为 12～13,呈强碱性。碳化后混凝土中的碱性物质被消耗,pH 值降低到 8.5～9.0。1%～3%酚酞指示剂在 pH＞9.0 的溶液里显红色,当 pH＜9.0 时,为无色。

国家标准选用1%～2%的酚酞指示剂作为标准试验方法,在于其简单,方便快捷。

3)混凝土缺陷无损检测

混凝土构件中常见的缺损有裂缝、碎裂、剥落、层离、蜂窝、空洞、腐蚀和钢筋锈蚀等。这些缺陷和损伤往往会影响结构的承载能力和耐久性,是桥梁养护工作中必须检测的项目。

混凝土裂缝宽度宜采用裂缝读数显微镜或裂缝宽度测试仪器检测,现有的裂缝宽度的测量方法主要分塞尺或裂缝宽度对比卡法、裂缝显微镜法、图像显示人工判读的裂缝宽度测试法和图像显示自动判读的裂缝宽度测试法等四类。

混凝土内部的不密实区域或空洞等缺陷一般采用超声波法检测。

4)混凝土内部钢筋状况无损检测

混凝土内部钢筋状况无损检测主要用于检测钢筋的位置、间距、锈蚀等,主要检测技术有以下几种。

(1)电磁感应法

电磁感应法是基于电磁感应原理、用钢筋位置测定仪进行无损检测的方法。混凝土是带弱碱性的材料,而结构内配置的钢筋是带有强磁性的材料。当混凝土中没有钢筋时,其中的磁场是均匀分布的,当配置钢筋后,就会使磁力线集中于沿钢筋的方向,进而根据引起的电磁场强度变化与金属物大小、探头距离之间的对应关系,对混凝土保护层厚度和混凝土中钢筋或预埋铁件的位置和数量进行估测。电磁感应法比较适用于配筋稀疏及距离混凝土表面较近的钢筋检测,钢筋布置在同一平面或不同平面内距离较大时,可取得较满意的效果。

(2)电位差法

钢筋锈蚀无损检测法是根据锈蚀钢筋表面存在的腐蚀电流引起的电位差,采用钢筋锈蚀测量仪测量钢筋表面与探头之间的电位差,将钢筋锈蚀发生的概率与电位之间建立一定的关系,由电位高低的变化规律判断钢筋锈蚀的可能性及其锈蚀程度。

5)钢结构无损探伤

钢结构的无损探伤主要用于检测焊缝质量,包括超声波探伤、磁粉探伤、射线探伤、渗透法和涡流探伤等方法,应用最为广泛的是超声波探伤和射线探伤。

(1)超声波探伤

超声波检测钢材和焊缝缺陷的工作原理与前述超声波检测混凝土内部缺陷类似,主要有脉冲反射法和穿透法,较多采用前者。超声脉冲经换能器发射进入被测材料表面、内部缺陷和构件底面传播时产生的部分反射,在超声波探伤仪的示波屏上分别显示出各界面的反射波及其相对位置，分别称为始脉冲、伤脉冲和底脉冲，由伤脉冲与始脉冲和底脉冲的相对距离可确定缺陷在构件内的相对位置。

(2)射线探伤

射线探伤是利用射线可以穿透物质和在物质中有衰减的特性来发现缺陷的一种探伤方法。探伤射线可分为 X 射线、γ 射线和高能射线。每种射线又有电离法、荧光屏观察照相法和工业电视法，运用最为广泛的是 X 射线照相法。

6)拉索无损检测方法

拉索无损检测以钢索或钢丝为主要受力杆件，如悬索桥主缆、斜拉索、吊杆，其在运营阶段的受力和损伤需定期进行检测。

(1)钢缆和拉索的截面损失与钢丝断裂检测方法

电磁探测法所用的电磁检测装置，譬如，美国的磁扰动钢缆系统(MPC)、德国 DMT 研究所的磁感应测试仪等，早在 20 世纪 80 年代就相继被欧美国家研发出来。该方法主要用于测量金属由于截面损失(腐蚀或磨损导致的折断或削蚀)引起的磁漏。

声监测法是探测储存在拉索内的弹性能突然释放产生声波过程的方法。该方法通过具有适当听觉能力的设备提供连续的监听和记录，直接监测各根钢丝是否断裂。在索结构桥梁的长期监测中具有良好的应用前景。声测量技术在桥梁结构上的应用面临的挑战主要是设备的耐用性以及传感器和其引线如何安装等问题。

(2)索力测量方法

索力测量方法有多种，有压力表测量法、压力传感器测量法、电磁法、频率测试法等方法，其中，压力表测量法、压力传感器测量法和电磁法在适用性、操作性、测量结果和精度等因素上都不适合在役拉索索力的测量。频率测试法解决了上述三种测量方法存在的不足，有效地解决了在役桥梁拉索索力的检测难题，而且频率测试法具有检测速度快、精度较高的特点。

频率测试法是在环境激励或强迫激励下利用加速度传感器拾取拉索的随机振动信号，然后通过频域分析获取索的频谱图，据此识别出索的各阶固有频率，进而测得索力。服役索索力检测应考虑拉索刚度对索力检测结果的影响。考虑索抗弯刚度影响到索力计算可用式(13-8)。

$$T=4ml^2\frac{f_{\mathrm{n}}^2}{n^2}-\frac{n^2\pi^2}{l^2}EI \tag{13-8}$$

式中　m——索的单位质量(kg/m)；

l——参振索长(m)；

EI——索抗弯刚度。

7)水下基础无损检测方法

对于长期处于水下的桥梁基础结构目前较难直接进行无损检测，如混凝土强度、碳化深度、钢筋分布、钢筋锈蚀检测等。但对于基础外观病害和基础冲刷情况，可以采用摄像系统和水下遥控机器人实现无损检测。水下遥控机器人根据用途可以分为观察型和作业型两种。观察型主要用于水下结构观测，自带灯光照明与高清摄像机；作业型主要用于水下具体活动与操作，其特点是机器人前端有机械手臂。

传统的基础外观病害检测是潜水员携带水下摄像系统的摄像头和照明设备，对水下结构外观质量进行初步检查、摸探和摄像，然后对病害和关键部位进行位置、形状、数量等的详细测量和记录。相比传统外观检测，水下机器人检测作业的优点在于机动性强、深水作业能力突出，但其无法在湍急水流中进行检测。

传统的基础冲刷情况检测主要使用船载多波速测深系统对桥墩周围河床进行扫测，发现有冲刷、淤积等情况时，再由潜水员水下采用码杆尺等辅助工具进行目视、探摸和水下摄像检测。而水下机器人检测可采用声呐测探仪、时域反射计、探地雷达等实现冲刷深度的监测。

13.2.3　无损检测新技术

1)光纤传感器的应用

光纤传感器在航空、航天领域中已广泛应用，并显示其独特的优越性。光纤传感器体积小、耐腐蚀性强、分辨率高、定位准确、抗电磁干扰，近些年来，这些新技术已被应用于土木工程中，传感器通常直接埋入混凝土材料中，埋入过程和混凝土的浇筑兼容，主要集中于探索混凝土结构完整性无损评价和内部应力状态的检测，国内将光纤传感器埋入混凝土桥梁或其他建筑物中用于监测内部负载的应力、振动变位等。此外，光纤传感器还可应用于其他材料，美国无损检测评估中心研制了一种光纤橡胶智能支座，把多轴光纤应变传感器装入橡胶支座中，能测竖向力和剪切变形及荷载分布。目前来看，其在桥梁结构中的应用层次不高，尚有待进一步发展。

2)无人机的应用

随着航拍、遥感技术产业化程度的飞速发展，无人机成本大幅下降，其在桥梁检测中的应用受到了桥梁养护管理部门的广泛关注。

完整的无人机桥梁检测系统由无人机、数据传输系统、任务荷载系统、地面站系统、分析处理系统等组成。当前民用无人机可分为固定翼无人机、旋翼无人机和扑翼无人机三类，其中，旋翼无人机是利用旋翼快速旋转产生气动力的飞行器，其结构简单，能够完成垂直起降、空中悬停等动作，因此，桥梁检测采用 6、8 旋翼无人机结构居多。桥梁检测无人机携带的三轴增稳云台、高清摄像机一般置于飞行器上方，航拍用云台一般布置在下方。数据传输系统用于系统控制信号、检测数据的传输。地面站系统则用于实时监控无人机飞行、检查拍摄情况，利于及时纠正飞行轨迹和发现桥梁明显病害。分析处理系统负责对采集数据进行分析、诊断和量化病害程度，对桥梁实施评估。

无人机在桥梁检查的各阶段均发挥了不同的作用。目前无人机可实现的桥梁检测部位和内容见表 13.2。

表 13.2　无人机主要检测部位与内容

检测部位	检测内容
索塔	混凝土蜂窝麻面、露筋、剥落掉块、裂缝、避雷针完好情况
钢桁梁	钢结构高强螺栓是否缺失、锈蚀及其他异常
钢箱梁	焊缝是否开裂、构件是否存在疲劳裂缝
节点板	螺栓是否缺失、锈蚀及其他异常
桥墩	混凝土蜂窝麻面、露筋、剥落掉块及裂缝
缆索	是否锈蚀、涂装是否脱落及其他异常
常规检测盲区	其他异常情况

13.3　静载试验

静载试验是指通过在桥梁结构上施加与设计荷载或使用荷载等效的静态外加荷载，利用检测仪器设备测试桥梁结构控制部位与控制截面的力学效应，从而评定桥梁的使用性能和承载能力。静载试验应保证在桥梁结构整体和局部受力安全的情况下，针对结构的内力、应力和位移的控制截面进行试验，典型的控制截面包括支点、跨中、$L/4$ 截面等。静载试验工况应包括中载（横向对称布置）试验工况和偏载试验工况，应通过计算确定试验工况的加载位置及偏载的方向。

13.3.1　试验荷载

静载试验应根据试验目的确定试验控制荷载。当为交（竣）工验收而开展桥梁静载试验时，以设计荷载为控制荷载；否则，以使用荷载或目标荷载为控制荷载。

静力荷载试验可按控制内力、应力或变位等效原则确定。

公路桥梁，对于交（竣）工验收荷载试验，静力荷载试验效率系数宜介于 0.85～1.05 之间，其他在 0.95～1.05 之间，其效率系数为：

$$\eta_q = \frac{S_e}{S'(1+\mu)} \tag{13-9}$$

式中　η_q——静载试验荷载效率系数；

S_e——静载试验荷载作用下，某一加载试验项目对应的加载控制截面内力、应力或变位的最大计算效应值；

S'——检算荷载产生的同一加载控制截面内力、应力或变位的最不利效应计算值；

μ——按规范取用的冲击系数值。

静载试验可采用车辆加载或重物直接加载。采用车辆加载时，试验前应对试验荷载进行标记、称重。采用加载物加载时，应根据加载分级情况，分别编号、称量、记录各级荷载量。

对于公路桥梁荷载试验，常采用三轴载重车辆（图 13.1），同时为了保证桥梁不会发生局部加载破坏或严重开裂，加载车辆轴重不应大于 140 kN，否则应验算桥面板的裂缝宽度和极限承载力。

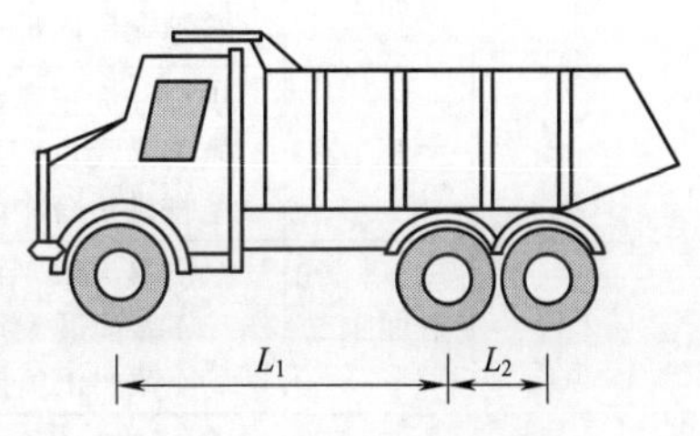

图 13.1　三轴载重车辆

铁路桥梁静力荷载试验效率系数宜介于 0.80～1.05 之间。加载列车一般采用 1～2 台机车带 n 台平板车（$n \geqslant 0$）进行加载，如图 13.2 所示。

13.3.2　试验工况

桥梁静载试验应按照桥梁结构的最不利受力原则和代表性原则确定试验工况及测试截面。测试截面选择时，应按照桥梁结构的内力包络图，并考虑应力分布，按照最不利受力原则选定截面，然后拟定相应的试验工况。常见桥梁静载试验工况及测试截面见表 13.3。

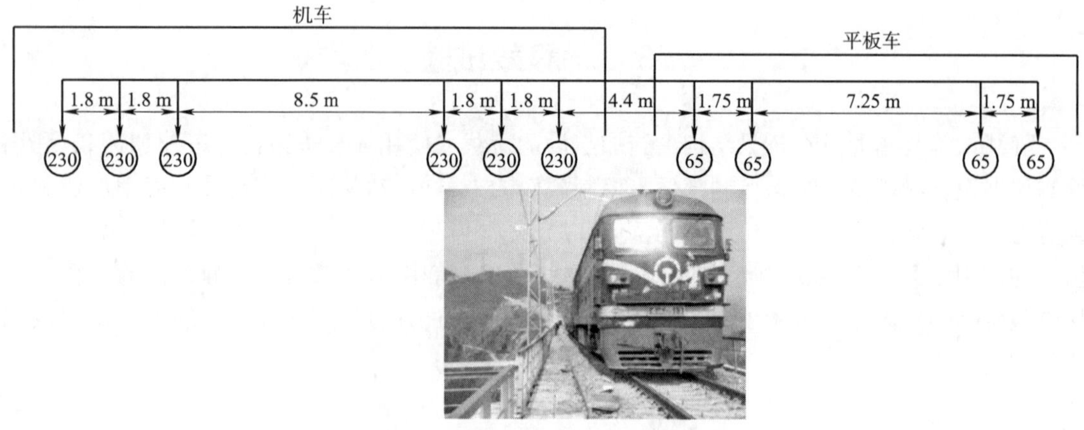

图 13.2　铁路机车车辆加载图示

表 13.3　桥梁静载试验工况及测试截面

桥梁	试验工况		测试截面
简支梁桥	主要工况	跨中截面主梁最大正弯矩工况	跨中截面
	附加工况	$L/4$ 截面主梁最大正弯矩工况； 支点附近主梁最大剪力工况	$L/4$ 截面； 梁底距支点 $h/2$ 截面内侧向上 45°斜线与截面形心线相交位置
连续梁桥	主要工况	主跨支点位置最大负弯矩工况； 主跨跨中截面最大正弯矩工况； 边跨主梁最大正弯矩工况	主跨(中)支点截面； 主跨最大弯矩截面； 边跨最大弯矩截面
	附加工况	主跨(中)支点附近主梁最大剪力工况	计算确定具体截面位置
连续刚构桥	主要工况	主跨墩顶截面主梁最大负弯矩工况； 主跨跨中截面主梁最大正弯矩及挠度工况； 边跨主梁最大正弯矩及挠度工况	主跨墩顶截面； 主跨最大正弯矩截面； 边跨最大正弯矩截面
	附加工况	墩顶截面最大剪力工况； 墩顶纵桥向最大水平变形工况	计算确定具体截面位置； 墩顶截面
无铰拱桥	主要工况	拱顶最大正弯矩及挠度工况； 拱脚最大负弯矩工况； 系杆拱桥跨中附近吊杆(索)最大拉力	拱顶截面； 拱脚截面； 典型吊杆(索)
	附加工况	拱脚最大水平推力工况； $L/4$ 截面最大正弯矩和最大负弯矩工况； $L/4$ 截面正负挠度绝对值之和最大工况	拱脚截面； 主拱 $L/4$ 截面； 主拱 $L/4$ 截面及 $3L/4$ 截面
斜拉桥	主要工况	主梁中孔跨中最大正弯矩及挠度工况； 主梁墩顶最大负弯矩工况； 主塔塔顶纵桥向最大水平变形与塔脚截面最大弯矩工况	中跨最大正弯矩截面； 墩顶截面； 塔顶截面(变形)及塔脚最大弯矩截面
	附加工况	中孔跨中附近拉索最大拉力工况； 主梁最大纵向漂移工况	典型拉索； 加劲梁两端(水平变形)
悬索桥	主要工况	加劲梁跨中最大正弯矩及挠度工况； 加劲梁 $3L/8$ 截面最大正弯矩工况； 主塔塔顶纵桥向最大水平变形与塔脚截面最大弯矩工况	中跨最大弯矩截面； 中跨 $3L/8$ 截面； 塔顶截面(变形)及塔脚最大弯矩截面
	附加工况	主缆锚跨索股最大张力工况； 加劲梁梁端最大纵向漂移工况； 吊杆(索)活载张力最大增量工况； 吊杆(索)活载张力最不利工况	主缆锚固区典型索股； 加劲梁两端(水平变形)； 典型吊杆(索)； 最不利吊杆(索)

13.3.3 测试指标及设备

试验测试设备应经过有资质的单位计量检定/校准，并在荷载试验前应对测试设备进行核查。测试设备应满足精度的要求，应优于预计测量值的 5%，且测试设备应具备满足试验需要的量程和动态范围。试验测试的桥梁静力参数应包括应变（应力）、变位、裂缝、倾角和索（杆）力，并观察试验过程中结构的反应现象。

1）应变（应力）测试

应变（应力）测试应包括拉、压应变（应力）和主应力，其测试设备可采用机械式、电阻式（图 13.3）、振弦式或光纤式应变计（图 13.4）。

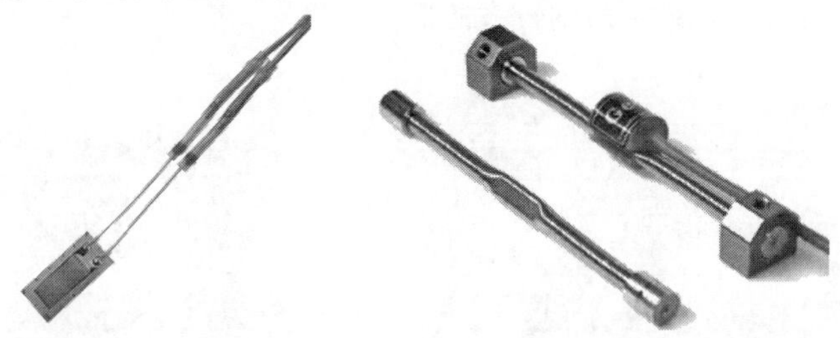

图 13.3　阻应变片振弦式应变计

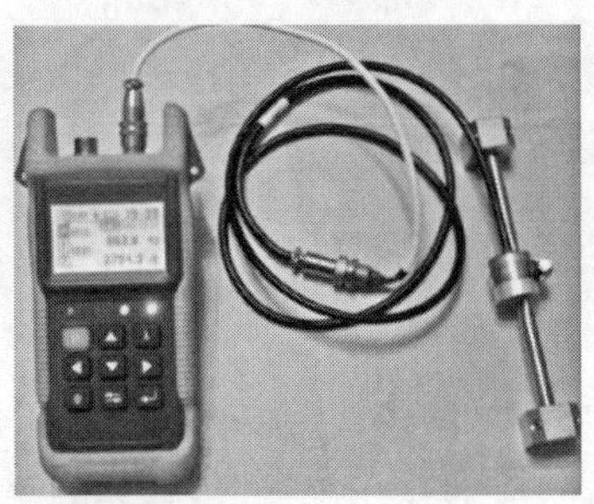

图 13.4　阻应变仪手持式振弦式应变读数仪

2）变位测试

变位测试应包括竖向变位（挠度）和水平变位；水平变位包括纵向变位和横向变位，其变形测试设备可采用机械式或基于电（声、光）原理的测试仪器，也可采用卫星定位系统进行变位测试。图 13.5 为变位测试中常用的千分表、光学水准仪和电子水准仪。

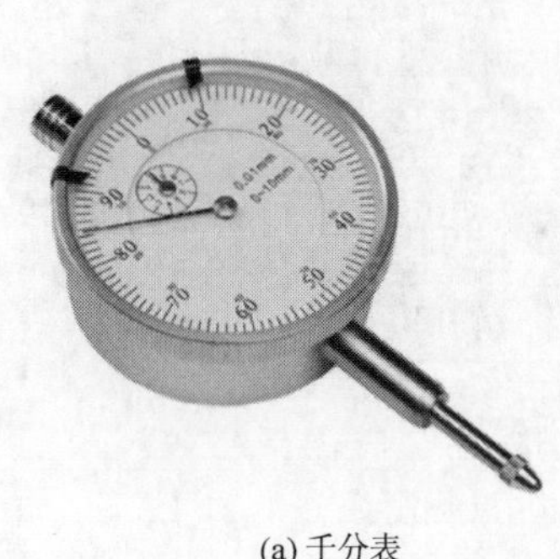

(a) 千分表

(b) 光学水准仪

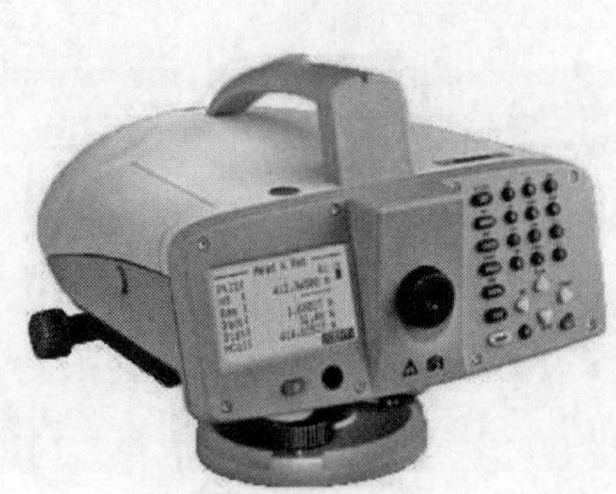

(c) 电子水准仪

图 13.5　变位测试仪器

3)裂缝测试

裂缝应包括荷载试验前结构上的既有裂缝和试验中出现的新裂缝。试验前应对既有裂缝的长度、宽度、分布及走向进行观测、记录,并将其标注在结构上;试验时应观测新裂缝的长度、宽度及既有裂缝发展状况,并描绘出结构表面的裂缝分布及走向。

裂缝长度、分布和走向可直接观测得到。裂缝宽度测量仪器可采用刻度放大镜、裂缝计及裂缝宽度探测仪(图 13.6)。必要时,可采用取芯法或其他无损方法量测裂缝的深度。

4)倾角测试

倾角测试应包括水平倾角和竖向倾角。倾角测试设备可采用水准式倾角仪、光纤光栅式倾角计、数显倾角仪(图 13.7)或双轴倾角仪等各种类型的倾角仪。

倾角测点宜布置在转动明显、角度较大的部位。

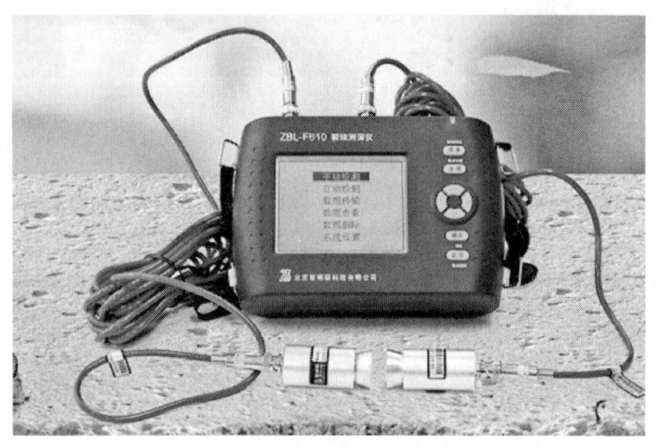

图 13.6　缝宽度探测仪

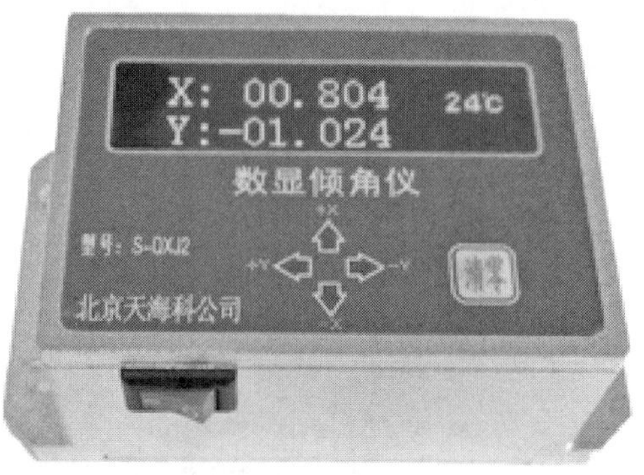

图 13.7　数显倾角仪

5)索(杆)力测试

测量斜拉索、吊索(杆)、系杆力及主缆索力可采用振动测量法,如图 13.8 所示,索力测试传感器(拾振器)应绑扎在拉索上,宜远离锚固点,测量拉索的横向振动信号,并对其进行谱分析。若取拉索减振器安装前的长度进行分析,需对索力计算公式进行修正。索力测试温度宜与合龙时温度一致,两者温差宜控制在±5 ℃范围内,否则应进行温度修正。

(a) 拾振器

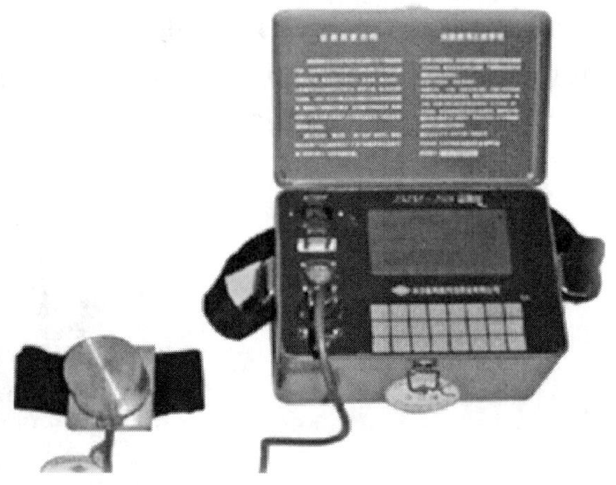

(b) 读数仪

图 13.8　索力的振动测量仪器

13.3.4 测点布置

测点布置必须能够反映出结构或构件最不利受力特征，同时应能满足分析和推断结构工作状态最低的要求，确保实测数据的可靠性，并应遵循必要、适量、方便观测的原则。

测点布置应具有代表性和针对性，有利于仪器安装和观测读数，对试验操作是安全的。

为了保证测试数据的可靠性，测点数量应是足够的，利用结构的对称互等原理，可适当减少测点布置数量。

1)应变测点布置

应变测点应根据测试截面及测试内容合理布置，并能反映桥梁结构的受力特征。一般宜在结构纵向所有控制截面的横向、竖向均应布置能反映结构最大应变(应力)及其变化规律的测点，如图 13.9 所示。一般情况下可采用单向应变计(片)测试正应变(应力)，采用应变花测试主应变(应力)。单向应变测点布置应体现左右对称、上下兼顾、重点突出的原则，并能充分反映截面的高度方向的应变分布特，即沿构件截面的横向和高度方向布置测点。

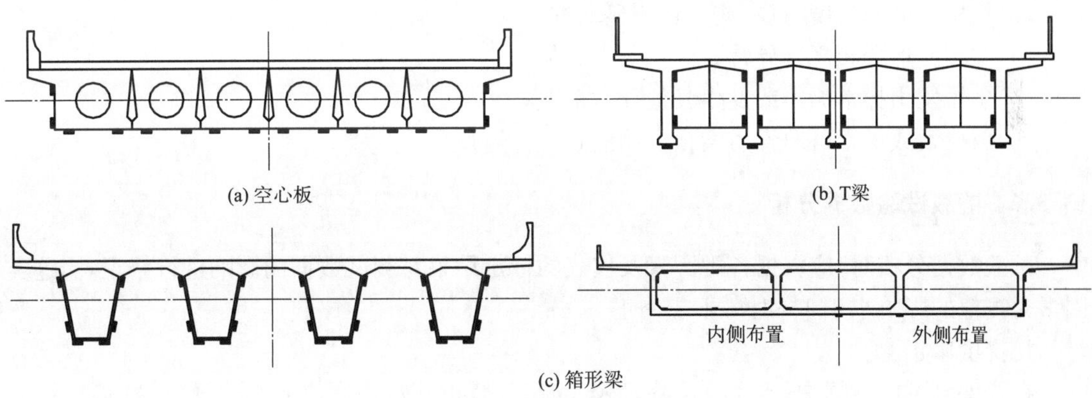

图 13.9　典型截面应变测点布置

2)变位测点布置

变位应包括竖向变位(挠度)、横向及纵向水平变位。变位测点的测试值应能反映结构的最大变位及其变化规律。

主梁竖向变位的纵桥向测点宜布置在各工况荷载作用下变位曲线的峰值位置。竖向变位测点的横向布置应充分反映桥梁横向挠度分布特征，对整体式截面不宜少于 3 个，对多梁式(分离式)截面宜逐片梁布置，如图 13.10 所示。

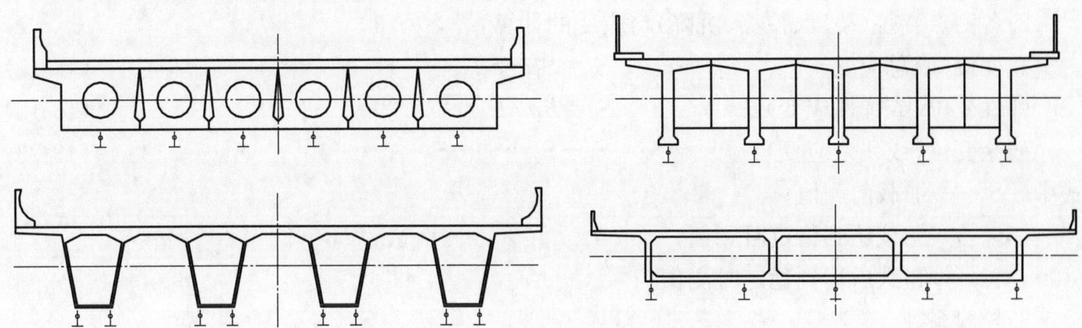

图 13.10　典型截面挠度测点布置

主梁水平位移测点应根据计算布置在相应的最大位移处；墩塔的水平位移测点应布置在顶部，并根据需要设置纵、横向测点；支点沉降的测点宜靠近支座处布置。

13.3.5 静载试验过程控制

试验荷载应分级施加，加载级数应根据试验荷载总量和荷载分级增量确定，可分成3～5级。

加载时间间隔必须满足结构反应稳定的时间要求。在前一荷载阶段内结构反应相对稳定、进行了有效测试及记录后方可进行下一荷载阶段。当进行主要控制截面最大内力（变形）加载试验时，分级加载的稳定时间不应少于5 min；对尚未投入营运的新桥，首个工况的分级加载稳定时间不宜少于15 min。

当试验过程中发生下列情况之一时，应停止加载，查清原因，采取措施后再确定是否进行试验：

(1)控制测点应变值已达到或超过计算的控制值；

(2)控制测点变形（或挠度）超过控制值；

(3)结构裂缝的长度、宽度或数量明显增加；

(4)实测变形分布规律异常；

(5)桥体发出异常响声或发生其他异常情况；

(6)斜拉索或吊索（杆）索力增量实测值超过计算值。

13.3.6 静载试验数据分析

试验数据分析时，应根据各类因素及仪表的标定结果对测试数据的影响进行修正，当这类因素对测值的影响小于1%时可不予修正。

1)挠度修正

在挠度测试的数据中，当支点沉降量较大时，应修正其对挠度值的影响，修正量C可按式(13-10)计算。

$$C=\frac{l-x}{l}\cdot a+\frac{x}{l}\cdot b \tag{13-10}$$

式中 C——测点的支点沉降影响修正量；

l——A支点到B支点的距离；

x——挠度测点到A支点的距离；

a——A支点沉降量；

b——B支点沉降量。

2)各测点变位（挠度、位移、沉降）与应变的计算：

总变位（或总应变）： $$S_t=S_l-S_i \tag{13-11}$$

弹性变位（或弹性应变）： $$S_e=S_l-S_u \tag{13-12}$$

残余变位（或残余应变）： $$S_p=S_t-S_e=S_u-S_i \tag{13-13}$$

式中 S_i——加载前测值；

S_l——加载达到稳定时测值；

S_u——卸载后达到稳定时测值。

3)校验系数

$$\eta=S_e/S_s \tag{13-14}$$

式中　S_e——试验荷载作用下量测的弹性变位(或应变)值;

S_s——试验荷载作用下的理论计算变位(或应变)值。

常见桥梁结构试验的应变(应力)、挠度校验系数见表 13.4。

表 13.4　常见桥梁结构试验的校验系数

桥梁类型	应变(应力)校验系数	挠度校验系数
钢筋混凝土板桥	0.20～0.40	0.20～0.50
钢筋混凝土梁桥	0.40～0.80	0.50～0.90
预应力混凝土桥	0.60～0.90	0.70～1.00
圬工拱桥	0.70～1.00	0.80～1.00
钢筋混凝土拱桥	0.50～0.90	0.50～1.00
钢桥	0.75～1.00	0.75～1.00

4)相对残余变位(或应变)

$$\Delta S_p = S_p / S_t \times 100\% \quad (13\text{-}15)$$

式中　ΔS_p——相对残余变形(应变)。

主要控制测点的相对残余变形(或应变)ΔS_p 越小,说明结构越接近弹性工作状况。ΔS_p 不宜大于 20%,当 ΔS_p 大于 20%时,表明桥梁结构的弹性状态不佳,应分析原因,必要时再次进行荷载试验加以确定。

5)试验曲线的绘制

试验曲线的绘制应包括以下主要内容:

(1)列出各加载工况下主要测点实测变形(或应变)与相应的理论计算值的对照表,并绘制出其关系曲线。

(2)绘制各加载工况下主要控制点的变形(或应变等)与荷载的关系曲线。

(3)绘制各加载工况下控制截面变形(或应变)分布图、沿纵(横)桥向挠度图、截面应变沿高度(宽度)分布图等,其中截面应变沿高度(宽度)分布图,可用于评判“平截面变形”假定和弹性工作性能。

13.4　动载试验

桥梁结构是一个多变量的复杂系统,当结构的物理特性变化如开裂、尺寸变化、材料力学性能变化时,变形、应力、裂缝等静力特性和基频、模态、振幅等动力均发生变化,这一变化对于桥梁现状评估有重要意义。通过动力荷载试验以及结构固有模态参数的实桥测试,了解桥跨结构的自振频率、振型和阻尼系数等动力特性以及各控制部位在使用荷载下的振幅、速度、加速度及冲击系数等动力性能。

动力特性的测试,除了可用来分析结构在动荷载作用下的受力状态,为大桥以后的运营养护管理提供必要的数据和资料外,还可验证或修改理论计算值,并作为结构设计的依据。

动载试验是指通过测试桥梁结构或构件在动荷载激振和环境荷载作用下的受迫振动特性和自振特性,以分析判断桥梁结构的力学特性。

13.4.1　试验荷载

动载试验最常用的是无障碍行车试验,其试验荷载宜采用与桥梁实际运行状态相接近的载重车辆，车辆轴重产生的局部效应不应超过设计车辆荷载效应。无障碍行车荷载试验效率可按式(13-16)计算。

$$\eta_{d}=\frac{S_{d}}{S_{l\max}} \tag{13-16}$$

式中　η_{d}——动载试验荷载效率；

S_{d}——动载试验荷载作用下控制截面的最大内力或变形；

$S_{l\max}$——控制荷载作用下控制截面的最大内力或变形(不计冲击)。

无障碍行车试验依据计算结果，可采用每个车道布置一队试验车，横向并列一排同步行驶，在行驶过程中尽量保持车辆的纵、横向间距不变。

13.4.2　测试指标及设备

试验测试的桥梁结构动力参数应包括结构自振特性参数和动力响应值。

自振特征参数应包括结构自振频率(自振周期)、阻尼比和振型。

测试自振特征参数的测试设备应包括测振传感器(拾振器)、放大器及记录仪等。测量时，将测振传感器(拾振器)布设在被测结构理论振型的峰(谷)点、选择的固定参考点和各分界点上，用放大特性相同的多路放大器和记录特性相同的多路记录仪，同时测记各测点的振动响应信号。

测振传感器(拾振器)(图13.11)的拾振类型包括位移、速度和加速度几类。其主要参数有量程、精度、分辨率、采样频率等。

图13.11　测振传感器(拾振器)

13.4.3　测点布置

桥梁动载试验的测试截面应根据桥梁结构振型特征和行车动力响应最大的原则确定。一般可根据桥梁结构规模按跨径8等分或16等分简化布置。如遇桥塔或高墩，尽可能按高度3～4等分布置。

在测试桥梁结构行车响应时，应选择桥梁结构振动响应幅值最大部位为测试截面。简单结构宜选择跨中1个测试截面，复杂结构应适当增加测试截面，但不宜过多。

用于冲击效应分析的动挠度测点每个截面至少1个，采用动应变评价冲击效应时，每个截面在结构最大活载效应部位的测点数不宜少于 2 个。

13.4.4　试验工况和荷载

对于多联(孔)桥梁,如同时开展静、动载试验,动载试验桥联(孔)应选择与静载试验相同的桥联(孔);其他情况下应根据结构评价需要,选择具有代表性的桥联(孔)。

桥梁动载试验工况应根据具体的测试参数和采用的激振方法确定。激振方法可根据结构特点、测试的精度要求、方便性及现场实际情况确定,宜采用环境随机激振法、行车激振法和跳车激振法。

13.4.5　动载试验内容

动载试验的测试内容包括自振特性测试和动力响应测试。

1)自振特性测试——模态试验

自振特性测试可仅测试桥梁竖向弯曲自振特性。必要时还应测定桥梁横向自振特性。结构的自振特性取决于结构的质量和刚度分布,它是大跨度桥梁成桥试验的核心内容之一,也是桥梁结构动力反应分析及抗风抗震研究的基础,可作为检验桥梁施工质量、反映施工与设计一致性的有效手段。

自振特性测试可采用环境随机激振法或行车激振法进行,具体可参见“13.4.6　动载试验激振方法”。

2)动力响应测试——动挠度、动应变、振动加速度或速度

动力荷载作用于结构上,会在结构上产生应变与挠度,相应的可用测试仪器采集控制断面的动应变或动挠度,动应变(挠度)一般较同样的静荷载所产生的相应静应变(挠度)大。动应变(挠度)与静应变(挠度)的比值称为活荷载的动力系数。由于应变(挠度)反映了桥跨结构在荷载作用下的受力情况,是衡量结构性能的主要依据,因此活载冲击系数综合地反映了动力荷载对桥梁结构的动力作用,它与结构形式,车辆运行速度和桥面的平整度等有关。

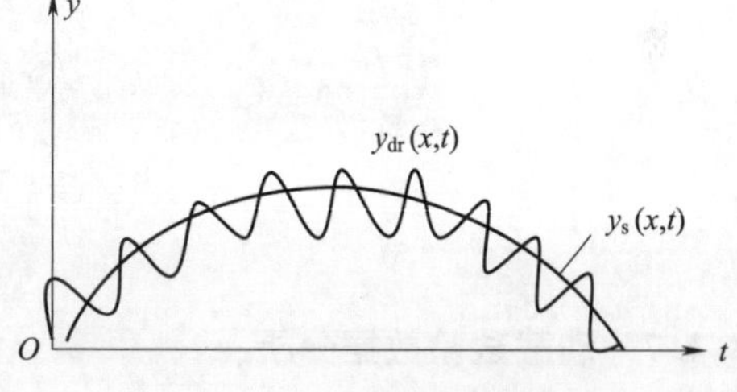

图 13.12　桥梁振动响应图示

如图 13.12 所示,在车辆荷载作用下,桥梁振动是随机的,即实际振动响应是由静荷载引起的 $y_s(x,t)$和动荷载引起的 $y_{dr}(x,t)$合成。冲击系数可通过静、动荷载引起的最大响应 $y_{smax}(x,t)$和 $y_{dmax}(x,t)$来获取,即

$$\mu=\frac{y_{dmax}(x,t)}{y_{smax}(x,t)}-1 \tag{13-17}$$

13.4.6　动载试验激振方法

动载试验激振方法宜采用环境随机激振法、行车激振法和跳车激振法。

1)环境随机激振法

环境激励振动试验是指在桥面无任何交通荷载以及桥址附近无规则振源的情况下,通过测定桥梁由风荷载、地脉动、水流等随机激励引起的微振动来识别结构自振特性参数,常用的是地脉动激振,故称“脉动法”。该试验需要材料长样本信号进行能量平均,以消除随机因素的

影响，采集时间一般不小于 30 min。

2)行车激振法

行车激振法是采用单个车辆和车队，在 5 km/h～设计时速范围内取多个大致均匀分布的车速进行行车试验，使桥梁产生不同程度的强迫振动，也称“跑车试验”，试验中测试结构的动力学参数。铁路桥梁采用运营列车或试验列车激振。

利用行车激励的余振，即利用车辆驶离桥面后引起的桥梁结构余振信号来识别结构自振特性参数，称为余振法，它可排除车辆荷载的影响。

3)跳车激振法

跳车激振法是通过让单辆载重汽车的后轮在指定位置从三角形垫块上突然下落对桥梁产生冲击作用，激起桥梁的振动(图 13.13)。车速宜取 5～20 km/h，障碍物宜布置在结构冲击效应显著部位。

图 13.13　跳车激振法

13.4.7　动载试验数据分析

拾振器和采集仪按采样频率获取各测点的振动信号后，应对测试信号进行检查和评判，并进行剔除异常数据、去趋势项、数字滤波等必要的预处理，之后对有效信号进行处理和分析获取所需的物理量。

结构自振频率可采用频谱分析法、波形分析法或模态分析法得到。自振频率宜取用多次试验、不同分析方法的结果相互验证。按规范规定的自振频率评定标准开展结果评判，如公路桥梁评定见表 11.17。

桥梁结构阻尼参数可采用波形分析法、半功率带宽法或模态分析法得到。

振型参数宜采用环境激振等方法进行模态参数识别，须采用专用软件进行分析，可同时得到振型、固有频率及阻尼比等参数计算。

冲击系数分析时应优先采用桥面无障碍行车下的动挠度时程曲线计算。受现场条件限制无法测定动挠度时，可采用动应变时程曲线计算冲击系数。

13.5　铁路桥梁走行安全性和舒适性指标测试

列车走行安全性评价指标包括：脱轨系数、轮重减载率、轮对横向力。列车走行舒适性评价指标包括：桥梁和车体的竖向、横向加速度，竖向和横向 Sperling 指标。具体规定如下：

(1)桥梁动力响应限值

桥梁竖向振动加速度限值：$0.35g=3.5\ m/s^2$（半幅、有砟轨道）；$0.50g=5.0\ m/s^2$（半幅、无砟轨道）。

桥梁横向振动加速度限值：$0.14g=1.4\ m/s^2$（半幅）。

(2)列车走行性控制指标

根据《机车车辆动力学性能评定及试验鉴定规范》(GB/T 5599—2019)，《铁路桥涵设计规范》(TB 10002—2017)，并参考历次提速试验和高速铁路所采用的评判标准，在车桥系统动力学仿真计算分析中，列车运行安全性与舒适性（平稳性）的评定指标选取见表 13.5。

表 13.5　常用车桥动力仿真分析列车走行性控制指标

<table>
<tr><th colspan="3">车辆的评价指标</th><th>限定标准</th></tr>
<tr><td rowspan="6">客车</td><td rowspan="3">安全性</td><td>脱轨系数</td><td>0.8</td></tr>
<tr><td>轮重减载率</td><td>0.6（车速≤350 km/h），0.8（车速>350 km/h）</td></tr>
<tr><td>横向水平力(kN)</td><td>≤10+P_0/3（P_0 为轴重）</td></tr>
<tr><td rowspan="3">舒适性</td><td>竖向加速度(m/s²)</td><td>1.3（车速≥200 km/h），2.5（车速≤200 km/h）</td></tr>
<tr><td>横向 Sperling 指标</td><td>≤2.5（优秀），≤2.75（良好），≤3.0（合格）</td></tr>
<tr><td>竖向 Sperling 指标</td><td>≤2.5（优秀），≤2.75（良好），≤3.0（合格）</td></tr>
<tr><td rowspan="7">机车</td><td rowspan="3">安全性</td><td>脱轨系数</td><td>0.8</td></tr>
<tr><td>轮重减载率</td><td>0.6</td></tr>
<tr><td>横向水平力(kN)</td><td>80</td></tr>
<tr><td rowspan="4">舒适性</td><td>横向加速度(m/s²)</td><td>≤1.47（优秀），≤1.98（良好），≤2.45（合格）</td></tr>
<tr><td>竖向加速度(m/s²)</td><td>≤2.45（优秀），≤2.95（良好），≤3.63（合格）</td></tr>
<tr><td>横向 Sperling 指标</td><td>≤2.75（优秀），≤3.10（良好），≤3.45（合格）</td></tr>
<tr><td>竖向 Sperling 指标</td><td>≤2.75（优秀），≤3.10（良好），≤3.45（合格）</td></tr>
<tr><td rowspan="7">货车</td><td rowspan="3">安全性</td><td>脱轨系数</td><td>0.8</td></tr>
<tr><td>轮重减载率</td><td>0.6</td></tr>
<tr><td>横向水平力(kN)</td><td>80</td></tr>
<tr><td rowspan="4">舒适性</td><td>横向加速度(m/s²)</td><td>5.0</td></tr>
<tr><td>竖向加速度(m/s²)</td><td>7.0</td></tr>
<tr><td>横向 Sperling 指标</td><td>≤3.5（优秀），≤4.0（良好），≤4.25（合格）</td></tr>
<tr><td>竖向 Sperling 指标</td><td>≤2.5（优秀），≤2.75（良好），≤3.0（合格）</td></tr>
</table>

以上这些指标均可通过行车动载试验进行测试，包括联调联试。下面简要介绍各类指标的具体试验方法。

13.5.1 车体和桥梁振动加速度

机车车体垂向和横向振动加速度测点布置在底架纵向中心线的前牵引梁上和司机底座基础上。客车和动车组车体垂向、横向振动加速度测点对角布置在 1 位、2 位转向架中心偏向车体一侧 1 000 mm 的车内地板上，如图 13.14 所示。动车组司机室座椅下方地板上布置垂向、横向加速度测点。货车车体垂向和横向振动加速度测点布置在 1 位或 2 位心盘内侧，距心盘中心线小于 1 000 mm 的车底架中梁下盖板上或对应位置上。转向架构架横向振动加速度传感器安装在测量轮轨力转向架构架上，位置在对应的一个轴箱上方。

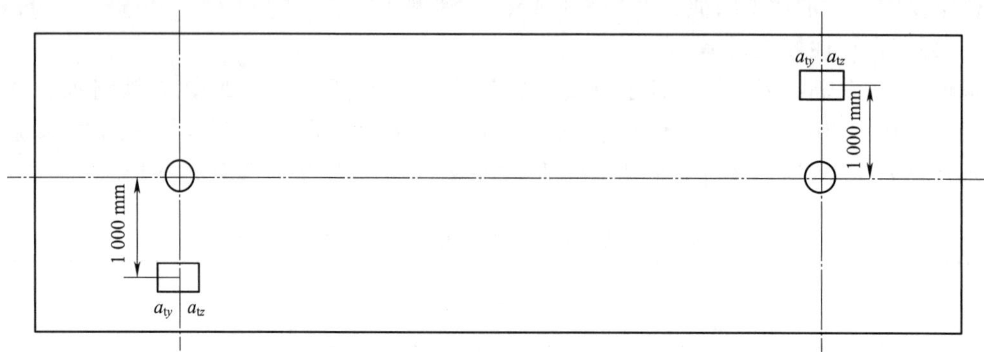

图 13.14 客车和动车组车体振动加速度测点布置

桥梁振动测试主要包括自振特性（自振频率、模态振型和阻尼比）和竖、横向振动特征（振幅、频率、模态振型、阻尼比）。自振特性测试采用环境微振动试验（脉动试验），振动特性测试为动载试验，即试验荷载以不同速度匀速通过试验桥梁进行竖、横向振动的测定。测点布置原则同前。

13.5.2 轮轨力测量

轮轨横向力 Q 和轮轨垂向力 P 是脱轨系数和轮重减载率计算的基础，同时，轮轴横向力 H 用于评定车辆在运行过程中是否会因为过大的横向力而导致轨距扩宽或线路产生严重变形。H 为左、右轮轨横向力 Q 的向量和，H 应满足 $H \leqslant 15+P_0/3$，P_0 为静轴重。

轮轨力测量方法有基于测力轮对和基于钢轨的测量两种不同的方法。

1）基于测力轮对的测量方法

轮轨横向力 Q 和轮轨垂向力 P 采用测力轮测量。160 km/h 及以上速度等级机车车辆的测试转向架应至少安装两条测力轮对。对 160 km/h 及以下速度等级机车车辆的测试转向架应至少安装一条测力轮对。在测试转向架的前导轴上应安装测力轮对，测力轮对是一种测量轮轨作用力的专用传感器，通常在测力轮对的车轮辐板上布置应变片组成测量电桥，轮轨力间断测量如图 13.15 所示。

测力轮对应在专用的标定试验台上进行标定，垂向力和横向力分别逐级标定，垂向力标定载荷不小于静轮重的 1.5 倍，横向力标定载荷不小于静轮重的 1.2 倍，标定得到垂向力和横向力的比例系数及相互影响系数：

$$K_{pp}=\varepsilon_{pp}/P,\quad K_{qq}=\varepsilon_{qq}/Q \tag{13-18}$$

$$E_{qp}=\varepsilon_{qp}/P,\quad E_{pq}=\varepsilon_{pq}/Q \tag{13-19}$$

式中　K_{pp},K_{qq}——垂向力和横向力的比例系数;

E_{qp},E_{pq}——垂向力对横向桥梁的影响系数和横向力对垂向桥梁的影响系数;

ε_{pp},ε_{qq}——垂向力和横向力标定时的输出应变;

ε_{qp},ε_{qq}——横向桥路受垂向力影响输出应变和垂向桥路受横向力影响输出应变。

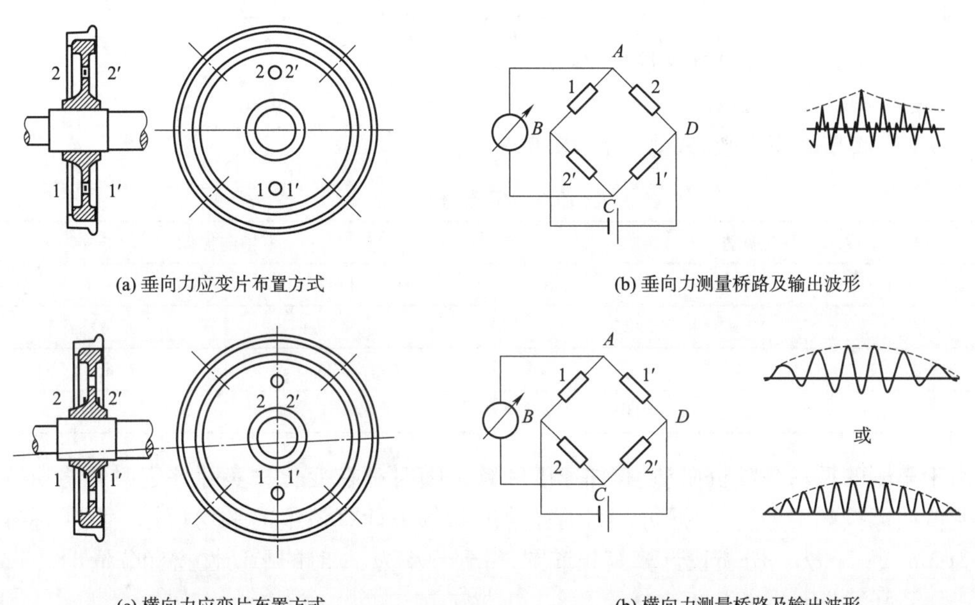

图 13.15　车轮辐板上轮轨力间断测量法

测力轮对测得的轮轨垂向力和横向力为

$$\begin{bmatrix}P\\Q\end{bmatrix}=\begin{bmatrix}K_{pp} & E_{pq}\\E_{qp} & K_{qq}\end{bmatrix}^{-1}\begin{bmatrix}\varepsilon_p\\\varepsilon_q\end{bmatrix} \tag{13-20}$$

式中　ε_p,ε_q——垂向力和横向力测量电桥测得的应变。

2)基于钢轨的地面测试方法

该方法基于地面上的钢轨,采用剪力法测试轮轨垂直力和水平力,测试方法可参照《轮轨水平力和垂直力地面测试方法》(TB/T 2489—2016)执行。

13.5.3　脱轨系数

脱轨系数用于评定车辆的车轮轮缘在横向作用力下是否会爬上轨头而脱轨。脱轨系数为爬轨侧车轮作用于钢轨上的横向力 Q 与其作用于钢轨上的垂向力 P 的比值,即脱轨系数。

13.5.4　轮重减载率

轮重减载率是评定因车轮减载过大而引起脱轨的另一种脱轨安全指标。轮重减载率为轮重减载量 ΔP 与该轮平均静轮重 $\bar{P}$ 的比值,即轮重减载率。

$$\bar{P}=(P_1+P_2)/2,\quad \Delta P=|P_1-P| \tag{13-21}$$

式中　P_1,P_2——实测左右轮重。

13.5.5　运行平稳性

平稳性主要是指客车上旅客的乘坐舒适度,货车上装运货物的完整性。主要的评价参数是车体上规定位置的各方向的振动加速度，将其统计处理后得到评价指标值。我国现在采用平稳性指标 W(Sperling 指标)或舒适度指标 Nmv。

平稳性指标 W 计算公式为

$$W=3.57\sqrt[10]{\frac{A^3}{f}F(f)} \tag{13-22}$$

式中　A——车体上的振动加速度(m/s^2)；

f——振动频率(Hz)；

$F(f)$——频率修正系数，取值见表 13.6。

表 13.6　频率修正系数

垂直振动		横向振动	
f(Hz)	$F(f)$	f(Hz)	$F(f)$
$0.5\leqslant f<5.9$	$0.325f^2$	$0.5\leqslant f<5.4$	$0.8f^2$
$5.9\leqslant f<20.0$	$400/f^2$	$5.4\leqslant f<26.0$	$650/f^2$
$f\geqslant 20.1$	1	$f\geqslant 26.0$	1

由于车辆的振动是随机振动，其加速度和频率随时都在变化。实际评定时要将所要分析的加速度波形按频率分组，根据每一组的加速度和频率计算该组的平均指标。测量标准时间长度为 5 s，每 5 s 为一分析段计算其频谱图，得到频率为 f_i 时的平稳性指标分量：

$$W_i=3.57\sqrt[10]{\frac{A_i^3}{f_i}F(f_i)} \tag{13-23}$$

计算平稳性指标为

$$W=\sqrt[10]{W_1^{10}+W_2^{10}+\cdots+W_n^{10}} \tag{13-24}$$

式中　W_i——频率为 f_i 时的平稳性指标分量；

n——整个波段的分组数。

舒适度指标 Nmv 测量可参见《机车车辆动力学性能评定及试验鉴定规范》(GB/T 5599—2019)。

13.6　温度场测试

在太阳辐射影响下，混凝土表面温度迅速升高，但由于混凝土导热性差，热量从表面向内部的传播速度极小，使得混凝土内部的温度上升速度远远不如表面，从而与表面产生较大的温差。温差产生的变形在受到约束时，就会产生非常大的温度应力。

大体积混凝土由于自身硬化过程中的收缩变形，以及内外温差所引起的温度应力可能会超过混凝土最大允许拉应力而造成开裂等现象。大体积混凝土的水化热温度、应力发展是一个十分复杂的问题，外界温度、湿度、施工条件、原材料变化等都会影响温度、应力的变化，通过温度场监测，能更准确地了解结构的质量与抗裂安全状况。为了合理地布设温度和应变传感器，在测试前应对大体积混凝土进行水化热理论计算，获取其温度、应力分布云图，在温度和应变敏感部位布设测点。

桥梁的温度场随时间连续变化，温度测试宜采用计算机自动测温系统进行测温和控制。系统组成：温度传感器、智能测温记录仪、数据采集接收器、电脑分析绘图软件、计算机，如

图 13.16 所示。温度传感器直接埋设所浇捣混凝土内，并通过信号线将传感器与数据采集接收器、计算机连接起来，获取的数据自动进行记录、分析，通过电脑分析绘图软件将混凝土各测温点的温度变化情况显示出来。

(a)

(b)

图 13.16　大体积混凝土中安装就位的温度传感器和采集界面

13.7　预应力摩擦系数试验

预应力摩擦损失，关系到预应力效应计算的准确性，现场中往往需要测定桥预应力孔道摩阻系数 μ、孔道偏差系数 k 及喇叭口摩阻损失，特别是大规模制梁时，如铁路制梁场制梁。根据《铁路桥涵混凝土结构设计规范》(TB 10092—2017)，预力筋束与孔道间的摩阻损失计算表达式为

$$\sigma_{s摩}=\sigma_{con}[1-e^{-(\mu\theta+kx)}]=\beta\sigma_{con} \tag{13-25}$$

式中　σ_{con}——力筋(锚下)控制应力；

θ——从张拉端至计算截面的长度上，力筋的弯曲角之和；

x——张拉端至计算截面的孔道水平投影长度(m)；

μ——预应力筋与孔道壁之间的摩阻系数；

k——考虑管道对其设计位置的偏差系数；

$$\beta=1-e^{-(\mu\theta+kx)} \tag{13-26}$$

在预施应力过程中，离张拉端 x 处因管道摩阻而损失的力筋束内力值为

$$F_x=F_A[1-e^{-(\mu\theta+kx)}]=\beta F_A \tag{13-27}$$

式中　F_A——张拉力，

β——损失率。

当采用一端张拉一端固定的方法来测定参数 μ 和 k 时，式(13-26)则可写为

$$\mu\theta+kl=-\ln(1-\beta) \tag{13-28}$$

式中　l,θ——张拉端至固定端力筋束长和空间包角(为书写简便起见，仍用 θ 代替 $\theta_{包}$)。

若该力筋束为直线布置，即 $\theta=0$，则可由式(13-28)直接得到 $k=-\ln(1-\beta)/l$；若该力筋束为曲线布置，则须借助于两根以上力筋束的测试结果利用最小二乘法计算得到 μ、k。

试验存在误差是不可避免的。假定式(13-28)的误差为 Δ，则有

$$\mu\theta+kl+\ln(1-\beta)=\Delta \tag{13-29}$$

如果有 n 束力筋束，则式(13-29)变为

$$\mu\theta_i+kl_i-C_i=\Delta_i \quad (i=1,2,\cdots,n) \tag{13-30}$$

式中　θ_i，l_i——第 i 根力筋束的 θ、l，从而得到全部力筋束测试误差的平方和为

$$q=\sum\Delta_i^2=\sum(\mu\theta_i+kl_i-C_i)^2 \tag{13-31}$$

欲使得试验误差最小，应有

$$\frac{\partial q}{\partial k}=0,\quad \frac{\partial q}{\partial \mu}=0 \tag{13-32}$$

由式(13-31)和式(13-32)可得

$$\begin{cases}\mu\sum\theta_i^2+k\sum\theta_il_i=\sum C_i\theta_i\\ \mu\sum\theta_il_i+k\sum l_i^2=\sum C_il_i\end{cases} \tag{13-33}$$

式中，$C_i=-\ln(1-\beta_i)$，角标 i 代表第 i 根钢筋束。

由式(13-33)可见，根据多管道摩阻测试结果，可利用极值原理建立 μ、k 的联立方程，同时求出 μ、k。

试验时采用压力传感器来准确测试张拉端 F_A 和被动端的压力 F_x，测试装置如图 13.17 所示，此时总摩阻损失(F_A-F_x)为孔道＋锚头＋喇叭口摩阻损失之和。

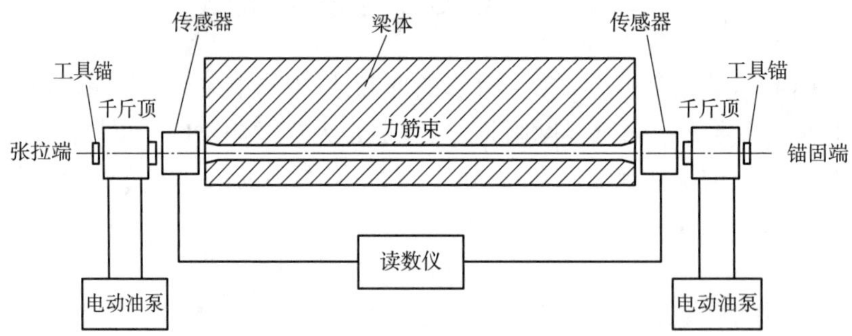

图 13.17　孔道道摩阻试验装置示意图

为了扣除总摩阻损失中的锚头和喇叭口摩阻损失，测试试验装置如图 13.18 所示，首先制作了长 2～4 m 的钢筋混凝土张拉台座，两端埋设锚板。试验采用单端张拉的方式，在张拉时，保证钢绞线与中间断孔道不产生摩擦，并设置多片限位板以加强传感器、千斤顶及锚具之间的衔接对中。

通过多束预应力筋摩阻测试结果，通过式(13-33)可以计算得到摩阻系数 μ 和偏差系数 k。

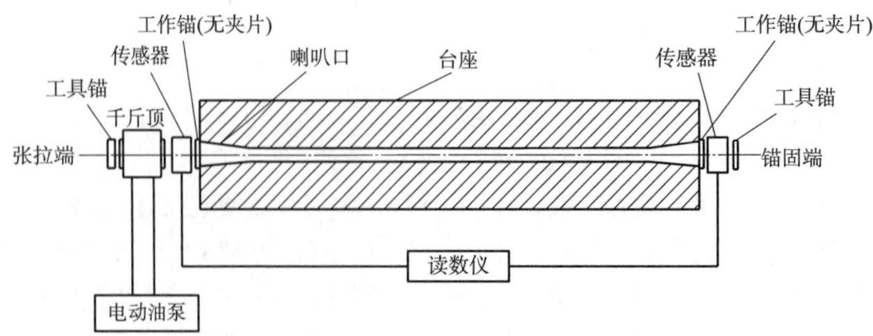

图 13.18　锚头＋喇叭口摩阻试验装置图

13.8　风场测试

针对特殊地形、非良态气候条件下的大跨度桥梁风振及桥上行车安全与舒适度问题，有必要开展专门的桥址风特性参数和桥上风环境研究，甚至开展现场风场测试。

国外有关风特性的现场实测开展的比较早，很多国家的建筑标准中所采用的 Davenport 谱就是 Davenport 通过对世界上不同地点、不同高度测得的 90 多次强风记录进行统计分析得到的。为了弥补各国规范中不同地表类别抗风参数不明确的问题，加拿大、英国、挪威、美国、日本等国家都开展了长期的风观测工作，按照风速、风向、地表类别等进行分类，建立了风工程基础资料数据库。对于山区复杂地形的风环境观测也开展了一些研究：山顶区风速加速效应、山体背风区脉动风特性、多重山脉的风场等。

国内有关风环境现场实测的研究开展较晚，早期只有气象和大气科学研究者做过一些相关工作，为我国强风特性的研究积累了一定的经验。目前，桥梁风环境现场观测主要是针对一些实际工程开展的，譬如，苏通长江公路大桥建造了高约 70 m 的观测塔，进行了为期 2 年多的桥址处风特性观测；湖北四渡河大桥建造了 60 m 和 20 m 的观测塔，进行了为期 2 年的风特性观测；山西禹门口黄河大桥建造了一座 60 m 和两座 30 m 的观测塔，进行了为期 18 个月的风特性观测。青岛海湾大桥、港珠澳大桥、润扬长江大桥、贵州北盘江大桥、矮寨大桥、平塘大桥在建设之初也进行了桥址风特性观测。还有一些桥梁健康检测案例，譬如，在南广铁路西江特大桥上安装了多台风速仪，为桥梁管理者提供及时准确的风场特性参数。另外，针对桥上行车安全与舒适性问题也开展了相应的桥面风环境现场测试。

1)桥址风特性现场实测

桥址风特性现场实测一般是通过区域内已有的气象站点或临时架设的观测点(或塔)，结合风观测仪器设备获得一定观测期内的风特性数据，然后根据某些相关关系建立区域内其他位置与观测位置之间的关联，从而推算一定空间范围内的风特性。

由于风观测仪器设备野外工作环境恶劣，会受到腐蚀、雷击、强风等不利环境作用，因此在观测期内，仪器设备的避雷、耐久性保障，以及持续供电措施等十分重要。风观测点(或塔)位置及风观测高度的选择宜结合桥位地质地貌与主桥桥面高度等因素确定。风速仪的布设应避免在主导风向下受观测塔自身或其他建筑物的干扰影响，其位置和高度宜根据观测目的确定，风速剖面观测的观测层不宜少于 4 层。另外，风观测仪器设备与风观测塔或相应固定装置应具有足够的刚度，尽量避免测量得到的风速数据掺杂由于变形和振动引起的伪数据。

桥址处风观测周期不宜小于两年，风观测内容应包括风速、风向等，用于测量平均风速与风向的风速仪采样频率不应小于 1 Hz，用于观测脉动风特性的风速仪采样频率不应小于 10 Hz。风观测数据有效率不宜小于 95%，资料完整率不宜小于 98%，在出现数据缺失时，可通过同时段其他观测设备所采集的数据经过相关性分析后进行数据插补修正。风观测数据分析应主要包括风速、风向、风攻角、地表粗糙度系数、紊流强度、阵风系数、风速谱等，并以大风条件下统计分析结果作为设计参数取用。

2)桥面局部风环境现场实测

探明桥面局部风环境的分布特点不仅可以对桥面附属结构进行优化，尽可能降低由于桥面附属结构产生的不利影响，还可以为车辆行车安全提供必要的基础。

由于受到桥上车辆正常行驶的影响，需要公路、铁路等相关部门进行多方协调，实际开展桥面局部风环境现场测试受到很多限制，相关研究非常少。目前，铁路桥梁桥面局部风环境现场测试主要进行了考虑不同车速行驶时的风屏障表面风压测试。公路桥梁桥面局部风环境现场测试主要进行了单车、双车多种行车状态下不同车速时桥面风环境特征测试。

13.9 铁路动态检测

1）联调联试

1997 年以前，我国铁路运行速度并不快，最快的列车时速为 120 km，而全国铁路旅客列车平均时速 48 km，铁路运输因为速度慢显得有点落后了。1997 年 4 月 1 日，中国铁路实施第一次大面积提速，到 2007 年 4 月 1 日，中国共进行了 6 次大提速，一批时速超过 200 km 的旅客列车投入运营，而且货运列车时速也超过了 120 km。2008 年之后，国家开始大力发展高铁产业，中国高速铁路飞速发展，我国正式走进了高铁时代。设计速度 350 km/h 的高速铁路，建成开通运营速度就是设计速度，要实现此目标，除高标准的设计和高质量的施工外，开通运营前的"联调联试"是其重要技术保障措施。

联调联试是指通过采用检测列车、综合检测列车、试验列车及相关检测设备，对铁路各系统功能、性能、状态和系统间匹配关系进行综合检测、验证、调整和优化，使整体系统达到设计要求。联调联试是一个系统工程，涉及铁路运营的各个系统，包括基础设施、高速列车、列车运行控制、牵引供电等系统，桥梁仅是基础设施中的一个组成部分。

联调联试中，桥梁检测参数包括：桥梁横向、竖向自振频率和阻尼比；梁体动挠度；梁端竖向转角；梁体竖向和横向振动加速度、振幅与频率；桥墩横向自振频率；高墩振型；支座位移；无砟轨道相邻梁端两侧的钢轨支点横向相对位移；斜拉桥索力；拱桥吊杆应力；大桥结构的模态振型；脱轨系数、轮重减载率，轮轴横向力、平稳性指标。

联调联试和动态检测时，检测速度应由低向高逐级提速进行；若某一速度级的安全指标超限，必须在采取整改措施、安全指标达标后方可进行更高速度级的试验。当设备条件容许，最高测试速度应达到设计速度的 110%。可见，联调联试为线路的安全运行提供了保障。

2）轨检车检测

在既有铁路线上，采用轨检车开展轨道几何状态的动态检测是目前最为常用的检测手段，根据轨检车的检测数据，开展轨道质量状态评价，发现线路存在的具体问题，依此指导工区维修。

轨检车对轨道进行的是动态检测，揭示线路在列车实际动载作用下轨道几何尺寸存在的偏差，采用轨道不平顺质量指数（Track Quality Index，简称 TQI）综合评价线路整体质量。TQI 是轨道的左高低、右高低、左轨向、右轨向、轨距、水平和三角坑等七项几何不平顺在 200 m 区段的标准差之和。

动测数据不同于静态监测值，如当线路存在较为严重的空吊时，就会发现线路动态高低的测量值非常大。当曲线钢轨存在磨耗或轨枕的扣件扣压力不足，就会发现轨距动态监测与静态监测值有较大的出入。

思 考 题

1. 论述如何选择合适的无损检测方法及相应的检测设备。

2. 混凝土强度检测常用的回弹法和超声回弹综合法各自的基本原理是什么？检测时有哪些规定和要求？

3. 简述桥梁静动载试验原理及主要测试内容。

4. 铁路的联调联试含义是什么？

5. 结构的自振特性包括哪些指标？

6. 动力试验的激振方法有哪些？

7. 简述冲击系数的测试方法。

8. 简述现场中预应力摩擦损失的测试原理。

9. 铁路中脱轨系数是如何测试的？

第14章　桥梁施工监控

桥梁设计是根据理想的材料特性和边界条件给出理想状态目标。桥梁施工中的施工方法、安装顺序、工艺措施和材料特性等均与成桥后的主梁线形及成桥内力状态密切相关，实际施工过程中的每一状态不可能与设计状态完全一致，尤其是高次超静定的大跨度桥梁，造成实际状态与设计状态不一致的主要因素可归结为以下几大类。

(1)设计参数的取值不可能与实际结构一致，结构自重、截面尺寸、混凝土弹性模量、施工荷载等均是具有随机性的几何和物理参数，与设计值会存在差异；

(2)环境温度、湿度的影响；

(3)施工荷载误差的影响；

(4)结构计算模型简化和计算误差的影响；

(5)测量误差的影响，如高程测量、千斤顶的张拉力误差等。

由于上述影响因素复杂多样，并属于非确定性因素，而在设计阶段一般没有完全考虑这些因素的影响，由此引起的施工累计误差致使成桥后结构的整体受力状态及线形可能严重偏离设计目标而影响结构的使用性能和可靠性。为确保施工过程中结构线形和内力状态始终处于安全、合理的范围内，且成桥状态逼近设计理想的目标状态，必须在施工过程中加以控制。

桥梁施工控制，亦称施工监控，是桥梁施工技术和安全监测的重要组成部分，一般指对桥梁施工过程进行仿真分析获得各主要施工阶段的线形、内力(应力)等理论值，施工时通过量测各施工阶段的相应线形、内力(应力)值，以现代控制论为理论基础对施工状态进行实时识别(监测)、调整(纠偏)、预测(优化控制)，保证施工中的结构安全并使得成桥后结构恒载内力及结构线形符合设计要求。

施工监控工作包括监测和控制两部分，监测是通过测量和测试手段获得桥梁在施工中的状态，控制是根据监测的结果与计算结果的比较，分析桥梁施工状态存在的误差、确定实时的调整方案，确保施工过程状态安全，并使成桥时达到合理成桥状态。

具体桥梁的施工监控工作，一般由施工监控方承担。对监控内容比较简单的桥梁或具有较强技术能力的施工单位承建的桥梁，该工作也可由施工单位自行承担。

14.1　施工控制系统

监测和控制系统对于保证施工的安全、达到设计状态非常重要。一个典型的施工控制系统由四个子系统组成:测量子系统、误差和灵敏度分析子系统、控制预测子系统和控制计算分析子系统。某预应力混凝土斜拉桥施工控制系统实例如图14.1所示。

1)测量子系统:测量项目主要包括主梁的标高和挠度，拉索的索力，桥塔的水平位移，梁和桥塔的截面应力，混凝土的弹性模量和质量密度，施工荷载、混凝土收缩徐变、温度和温度梯度等。

2)误差和灵敏度分析子系统:在这个子系统中，首先需要确定并消除温度的影响，然后分析包括混凝土弹性模量、自重、梁段或桥塔刚度等结构参数的敏感性，最后，通过分析，找出误差产生的原因，并采取相应的调整措施。

3)控制预测子系统：将测量值与设计预期值进行比较，如果误差小于规定值，则进入下一阶段。否则，需找出原因，并采取适当的措施消除或减少这些误差。拉索索力调整的大小可以用优化方法来确定。系统控制及预测方法一般采用：卡尔曼滤波法、自适应控制法、灰色预测控制法、神经网络法等。无论哪一种预测模型，都需要一定的训练样本，训练样本越多，预测精度越高，因此，这些预测模型更适合施工阶段多的大跨斜拉桥监控。

4)控制计算分析子系统：既然已施工完成部分的结构参数偏离了设计值，那么设计目标也必须随着结构状态的变化而实时调整。后续的施工遵循新的计算值才能使得结构的最终状态达到最优，控制计算是施工控制的核心。

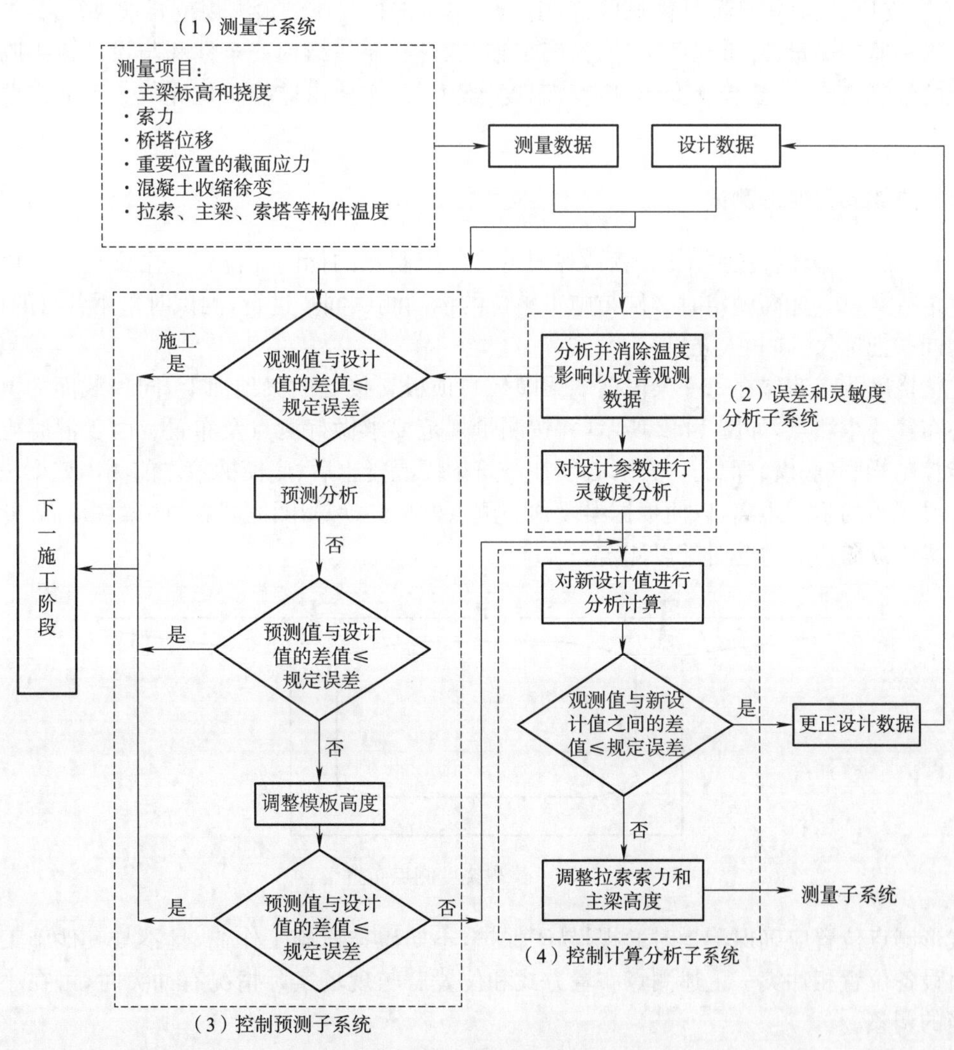

图 14.1　斜拉桥施工控制流程示意图

实质上，施工监控系统中还应包含预警预报子系统，即当施工监控中捕捉到结构的控制性指标超标而影响安全性并被核准时，需向桥梁参建方发出报警信息，暂停施工，待查明原因并采取相应处理措施后再复工。但是在一般实践中，这类现象很少发生，即使发生了，一般采用人工预警。因此，一般文献中均未将预警预报部分列入施工控制系统中。

14.2 施工控制测量

施工控制测量是施工方和监控方为实现设计的成桥状态组织开展的有关桥梁位形、几何、物理参数的量测工作。内容大体上分为以下三大类：

1)施工放样类测量：包括结构平面中线位置、高程和构件几何位形尺寸，这是桥梁施工的基础性工作，一般以施工单位测量为主，监理单位和监控单位进行复测，测量方法已在《测量学》中学习，测量精度控制等参见相关测量规范。

2)材料基本性能测试：包括混凝土原材料检测；混凝土强度、弹性模量；钢筋、型钢等物理性能抽检；支座、锚具等产品性能试验等，由施工单位按相关质量检测规范要求执行。

3)施工监控测量：除上述两类外，为满足施工监控、评估结构安全性和与设计成果吻合度而开展的量测工作，主要包括变形、应变、温度、索力等，主要由监控单位完成。下面主要介绍相关内容。

14.2.1 主梁几何变形测试

在每一施工循环各主要工况前后，观测主梁各控制点的标高和位移。主梁挠度采用精密水准仪进行测试。标高测定时必须与施工单位的标高测试同步进行，测试时采用各自的仪器，但采用同一把标尺、同一人立尺。

主梁挠度测点布置在每一梁段前端梁腹板与顶板交接处的梁顶面上，同一截面的上、中、下游各布置一个测点，如图14.2所示，并按测量规范要求做好测点及布置。由于混凝土浇筑前只能控制梁底(底模)标高。为此，必须在浇筑梁段混凝土后、底模拆除之前测出该梁段梁顶测点至梁底间的垂直距离，以便根据梁段顶面测点的标高换算出该位置处的梁底标高，此值可在张拉梁段纵向预应力筋时予以测定。

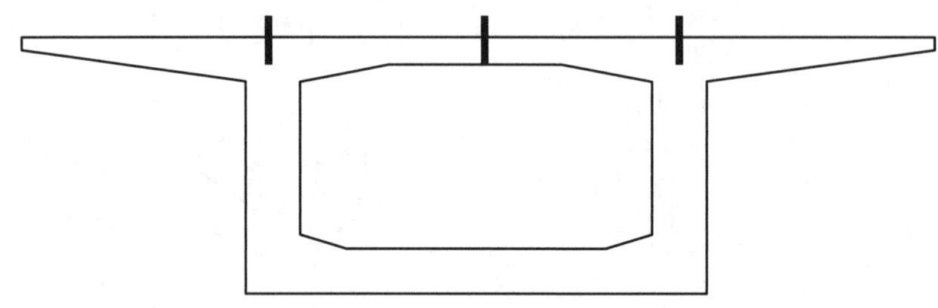

图14.2 梁顶挠度测点布置

线形测点位置应确保测量时通视，易于保护，不妨碍挂篮施工作业，且不与其他施工机械或临时设备位置相冲突。上述测点布置方式和位置若与现场实际情况有冲突时，可在小范围做适当的调整。

测量过程需注意对测点进行保护和转换，其中的转换就是基于高程测量网的基准点和高程、几何参数换算不同测点之间的高程关系，基准点一般为固定不动点。如挂篮悬浇施工中，立模高程测点采用的底模测点；节段浇筑后，底模测点就不能用了，需改用梁顶测点；当桥面施工完成后，梁顶测点也废止了，需改用桥面系顶面测点；为保持变形观测的连续性，需做好各阶段测点的换算工作。

这些测点的平面坐标，可用于桥梁中线定位和梁段平面位形的控制。

14.2.2　墩/塔几何变形测试

墩/塔几何变形测试主要内容包括：①在桥墩/塔施工过程中，观测桥墩/塔的轴线偏位、垂直度和墩/塔顶水平位移的变化；②各节段悬臂浇筑前后状态下墩顶最大水平位移；③观测温度、收缩和徐变等对桥墩变位的影响。具体过程如下：

1）墩/塔心定位点的设置

在每个墩/塔底部设不少于三个永久性墩/塔心定位点，用混凝土制作，埋设细钢筋头作为测量对中标志，如图 14.3 所示。

当桥墩/塔的施工高度达到一定值，由于墩/塔顶会在风力作用下产生摆动，此时用地面上的墩/塔心定位点来控制墩/塔顶中心及模板垂直度时就会影响其测试精度。此时，可以在已浇筑的混凝土柱子上搭平台，设置墩/塔身墩/塔心定位点，如图 14.4 所示。

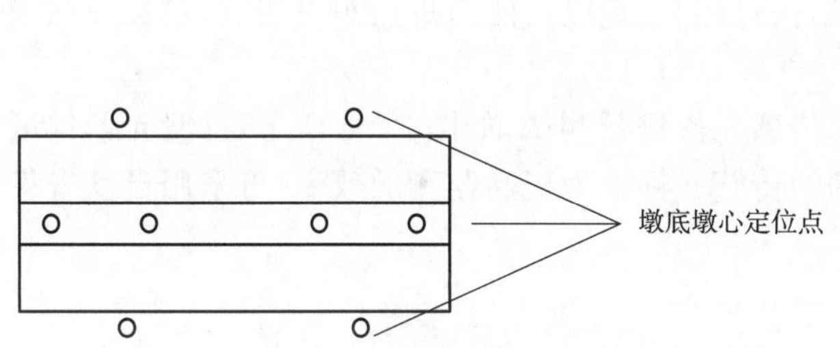

图 14.3　墩/塔心定位点示意图

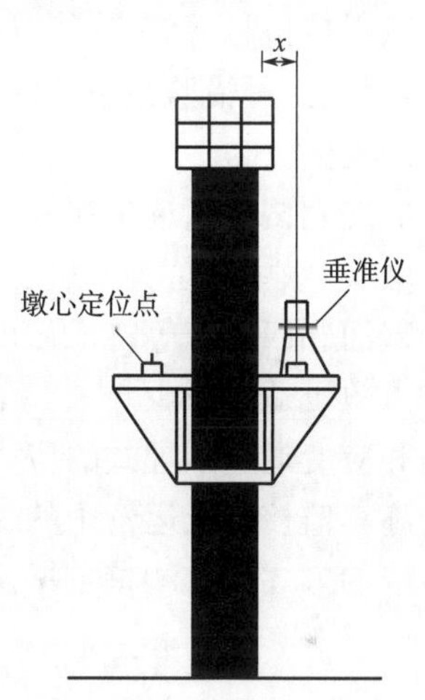

图 14.4　墩身定位点控制模板中心示意图

2）桥墩/塔中心点和垂直度的测定

在桥墩/塔施工高度不超过 40 m 的情况下，可用“垂球吊线法”或垂准仪测量控制墩顶的模板中心及垂直度，其原理是将墩/塔底定位点的中心传递到柱顶模板中心上，如图 14.5 所示。

在桥墩/塔施工高度超过 40 m 的情况下，由于桥墩/塔的柔度较大，在风力作用下墩顶会产生摆动。此时，应采用“垂球吊线法”或垂准仪和墩/塔身墩/塔心定位点来控制墩/塔顶的模板中心及垂直度，由于墩/塔身与墩/塔顶同时“柔性摆动”，模板中心和垂直度的测试精度会高些。

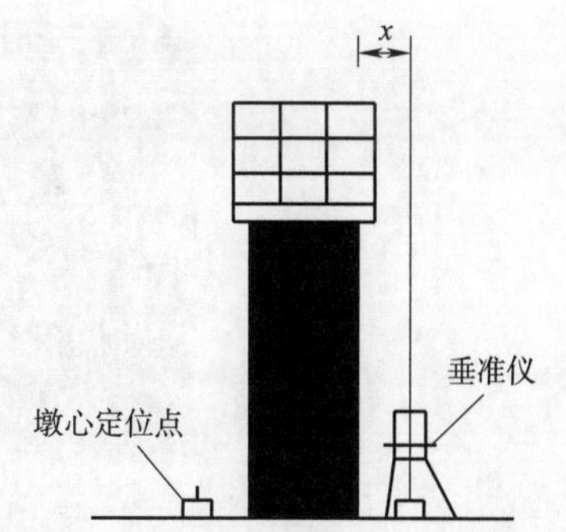

图 14.5　地面墩心定位点控制模板中心

3）桥墩/塔轴线偏位和桥墩中心水平位移的测量

在确定桥墩/塔中心“实际位置”后，每天上午 7 点至 8 点半利用全站仪和导线控制网根据桥墩/塔中心设计的设计坐标进行放样，确定桥墩/塔中心的“理论位置”。对比桥墩/塔中心“实际位置”和“理论位置”可以测量出桥墩/塔轴线偏位和桥墩/塔中心水平位移。采用清晨定时测量，主要是为了减小日照温度的影响。

4）桥墩/塔高程测量

桥墩/塔与水准点高差在 20 m 以内时，采用悬挂钢尺（在钢尺底部悬挂 10 kg 垂球，同时避免钢尺扭曲、打折现象的出现），水准仪从控制点测量。

高差超过 20 m 时，采用上述方法将水准点引至桥墩/塔上，或根据地形另设控制点。

任何水准测量必须采用往返测也就是所用水准测量必须为闭合测量。

14.2.3　应变测试

为了获取施工至成桥过程中结构的应力状态、评判施工结构与理论计算的吻合度以及结构的安全性，大型或复杂结构桥梁施工控制一般都会开展应变测量。应变测点选择在结构受力较大控制截面。当实测应变值与理论值差异较大时，需分析判明其原因，特别是当实测应变接近材料极限应变时，应该预警、停工，避免状态进一步恶化而发生工程事故。

国内某斜拉桥悬臂施工过程中，监控单位的实施监控量测捕获到了该桥的混凝土应变值达到了极限状态，可惜监控单位误判为测量设备出现了问题而未引起重视，最终未能有效阻止工程事故的发生。

应力应变测试断面选择在施工过程中应力控制截面以及成桥后活载作用的控制截面。桥墩一般在墩底、墩中间位置、墩顶选择 3 个截面作为施工监控应力观测截面。主梁一般选择受力最不利截面和四分跨等特征截面，主梁结构对称时，宜以一侧为重点布设测点，对称段测点断面和测点数可适当减少。

应力和应变通过预埋式的应力和应变传感元件进行测试，如图 14.6 所示，这些元器件可同时作为施工监控以及运营中的长期观测的传感元件。为提高监测的效率，可采用自动采集＋无线传输的方式获取测量数据。

图 14.6　弦式应变计

在每一施工循环各主要工况施工前后，观测主梁各控制截面的应变变化，并与理论值进行对比。

14.2.4　挂篮变形观测测试

挂篮安装就位后，开展挂篮预压，一方面是确保挂篮承载安全性，另一方面，获取挂篮受载变形的数据,并与理论值进行校核,并作为施工控制中立模标高调整的依据。

观测混凝土浇筑前后挂篮变形数据,跟踪观测挂篮的使用性能。

挂篮变形采用精密水准仪进行测量,测量应避开日照温差的影响。

14.2.5　温度测试

温度会引起桥梁高程的变化,对超静定结构还会引起桥梁中的内力。不同的温度环境,桥梁将处于不同的几何位形,在施工桥梁的实际线形与设计状态线形的吻合度评判中,则不可避免地将涉及温度及其影响问题。跨度越大,温度影响越明显,这一问题,对桥梁养护也是同样存在的,特别是对线路平顺度要求特别高的高速铁路桥梁。

温度测试,包含以下两个层面:

一是基于温度传感器直接测量结构的温度,包括混凝土梁体、斜拉索温度等。混凝土主梁内的温度测试通过主梁内预埋的温度传感器作为传感元件,采用相应的数据采集仪进行数据采集,构件表面温度直接采用相应的温度测试仪进行测试。由于温度变化和桥梁温度场的复杂性,一般是基于既有的温度模式,对桥址处环境温度和桥梁温度进行具体化,获取更为具体而非概化的温度取值。

二是对温度影响效应进行测量,这类测量不直接测量结构温度,仅测量环境温度,观测不同时刻(代表结构典型的温度场)已施工完成的结构在若干昼夜内结构变形、应力及应变随环境温度变化的规律,为施工控制中考虑温度影响、日照温差下箱梁温差计算模式的确定、合龙锁定等关键工艺实施提供依据。

14.2.6　索力或吊杆力测试

对于设置吊杆的拱桥、悬索桥、斜拉桥,测量其吊杆和斜拉索索力,是施工和监控的主要内容之一,为桥梁线形和受力的合理状态调整或状态评估提供依据,测量方法见“13.2.7 索力检测”。

14.2.7　结构几何及物理参数的检测

测试主梁断面各部分的几何尺寸,混凝土材料的容重、强度和弹性模量以及预应力钢绞线的弹性模量,为结构的分析与计算提供更加符合实际的结构几何及物理参数,以使结构的分析结果能更加切实地反映实际结构的受力性能。

各类物理参数的测试,按国家或部门颁布的相应检测和评定规范执行。

14.3　桥梁监控计算方法

为了达到施工控制的目的,必须对桥梁施工过程中每个阶段的受力状态和变形情况进行预测和监控。为此,必须采用合理的分析理论和计算方法来确定桥梁结构施工过程中每个阶段在受力和变形方面的理想状态。根据施工过程中这一理想状态的参考轨迹,对施工控制过程中每个阶段的结构行为(内力和变形状态)进行控制,以使结构在施工过程中尽可能接近这条参考轨迹,使其最终成桥线形和受力状态满足设计要求。施工控制中结构计算不仅能对整个施工过程进行描述,反映整个施工过程结构的受力行为和变形状态,而且能确定结构各个阶段的理想状态,为施工控制提供中间目标状态。

施工过程的桥梁结构分析采用平面杆系有限元法可基本满足实际施工控制的需要,对特殊部位的结构内力和施工控制中温度应力的精确分析有必要对其进行空间有限元分析。

14.3.1　施工控制中的结构计算方法

大跨径桥梁施工，尤其是采用悬臂法等节段法施工时，都是分阶段施工至成桥的过程，结构的某些荷载如结构自重、施工荷载、预应力等是在施工中逐阶段施加的，每一施工阶段都可能伴随着结构构件的变化、收缩徐变发生、边界约束增减、预应力张拉和体系转换等。后期结构的力学性能与前期结构的施工情况有着密切的联系。在施工方案确定后，如何分析各施工阶段及成桥结构的受力变形状态是施工控制的首要任务。

现阶段桥梁结构施工控制的计算方法主要包括：前进分析法、倒退分析法、无应力状态法。

1)前进分析法

所谓前进分析法是根据拟定的桥梁施工顺序，依次计算各施工阶段结构的内力和位移。前进分析法的特点是：随着施工阶段的推进，结构形式、边界约束、荷载形式在不断地改变。前期结构内将发生徐变，其几何位置也在改变，因而，前一阶段结构状态将是本次施工阶段结构分析的基础。

前进分析法能够较好地模拟桥梁结构的实际施工历程。对于悬臂浇筑施工的桥梁结构，其前进分析计算可按如下步骤进行：

(1)确定桥梁结构的原始状态，主要包括：桥面线形、中跨、边跨(次边跨)的结构、桥墩结构、建筑材料、横截面信息、约束信息、预应力索信息、施工时荷载信息、二期恒载信息、体系转换信息等。这些信息可以通过阅读施工设计图和施工组织设计获得。

(2)基础、桥墩和0号块浇筑的完成：计算已浇筑部分在自重和外加荷载作用下的变形和内力。

(3)在每一桥墩上对称地依次悬臂浇筑各个块件，直到悬臂浇筑完成、挂篮拆除。计算每一次悬臂浇筑混凝土时结构的变形和内力，每一阶段计算均以上一阶段结束时结构变形后的几何形状为基础。

(4)进行边跨合龙(次边跨合龙)、中跨合龙、临时支座拆除，计算这几个主要阶段结构的内力和变形。

(5)桥面铺装：计算二期恒载作用下结构的内力和变形。

前进分析不仅可以为成桥结构提供较为精确的结果，还为结构强度、刚度验算提供依据，而且可以为施工阶段理想状态的确定，为完成桥梁结构施工控制奠定基础。

前进分析法是设计单位设计桥梁时采用的分析方法，若独立地将其用于施工监控，则存在一定的局限性，因为施工中的各种误差，必然使前进分析法的结果偏离设计的理想状态，因此，施工监控中需要结合其他方法。

2)倒退分析法

前进分析法可以严格按照设计好的施工步骤进行各阶段内力分析，但由于分析中结构节点坐标的迁移，最终结构线形不可能完全满足设计线形要求。对于分段施工的桥梁结构，为了使竣工后的结构保持设计线形，在施工过程中用设置预拱度的方法来实现。而预拱度的确定必须知道结构施工的理想状态，即：为使桥梁成桥状态线形和受力满足设计要求，在施工中各阶段结构应处的位置和受力状态。

倒退分析法利用结构的倒拆能很好地解决这一问题。它的基本思想是，假设 $t=t_0$ 时刻内力分布满足前进分析 t_0 时刻的结果、轴线满足设计线形要求。在此初始状态下，按照前进分析的逆过程，对结构进行倒拆，分析每次拆除一个施工阶段对剩余结构的影响，在一个阶段内分析得到的结构位移、内力状态便是该阶段结构理想的施工状态。倒退分析时的初始状态必须由前进分析来确定，初始状态中各杆件的轴线位置可取设计的目标位置。

倒退分析法用于钢结构等匀值材料桥梁的施工控制是比较方便的。对于混凝土桥，混凝土的收缩徐变计算是影响倒退分析的关键原因。混凝土的收缩徐变与结构的形成历程有着密切的关系，徐变不仅与混凝土的龄期，而且与作用在混凝土构件上的应力有关。由于目前的收缩徐变计算理论均不能用于计算“负时间”效应，因此，倒退分析法无法直接进行混凝土收缩、徐变计算，只能采用间接的办法进行处理。

3)前进—倒退分析法

如前所述，倒退分析可方便地获取某施工状态的线形目标，但对于混凝土桥梁，它不能直接考虑收缩、徐变的影响，为此，以设计的理想状态为目标，综合前进分析法和倒退分析法进行迭代分析，形成前进—倒退分析法，这是桥梁控制中常用的方法。

4)无应力状态法

对于斜拉桥、悬索桥等，可用无应力状态法开展施工控制计算。如无应力状态法确定斜拉桥索力的基本原理为：

(1)斜拉索索力和结构的位移会随着外荷载变化、结构体系改变和斜拉索索力的张拉调整而发生改变；而斜拉索的无应力长度只有在自身张拉时，斜拉索锚固位置通过拔出或放回索长(锚固螺母移动)才会改变；外荷载、结构体系改变和其他斜拉索张拉调整均不影响其无应力长度。

(2)当结构体系、外荷载不变时，斜拉索的无应力长度变化必然唯一地对应一个桥梁的内力状态。

(3)只要最终结果斜拉索单元的无应力长度确定，则最后结构的内力和位移状态与结构的形成过程无关。

(4)不同安装过程形成的结构，只要最终的外荷载、结构体系和斜拉索的无应力长度相同，则最后结构的内力状态及位移状态一致。

据此，基于设计的成桥目标状态，结合迭代算法和“二拉到位”张拉工艺，就可求解出拉索初始张拉力和调整张拉力。有兴趣者可参阅相关专著。

14.3.2　施工控制计算影响因素

设计的理论计算分析以追求经济、合理、安全为目标，以设计的结构、尺寸、拟定的施工工艺和规范规定的物理力学特性值为基础开展力学计算，因此其力学分析的输入值为已知的定值。而施工监控计算中，是以理论与实际相吻合为目标，上述的这些“定值”大都转换为随机值，它们构成了施工控制分析的影响因素，可归结为：

1)施工方案

由于大跨桥梁的恒载内力与施工方法和架设顺序密切相关，在进行施工控制计算前，必须熟悉施工图纸和施工组织设计，对施工方法和架设程序做一番较为深入的研究，并对主梁架设期间的施工荷载给出一个较为精确的数值。

2)计算图式

施工控制计算一般采用平面杆系静力程序计算。应用杆系结构有限单元法进行结构分析时，首先要建构一个与真实结构等价的计算模型，然后将结构模型划分为有限个杆件单元，利用电算程序进行电算分析。因此，计算模型与实际结构的构造和受力特点的符合程度，是保证计算分析结果真实性的关键。

边界条件、支座的计算图式的选取应尽量符合实际情况，包括墩与基础的约束、边跨活动支座、主跨固定支座等。

在施工过程中，大跨桥梁结构需要经过数个阶段施工和数次体系转换，结构和体系不断地发生变化，各个施工阶段应根据符合实际的结构体系和荷载状况选择正确的计算图式进行分析计算。

3)非线性的影响

对于小跨径的桥梁，结构的非线性影响可以忽略，但对于大跨径桥梁则有必要考虑非线性的影响。

4)预加应力影响

预加应力直接影响结构的受力与变形，施工控制应在设计要求的基础上，充分考虑预加应力的实际施加程度。

5)混凝土收缩、徐变的影响

混凝土的徐变、收缩对桥梁变形的影响很大，对超静定结构可能引起二次内力，分阶段施工的桥梁，各阶段混凝土尚存在龄期差，加大了计算的复杂性，在施工控制分析计算时必须依据实际工期计入混凝土收缩、徐变对内力与变形的影响。

6)温度

大跨连续桥梁对于温度荷载比较敏感，温度对结构的影响也是复杂的。通常的做法是以年温差变化考虑均匀温差的影响，以日照温差考虑梯度温度的影响。年温差取当地值，日照温差则通过现场测量，提高取值精度，减小影响。

7)施工进度

由于混凝土的收缩、徐变都是时间的函数，实际的施工进度影响到混凝土收缩、徐变变形的发展程度。故在施工控制计算时，必须考虑实际施工进度对结构内力与变形的影响。

8)尺寸与材料指标

设计的理想成桥状态是依据设计的尺寸、规范规定的材料取值获得的，而施工中这些指标均具有一定的随机性，如混凝土弹性模量、结构尺寸等，施工监控计算中宜采用现场实测值，以提高监控计算精度，特别是混凝土弹性模量，现场实测值往往大幅度高于规范理论值。

14.4 施工控制理论和方法

理论参考轨迹。以设计的成桥设计期望状态为目标，以设计的结构、施工工艺和计算参数为基础，对施工过程中的每一施工阶段进行模拟仿真分析和计算，求得桥梁在每一施工工况下的主梁挠度、墩柱位移以及结构内力、应力等控制参数的理论值，以此获取的桥梁从施工开始至成桥状态这一施工全过程的系列理论分析状态，称为理论参考轨迹。

实际运行轨迹。在桥梁实际施工过程中的每一施工阶段对这些反映结构受力变形特征的控制参数不断地进行在线监测，以确定结构的实际施工状态，称为实际运行轨迹。

比较结构实际运行轨迹与理论参考轨迹的符合程度，如图 14.7 所示。如果二者相差超出预定的限值，就应分析产生差异的原因，并对桥梁施工过程中诸如悬浇或悬拼节段前端的立模或安装标高等控制输入进行相应的调整，以确保施工过程中桥梁的实际运行轨迹尽量沿着其理论参考轨迹平顺地运行并最终达到其设计的成桥状态。因此，桥梁的施工控制实际上是对施工过程中的桥梁进行分析→监测→比较→调整的过程，其中的"分析"、"监测"、"比较"和"调整"的内涵如图 14.8 所示。

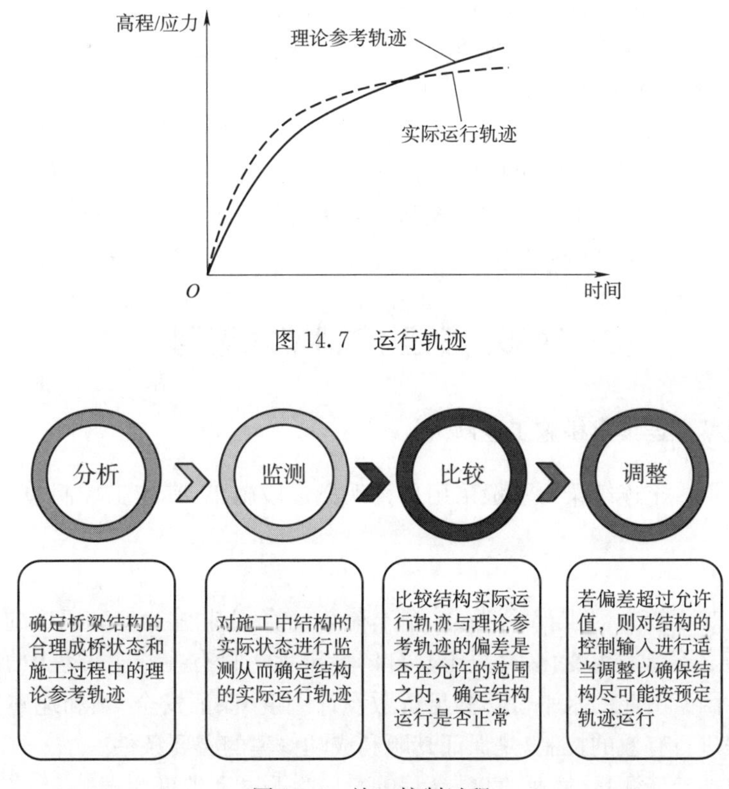

图 14.7　运行轨迹

图 14.8　施工控制过程

基于前述某一预测控制理论和方法，预测出下一施工循环内的控制输入如主梁立模标高、斜拉索初张索力等，从而指导下一阶段施工的顺利开展。

如前所述，桥梁设计采用的参数是理论值，它是规范给定的、具有确定性的力学物理参数，而施工过程中这些参数均具有随机性，与理论值相比均有一定的误差。一旦某节段或构件施工完成，其物理指标、与理论值的误差及带来的影响均变成了确定值，相反，尚未施工的节段或构件的物理指标的误差及其带来的影响如何？预测这些误差及其影响，并确定施工阶段的控制参数，这就是施工控制的内涵。具体而言，即根据施工过程中应力、挠度(位移)的实测值，对某些设计参数(如混凝土的容重、弹性模量、收缩徐变系数以及构件截面的几何特征等参数等)进行识别，如最小二乘识别等，然后根据识别出来的参数对结构进行实时分析，基于分析结果对原有设计值进行校核和调整，重新给出标高、拉索索力等的施工控制值。

目前，桥梁施工控制方法主要是参数识别法，参数识别法主要有：

(1)卡尔曼滤波法：卡尔曼滤波的实质是从被噪声污染的信号中提取真实的信号，估计出系统变量的真实状态，然后用估计出来的状态变量，按确定性的控制规律对系统进行控制。就方法而言，卡尔曼滤波法比较适宜于大跨桥梁的施工控制。但由于施工过程中的桥梁属于多输入多输出的高阶时变系统，其精确的数学模型很难建立，被控对象的结构及结构参数随时间不断发生变化，加之模型噪声和量测噪声统计特性确定的不易，致使卡尔曼滤波法的应用有时受到限制。

(2)最小二乘识别法：最小二乘法的本质是未知量最可能是这样的一个值，它使实际值和计算值的差平方乘以测量精度后所求得的和最小。最小二乘法广泛应用于系统的参数估计中，在桥梁施工控制中主要用于设计参数的辨识和修正，施工过程中索力、挠度的实测值对设计参数(混凝土弹性模量、混凝土徐变收缩系数、构件自重等参数)进行最小二乘识别，然后根据识别出来的参数对结构进行实时分析，对原有设计值进行校核和调整，重新给出标高和索力的施工控制值，借此形成一种比较实用的施工控制系统。

(3)灰色预测控制系统：以系统行为数据为采集信息，按新陈代谢原理建立 GM 模型，预测未来的行为数据，然后将行为预测值与行为给定值进行比较，以确定系统的超前控制值。

此外，还有专家系统控制，神经网络控制等方法，桥梁施工控制原理和方法读者可参阅其他专著。

14.5　施工控制技术应用

14.5.1　大跨混凝土连续梁桥施工控制

大跨预应力混凝土连续梁桥一般采用悬臂现浇逐段施工，其施工控制包括下部结构控制和上部结构控制。

1)下部结构

高桥墩施工难度较大，并随着风荷载、施工荷载、混凝土收缩徐变和温度的不断变化，桥墩内力和变形也随之不断发生变化，并决定其自体稳定性。只有在施工过程中加以调整、控制，才能使上述各种因素引起的水平位移满足桥墩设计刚度、保证安全、顺利地施工。因此，高桥墩(塔)施工过程进行有效的控制，是保证其顺利成功修建的必要条件。

监测内容包括几何测量(墩垂直度、高程等)、应变测试和温度测试等。

基础施工监控的主要内容有大体积混凝土温度监控、基础沉降与变位等。

2)上部结构

以挂篮前移至预定位置开始，到梁段预应力张拉灌浆完毕视为一个施工循环，该循环内所包含的施工工况为：挂篮前移至预定位置—挂篮立模标高调整、定位—绑扎布置梁段钢筋—浇筑梁段混凝土—养护梁段混凝土—张拉梁段预应力—…—降挂篮，如图 5.18 所示。

在每一个主梁节段施工过程中，均应对立模标高、浇筑混凝土前高程、浇筑混凝土后高程以及预应力张拉后高程进行测量，可以得到立模标高、结构变形、挂篮变形以及节段的真实高程，必要时开展应变和温度测量，根据得到的测量结果，输入至施工监控预测系统(程序)中，得到下一节段的立模标高值。

3)施工控制实例

某高速公路大桥主桥上部结构为(72＋2×120＋72)m 四跨预应力混凝土连续刚构箱梁，如图 14.9 所示。桥面是分离式双幅，左幅是 7 号～11 号墩，右幅是 6 号～10 号墩，单幅桥宽 12.5 m，净 11 m＋2×0.50 m。设计车速为 80 km/h，设计荷载等级为公路-Ⅰ级，上部结构采用悬臂浇筑法施工。主墩墩身、连续刚构箱梁的混凝土强度等级为 C55。计算模型如图 14.10 所示。

根据灰色预测控制方法程序框图编制相应的灰色预测控制小程序，界面如图 14.11 所示，施工过程中部分梁段变形的理论值、预测值、实测值比较如图 14.12 所示。

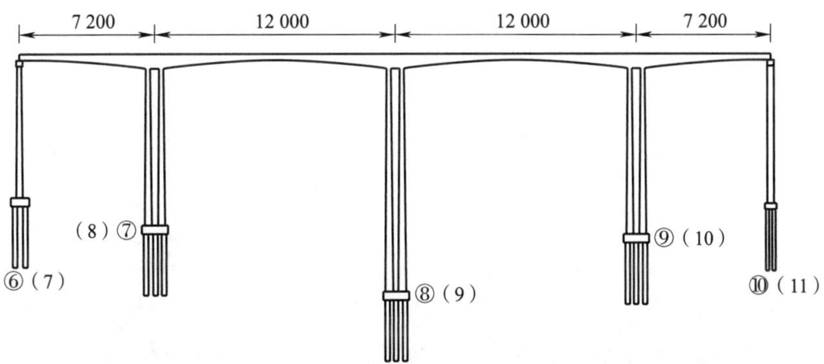

图 14.9　某大桥主桥立面图(单位:cm)

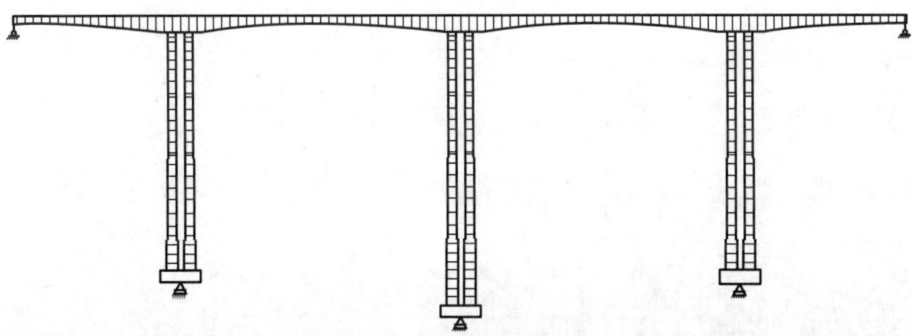

图 14.10　计算模型

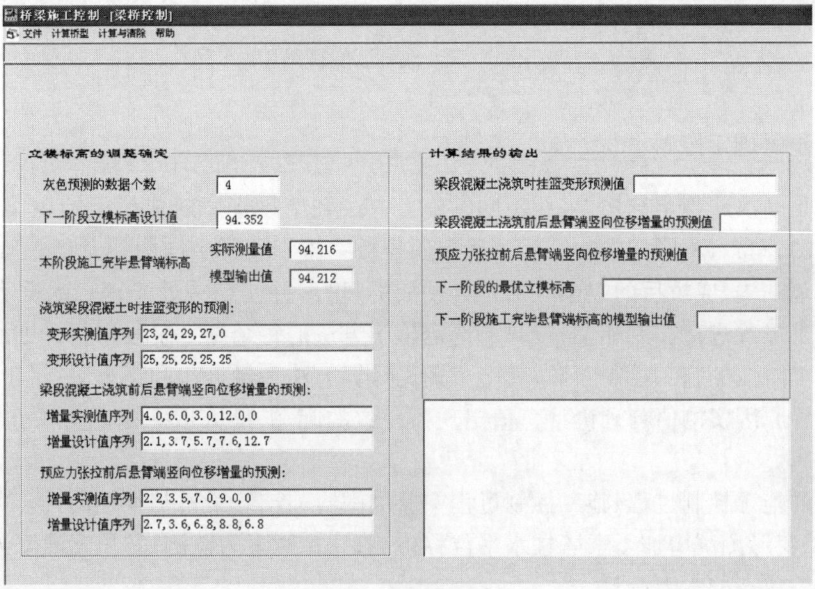

图 14.11　控制程序

所有控制结果均满足预期要求即合龙时两端高差控制在 10 mm 以内,成桥后主梁各控制点的标高与设计值最大相差控制在 20 mm 以内,均满足现行桥梁质量控制要求,成桥后的桥梁如图 14.13 所示。

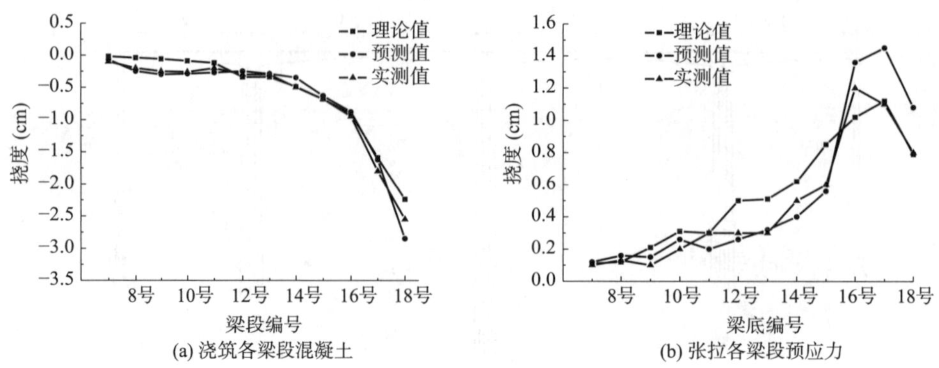

图 14.12　施工引起各梁段变形的理论值、预测值、实测值之间的比较

图 14.13　成桥后的桥梁

14.5.2　斜拉桥施工控制

斜拉桥是高次超静定结构，采用不同的施工方法和架设程序对成桥后的主梁线形和结构中恒载内力的分布有不同的影响。为了确保斜拉桥在施工过程中结构受力状态和变形处于设计值的安全范围内，成桥后的主梁线形符合预期的目标，并使结构处于理想的受力状态，需要对斜拉桥施工过程进行控制和调整：对于选定施工方法的每个施工阶段进行详细的理论计算，以求得各施工阶段的施工控制参数，其施工理论计算方法为倒拆法和正算法；对于在实际施工过程中因各种原因实测值与理论计算值出现不一致的问题，应采取一定的方法在施工中予以控制和调整。

斜拉桥的施工控制过程、施工控制过程中监测内容与连续梁桥基本相同，但斜拉桥增加了以下内容：①变形测试增加了索塔柱水平位移检测；②拉索索力监测；③拉索温度测试；④必要时可开展成桥状态的索力调整。

斜拉桥索力和高程可调，这一点与悬臂施工的连续梁差异性很大，悬臂施工的连续梁节段浇筑完成后，它的高程是不可调节，因此其控制的精度主要依靠立模高程调节，若施工中主梁的高程与设计差异较大，则桥面高程需通过桥面铺装厚度或其他工程措施调整。而斜拉桥施工过程中，拉索的索力调整是调整桥梁结构受力状态和高程的主要手段。恒载索力大多数是根据刚性支承连续梁等原则确定，然后通过倒退分析逐步计算出各施工阶段的索力及相应挠

度。由于理论计算与实际施工存在偏差,必然导致挠度和索力与设计期望不一致。对于偏差的处理和索力的调整,有以下几种方法:

1)一次张拉法。在施工过程中每一根索都是一次张拉到设计的初张力,对已完成主梁标高和索力不予再调整,若直至跨中合龙时挠度的偏差较大,采用施加外力(如压重)等的方法强迫合龙。一次张拉法可能导致主梁线形不好,索力也不符合设计要求,跨中强迫合龙更是进一步扰乱了内力状况。

2)多次张拉法。在整个施工过程中对拉索进行分期分批张拉,其目的是使施工各阶段的索力较为合理,竣工后索力也基本达到期望值。多次张拉法成桥后的线形和内力状态优于一次张拉法,但施工比较复杂。多次张拉的计算方法有:

(1)影响矩阵法。基于单根斜拉索单位索力影响构成的影响矩阵,结合线形高程差值,计算斜拉索索力的调整量。

(2)卡尔曼滤波法。卡尔曼滤波法类似一次张拉法,但各阶段索的张拉力不是原来的设计索力,而是根据变位的实测数值经过滤波和反馈控制计算后给出索力的修正值。它把梁的挠度 x 看作随机状态矢量,索力 U 作为外加控制矢量,通过适当地选择索力以控制最后梁端或塔顶位置达到某一指定值 δ,因此它对位置的控制是绝对的,对于索力,则是在满足设计位置的基础上,以结构内能等目标为最小的优化值。

(3)最小二乘法。设可调整的索数为 N,施工管理项目数为 M,施工管理项目可以包括索力、梁的挠度、塔的位移或构件截面应力等,并允许 $M>N$。设索力调整后管理项目的残余误差列向量 $R=[R_1,R_2,\cdots,R_n]$,目标函数可表示为

$$\Omega=\sum_{i=1}^{M}R_i^2 \tag{14-1}$$

因为残余误差 R 是索力 N_j 的线性函数,使式(14-2)为最小的索力需满足方程:

$$\frac{\partial\Omega}{\partial N_j}=0 \qquad (j=1,2,\cdots,N) \tag{14-2}$$

由式(14-2)得到 N 元联立方程,解方程很容易求出 N_j 获取索力值。

此外,灰色预测控制理论、最小二乘法、遗传算法等都已在斜拉桥施工控制过程中得到应用。

14.5.3　拱桥施工控制

拱桥不同的施工方法,其施工控制也各具特点。一般而言,拱桥施工控制分为主拱圈施工阶段和拱上结构施工阶段。主拱圈施工过程中影响控制的主要因素为主拱圈的施工方法。

(1)支架施工法。拱架一旦形成,在施工过程中就基本不容许人为改变(拱架顶面线形与标高),因此,对拱架预拱度及其设置方式应作出比较准确的预测。拱架形成后的施工控制重点在于拱架与先期程序的拱环结构行为的监测与控制。

(2)缆索吊装施工法。由于预制拱段形成后,在吊装过程中拱段的几何状态(轴线长度)难以改变,因此,需要对拱段无应力加工状态作出正确预测。鉴于施工过程中多段拱肋在空中组装完成,在什么状态下进行拱段接头处理以及处理到什么程度(固接或临时固接)将直接影响成拱状态,因此需要对其进行详细计算和监测。

(3)转体施工法。在成拱前拱圈已形成,结构在离支架的状态要特别予以注意。在转动期则重点进行状态监测、合龙时机以及是否需技术处理对成拱后的受力状态影响较大。

(4)劲性骨架施工法。其骨架是拱圈形成的基准,因此必须对骨架的无应力加工和形成后的状态(特别是几何状态)作出正确预测。在骨架形成后进行的施工,实际上是一种自架设方法,拱轴线形成与内力状态随着拱圈的逐渐形成不断变化,所以施工过程中跟踪控制就显得特别重要。

(5)悬臂施工法。其特点与悬臂施工梁桥大致相同,已成结构具有不可调整性,因此施工控制尤为重要。

(6)中、下承式拱桥的柔性吊杆,其吊杆力可用于桥梁的线形和结构内力调整,其控制算法包括影响矩阵法等。

14.5.4 悬索桥施工控制

设计图纸中仅给定理想状态下悬索桥竣工后的内力、线形,由于施工中所用材料力学性能存在偏差(如主缆、吊索的弹性模量等)、构件制造安装误差以及计算假定误差等客观因素,都会对悬索桥的内力、线形造成影响。此外,根据设计图纸精确地计算出各部分构件在无应力状态下的尺寸,以便指导施工时下料工作,也是监控工作的重要组成部分。

1)计算方法

施工控制计算主要是计算主缆和加劲梁的线形和位移,对于索塔和加劲梁的内力采用预埋传感器等方法进行监测。由于悬索桥主缆线形是确定主缆与吊索的无应力下料长度,因此需要进行高精度计算,一般采用悬链线理论和非线性有限元相结合的方法进行。悬索桥施工控制计算的内容:根据成桥设计状态主缆控制点标高算出主缆无应力长度及吊点处主缆标高(主缆线形);根据无应力长度恒定不变的原理算出空缆状态参数和其他各参数。

2)施工控制内容

(1)主缆架设阶段施工监控的内容和方法

悬索桥设计时,一般先根据桥梁的总体布置和经验确定成桥状态的一些参数,如主缆的控制点位置、矢跨比、吊索布置和桥面线形等,这时主缆线形及缆力、吊索长度等均需通过计算确定,而空缆状态只能通过与成桥状态之间的内在联系(也就是各构件的无应力长度保持不变)来求得。因此,主缆线形计算方法是:

①通过成桥状态计算求得主缆各段的无应力长度;

②根据无应力长度不变的原则和鞍座两侧主缆保持平衡的条件进行空缆状态计算,而根据成桥状态的主缆线形即可得出各索股的无应力长度。

(2)鞍座的顶推

悬索桥施工控制计算总会面临一个特有的问题,即如何考虑鞍座的影响。鞍座是使主缆转向的一个构件,在忽略主缆抗弯刚度时,任何时候主缆总是与鞍座相切,因此,它直接约束着主缆的变形。如不考虑鞍座而直接根据理论交点计算,会导致主缆线形与实际的鞍座位置出现脱空或相交的现象,从而使整个计算的精度受到影响。

由于所受的荷载不同,成桥状态时主塔两侧主缆水平力是相等的,但空缆状态时往往是不平衡的,为了保证施工中主塔的安全,避免鞍座两侧主缆因缆力相差过大而产生相对于鞍座的滑动,鞍座安装时一般设置一定的预偏量。

随着施工的进行,分阶段将塔顶鞍座顶回到设计位置,这就是鞍座的顶推。顶推的时间和顶推量的大小直接关系到主塔的受力状态。

(3)空缆状态

控制标高和鞍座预偏量都要通过空缆状态的计算来求得,因而空缆状态是悬索桥设计计算和施工监控中的一项重要内容。由于大跨度悬索桥吊索一般是不可调的,主缆架设的精度对最后的桥面线形乃至整个结构受力状态的优劣有着直接的影响,因而对其架设精度的要求也较高。空缆状态计算的主要目的是为主缆架设提供依据,是根据无应力长度不变的原则求得一组鞍座偏移量,使鞍座两侧主缆满足鞍座的平衡条件,因此,各跨的计算方法是相同的。

当不考虑鞍座时,可假定一端的 3 个索力分量,从左向右逐段计算,以另一端的 3 个坐标值为收敛条件。

当考虑鞍座影响时,可先假定主缆与鞍座切点的位置,然后可确定切点处的索力,从而得出鞍座内主缆的无应力长度,两切点之间按不考虑鞍座影响时的方法计算。

空缆状态也可根据成桥状态得出的吊索无应力长度和吊索下锚点的当前位置自动考虑吊索的影响。

思 考 题

1. 简述桥梁施工控制中主要检测内容和检测手段。
2. 比较桥梁施工控制中的计算方法。
3. 论述如何计算桥梁节段的立模标高。
4. 影响桥梁施工控制计算结果的主要因素有哪些?

第 15 章　桥梁结构健康监测

本章介绍桥梁安全监测中的健康监测，其内容覆盖面广，多学科融合，包括监测系统、数据处理和分析、安全预警和评估、信号处理、模态参数识别、有限元模型修正及结构损伤识别方法等。其中一些跨学科内容仅介绍最为简单的方法，以建立基本概念，其他处理方法参见相关专著。

15.1 概　　述

15.1.1 结构健康监测概念和功能

结构健康监测指利用现场的、无损的、实时的方式采集结构的输入与输出信息，分析结构性能的波动、劣化或损伤特征，为管理和养护提供决策支持的技术。通俗来讲，结构健康监测技术是通过在结构上布设大规模的传感器，实时采集荷载作用与结构响应等信息，然后通过有线或无线的方式将其传输到监控中心，监控中心设有大型服务器来实时分析结构的性能波动规律、损伤演化过程和抗力衰减特征，从而实现在线状态评估、寿命预测和安全预警。

一个安装了监测系统的结构相当于一个"现场原型实验室"，能够在线把握结构真实的运营状态特征。结构健康监测系统将传统力学意义上"死"的结构，赋予智能功能与生命特征，使其能够以生物界的方式感知外部环境（温度、湿度、风荷载等）和结构状态（变形、振动和耐久性等），使结构具备了"智能特征"。结构动力学是结构健康监测的理论基础，而结构健康监测则可以看作结构动力学的延伸。结构动力学的研究法范畴是在已知结构属性的基础上，正向计算结构在荷载作用下的响应特征；而结构健康监测则是通过监测到的结构响应，逆向分析结构的状态特征。

结构健康监测系统是集结构监测、系统辨识和结构评估于一体的综合监测系统，根据功能需求，系统可以划分为在线测试、实时分析、损伤诊断、状态评估以及维护决策五个部分，如图 15.1 所示。首先，通过在线测试模块，依靠传感测试以及网络通信技术对桥梁的工作环境、桥梁在车辆荷载等各类外部荷载作用下的响应进行在线测试，并将上述信息转入实时分析模块。然后，依靠修正后的有限元模拟计算，得到桥梁在当前时刻的结构状态。在此基础上，由损伤诊断模块为桥梁在特殊气候、交通条件及运营状况异常时进行损伤预警和损伤定位。在状态评估模块中，依据更新后的指标参数对构件以及整个结构的承载力和耐久性进行评价。最后，在维护决策模块中，为桥梁的运营管理、养护维修以及科学决策提供建议。

除了上述功能之外，结构健康监测技术也可用于验证和发展既有桥梁设计理论。众所周知，桥梁结构设计常以很多假定条件为前提，因此，可利用桥梁结构健康监测系统所获得的结构静、动力响应来检验理论模型和计算假定。同时，桥梁健康监测信息可进一步验证和完善结构设计方法与相应的规范标准，加深对桥梁在各种交通条件和自然环境下真实行为的理解，完

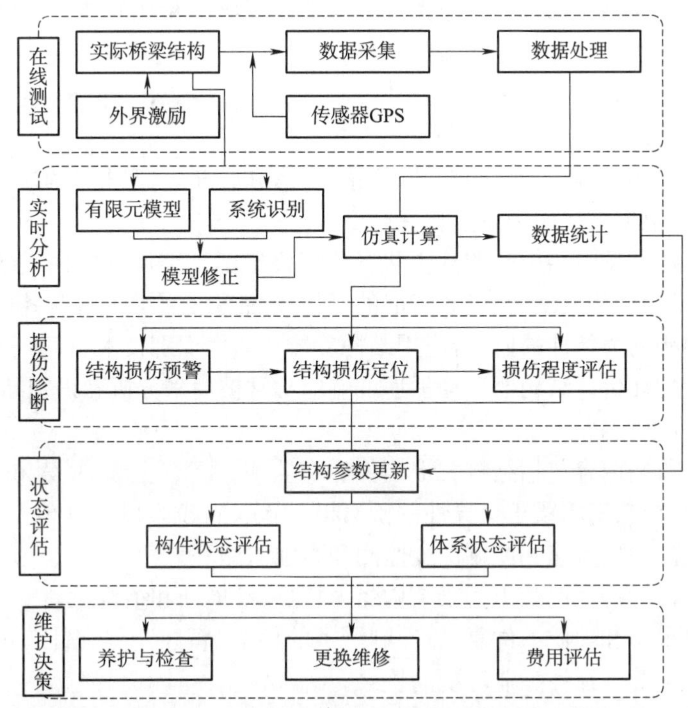

图 15.1　结构健康监测系统的功能模块图

善环境荷载的合理建模，从而实现桥梁的“虚拟设计”。设置有健康监测系统的桥梁结构将起到“现场试验室”的作用，其获取的海量监测数据可为全寿命设计理论的建立奠定坚实的基础，为验证新理论、新方法、新材料和新工艺提供真实可靠的平台。

15.1.2　桥梁结构健康监测内容

桥梁结构健康监测的内容应根据运营环境、结构特点、结构危险性分析、结构设计和监测功能确定，主要包括荷载与环境监测、结构整体响应监测和结构局部响应监测等。

1)荷载与环境监测

荷载与环境监测内容包括车辆荷载监测、结构温度场和湿度监测、风荷载监测、地震动监测、船舶撞击监测和降雨量监测等。

车辆荷载是桥梁结构主要的运营荷载，也是导致结构疲劳损伤的重要因素。车辆荷载监测参数包括断面交通流、车型、车轴重、轴数、车辆总重和车速等数据。这些参数的长期监测为车辆荷载的统计分析提供了丰富的数据样本。可获得有关车辆荷载的基本特征和属性。对于公路和桥梁的设计分析与运营管理具有重要的作用。车辆荷载监测系统主要是动态称重和测速系统。

结构温度场和湿度监测主要监测环境温度、湿度和桥梁结构内温度场的适时数据，为理论分析提供计算资料。

对大跨径斜拉桥和悬索桥等风敏感结构的风参数进行监测，其他桥梁可根据抗风设计和安全评估要求进行选择。

地震动、船舶撞击具有显著的偶然性。结构健康监测系统能够实时对偶然性的灾害发生过程进行记录，为结构的灾害评估和振动响应分析提供依据。对特大型桥梁桥址区域地震动进行监测，宜对抗震设防等级较高区域的其他桥梁地震动进行监测，非抗震设防区域宜根据抗震设计和安全评估要求进行选择。对航道等级为Ⅰ～Ⅴ级的桥梁宜进行船舶撞击监测，非通航孔桥宜在船舶撞击风险区进行船舶撞击监测。

降雨量监测宜针对斜拉桥。

2)结构整体响应监测

结构整体响应监测内容包括结构振动、位移、变形和转角，各种桥型均应进行振动与变形监测，位移和转角可根据结构受力特点选择确定。

结构的动力特性是反映结构整体健康状态的重要指标。结构的损伤或老化，会不同程度地引起结构参数，比如结构质量、刚度和阻尼的变化，进而引起结构自振频率、振型等动力特性的改变。通过对结构动力特性的监测，应用结构参数和损伤识别技术，有助于对结构的健康状态做出定性和定量的评价。结构的振动加速度响应常常被用来分析和识别结构的模态参数。

3)结构局部响应监测

结构局部响应监测内容包括结构关键构件应变监测、缆索(主缆、吊索和系杆)力监测、关键支座的支座反力监测、钢箱梁正交异性钢桥面板、吊索、斜拉索以及其他存在疲劳效应的钢构件疲劳监测、裂缝监测、流速和冲刷深度监测和腐蚀监测等。

裂缝监测宜依据大跨径混凝土桥梁结构受力特点、易损性和结构设计要求进行；流速和冲刷深度监测宜针对水文和地质条件复杂、冲刷严重的桥梁；腐蚀监测宜针对位于海洋环境、盐碱地区域和石油化工等侵蚀性工业环境的桥梁。

监测内容的选择可根据桥型和受力特点，按表 15.1 进行选择；表 15.1 所列桥型之外的复杂和重要桥梁也可参照表 15.1 选择监测内容。

表 15.1　桥梁结构健康监测内容

类别		主要参数	桥型选择			
			梁桥	拱桥	斜拉桥	悬索桥
荷载与环境	车辆荷载	断面交通流、车型、车轴重、轴数、车辆总重、车速	●	●	●	●
		空间分布	○	○	○	○
	船舶撞击	桥墩加速度	○	○	○	○
	风速、风向	桥面	○	○	●	●
		拱顶	—	○	—	—
		塔顶	—	—	●	●
	风压	梁表面风压	—	—	○	○
	地震	桥岸地表场地加速度	○	○	○	○
		承台顶或桥墩底部加速度	○	○	○	○
	温度	箱梁内外环境温度	●	●	●	●
		混凝土温度	●	○	●	○
		钢结构温度	○	○	●	●
		主拱温度	—	●	—	—
		主缆温度	—	—	—	●
		锚室内温度	—	—	—	●
		鞍罩内温度	—	—	—	●
		桥面铺装层温度	○	○	○	○

续上表

类别		主要参数	桥型选择			
			梁桥	拱桥	斜拉桥	悬索桥
荷载与环境	湿度	箱梁内湿度	●	●	●	●
		环境湿度	●	●	●	●
		索塔锚固区湿度	—	—	●	—
		主缆内湿度	—	—	—	●
		锚室内湿度	—	—	—	●
		鞍罩内湿度	—	—	—	●
	雨量	降雨量	—	—	○	—
结构整体响应	振动	主梁竖向振动加速度	●	●	●	●
		主梁横向振动加速度	●	●	●	●
		主梁纵向振动加速度	○	○	○	○
		桥墩顶部纵向和横向振动加速度	○	—	—	—
		拱顶三向振动加速度	—	●	—	—
		塔顶水平双向振动加速度	—	—	●	●
		吊杆(索)振动加速度	—	●	—	●
		斜拉索振动加速度(面内、面外)	—	—	●	—

注:"●"为必选监测项,"○"为宜选监测项,"—"为不包含项。

15.2 传感器选型和优化布置

传感器是整个桥梁结构健康监测系统的硬件基础,用于结构安全预警、诊断和状态评估,传感器监测信号的正确性和可靠性将直接影响整个桥梁结构健康监测系统。

15.2.1 传感器选型

结构健康监测系统常用的传感器包括荷载与环境监测传感器、结构整体响应监测传感器和结构局部响应监测传感器等。

1)荷载与环境监测传感器

(1)车辆荷载监测

宜选用动态称重系统,动态称重传感器的技术参数和安装要求应符合相关规范的规定,布设尺寸应考虑车道宽度,量程应根据桥梁车辆限载重以及预估车辆荷载重综合确定,单轴监测量程不宜小于限载车辆轴重的 120%;动态称重系统应具备数据自动采集功能,现场数据存储能力不宜少于 14 d。

(2)风速和风向监测

宜选用三向超声风速仪或机械式风速仪,并满足下列要求:处于台风区域的桥梁宜选择三向超声风速仪,测试参数应包括脉动风速、平均风速、风向和风攻角等;风速仪量程不应小于其安装高度的设计风速;当同时采用多个风速仪时,可采用三向超声风速仪和机械式风速仪联合使用方案,但主梁两侧应采用相同类型风速仪;风速仪宜安装在专用支架上,支架应具有足够刚度和强度，与桥体连接牢固，并满足抗风设计要求；支架伸出主体结构（主梁、索塔、拱顶等）边缘不宜少于 5 m。

(3)风压监测

可选择陶瓷型或扩散硅型微压差传感器；自由场处风压监测宜选择皮托管，皮托管应安装在不受干扰的自由风场处，且在不同方位角不应少于一个（每个位置的角度间隔宜为 30°）。风压传感器应满足下列要求：量程范围为－1 000～＋1 000 Pa；测量精度不宜大于 0.2%FS；应能在雷雨环境下正常工作；传感器沿主梁截面周向和纵桥向布置，可安装于梁体外表面，应使气嘴与桥面平行，风向正对皮托管测压孔。

(4)温度监测

宜选用温度传感器，其量程、精度、分辨率和耐久性等技术参数应满足下列要求：监测大气环境温度的传感器，量程宜超出年极值最高温度＋20 ℃和年极值最低温度－20 ℃；监测结构表面温度的传感器，量程宜超出年极值最高温度＋50 ℃和年极值最低温度－20 ℃；大气环境温度传感器精度不宜低于±0.5 ℃，分辨率不宜低于 0.1 ℃；结构表面和内部温度传感器精度不宜低于±0.2 ℃，分辨率不宜低于 0.1 ℃。温度传感器可选用热电偶、热电阻和光纤光栅温度传感器等，应根据监测构件和部位具体情况和要求综合选定。

(5)湿度监测

选用湿度传感器，其选型应考虑量程、精度、工作温度范围、稳定性、适应性和耐久性等。量程宜选为 0～100%RH，精度不宜低于 3%RH。湿度传感器可选用氯化锂湿度计、电阻电容湿度计和电解湿度计等，应根据监测构件和部位具体情况和要求综合选定。

(6)地震监测

桥址处地震监测可选用强震动记录仪或三向加速度传感器，传感器应符合地震动监测相关标准的要求。船舶撞击监测可与地震监测统一设计、数据共享。

(7)降雨量监测

宜选用雨量计，雨量计应依据桥址处气候和气象条件选择设备类型、量程和精度等。雨量计可选用电容雨量计、红外散射式雨量计、单翻斗雨量计，应根据监测要求、匹配性和耐久性综合选定。

2)结构整体响应监测传感器

(1)结构整体振动监测

宜选用加速度传感器，并满足下列要求：应根据桥梁结构动力计算分析结果、环境适应性和耐久性等进行传感器选型；基频较低的大跨径桥梁，宜选用低频性能优良的力平衡或电容式加速度传感器，量程范围为$-2g\sim+2g$，横向灵敏度宜小于 1%，频响范围 0～100 Hz；自振频率较高的桥梁或斜拉索、吊索、系杆等构件，可选用电容式和压电式加速度传感器，量程范围为$-20g\sim+20g$，横向灵敏度宜小于 5%，压电式加速度传感器频响范围 0.1～1 000 Hz；可根据桥梁结构主要参与振型，选择三向、双向和单向加速度传感器。

(2)位移和变形监测

传感器应根据被测桥梁结构、构件和附属设施的特点和监测要求，选用位移计、液压连通管系统、全球导航卫星定位系统和倾角传感器进行结构和构件局部或整体绝对或相对位移监测。悬索桥、跨度大于 600 m 的斜拉桥主梁挠度和横向偏位、索塔偏位、主缆偏位应采用全球导航卫星系统（GPS 系统、北斗系统）进行监测。梁桥、拱桥和跨度小于 600 m 的斜拉桥主梁挠度监测应选用基于连通管原理的监测仪器。

3)结构局部响应监测传感器

(1)应变传感器

可选用电阻应变传感器、振弦式应变传感器和光纤光栅应变传感器等,可根据监测要求和被测结构或构件应力场及其动态特性综合确定。应变传感器需满足下列要求:应变传感器选型应考虑传感器标距、精度、量程、环境适应性、耐久性和长期稳定性;静应变传感器量程宜不小于预测最大值的 1.5～3 倍,动应变传感器量程宜不小于预测最大值的 2 倍;疲劳测点应根据结构计算分析和结构易损性分析结果布设在易于或已出现疲劳破坏初期征兆的部位,应选用三向应变传感器;应变监测应进行温度补偿。

(2)索力监测传感器

可根据监测要求和被测拉索的特点选用加速度传感器(频率法)、压力传感器、磁通量传感器和光纤光栅应变传感器等,监测精度宜不低于 1%。

(3)支座反力监测传感器

需满足下列要求:支座反力监测宜选用测力支座,满足支座安装要求;测力支座安装后不应改变桥面高程,不应改变桥梁结构与支座接触方式和接触面积;测力支座应具备可更换性。

(4)腐蚀监测传感器

可选用沿混凝土保护层深度安装的多电极传感器,监测混凝土保护层腐蚀侵蚀深度,判断钢筋腐蚀状态。

(5)基础冲刷传感器

需满足下列要求:应根据桥址处水流速度、含沙量等水文参数以及设计允许冲刷深度综合选定监测设备类型,可选用声呐传感器;声呐传感器探头类型和数量应根据被测墩身基础类型、尺寸和水流特点确定;可根据桥梁冲刷专题研究报告的桥墩(台)冲刷试验结果确定声呐探头位置。圆形桥墩宜布设在桥墩上下游和两侧;圆端形桥墩宜布设在桥墩上游、下游以及在桥墩侧面最大冲刷位置,冲刷较严重情况宜在周边侧面同断面布设;声呐传感器应通过试验确定声呐探头的指向角度,控制探头与桥墩的合理距离;应根据监测区域水流速度、压力等水文特点,进行声呐传感器预埋安装件专项设计,预埋安装件应与桥墩(台)结构长期牢固连接。

15.2.2　测点布置

结构健康监测测点布置应满足安全预警和评估要求,遵循“代表性、实用性、经济性、少而精”的布置原则。测点布置符合下列要求:荷载与环境监测内容和测点选择应根据荷载与环境作用特点确定;结构整体响应监测内容和测点选择应根据结构振动和变形特点、模态参数识别及安全评估要求确定;结构局部响应监测内容和测点选择应根据结构计算分析和易损性分析结果确定。测点布置具体可参照表 15.2 执行。

表 15.2　测点布置表

类别		主要参数
荷载与环境监测	车辆荷载	宜采用不停车称重方法,称重测点宜选择在路基或有稳定支撑的混凝土结构铺装层内,应覆盖所有行车道
	风速和风向	测点宜选择在桥面两侧、塔顶、拱顶,其安装位置应尽量能够监测自由场风速和风向。跨度小于 800 m 的斜拉桥和跨度小于 1 000 m 的悬索桥宜在主梁跨中上下游两侧各布设一个测点;跨度不小于 800 m 的斜拉桥和跨度不小于 1 500 m 的悬索桥,宜结合风场空间相关性适当增加测点数量

续上表

类别		主要参数
荷载与环境监测	风压	对风敏感的特大跨桥梁，宜根据钢箱梁绕流场特性进行钢箱梁表面风压监测，测点应沿钢箱梁截面周向和纵向布置
	温度	(1)根据截面温度梯度及结构整体升降温和空间分布特点，可通过有限元模拟或参考相关桥梁设计规范确定测点位置；(2)宜在主梁跨中、索塔、拱圈、主缆等关键截面布设测点；(3)测点布置宜与应变监测的温度补偿测点统一设计、数据共享
	湿度	(1)根据截面温度梯度及结构整体升降温和空间分布特点，可通过有限元模拟或参考相关桥梁设计规范确定测点位置；(2)宜在主梁跨中、索塔、拱圈、主缆等关键截面布设测点；(3)测点布置宜与应变监测的温度补偿测点统一设计、数据共享
	地震	宜测量地表振动，测点选择符合下列要求：(1)长度小于 800 m 的桥梁，宜布设一个测点；长度不小于 800 m 的桥梁，考虑地震地面运动非一致性，宜增设一个测点；(2)桥岸地表区域可将测点布设于护岸、锚碇锚室内、近桥址监控中心等自由场地上，水体区域可布置于人可到达的索塔和桥墩底部或承台顶部，并易于保护和维护
	船舶撞击	宜采用监测结构振动的方法，测点宜选择在易遭受船舶撞击的桥墩处
	降雨量	测点宜布设在桥梁开阔部位，且不宜布设在振动较大部位
结构整体响应监测	振动	根据桥梁结构动力计算结果、振型特点以及所需监测振型阶数综合确定；传感器宜布设在结构主要振型振幅最大或较大部位，并避开节点位置；宜采用以识别振型、结构损伤识别与模型修正为目标的测点最优选择方法
	变形和位移	根据最不利荷载组合作用下主梁、索塔、主缆、主拱等关键构件的挠度、位移和倾角包络线选择变形、位移和倾角最大或较大的位置
结构局部响应监测	应变	根据结构计算分析选择受力较大或影响结构整体安全的关键构件、截面和部位；宜根据结构易损性分析选择最易破坏或局部破坏易导致结构倒塌的关键构件、截面和部位；受力复杂的构件、截面和部位，宜布设三向应变测点
	索力	根据拉索主要参数选择有代表性、索力较大、拉索应力变化较大的拉索进行监测。宜采用振动频率法、磁通量测试法、锚垫板承压力测试法及其他不影响结构安全的监测方法
	支座反力	宜采用测力支座；宜选择可能出现横向失稳等倾覆性破坏的独柱桥梁、弯桥、基础易发生沉降、采用压重设计等桥梁的关键支座
	疲劳	宜采用监测动应变方法，根据结构局部计算分析结果，选择钢箱梁正交异性钢桥面板 U 肋、横隔板过焊缝等易产生疲劳效应的部位
	腐蚀	宜选择代表性桥墩的水位变动区、浪溅区的关键截面
	基础冲刷	宜根据桥梁基础局部冲刷专题研究成果以及水文勘测资料综合选择冲刷监测区域，应选择冲刷最大区域以及桩基薄弱区域

15.2.3　传感器的优化布置

桥梁结构体型巨大、受力复杂，常常需要成千上万个自由度来描述结构在外荷载作用下的响应。若每一个自由度代表一个可选测点，则桥梁结构的待选测点可达成千上万个。在对桥梁结构进行健康监测时，理想的状态是在每一个待选测点上均安装传感器。然而在实际工程中，用于结构监测的传感器数量通常非常有限。一方面，传感器价格昂贵，过多的传感器必然会造成结构健康监测系统成本高昂；另一方面，数据采集设备的采集通道和数据处理服务器处理能力有限，无法承担过多的传感器。因此，用于监测某物理量的传感器数目通常为几个、十几个或几十个，相比于结构成千上万个可选测点来说非常稀少。

如何合理地选择传感器的布设位置，使得有限的传感器资源得到充分利用，从而获得结构丰富全面的信息，是健康监测系统设计必须要解决的关键问题之一，即传感器优化布置。传感器优化布置是按照一定的准则和方法，从 m 个待选测点中，选择出 $k(k\leqslant m)$ 个布置位置，以使某种测试目标达到最优。需要指出的是，对于环境、荷载、结构几何量和局部物理量的监测传感器，其数量相对较少，一般通过有限元分析结果和工程经验来确定其合理位置。因此，传感器优化布置通常是指加速度传感器的优化布设，这主要考虑两个方面的原因：一是加速度传感器是把握结构动力性能的主要手段；二是加速度传感器布置的数量较多，成本高昂。

一种好的传感器布置方案，应用尽量少的传感器获取尽可能多的结构响应信息，应对结构响应敏感位置进行重点采集，获取的监测数据应能够与模型分析结果建立起对应关系，且监测数据应具有良好的可视性和鲁棒性。因此，传感器优化布置工作可分为数量优化和位置优化两部分。对于数量优化，从监测的角度来看，传感器数量越多，测量得到的结构状态信息必然越丰富，结构性能评估结果也越准确。但从成本的角度来看，监测系统规模通常由甲方决定，因此，监测系统的设计只能在预先确定的总造价基础上开展。也就是说，传感器的数量通常由监测系统的造价决定，故传感器优化布置一般指位置优化。传感器位置优化包括两个步骤：一是确定传感器布置方案的评价准则；二是确定最优传感器布置方案的求解方法。评价准则是对传感系统监测性能评定的某种度量标准，即优化问题里的目标函数；而求解方法则是在待选位置中通过某种方法搜索最优测点，即优化问题里面的计算方法。

15.3　数据采集、传输、存储与管理

15.3.1　数据采集

数据采集方式应根据桥梁的空间尺寸、测点数量和布置以及传感器类型等进行设计，当测点相距较远且较分散，宜选用分布式数据采集方式；当测点相距较近且分布较集中，宜选用集中式数据采集方式或分布式与集中式相结合的数据采集方式。

数据采集设备根据传感器输出信号类型、匹配性、兼容性、精度和分辨率等要求进行选型，并满足下列要求：电荷信号应选用电荷放大器进行信号调理和采集；数字信号可选用基于 RS-485、CAN、Modbus TCP 或 UDP 等的分布式数据采集设备，并确定传输距离、传输带宽和速率；模拟信号宜选用 4～20 mA 和－5～＋5 V 等标准工业信号，可选用基于 PCI、PXI 等技术的集中式数据采集设备，并确定输入范围、分辨率、精度、传输带宽和速率；也可选用在传感器端进行模数转换，按数字信号的规定确定技术参数；数据采集模数转换分辨率应满足传感器分辨率和监测要求，不宜低于 16 位；光信号数据采集应采用专用的光纤解调设备，应根据波长范围、采样通道与采样频率进行选型；电阻应变传感器应选用惠斯登电桥调理放大信号；电信号应进行光电隔离，以增强抗干扰能力；静态模拟信号可选用多路模拟开关和采样保持器进行多路信号依次采集；动态信号应选用抗混滤波器进行滤波和降噪。

数据采集方案应根据监测变量类型、监测要求以及系统数据采集、传输、处理和管理能力确定，并符合下列要求：车辆荷载、温度、湿度、降雨量等荷载与环境监测变量，静态位移、拉索索力、支座反力、腐蚀、基础冲刷等结构整体与局部响应监测变量，宜定时采样，采样频率执行相关要求；船舶撞击、风速风向、风压、地震等荷载与环境监测变量，加速度和动态位移、应变等结构整体与局部响应监测变量，宜采用触发采样，触发阈值应根据桥梁结构计算分析和现场测试结果确定；根据桥梁荷载与环境、结构响应特点和监测要求，用户可自行设定混合采样，混合

采样为定时采样和触发采样相结合方式，监测变量没有超过阈值时采用定时采样，超过阈值采用触发采样模式；车辆荷载数据采集应具有在桥梁现场自动采集记录、存储功能，应与高清摄像机配套安装，同步采集；桥梁通车初期 3 年内或桥梁安全一级评估结果发现结构关键构件异常时宜采用连续采样。

采样频率根据监测要求和功能要求设定，不宜低于下列要求，动态信号应满足采样定理。

(1)荷载与环境监测

车辆荷载采用触发采集；船舶撞击桥墩加速度：50 Hz；风速和风向：超声风速仪 10 Hz，机械式风速仪 1 Hz；风压：20 Hz；地震：50 Hz；温度：1/600 Hz；湿度：1/600 Hz；降雨量：1/60 Hz。

(2)结构整体与局部响应监测

振动加速度：50 Hz；动位移：20 Hz；静位移：1 Hz；动应变：10 Hz；静应变：1/600 Hz；索力：压力式传感器 1 Hz，频率法加速度传感器 50 Hz，磁通量索力传感器 1/600 Hz；支座反力：1 Hz；腐蚀：1/3 600 Hz；声呐传感器测量基础冲刷：1 MHz。

不同监测数据的数据采集时间同步精度应符合下列要求：相同类型监测变量的数据采集时间同步误差宜小于 0.1 ms；不同类型监测变量的数据采集时间同步误差宜小于 1 ms。

数据采集宜考虑自校准功能，无自校准功能时应根据监测要求定期检查；应采用抗干扰措施，包括串模干扰抑制、共模干扰抑制以及接地技术和屏蔽技术，提高信噪比。

数据采集站布置应根据监测要求和信号传输距离要求确定，不应影响数据质量；数据采集站之间应考虑数据采集时间同步性要求，同步精度应满足要求。

数据采集软件开发符合下列要求：应实现数据实时采集、自动存储、缓存管理、即时反馈和自动传输等功能；应与数据库系统和数据分析软件稳定、可靠地通信，可本地或远程调整设备配置，可通过标签数据库或本地配置文件进行信息读取；应对传感器输出信号、数据采集和传输设置的运行状态信号进行实时采集，对系统运行状态进行监控，异常时可及时报警；应接受并处理数据采集参数的调整指令，并记录和备份处理过程。

15.3.2 数据传输

数据传输应确保系统各模块之间无缝连接，以成为一个有机协调的整体；应确保监测数据和指令在各模块之间高效可靠的传输。

有线数据传输方式选用符合下列要求：当传输距离相对较短且无强电磁干扰时，可采用模拟信号进行传输；当传输距离较远或有较强电磁干扰时，宜采用 RS-485、工业以太网等数字信号或光纤传输技术进行传输。

无线传输方式选用电磁波传输技术，信号发射装置和接收装置应远离强电磁干扰源。

桥梁现场与监控管理中心之间的远距离数据传输宜采用光纤传输技术、无线传输技术及两者相结合的方式。

数据传输软件开发符合下列要求：应考虑数据传输的一致性、完整性、可靠性和安全性，应满足系统开放性和可扩展性要求；应实现对数据进行压缩包处理和解包复原功能，宜以包为单位进行传输；宜基于 TCP/IP 协议进行数据交换和传输，应符合 IEEE 802.3 的规定。

15.3.3 数据存储与管理

数据管理应实现快速显示、高效存储、报告生成和数据归档等功能。

原始监测数据应定期存储、备份存档，后处理数据宜保持不少于 3 个月在线存储；经统计分析的数据应专项存档，每季度或每年数据分析后宜存储某一段或某几段典型数据。

数据管理软件应对监测数据或图像在指定时段进行回放。

数据报告报表应提供月报、季报、年报和特殊事件后的专项报告等，报告报表应导出办公系统易于调用的通用文档格式。

数据库应模块化架构，可对桥梁结构信息、监测系统信息和监测数据进行分层、分类存储和管理，宜包括桥梁结构信息子数据库、监测系统信息子数据库、结构有限元模型子数据库、实时数据子数据库、统计分析数据子数据库、结构安全评估子数据库、施工监控子数据库和荷载试验子数据库等。

桥梁结构信息子数据库应对桥梁设计、竣工图纸以及科研专题研究资料进行存储和管理，数据库的表格宜按照桥梁设计、竣工图纸目录及科研报告等分类。监测系统信息子数据库应存储和管理传感器、数据采集和传输设备、数据处理和管理设备及软件等信息，包括设备安装位置、技术参数、品牌和规格等。结构有限元模型子数据库应存储和管理桥梁结构各阶段有限元模型。有限元模型宜采用通用有限元分析软件创建，宜用标准文件格式进行保存。实时数据子数据库应存储和管理监测系统监测的所有变量的时程数据。统计分析数据子数据库应存储和管理数理统计以及各种数据分析方法得到的分析结果。结构安全评估子数据库应存储和管理预警值、安全评估方法和结果以及预警历史记录等，且宜与桥梁巡检以及桥梁养护管理系统无缝衔接、数据共享。施工监控子数据库应存储和管理桥梁施工过程和历次养护维修施工控制过程的施工监控信息和各阶段施工监控报告。荷载试验子数据库应存储和管理历次荷载试验信息，包括静、动力加载工况和荷载试验报告以及荷载试验过程中监测系统所采集的荷载和环境以及结构响应数据与分析结果。

数据存储和管理可在本地计算机上进行，宜采用云存储和云管理技术。

15.4　数据分析与安全预警及评估

数据分析每年不应少于一次，并形成数据分析报告。数据分析结果可用于安全预警、安全一级评估、安全二级评估和专项评估。

安全预警应实现自动化在线实时预警，预警值的设定应符合相关规定。安全一级评估应定期进行并形成安全一级评估报告，每年不应少于一次；当监测数据、数据分析结果发生红色预警，应进行安全一级评估。当安全一级评估结果不满足相应规定时，应进行专项检查。当满足下列要求之一时，应在数据分析、安全一级评估和专项检查的基础上，进行安全二级评估，形成安全二级评估报告：(1)安全一级评估或专项评估结果出现结构响应特征值变量异常；(2)桥梁服役中后期，每年不宜少于一次安全二级评估。

当桥梁遭受洪水、流冰、漂流物和船舶车辆的撞击、滑坡、泥石流、地震、风灾、海啸、火灾、化学剂腐蚀和特殊车辆过桥等突发事件后应进行数据分析，应按规定进行专项评估，并形成专项评估报告。

桥梁结构安全状态评估的评定结果应采用《公路桥梁结构监测技术规范》(JT/T 1037—2022)、《公路桥梁技术状况评定标准》(JTG/T H21—2011)和《公路桥涵养护规范(JTG 5120—2021)》三者中最不利的安全评定结果。

15.4.1 数据分析

数据分析包括统计分析和特殊分析,统计分析包括最大值、最小值、平均值、均方根值、累计值等统计值;特殊分析包括荷载谱分析、风参数分析、模态分析、疲劳分析等。采样频率大于1 Hz 的数据应以10 min、日、月、年为统计间隔获得其统计值。温度、湿度、静应变、静位移等监测变量,应给出以日、月、年为统计间隔的统计值。

桥梁因遭受洪水、流冰、漂流物和船舶车辆的撞击、滑坡、泥石流、地震、风灾、海啸、火灾、化学剂腐蚀和特殊车辆过桥等突发事件后进行专项评估时,应对事件发生前后数据进行对比分析。

数据分析报告应包括桥梁及安全监测系统的基本信息、分析项目、分析方法和分析结果等。

1)荷载与环境监测数据分析

车辆荷载监测数据一般应分析过桥车流量、车型、轴重、总重、速度及超载比例等车辆荷载参数,提取出车辆荷载日、月、年最大值及其统计分析;宜将车辆荷载统计和模型转化为疲劳荷载谱,也可将车辆荷载重量、数量和相应时间直接作为车辆疲劳荷载。

风参数数据分析一般包括风速、风向、风攻角、脉动风速谱、湍流强度、阵风系数及各等级风速疲劳谱等。

地震数据分析一般包括加速度峰值、速度峰值、持续时间、频谱和反应谱等。

温度数据分析一般包括最高、最低温度和构件断面最大温度梯度等。

湿度数据分析一般包括构件内/外湿度最大值、平均值和超限持续时间等。

雨量数据分析一般包括每小时最大降雨量、累计降雨量等。

2)结构整体响应监测数据分析

结构整体响应监测数据包括变形、位移和加速度等。

结构变形数据分析包括平均值和绝对最大值分析,并进行挠度与温度、车辆荷载相关性分析,横向位移和挠度与风荷载相关性分析等。

梁端位移与支座位移数据分析包括绝对最大值和累计位移分析,并进行梁端位移、支座位移与温度和车辆荷载相关性分析等。

加速度数据分析包括绝对最大值和最大均方根值分析,并进行结构振动与风速风向及车辆荷载的相关性分析等。

模态参数分析包括结构频率、振型和阻尼比,且模态分析应符合下列要求:模态分析所用加速度样本时长不宜小于10 min;宜采用频域分解法(FDD)、环境激励(NExT)和特征系统实现方法(ERA)、随机子空间(SSI)方法进行模态分析,也可采用其他方法识别模态参数;采用环境激励(NExT)和特征系统实现方法(ERA)、随机子空间(SSI)方法识别的模态参数,应根据识别的阻尼比或者有限元计算分析的振型剔除"虚假"模态;模态分析应考虑温度对自振频率的影响、风速对阻尼比的影响、振动幅值对自振频率和阻尼比的影响。

3)结构局部响应监测数据分析

结构局部响应监测数据包括应变、裂缝、冲刷、腐蚀、索力、支座反力等。

应变时程数据分析,包括平均值、最大值、最小值、应力幅最大值等;钢箱梁等钢结构宜根据雨流计数法和 Miner 线性损伤理论计算疲劳损伤指数。应变花等三向应变应转化为主应力方向应变后再进行分析。

索力时程数据分析包括平均值、最大值、最小值等；应对监测索力与成桥索力、设计容许索力、破断索力进行对比分析；宜根据索的应力幅值计算疲劳损伤指数。

支座反力时程数据分析，包括平均值、最大值和最小值、最大变化量等。

应对冲刷深度、腐蚀深度最大值及其变化规律进行分析，并宜预测其发展趋势。应对裂缝长度、宽度、深度的最大值进行数据分析。

15.4.2　安全预警

安全预警内容应包括预警级别、报警传感器编号和位置、报警监测值和预警值。安全预警应设黄色和红色两级。黄色预警提醒桥梁管养单位应对环境、荷载、结构整体或局部响应加强关注，并进行跟踪观察；红色预警警示桥梁管养单位应对环境、荷载与结构响应连续密切关注，查明报警原因，采取适当检查、应急管理措施以确保桥梁结构安全运营，并应及时进行结构安全评估。

实时预警的各类监测变量预警值设定要求如下：

(1)当车辆总重或轴重大于 1.5 倍设计车辆荷载时，进行黄色预警；大于 2.0 倍设计车辆荷载时，进行红色预警。

(2)当最大平均风速大于 0.8 倍设计风速时，进行黄色预警；大于设计风速时，进行红色预警。

(3)当最高温度、最低温度、最大温差和最大温度梯度大于设计值时，进行黄色预警。

(4)当水平地震动加速度峰值大于设计 E1 地震作用加速度峰值时，进行黄色预警；大于设计地震作用加速度峰值时，进行红色预警。

(5)当索结构应力大于 0.95 倍设计值时，进行黄色预警；大于设计值或一个月内发现 10 次以上黄色预警时，进行红色预警。

(6)当位移或变形大于 0.8 倍设计值时，进行黄色预警；大于设计值或一个月内发现 10 次以上黄色预警时，进行红色预警。

(7)当桥墩冲刷深度大于 0.7 倍设计冲刷深度时，进行黄色预警；大于设计冲刷深度时，进行红色预警；当监测点处钢筋发生腐蚀时，进行红色预警。

15.4.3　安全一级评估

应根据数据分析结果定期开展桥梁结构局部或整体安全一级评估。安全一级评估报告应包括桥梁及安全监测系统的基本信息、评估项目、一级评估判定状态异常的界限值、评估结果以及报告异常状态的监测仪器编号、位置、数量和建议等。

利用应变对关键构件进行安全一级评估符合下列要求：根据应变计算应力时应考虑温度对应变的影响，对钢筋混凝土桥梁还应考虑收缩、徐变对应变的影响；当应力未超过设计值时，监测点处构件应力状态正常；当应力超过设计值时，监测点处构件应力状态异常。

利用应变传感器进行钢结构疲劳安全一级评估符合下列要求：对只承受压力的构件不宜进行疲劳状态评估；宜采用容许应力法或疲劳损伤指数法进行监测点处构件疲劳状态评估；采用容许应力法进行疲劳状态评估时，当应力最大值小于规范规定的构件疲劳容许应力时，监测点处构件疲劳状态正常；否则，监测点处构件疲劳状态异常，按下述要求进行桥梁疲劳状态评估；应力时程宜采用雨流法和 Miner 准则计算监测点处构件疲劳累计损伤指数 D，采用表 15.3 进行疲劳状态评估。

表 15.3　疲劳状态等级

D 值	构件测点状态	D 值	构件测点状态
0～0.05	完好状态	0.45～0.80	严重损伤状态
0.05～0.20	较好状态	>0.80	危险状态
0.20～0.45	中等损伤状态		

注：表中给出的疲劳状态分级未考虑腐蚀对疲劳寿命的影响，当发生腐蚀时应考虑腐蚀对钢构件疲劳寿命的不利影响。

缆索承重桥梁结构安全一级评估符合下列要求：当拉索、吊索、吊杆、系杆应力小于设计值时，可判定索体结构处于正常状态；否则，判定索体结构状态异常；当拉索、吊索、吊杆、系杆应力大于规范容许疲劳应力时，可判定索体结构疲劳状态异常，应按利用应变传感器进行钢结构疲劳安全一级评估的规定进行疲劳状态评估。

利用运营荷载结构校验系数进行安全一级评估符合下列要求：应在自然流车辆荷载作用下，获取位移影响线最不利位置加载时刻结构响应值与该时刻车辆荷载作用下结构响应计算值的比值；在特定时刻桥上有重车通行，单辆车总重不宜低于 200 kN；运营荷载结构校验系数小于 1 时，判定结构处于正常状态；否则，判定结构状态异常。

利用结构动力特性进行安全一级评估符合下列要求：应基于监测的加速度，采用模态分析获取结构动力特性；获取的结构动力特性宜与设计值进行对比；监测获取的桥梁结构自振频率与设计理论计算频率的比值不小于 1，判定结构处于正常状态；否则，判定结构状态异常。

当安全一级评估出现有下列情况，应进行专项检查：(1)结构局部响应异常；(2)钢结构内相对湿度大于 60%的累计天数大于 365 d；(3)构件监测点处钢筋发生腐蚀，判定监测点处腐蚀状态异常；(4)桥墩冲刷深度大于 20%设计冲刷深度，判定桥墩冲刷状态异常；(5)关键构件拉、压应力大于设计值，判定监测点处构件应力状态异常；(6)关键构件疲劳状态超过中等损伤，判定监测点处构件疲劳状态异常；(7)拉索、吊索、吊杆和系杆应力不小于设计值，判定索体结构状态异常。

当安全一级评估出现有下列情况，应进行安全二级评估：(1)结构整体响应异常，譬如变形不小于设计值，顺桥向梁端位移达到伸缩缝设计值的 80%或者梁端位移最大值达到设计值，锚碇、基础出现严重沉降和位移，达到或超出设计值，结构频率明显降低等；(2)结构局部响应异常，专项检查发现桥梁损伤；(3)车辆荷载水平超过设计值；(4)最高温度、最低温度、最大温差和最大温度梯度超过设计值；(5)运营荷载结构校验系数大于 1。

15.4.4　安全二级评估

安全二级评估应基于数据分析、安全一级评估和专项检查结构进行结构损伤识别与模型修正，然后基于修正有限元模型进行结构重分析和极限承载力分析，再根据表 15.4 的规定确定结构安全状态等级，评定结果宜进行专家评审论证。安全二级评估报告应包括桥梁及安全监测系统的基本信息、评估项目、评估方法、评估结果和建议等。

表 15.4　桥梁结构安全状态等级划分与评定依据

分类	总体评定	评定依据
1 类	完好状态	结构车辆荷载和抗风的整体安全储备大于 2；在设计荷载和监测荷载作用下，所有构件的内力、变形均小于规范的设计允许值，不影响结构安全、行车舒适性和耐久性

续上表

分类	总体评定	评定依据
2类	较好状态	结构车辆荷载和抗风的整体安全储备介于 1.6～2.0；在设计荷载和监测荷载作用下，关键构件良好，部分次要构件(10%以内)的内力、变形大于规范设计允许值的 5%，但不影响结构安全、行车舒适性和耐久性
3类	中等损伤状态	结构主要频率降低；结构车辆荷载和抗风的整体安全储备介于 1.4～1.6；在设计荷载和监测荷载作用下，部分关键构件(5%以内)内力大于规范设计允许值的 5%，较多次要构件(10%～20%)内力大于规范设计值的 10%，影响结构的行车舒适性和耐久性，但不影响结构的安全
4类	严重损伤状态	结构主要频率明显降低；结构车辆荷载和抗风的整体安全储备介于 1.2～1.4；在设计荷载和监测荷载作用下，部分关键构件(10%以内)内力大于规范设计允许值的 10%或关键构件疲劳累计损伤指数 0.45～0.80，承载能力下降 10%以内，影响结构安全性
5类	危险状态	结构主要频率大幅降低或者振型 MAC 值显著减小；结构车辆荷载或抗风的整体安全储备小于 1.2；在设计荷载或监测荷载作用下，关键构件内力大于规范设计允许值的 10%，损伤发展扩大，或者关键构件疲劳累计损伤指数大于 0.8，出现重大破坏，影响结构的稳定和安全

注：识别的频率、振型和成桥后监测系统首次采集数据得到的相应频率、振型进行比较。

桥梁结构构件或局部损伤分析和单元模型修正应符合如下要求：对发现异常状态的构件进行损伤分析，根据损伤分析结果修正相应构件或单元弹性刚度矩阵；进行极限承载力分析和安全评估时，应修正构件或单元弹塑性恢复力模型；当桥梁结构构件或局部损伤还直接降低材料强度或构件承载力时，应修正材料容许应力或构件允许承载力。

桥梁结构重分析及安全二级评估所用有限元模型采用修正后的有限元模型；输入荷载采用基于荷载和环境监测数据分析结果与规范设计荷载二者之中的较大值；荷载工况按照规范设计要求选择最不利组合。将最不利荷载组合作用于修改后的有限元模型，计算桥梁结构荷载效应，与结构设计荷载效应对比，统计不满足设计指标的构件或部位的数量，并按照表 15.4 的评定标准进行评估分级。

桥梁结构极限承载力分析及安全评估所用有限元模型采用修正后的有限元模型，按照荷载试验的荷载工况对修正后的有限元模型进行加载，并以 10%的增量逐步提高车辆荷载水平，全过程分析桥梁结构破坏极限承载能力，以结构关键构件出现破坏时极限车辆荷载与荷载试验车辆荷载的比值作为结构车辆荷载的整体安全储备。斜拉桥、悬索桥和吊杆拱桥还应基于修正的有限元模型按照规范的设计风速进行加载，并以 10%的增量逐步提高风荷载水平，全过程分析桥梁结构抖振破坏极限承载能力，以结构关键构件出现破坏极限风速与设计风速比值作为结构抗风整体安全储备。结构极限承载力分析按照表 15.4 的评定标准进行评估分级。

15.4.5　专项评估

专项评估为评估桥梁发生突发事件后的桥梁专项检查，如桥梁遭遇洪水时和洪水、桥梁遭受漂流物或船舶撞击、平均风速大于设计风速、地震动水平加速度峰值大于设计 E1 地震作用加速度峰值及其他突发事件等。专项评估报告应包括突发事件发生概况、桥梁和安全监测系统基本信息、评估项目、评估方法、评估结果和建议等内容。

15.5　数据预处理与特征提取

15.5.1　数据预处理技术

1)数据清理

存在不完整、含噪声和不一致的数据是现实世界中大型数据库的共同特点。数据清理

(Data Cleaning)能够填补空缺数据，平滑噪声，识别、去除孤立点，纠正不一致的数据，从而改善数据质量，提高数据挖掘的精度和性能。

(1)填补空缺数据

海量数据集中可能“遗漏”了某些数据，而分析这些不完整的数据时，必须通过推导来填充这些空缺值。填补空缺数据的方法包括：忽略元组、人工填写空缺值、全局常量填充空缺值、属性的平均值填充空缺值、同类样本的平均值填补空缺值、用最可能的值填充空缺值、最近邻方法填补空缺值等。

(2)消除噪声数据

噪声是测量中的随机错误或偏差，常使用数据平滑技术来消除噪声，其主要方法包括分箱、聚类和回归等。

2)数据集成

海量数据集往往涉及多个数据源，在数据挖掘之前需要合并这些数据源存储的数据，有时还需要进行数据变换。

数据挖掘对象可能来自多个数据源，包括不同形式的数据库、数据立方体等。数据集成是将这些数据源中的数据集中存放在一个统一的数据存储中。

通用标识符问题是在建立数据仓库时遇到的最困难的集成问题之一。比如，来自多个信息源的实体“匹配”就涉及实体识别问题。具体操作分为两阶段，第一阶段是隔离，保证为实体的每次出现指派一个唯一标识符；第二阶段是调和，确认相同的实体并将该实体的各次出现合并在一起。

冗余是数据集成的另一个重要问题。如果一个属性能从另一个表“导出”，那这个属性就是冗余的。不一致的属性也可能导致数据冗余。利用相关分析可以发现一些冗余问题。

数据集成中涉及的重要问题是检测与处理冲突数据。同一实体如果来自不同数据源，它们的属性值就可能不同。例如，重量属性可能在一个系统中按公制单位保存，而在另一个系统中以英制单位存放。解决冲突的简单办法是指定某一系统在冲突中占据主导地位。

将多个数据源中的数据集成起来，能够减少或避免数据的冗余和不一致性，有助于提高数据挖掘的精度和效率。

3)数据转换

数据转换的目的是使数据和将来要建立的模型拟合得更好，形成适合挖掘的形式。例如，模型线性化、加强变量的稳定性、统一数据编码和数据结构、给数据加上时间标志、对数据集进行各种运算以及语义转换等都属于数据转换工作。

数据转换主要涉及如下内容：

(1)平滑：去掉数据中的噪声。包括分箱、聚类和回归等技术。

(2)聚类：对数据进行汇总和聚集。聚集通常可用来为多粒度数据分析构建数据立方体。

(3)数据概化：使用概念分层，用高层次概念替换低层次“原始”数据。

(4)规范化：通过将属性数据按比例缩放，使之落入一个小的特定区间来规范属性。它有助于加快学习阶段的速度。常用的数据规范化的方法包括最小—最大规范化、z-score 规范化和按小数定标规范化等方法。

4)数据归约

数据归约技术可以用来得到数据集的归约表示，虽然数据规模缩小了，但仍接近于原数据的完整性。这样，在归约后的数据集上进行挖掘效率高，并能产生相同(或几乎相同)的分析结果。

数据归约技术利用替代数据以"较小的"数据表示形式来达到减少数据量的目的。常用的数据归约技术包括回归和对数线性模型、直方图、聚类分析和抽样等。

5)数据压缩

数据压缩，即将数据存储在很小的空间中。数据压缩包括无损压缩和有损压缩两类，前者可以不丢失任何信息地还原压缩数据，后者只能重新构造原数据的近似表示。常用的有损数据压缩方法包括主成分分析和小波变换等。

15.5.2　数据特征筛选与评判标准

特征筛选的原理是：一个原有 $n+1$ 个特征的文件，删去其中一个特征，得到一个特征数为 n 的新数据文件；若删去的变量贡献的信息小于带来的噪声量，删去后信息量未显著减少或反而增加，则该特征为可删除变量。

1)数据特征相关分析

用原始变量为坐标作投影图，考查单特征、双特征、多特征对目标值的影响，计算相关系数。

(1)单特征相关分析

将所有特征逐个对目标值作二维图，计算目标值 t 与特征 x_j 之间的相关系数

$$r(t,x_j)=\frac{\sum_{i=1}^{N}(t_i-\bar{t})(x_{ij}-\bar{x}_j)}{\left[\sum_{i=1}^{N}(t_i-\bar{t})^2\sum_{i=1}^{N}(x_{ij}-\bar{x}_j)^2\right]^{1/2}} \tag{15-1}$$

式中　i——样品号数；

t_i，x_{ij}——第 i 个样品的目标值和第 j 个特征值；

$\bar{t}$，$\bar{x}_j$——所有样本目标值的平均值和第 j 个特征的平均值。

相关系数 $r(t,x_j)$ 介于 1 与 -1 之间，各特征的重要性可用相关系数的绝对值大小评估。

根据特征对目标值或分类的影响大小，删去作用小、噪声大的变量。为了不漏掉重要因子，一开始可多选一些参数，然后根据各个参数在描述研究对象时作用的大小，删去那些带来信息少、噪声多的特征；并将删后保留的特征按其与描述对象关系的大小做一个大致的排序，突出主要因素。

(2)双特征相关分析

在所有特征中每次取出两个特征作为纵、横坐标作图，同时将样本分为两类(或多类)，以不同符号显示于图中，据此考查两类或多类样本在图中分布的规律；同时还显示两个特征间的相关系数。

(3)三特征相关分析

在所有特征中每次选用三个，作为 x、y、z 坐标作三维图，同时将样本分为两类或多类，以不同符号显示于图中，据此考查各类样本在三维空间的分布规律；也可选两个特征为 x 和 y 坐标，目标值为 z 坐标，考查其关系。三维结构可通过图形旋转考查，同时显示旋转后的二维坐标与原始变量的关系。

2)数据特征选择

特征选择的任务是从一组数量为 D 的特征中选择出数量为 $n(D>n)$ 的一组最优特征来，

一方面需要确定可分离性判据 $J(x)$，对特征选择效果做评估，选出使某一可分性达最大的特征组来；另一方面是要找到一个较好的搜索算法，以便在允许的时间内找出最优的那一组特征。

如果采用穷举法，把 D 个特征每个单独使用时的可分性判据都算出来，按判据大小排队，例如

$$J(x_1)>J(x_2)>\cdots>J(x_n)>\cdots>J(x_D) \tag{15-2}$$

单独使用时使 J 较大的前 n 个特征作为特征组并不具有最优的效果，甚至有可能是最不好的特征组。

从 D 个特征中挑选 n 个，所有可能的组合数为

$$q=C_D^n=\frac{D!}{(D-n)!\ n!} \tag{15-3}$$

如果把各种可能特征组合的 J 都算出来再加以比较，则计算量太大而无法实现。

应当说明的是，任何非穷举的算法都不能保证所得结果是最优的。因此，除非只要求次优解，否则所选算法原则上仍是穷举算法，只不过采取某些搜索技术使计算量有所降低。在所有算法中，最优特征组的构成都是用每次从现存特征中增加或去掉某些特征的方法直至特征数等于 n 为止。

3)数据特征评估

对特征空间优化之后，就要对优化的结果进行评价，通过反复选择不同特征组合，采用定量分析比较的方法，判断所得到的特征维数及所使用特征是否对分类最有利，这种用以定量检验分类性能的准则称为类别可分离性判据，可用来检验不同特征组合对分类性能好坏的影响。对特征空间进行优化是一种计算过程，基本方法仍然是模式识别的典型方法，即找到一种准则(或称判据)，使这种计算准则达到一个极值。

对特征评估的方法大体分两类：一类以计算样本在特征空间离散程度为基础的基于距离的可分性判据，另一类是基于概率密度分布的判据。

(1)基于距离的可分性判据

给定一组表示联合分布的训练集，假定每一类的模式向量在观察空间中占据不同的区域，类别模式间的距离或平均距离则是模式空间中类别可分离性的度量。

在一个特征候选集 $X=[x_1,x_2,\cdots,x_n]$所定义的 n 维特征空间中，用 $d(X_{ik},X_{j1})$表示第 i 类中的第 k 个样品和第 j 类中第 1 个样品间距离的度量值，距离度量 d 的欧几里得距离可按式(15-4)计算。

$$d(X_{ik},X_{j1})=\Big[\sum_{m=1}^{D}(x_{ik,m}-x_{j1,m})^2\Big]^{1/2}\quad(i,j=1,2,\cdots,M;k=1,2,\cdots,N_i;k=1,2,\cdots,N_j) \tag{15-4}$$

类间的平均距离 J 可按式(15-5)计算。

$$J=\frac{1}{2}\sum_{i=1}^{M}\sum_{j=1}^{M}P(\omega_i)P(\omega_j)\cdot\frac{1}{N_iN_j}\sum_{k=1}^{N_i}\sum_{l=1}^{N_i}d(X_{ik},X_{j1}) \tag{15-5}$$

基于距离的可分性判据的出发点是：各类样本之间的距离越大、类内散度越小，则类别的可分性越好。它直接依靠样本计算，直观简捷，物理概念清晰。

(2)基于分类误差的可分性判据

当解决一个模式识别问题时，其最终目标是设计一个识别系统，此系统能以最低的误识率

分类未知模式。既然分类概率是整个识别系统的设计准则，它自然也是设计特征选择与提取子系统的理想目标函数。

贝叶斯最小错误率决策的类概率误差为

$$e=\int[1-\max_{i}P(\omega_i|X)]P(X)\mathrm{d}X \tag{15-6}$$

式中　$P(\omega_i|X)$——第 i 类后验概率：

$P(X)$——联合概率密度函数。

能使 e 最小的特征是好特征。

15.5.3　基于主成分分析的数据特征选择与提取

主成分分析(PCA)是把多个特征映射为少数几个综合特征的一种统计分析方法。在多特征的研究中，由于特征个数太多且彼此之间存在着一定的相关性，使得所观测的数据在一定程度上有信息的重叠。当特征较多时，在高维空间中研究样本的分布规律就更麻烦。主成分分析采取一种降维的方法，找出几个综合因子来代表原来众多的特征，使这些综合因子尽可能地反映原来变量的信息，而且彼此之间互不相关，从而达到简化的目的。

主成分分析实现特征提取的步骤如下：

(1)原始数据标准化

为了消除原始数据中由于量纲不同;数值差别太大所带来的影响，需要进行标准化处理。设每种模式对应有 $x_1,x_2,\cdots,x_n$ 即 n 个特征参数，每一种模式有 k 个样本，则原始数据的样本集 $(x_{ij})_{k\times n}$ 按式(15-7)进行标准化。

$$x_{ij}^*=\frac{x_{ij}-\overline{x}_j}{\sqrt{S_{ij}^*}}\quad(i=1,2,\cdots,k;j=1,2,\cdots,n) \tag{15-7}$$

式中　$\overline{x}_j=\dfrac{1}{k}\sum_{i=1}^{k}x_{ij}$ ——样本集 $(x_{ij})_{k\times n}$ 中第 j 样本均值；

$S_{ij}^*=\dfrac{1}{k-1}\sum_{i=1}^{k}(x_{ij}-\overline{x}_j)^2$ ——样本标准差。

(2)建立相关矩阵 $\boldsymbol{R}$

$$\boldsymbol{R}=\frac{1}{k-1}X^{*\mathrm{T}}X^* \tag{15-8}$$

式中　X^* ——标准化后的数据矩阵。

(3)计算矩阵 $\boldsymbol{R}$ 的特征值和特征向量

解特征方程 $|\boldsymbol{R}-\lambda\boldsymbol{E}|=0$，求出特征值，并使其按大小顺序排列 $\lambda_1\geqslant\lambda_2\geqslant\cdots\geqslant\lambda_n\geqslant0$，分别求出对应于特征值 λ_i 的特征向量 $\alpha_i(i=1,2,\cdots,n)$。

(4)选取主成分

计算主成分贡献率及累计贡献率，则第 i 个特征值 λ_i 的方差贡献率为

$$\frac{\lambda_i}{\sum_{k=1}^{n}\lambda_k}\quad(i=1,2,\cdots,n) \tag{15-9}$$

前 r 个特征值 $\lambda_1,\lambda_2,\cdots,\lambda_r$ 的累计方差贡献率为

$$\frac{\sum_{k=1}^{r}\lambda_k}{\sum_{k=1}^{n}\lambda_k}\quad(r=1,2,\cdots,n) \tag{15-10}$$

当前 r 个特征值的累计贡献率足够大时(85%～95%),便包含了 n 个原始变量所能提供的绝大部分信息,即可以只取前 r 个特征值作为新的特征值。特征值 $\lambda_1,\lambda_2,\cdots,\lambda_r$ 对应的第一、第二、…、第 $r(r\leqslant p)$ 个主成分。

(5)计算主成分值

按式(15-11)计算出所需要的各主成分值 T_{mi},即用各主成分(特征值)λ_i 对应的特征向量 $\alpha_i(i=1,2,\cdots,n)$ 与各样本 $x_m(m=1,2,\cdots,k)$进行相乘,便形成新的训练样本和检验样本。

$$T_{mi}=\sum_{j=1}^{n}\alpha_{ij}x_{mj}\quad(i=1,2,\cdots,r;m=1,2,\cdots,k)\tag{15-11}$$

PCA 方法是基于二阶统计特征的方法,只能提取随机变量间的二阶关系,不能提取随机变量的高阶非线性关系。

一般的 PCA 方法是寻找某种意义上最优的一系列投影方向,进行的是一组线性变换,因而只适合于解决线性问题。为了使 PCA 能够处理非线性问题,可采用一些改进的 PCA 算法,譬如核主成分分析(KPCA)。KPCA 的主要思想是通过某种事先选择的非线性映射将输入向量 X 映射到一个高维特征空间中,使输入向量具有更好的可分性,然后对高维空间中的映射数据做线性主组分分析,在高维特征空间中得到的线性主元实质就是原始输入空间的非线性主元,并以所选的非线性主元作为特征子空间。

15.6　信号处理

当获取、传输并存储了结构监测信号之后,需要对采集的信号进行处理,其目的是寻求一种简便而有效的方法来获取结构参数的主要信息,进而构建相关的指标。一般情况下,监测信号是在一定时间段内基于设备采用频率获取的离散信号,在示波器上表现为波形图,这类信号常称为时域信号,首先对信号进行降噪处理,再将其转换为频域信号,即频率谱,获取信号中的频率、相位等信息。反之亦然,可将频域信号转换为时域信号。

进行信号处理的方法有很多种,常用的有傅里叶变换、小波变换、希尔伯特—黄变换(HHT)、同步压缩变换和经验小波变换等,下面仅介绍傅里叶变换,其他方法可参见相关专著。

15.6.1　傅里叶变换

1804 年,傅里叶(Fourier)首次提出"在有限区间上由任意图形定义的任意函数都可以表示为单纯的正弦和余弦函数之和",即傅里叶变换,其理论见《积分变换》。傅里叶变换一直是信号处理领域中应用最广泛的一种分析手段。傅里叶变换的基本思想是将信号从时间域转换到频率域,它可以从幅值域、频率域和时间域来描述信号特征,并且三者之间可以通过一定的数学运算进行转换。经典的傅里叶变换是把信号从时间域变换到频率域分析的有效数学手段(图 15.2),其定义公式为

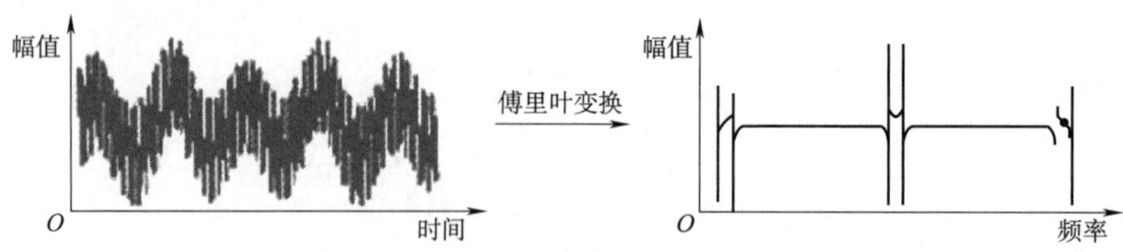

图 15.2　傅里叶变换示意图

$$x(t) = \frac{1}{2\pi}\int_{-\infty}^{+\infty} X(\mathrm{j}\omega)\mathrm{e}^{\mathrm{j}\omega t}\,\mathrm{d}\omega \tag{15-12}$$

式中　$x(t)$——时域信号；

$X(\omega)$——时域信号 $x(t)$的傅里叶变换；

t——时间；

j——$\mathrm{j}=\sqrt{-1}$；

ω——频率。

反之，傅里叶逆变换即是把信号从频率域变换到时间域的分析，即

$$X(\mathrm{j}\omega) = \int_{-\infty}^{+\infty} x(t)\mathrm{e}^{-\mathrm{j}\omega t}\,\mathrm{d}t \tag{15-13}$$

由式(15-12)和式(15-13)可以看出，傅里叶变换可以对信号进行时频域互换。

可以看出，傅里叶变换其实是把一个复杂的信号 $x(t)$分解成多个频率不同的正弦信号，能分解出多少个正弦信号，就认为这一复杂信号有多少个频率成分。任何能量有限信号均可由其傅里叶变换来表示，并且有其明确的物理意义，因而决定了傅里叶分析在很长的一段时期里成为信号分析的主要工具。然而，傅里叶分析是一种全局的变换，要么完全在时间域，要么完全在频率域，因此无法表述信号的时频局部性质，而时频局部性质恰好是非平稳信号最基本的性质。

15.6.2　短时傅里叶变换

为研究信号在局部时间范围内的频域特征，发展了短时傅里叶变换(Short Time Fourier Transform，简称 STFT)。其基本思路是：用一个有限区间外恒等于零的光滑函数(窗函数)去取所要研究的信号，然后对其进行傅里叶变换，即给信号加一个小窗，信号的傅里叶变换主要集中在对小窗内的信号进行变换，因此可以反映出信号的局部特征，如图 15.3 所示。

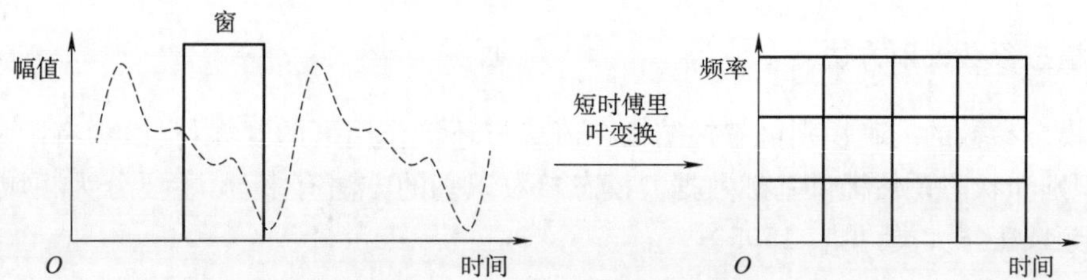

图 15.3　短时傅里叶变换示意图

对信号 $x(t)\in L^2(R)$，其短时傅里叶变换定义为

$$X(\omega,\tau) = \int_{-\infty}^{+\infty} x(t)g^*(t-\tau)\mathrm{e}^{-\mathrm{j}\omega t}\,\mathrm{d}t \tag{15-14}$$

式中　$g(t)$——窗函数；

ω——瞬时角频率。

随着参数(ω,τ)的变化，加窗傅里叶变换 $X(\omega,\tau)$实现了信号 $x(t)$的时间频率局部化，但其频率与所选择的窗口有关，而窗口的分辨率可以用窗口的面积大小来衡量，面积越小，窗口的时频局部化能力越强。

然而由 Heisenberg 测不准原理可知，时间—频率局部化是一对基本矛盾，如果时域分辨率提高，频域分辨率就会下降，反之亦然。因此，STFT 中的窗口不能任意缩小，这限制了

STFT 的进一步应用。

STFT 从纯时域分析和纯频域分析向时—频局部化分析大大跃进了一步，实现了信号的时—频局部化分析，然而 STFT 也存在着不足之处：

(1)窗函数一旦取定，窗口的大小就随之确定下来，而与窗口的位置无关，因此，STFT 不适用于同时分析包括高频和低频信息的信号。

(2)在具体实际处理中，常采用离散 STFT 处理信号，离散 STFT 的局部化特性在整个时—频平面上是均匀分布的，为此在对频域宽、频率变化剧烈的信号进行处理时，要正确获得信号的高频信息，时间局部化函数要取得很小，即窗口选得很小，要取得相当多的样本点，将大大增加计算量，并且窗口小时，会降低低频信号的分辨率，不适用于低频信号的分析。

15.7　结构模态参数识别

模态是结构的固有振动特性，每一个模态都具有特定的振型、频率和阻尼比。模态参数一般由计算或试验分析取得，该过程称为模态分析。模态分析是研究结构动力特性的一种方法，是系统识别方法在工程振动领域的应用。该分析过程如果是由有限元计算的方法得到模态参数，则称为计算模态分析；如果是通过试验将采集的结构响应经过参数识别获得模态参数，则称为试验模态分析。按照是否需要输入信息又可分为实验模态分析(Experimental Modal Analysis，EMA)和运营模态分析(Operational Modal Analysis，OMA)。实验模态分析因输入和输出均需已知，条件非常理想，一般常用于实验室模型的模态参数识别；运营模态分析因输入信息无须已知，而在现场测试或结构健康监测领域得到广泛应用。然而，相比于实验模态分析可获取准确振型，运营模态分析识别所需的信息量较少，会造成识别结果的损失，主要体现在振型的幅值难以准确确定，也就是说运营模态分析识别出的振型是一个含有比例信息的振型，而非带有准确幅值的振型。

15.7.1　模态参数识别方法

通过模态参数的准确识别可掌握结构在荷载与环境作用下的规律特性，为有限元模型修正、损伤识别和状态评估提供基础数据。模态参数识别的方法有多种，主要分为频域法、时域法和时—频域法三大类，见表 15.5。

表 15.5　常用的模态参数识别方法

类别	数据域	常用方法
实验模态参数识别	频域	有理分式多项式法、最小二乘复频域法、复模态指示函数法
	时域	多参考点复指数法、Ibrahim 时域法、特征系统实现算法、确定随机子空间法
	时—频域	短时傅里叶变换法、小波变换法、希尔伯特—黄变换法
运营模态参数识别	频域	快速傅里叶变换法、频域分解法、增强频域分解法
	时域	随机子空间法、自然激励技术—特征系统实现算法、简洁时域法、Ibrahim 时域法
	时—频域	短时傅里叶变换法、小波分析法、希尔伯特—黄变换法

在桥梁结构健康监测领域，模态参数识别主要侧重于运营模态。运营模态参数识别方法主要有频域法中的频域分解法、时域法中的随机子空间法和时—频域法中的小波分析法等。考虑到篇幅和读者的基础知识，下面仅简要介绍频域分解法。

15.7.2　频域分解法简介

频域分解法(FDD)是在复模态指示函数的基础上发展而来的一种运营模态识别方法。该方法通过将结构振动响应进行傅里叶变换到频域,在频域中建立自互功率谱与模态参数的关系模型,然后对自互功率谱在各谱线处分别进行奇异值分解,奇异值曲线上峰值点对应的频率代表结构频率,结构频率处的奇异向量等价于模态振型向量。

频域分解法基于输入和输出功率谱密度函数(PSD)之间的关系如式(15-15)所示。

$$\boldsymbol{G}_{yy}(j\omega)=\boldsymbol{H}^{*}(j\omega)\boldsymbol{G}_{ff}(j\omega)\boldsymbol{H}^{T}(j\omega) \tag{15-15}$$

式中　$*$——共轭;

$\boldsymbol{G}_{ff}(j\omega)\in\mathbb{R}^{L\times L}$——$L$ 个输入的自功率谱密度函数;

$\boldsymbol{G}_{yy}(j\omega)\in\mathbb{R}^{M\times M}$——$M$ 个输出响应的自功率谱密度函数;

$\boldsymbol{H}(j\omega)\in\mathbb{R}^{M\times L}$——频响函数矩阵,用部分分式形式可表示为

$$\boldsymbol{H}(j\omega)=\sum_{i=1}^{n}\left(\frac{\boldsymbol{R}_i}{j\omega-\lambda_i}+\frac{\boldsymbol{R}_i^{*}}{j\omega-\lambda_i^{*}}\right) \tag{15-16}$$

式中　n——模态阶数;

λ_i——第 i 阶系统极点,$\lambda_i=-\xi_i\omega_i+j\sqrt{1-\xi_i^2}\,\omega_i$,其中 ξ_i、ω_i 为第 i 阶阻尼比和固有圆频率;

$\boldsymbol{R}_i$——第 i 阶留数,可写为第 i 阶模态振型 $\phi_i=[\phi_{1i}\quad\phi_{2i}\quad\cdots\quad\phi_{Mi}]$和模态参与向量转置 $\gamma_i^{T}=[\gamma_{i1}\quad\gamma_{i2}\quad\cdots\quad\gamma_{iL}]$的乘积,即 $\boldsymbol{R}_i=\phi_i\gamma_i^{T}$;$\boldsymbol{R}_i^{*}$ 和 λ_i^{*} 分别表示 $\boldsymbol{R}_i$ 和 λ_i 的共轭。

假定输入为白噪声激励,则 $\boldsymbol{G}_{ff}(j\omega)$为一实常数对角矩阵 $\boldsymbol{G}_{ff}(j\omega)=\boldsymbol{G}_0$,将式(15-16)代入式(15-15)可得

$$\boldsymbol{G}_{yy}(j\omega)=\sum_{i=1}^{n}\sum_{k=1}^{n}\left(\frac{\boldsymbol{R}_i}{j\omega-\lambda_i}+\frac{\boldsymbol{R}_i^{*}}{j\omega-\lambda_i^{*}}\right)\boldsymbol{G}_0\left(\frac{\boldsymbol{R}_k}{j\omega-\lambda_k}+\frac{\boldsymbol{R}_k^{*}}{j\omega-\lambda_k^{*}}\right) \tag{15-17}$$

将式(15-17)表示为极点/留数的形式,如式(15-18)所示。

$$\boldsymbol{G}_{yy}(j\omega)=\sum_{i=1}^{n}\left(\frac{\boldsymbol{A}_i}{j\omega-\lambda_i}+\frac{\boldsymbol{A}_i^{*}}{j\omega-\lambda_i^{*}}+\frac{\boldsymbol{B}_i}{-j\omega-\lambda_i}+\frac{\boldsymbol{B}_i^{*}}{-j\omega-\lambda_i^{*}}\right) \tag{15-18}$$

$$\boldsymbol{A}_i=\boldsymbol{R}_i\boldsymbol{G}_0\left(\sum_{s=1}^{n}\frac{\boldsymbol{R}_s^{H}}{-\lambda_i-\lambda_s^{*}}+\frac{\boldsymbol{R}_s^{T}}{-\lambda_i-\lambda_s}\right) \tag{15-19}$$

$$\boldsymbol{B}_i=\left(\sum_{s=1}^{n}\frac{\boldsymbol{R}_s}{-\lambda_i-\lambda_s}+\frac{\boldsymbol{R}_s^{*}}{-\lambda_i-\lambda_s^{*}}\right)\boldsymbol{G}_0\boldsymbol{R}_i^{T} \tag{15-20}$$

式中　$\boldsymbol{A}_i$,$\boldsymbol{B}_i$——第 i 阶输入功率谱密度函数的留数矩阵,且为 $M\times M$ 阶 Hermitian 矩阵。

在结构为小阻尼且模态耦合不严重时 $\boldsymbol{A}_i$ 和 $\boldsymbol{B}_i$ 中起主导作用的部分为 $i=k$ 项,这样留数矩阵可分别简化为

$$\boldsymbol{A}_i\approx\frac{\boldsymbol{R}_i\boldsymbol{G}_0\boldsymbol{R}_i^{H}}{2\sigma_{mi}}=\beta_i\phi_i\phi_i^{H} \tag{15-21}$$

$$\boldsymbol{B}_i\approx\frac{\boldsymbol{R}_i^{*}\boldsymbol{G}_0\boldsymbol{R}_i^{T}}{2\sigma_{mi}}=\beta_i\phi_i^{*}\phi_i^{T} \tag{15-22}$$

式中　σ_{mi}——系统极点 λ_i 的实部的绝对值;

β_i——实常数,如式(15-23)所示:

$$\beta_i=\frac{\gamma_i^{\mathrm{T}}\boldsymbol{G}_0\gamma_i^*}{2\sigma_{\mathrm{m}i}} \tag{15-23}$$

在特定的频率范围内，若只有部分模态占主导地位，即 $\boldsymbol{G}_{yy}(\mathrm{j}\omega)$ 可由少数几阶模态的叠加得到，将这些模态集合定位为 $\mathrm{Sub}(\omega)$，则对于小阻尼结构，响应谱密度可表示为

$$\boldsymbol{G}_{yy}(\mathrm{j}\omega)=\sum_{\mathrm{Sub}(\omega)}\frac{\beta_i\phi_i\phi_i^{\mathrm{T}}}{\mathrm{j}\omega-\lambda_i}+\frac{\beta_i\phi_i^*\phi_i^{\mathrm{H}}}{\mathrm{j}\omega-\lambda_i^*} \tag{15-24}$$

在频域分解法中，首先是估计功率谱密度函数矩阵，然后对估计的功率谱密度矩阵在任一离散频率处进行奇异值分解，可以得到

$$\widetilde{\boldsymbol{G}}_{yy}(\mathrm{j}\omega)=\boldsymbol{U}_i\boldsymbol{S}_i\boldsymbol{U}_i^{\mathrm{H}} \tag{15-25}$$

式中　矩阵 $\boldsymbol{U}_i=[u_{i1}\quad u_{i2}\quad\cdots\quad u_{iM}]$；$\boldsymbol{S}_i=\mathrm{diag}(s_{i1},s_{i2},\cdots,s_{iM})$。

反映在第一阶奇异值曲线 $s_{i1}(i=\Delta f,2\Delta f,\cdots,f_s/2)$ 峰值处谱线所对应的频率代表结构的频率。相应地，在接近第 k 阶模态的谱线处，若只有第 k 阶模态贡献较大，则对应谱线处的第一阶奇异向量为第 k 阶模态向量的估计量即

$$\widetilde{\phi}_k=u_{i1} \tag{15-26}$$

由于解决频域分解法无法识别阻尼比，增强频域分解法（EFDD）通过选取奇异值曲线峰值附近模态保证准则值较大的频段，对其做逆傅里叶变换转换到时域，获得近似的单自由度相关函数曲线，然后用对数衰减法即可识别阻尼比。

15.8　有限元模型修正

结构健康监测技术中，需基于有限元模型精确模拟结构获取的理论分析数据、使用安装在结构上的传感器采集的实际桥梁数据，结合一定的损伤识别和评估方法实现结构安全和可靠性评估。因此，使建立的有限元模型能够全面、正确地反映结构的真实状况是至关重要的，然而，常规有限元模型和真实结构不可避免地存在差异，其差异源于不完全准确的边界条件、不够精确的材料模型参数、不精细的网格划分等，加上结构静、动力测试结果误差，基于常规有限元法的结构分析并不能精确地预测真实结构的静、动力特性。

有限元模型修正是通过结构健康监测的测试数据，如频率、振型、频响函数、应变、位移等，修正模型的刚度、质量、边界约束、几何尺寸等参数，进而使得有限元模型计算获得的静动力特性尽可能地接近真实结构的测量值。

有限元模型修正技术包含有限元建模、模态测试与分析、静动力响应计算分析、灵敏度分析和优化算法等内容。

有限元模型修正方法众多，包括基于时域和基于频域的有限元模型修正方法，矩阵型和参数型修正方法，静力、动力和静动力联合修正方法，直接模型和替代模型修正方法，整体结构和子结构模型修正方法等，图 15.4 给出了有限元模型修正方法的典型分类。

下面简要介绍有限元模型修正的基本理论、修正流程和几种常用的有限元模型修正方法。

15.8.1　基本理论

1)有限元建模及动力测试

有限元法是将连续的结构分割为离散的面和体，即所谓的单元。每个有限单元具有与其各自几何外形密切相关而与结构整体形状无关的数学表达式。节点通过一个用多项式表示的

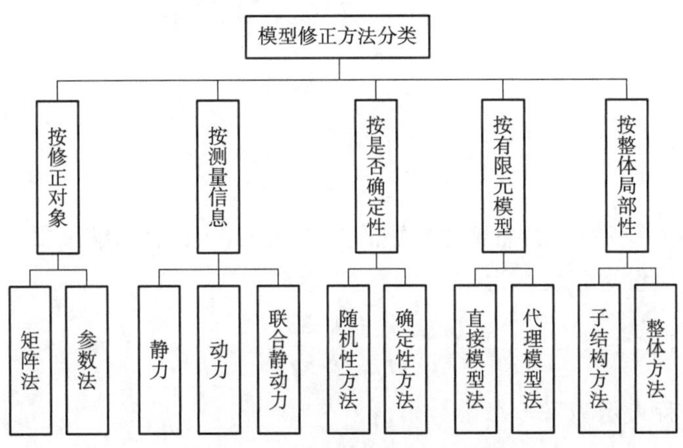

图 15.4　有限元模型修正方法的典型分类

曲线或曲面相互连接，即确定了单元的边界。通过形函数插值建立节点位移与单元内部位移的关联。质量和刚度矩阵是按照具有各自形状的简单形式的有限单元对质量和刚度的贡献组装而成。有限元模型对真实结构，特别是大型结构的静动力行为进行模拟和预测存在一定的误差，这些误差主要来源于以下几个方面：建模时采用的单元形式（包括形函数）和网格尺寸引起的离散误差；对局部简化引起的形状误差；几何参数、材料参数、边界条件等不确定因素引起的参数误差。有关更细致的有限元理论和建模方法参见相关书籍。

目前最常用的动力测试技术是试验模态测试与分析。在模态测试中，首先要对结构进行激励，然后通过传感器拾取结构响应，最后用模态识别技术识别结构的动力特性。结构动力特性一般用频率、振型和阻尼比表示。有关激励方法、测试技术已在第 13 章中介绍，不再赘述。

有限元分析和模态测试各有所长，有限元模型可以提供结构动力特性的近似估计（理论计算值），而模态测试与分析来自真实结构，一般认为模态测试的结果尽管存在误差，但更具有可信度。通常，有限元模型修正时假定试验数据是正确的。

2)模型缩聚与扩阶

试验模态与计算模态的自由度数经常是不一致的，特别是大型桥梁结构，由于有限元模型是以离散的有限自由度代替真实结构的无穷个自由度，为提高计算精度，有限元法离散得到的模型自由度数往往很多，且远远大于测试的自由度数。工程结构试验一般只在结构一些选定位置的选定自由度上进行试验测试，即试验模型自由度数远小于理论模型自由度数。为了解决这个自由度数量上不匹配问题有两种方法，一是把理论模型的自由度数缩聚到试验模态自由度数；另一种方法是把试验模态自由度数扩展到理论模态自由度数。

(1)模型缩聚

常用的模型缩聚技术包括物理型模型缩聚技术和模态型缩聚技术。

物理型模型缩聚技术中缩聚变换阵中仅包含物理参数（质量 $\boldsymbol{M}$ 和刚度 $\boldsymbol{K}$）信息，特征方程关于测试自由度坐标和未测试自由度坐标展开为

$$\begin{bmatrix}\boldsymbol{K}_{\mathrm{aa}} & \boldsymbol{K}_{\mathrm{ab}}\\ \boldsymbol{K}_{\mathrm{ba}} & \boldsymbol{K}_{\mathrm{bb}}\end{bmatrix}\begin{Bmatrix}\boldsymbol{\Phi}_{\mathrm{a}}^{\mathrm{A}}\\ \boldsymbol{\Phi}_{\mathrm{b}}^{\mathrm{A}}\end{Bmatrix}-\boldsymbol{\Lambda}\begin{bmatrix}\boldsymbol{M}_{\mathrm{aa}} & \boldsymbol{M}_{\mathrm{ab}}\\ \boldsymbol{M}_{\mathrm{ba}} & \boldsymbol{M}_{\mathrm{bb}}\end{bmatrix}\begin{Bmatrix}\boldsymbol{\Phi}_{\mathrm{a}}^{\mathrm{A}}\\ \boldsymbol{\Phi}_{\mathrm{b}}^{\mathrm{A}}\end{Bmatrix}=\begin{Bmatrix}0\\ 0\end{Bmatrix} \tag{15-27}$$

式中，下角标“a”和“b”分别表示测试自由度坐标和未测试自由度坐标的相关量；上角标“A”表示特征模态是由有限元模型计算得到。

测试自由度坐标振型 $\boldsymbol{\Phi}_{\mathrm{a}}^{\mathrm{A}}$ 和未测试自由度坐标振型 $\boldsymbol{\Phi}_{\mathrm{b}}^{\mathrm{A}}$ 满足关系式

$$\begin{Bmatrix}\boldsymbol{\Phi}_{\mathrm{a}}^{\mathrm{A}}\\ \boldsymbol{\Phi}_{\mathrm{b}}^{\mathrm{A}}\end{Bmatrix}=\boldsymbol{T}\boldsymbol{\Phi}_{\mathrm{a}}^{\mathrm{A}} \tag{15-28}$$

$$\boldsymbol{T}=\begin{bmatrix}\boldsymbol{I}\\ \boldsymbol{\Phi}_{\mathrm{b}}^{\mathrm{A}}(\boldsymbol{\Phi}_{\mathrm{a}}^{\mathrm{A}})^{-1}\end{bmatrix} \tag{15-29}$$

式(15-28)和式(15-29)中的缩聚变换矩阵 $\boldsymbol{T}$ 是由 Guyan 静态缩聚方法推导得到。由此，缩聚的刚度矩阵和质量矩阵表示为

$$\boldsymbol{K}_{\mathrm{R}}=\boldsymbol{T}^{\mathrm{T}}\boldsymbol{K}\boldsymbol{T} \tag{15-30}$$

$$\boldsymbol{M}_{\mathrm{R}}=\boldsymbol{T}^{\mathrm{T}}\boldsymbol{M}\boldsymbol{T} \tag{15-31}$$

缩聚的特征方程表示为

$$\boldsymbol{K}_{\mathrm{R}}\boldsymbol{\Phi}_{\mathrm{a}}^{\mathrm{A}}=\boldsymbol{\Lambda}_{\mathrm{a}}^{\mathrm{A}}\boldsymbol{M}_{\mathrm{R}}\boldsymbol{\Phi}_{\mathrm{a}}^{\mathrm{A}} \tag{15-32}$$

模态型模型缩聚技术中缩聚变换阵内仅包含模态参数信息，测试自由度坐标振型 $\boldsymbol{\Phi}_{\mathrm{a}}^{\mathrm{A}}$ 和未测试自由度坐标振型 $\boldsymbol{\Phi}_{\mathrm{b}}^{\mathrm{A}}$ 满足以下关系式：

$$\begin{Bmatrix}\boldsymbol{\Phi}_{\mathrm{a}}^{\mathrm{A}}\\ \boldsymbol{\Phi}_{\mathrm{b}}^{\mathrm{A}}\end{Bmatrix}=\boldsymbol{T}\boldsymbol{\Phi}_{\mathrm{a}}^{\mathrm{A}},\quad \boldsymbol{T}=\begin{bmatrix}\boldsymbol{I}\\ \boldsymbol{\Phi}_{\mathrm{b}}^{\mathrm{A}}(\boldsymbol{\Phi}_{\mathrm{a}}^{\mathrm{A}})^{+}\end{bmatrix} \tag{15-33}$$

式中，缩聚变换矩阵 $\boldsymbol{T}$ 只包含通过有限元模型计算得到的振型；上角标“+”表示矩阵的伪逆。其余缩聚的刚度矩阵和质量矩阵、缩聚的特征方程均与通过物理型缩聚技术得到的有相同的表达形式。

(2)模态扩展

从缩聚的角度，测试的自由度坐标不一定是最佳的自由度坐标位置，因此，将有限元模型的尺寸缩聚到跟测试自由度一致，不一定是最佳方案。另外，如果目标是从实测的数据中估计转角自由度信息，那么需要将测试的振型扩展到与有限元模型相同的尺寸上。

①利用插值将自由度扩展到整个模型上。

通常，转角位移的测量比平动位移的测量更加困难，可以利用空间两点的位置关系得到两点的相对转角位移。另外，利用插值可以得到未布置测点位置上的位移，避免大量布置传感器。虽然这个方法简单、方便、快捷，并且不需要已知有限元模型的相关信息，但是当结构空间构成复杂或者有结构几何突变的话，插值技术并不适用。

②利用有限元模型特性，比如质量和刚度矩阵，得到有关测试自由度的振型。

这种利用刚度和质量矩阵扩展实测模态信息的方法正是物理型模态缩聚方法的逆向方法。因此，基于逆向物理型模态缩聚方法，未测试自由度坐标模态可以表示为

$$\boldsymbol{\Phi}_{\mathrm{b}}^{\mathrm{E}}=-\boldsymbol{K}_{\mathrm{bb}}^{-1}\boldsymbol{K}_{\mathrm{ba}}\boldsymbol{\Phi}_{\mathrm{a}}^{\mathrm{E}} \tag{15-34}$$

式中，上角标“E”表示试验实测模态。

③基于有限元模态扩展未知自由度模态。

与前文中利用刚度矩阵和质量矩阵扩展模态方法不同，本方法只利用有限元模型计算的模态来扩展未测试自由度坐标模态。其中，最简单的模态扩展是直接将用有限元模型计算的未测试自由度坐标上的模态作为实测模态，但是这种方法只适用于计算模态和实测模态是同一个比例的情况。在模型坐标关系中，未测试自由度模态信息也可以满足关系式(15-35)

$$\boldsymbol{\Phi}_{\mathrm{b}}^{\mathrm{E}}=\boldsymbol{\Phi}_{\mathrm{b}}^{\mathrm{A}}(\boldsymbol{\Phi}_{\mathrm{a}}^{\mathrm{A}})^{+}\boldsymbol{\Phi}_{\mathrm{a}}^{\mathrm{E}} \tag{15-35}$$

完整的实测模态也可以表示为已测试自由度模态的线性组合，即

$$\boldsymbol{\Phi}_{b}^{E}=\boldsymbol{T}\boldsymbol{\Phi}_{a}^{E} \tag{15-36}$$

式中，转换矩阵 $\boldsymbol{T}$ 有多种表达形式，即

$$\begin{aligned}
\boldsymbol{T}&=\boldsymbol{\Phi}^{A}(\boldsymbol{\Phi}_{a}^{A})^{+}\\
\boldsymbol{T}&=\boldsymbol{\Phi}^{A}(\boldsymbol{\Phi}_{a}^{E})^{+}\\
\boldsymbol{T}&=\begin{bmatrix}\boldsymbol{\Phi}_{a}^{E}\\ \boldsymbol{\Phi}_{b}^{A}\end{bmatrix}(\boldsymbol{\Phi}_{a}^{A})^{+}\\
\boldsymbol{T}&=\begin{bmatrix}\boldsymbol{\Phi}_{a}^{E}\\ \boldsymbol{\Phi}_{b}^{A}\end{bmatrix}(\boldsymbol{\Phi}_{a}^{E})^{+}
\end{aligned} \tag{15-37}$$

3)相关性判断准则

有限元模型修正时，应该比较试验和数值分析数据来评估修正的准确性。相关性判定准则通常是采用某个值来衡量有限元模型和试验模型之间的差异或关联程度。模态模型的相关性准则包括频率相关性、振型相关性和交叉正交性等。

(1)频率相关性

试验频率 ω^{E} 与计算频率 ω^{A} 之间的相关性表示为

$$E_{\omega}(\%)=\frac{\omega^{E}-\omega^{A}}{\omega^{E}}(\%) \tag{15-38}$$

一般要求试验频率 ω^{E} 与计算频率 ω^{A} 之间的误差不超过±5%。

(2)振型相关性

模态保证准则(MAC)是广泛用于评价模态振型向量之间相似程度的方法，常用于对有限元模型技术所得模态振型向量和试验模态振型向量进行配对，试验振型向量 $\boldsymbol{\phi}^{E}$ 与计算振型向量 $\boldsymbol{\phi}^{A}$ 之间的 MAC 定义为

$$\text{MAC}=\frac{|(\boldsymbol{\phi}^{E})^{T}\boldsymbol{\phi}^{A}|^{2}}{((\boldsymbol{\phi}^{E})^{T}\boldsymbol{\phi}^{E})((\boldsymbol{\phi}^{A})^{T}\boldsymbol{\phi}^{A})} \tag{15-39}$$

MAC 值介于 0 和 1 之间，值为 0 意味着振型向量完全不相关，值为 1 意味着两个振型向量是倍数关系，相似程度最高。

(3)交叉正交性

正交性检验指振型向量对质量矩阵的正交性，是判断试验振型向量 $\boldsymbol{\phi}^{E}$ 与计算振型向量 $\boldsymbol{\phi}^{A}$ 之间相关性的简单方法。两组振型之间的正交性为

$$\text{XOR}(\boldsymbol{\phi}^{E},\boldsymbol{\phi}^{A})=(\boldsymbol{\phi}^{E})^{T}\boldsymbol{M}\boldsymbol{\phi}^{A}=[0\ \ \cdots\ \ 1\ \ \cdots\ \ 0]^{T} \tag{15-40}$$

当试验振型向量与计算振型向量对分析质量矩阵正交时，对角线元素为 1，而非对角元素为 0。一般要求对角线元素大于 90%，非对角线元素小于 10%。

15.8.2　有限元模型修正流程

1)目标函数

有限元模型修正利用实测数据进行迭代，修正的目标是提高试验测量数据与有限元模型计算结果的相关性。在频域内，两者的相关性通常使用频率值以及模态振型的试验测量值与对应有限元模型计算值之间差异的平方和确定，称为模型修正的目标函数。目标函数能否有效选取关系到有限元模型修正成功与否。目前，根据目标函数的数目，有限元模型修正的方法分为两种：一是单目标函数的优化方法；二是多目标函数的优化方法。在基于多目标优化函数的土木工程结构有限元模型修正方法中，不存在不同残差目标函数组合的权重问题，因为不同

残差的目标函数不需要组合为一个目标函数，而是作为独立的目标进行有限元模型修正。

用于构造有限元模型修正目标函数的静力参数一般为位移和应变，动力参数一般为频率、振型、模态柔度、模态应变能、功率谱等。静力修正是以有限元模型的节点位移或应变作为修正目标。基于静力测量信息的有限元模型修正，位移静力数据受噪声的影响较小，所以将其运用到有限元模型修正中，会提高模型修正结果的可靠程度。基于动力测量信息的有限元模型修正中，频率是结构的基本动力特性且对结构的刚度变化敏感，因此，在有限元模型修正中，特征频率残差是一个最基本但非常重要的目标函数。用模态振型构建的目标函数，不仅可以得到结构的空间信息，而且可以提供结构的局部信息。模态柔度包括了固有频率和振型的影响。模态柔度在损伤识别上比单独使用频率和振型更为敏感。

如果目标函数选取动力参数，如频率和振型，则可以定义为

$$
\begin{aligned}
&\boldsymbol{J}(\boldsymbol{r})=\boldsymbol{\varepsilon}^{\mathrm{T}}(\boldsymbol{r})\boldsymbol{W}\boldsymbol{\varepsilon}(\boldsymbol{r})\\
&\boldsymbol{\varepsilon}(\boldsymbol{r})=\boldsymbol{\gamma}^{\mathrm{A}}(\boldsymbol{r})-\boldsymbol{\gamma}^{\mathrm{E}}(\boldsymbol{r})\\
&\boldsymbol{\gamma}^{\mathrm{A}}(\boldsymbol{r})=[\lambda_1^{\mathrm{A}},\cdots,\lambda_i^{\mathrm{A}},\cdots,\lambda_n^{\mathrm{A}},\phi_1^{\mathrm{A}},\cdots,\varphi_i^{\phi},\cdots,\phi_n^{\mathrm{A}}]^{\mathrm{T}}\\
&\boldsymbol{\gamma}^{\mathrm{E}}(\boldsymbol{r})=[\lambda_1^{\mathrm{E}},\cdots,\lambda_i^{\mathrm{E}},\cdots,\lambda_n^{\mathrm{E}},\phi_1^{\mathrm{E}},\cdots,\phi_i^{\mathrm{E}},\cdots,\phi_n^{\mathrm{E}}]^{\mathrm{T}}
\end{aligned}
\tag{15-41}
$$

式中 $\boldsymbol{\varepsilon}(\boldsymbol{r})$——有限元模态参数与真实结构试验模态参数的差值；

λ_i^{A}——有限元模型的第 i 阶特征值；

ϕ_i^{A}——有限元模型的第 i 阶特征向量；

$\lambda_i^{\mathrm{A}},\phi_i^{\mathrm{A}}$——关于设计参数$\{\boldsymbol{r}\}$的函数；

$\lambda_i^{\mathrm{E}},\phi_i^{\mathrm{E}}$——结构试验模态特征值和模态特征向量；

$\boldsymbol{W}$——正定的加权矩阵，对结构每阶试验频率和振型施加了不同的权系数。

模态振型数据的测量误差要大于固有频率，高阶固有频率也无法如低阶频率那样可以精确地测量。权重系数的引入可以在模型修正中考虑测试数据的不同可靠度。式(15-41)采用的目标函数为多目标函数，同时使有限元固有频率和振型接近实测固有频率和振型。结构固有频率是最容易精确测量的数据，体现了子结构的整体动力特性。结构振型虽然测量误差相对高，但其体现了结构的局部特性。建立在多目标函数上的模型修正能够得到更加接近真实结构的基准有限元模型。利用优化搜索技术不断调整结构设计参数$\{\boldsymbol{r}\}$，从而最小化目标函数。

2)参数选择

参数选择是有限元模型修正中最重要的工作。所选的修正参数必须是那些对结构系统没有充分模拟的部分进行描述的参数。不仅需要对不确定区域进行参数化建模，而且要求特征值(或其他模型输出)对所选择的参数灵敏。若选择不灵敏的参数，则无法起到修正模型误差的目的。若选择的参数过多，则模型修正的计算量大、效率低，而且容易导致修正过程出现病态、不收敛情况。修正参数的选取方法主要包括经验法和灵敏度分析法。经验法依赖于工程师的经验判断模型误差来源。通常他们选择的修正参数是对计算分析影响较大的参数，如结构几何参数、杨氏模量、质量密度、泊松比等。灵敏度分析法是量化各参数变化对结构动力响应的影响。对结构动力响应影响大的参数灵敏度高，可以作为修正参数，以提高模型修正的效率。

3)修正流程

有限元模型修正流程如图 15.5 所示，首先建立参数化的有限元模型，用有限元分析理论计算初始有限元模型的模态参数。然后，将现场实测模态参数同有限元分析模态参数进行相

关性分析，其中，将匹配好的试验模态数据和计算模态数据的残差作为目标方程，通过最优化算法不断调整结构参数，使目标方程收敛，最终得到识别的结构参数。修正后的有限元模型被认为是精确的，能够预测真实结构的动力响应。

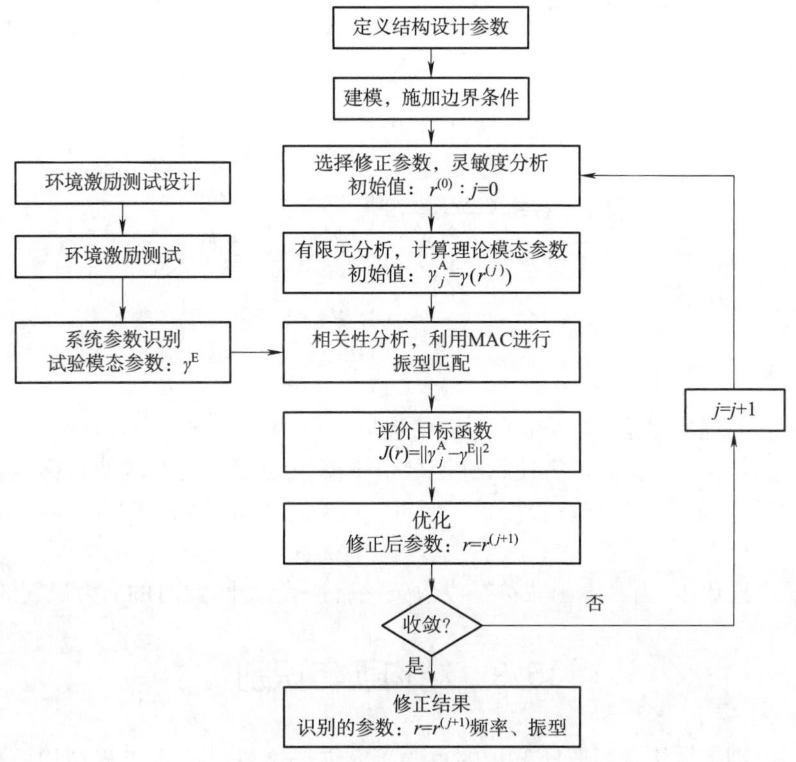

图 15.5　有限元模型修正流程图

4)优化算法

模型修正的过程也就是寻找使目标函数最小化的一组结构参数的过程，这是一个数学优化问题，即

$$\min \boldsymbol{J}(\boldsymbol{r})=\min \boldsymbol{\varepsilon}^{\mathrm{T}}(\boldsymbol{r})\boldsymbol{W}\boldsymbol{\varepsilon}(\boldsymbol{r}) \tag{15-42}$$

各种优化算法都可以用于求解此优化问题，本节仅介绍一种基于灵敏度分析的信赖域法。信赖域法的基本思想是，在当前参数估计值 $\boldsymbol{r}^{(j)}$ 处，构造一近似于原问题的逼近模型。由于该模型主要是基于原问题在 $\boldsymbol{r}^{(j)}$ 的信息，故有理由认为此模型仅在 $\boldsymbol{r}^{(j)}$ 附近可以很好地描述原问题，因此，仅在 $\boldsymbol{r}^{(j)}$ 附近的某一邻域内相信该模型。信赖域法的子问题都是在当前 $\boldsymbol{r}^{(j)}$ 附近的某一邻域内求逼近模型的最优点，该邻域称为信赖域。它通常是以 $\boldsymbol{r}^{(j)}$ 为中心的广义球，信赖域的大小通过迭代逐步调节。一般来说，如果当前模型较好地逼近原问题，则信赖域可扩大，否则信赖域应缩小。

二阶逼近模型定义为目标函数关于当前 j 步参数估计值二阶泰勒级数展开，式(15-42)所示问题近似简化为

$$\begin{aligned}
&\min \boldsymbol{J}(\boldsymbol{r})\approx \boldsymbol{J}(\boldsymbol{r}^{(j)})+[\nabla \boldsymbol{J}(\boldsymbol{r}^{(j)})]^{\mathrm{T}}\{\Delta \boldsymbol{r}\}+\frac{1}{2}\{\Delta \boldsymbol{r}\}^{\mathrm{T}}[\nabla^2 \boldsymbol{J}(\boldsymbol{r}^{(j)})]\{\Delta \boldsymbol{r}\}\\
&\nabla \boldsymbol{J}(\boldsymbol{r}^{(j)})=[\boldsymbol{S}(\boldsymbol{r}^{(j)})]^{\mathrm{T}}\boldsymbol{W}\{2\boldsymbol{\varepsilon}(\boldsymbol{r}^{(j)})\}\\
&\nabla^2 \boldsymbol{J}(\boldsymbol{r}^{(j)})\approx \boldsymbol{S}(\boldsymbol{r}^{(j)})^{\mathrm{T}}\boldsymbol{W}\boldsymbol{S}(\boldsymbol{r}^{(j)})
\end{aligned} \tag{15-43}$$

式中 $\{\Delta \boldsymbol{r}\}$——表示 $\boldsymbol{r}$ 的变化量；$\{\Delta \boldsymbol{r}\}=\boldsymbol{r}-\boldsymbol{r}^{(j)}$；

$\nabla \boldsymbol{J}(\boldsymbol{r}^{(j)})$，$\nabla^2 \boldsymbol{J}(\boldsymbol{r}^{(j)})$——$\boldsymbol{J}(\boldsymbol{r})$ 在当前参数估计值 $\boldsymbol{r}^{(j)}$ 的梯度和 Hessian 矩阵；

$\boldsymbol{S}(\boldsymbol{r}^{(j)})$——灵敏度矩阵，为优化提供一个搜索方向。

当目标函数有结构特征解构成，灵敏度矩阵为

$$\boldsymbol{S}(\boldsymbol{r}^{(j)})=\frac{\partial \boldsymbol{\gamma}^{\mathrm{A}}(\boldsymbol{r}^{(j)})}{\partial \boldsymbol{r}}=\begin{bmatrix} \frac{\partial \lambda_1^{\mathrm{A}}}{\partial r_1} & \cdots & \frac{\partial \lambda_1^{\mathrm{A}}}{\partial r_l} \\ \vdots & & \vdots \\ \frac{\partial \lambda_n^{\mathrm{A}}}{\partial r_1} & \cdots & \frac{\partial \lambda_n^{\mathrm{A}}}{\partial r_l} \\ \frac{\partial \phi_1^{\mathrm{A}}}{\partial r_1} & \cdots & \frac{\partial \phi_1^{\mathrm{A}}}{\partial r_l} \\ \vdots & & \vdots \\ \frac{\partial \phi_n^{\mathrm{A}}}{\partial r_1} & \cdots & \frac{\partial \phi_n^{\mathrm{A}}}{\partial r_l} \end{bmatrix} \tag{15-44}$$

信赖域法的关键步骤是，如何在给定的信赖域区间内求得式(15-43)的解，即第 j 步的步长 $\Delta\{\boldsymbol{r}\}^{(j)}$，以及决定当前步长是否使目标函数值下降。若$\{\Delta \boldsymbol{r}\}^{(j)}$不能使目标函数值下降，则缩小信赖域，重新求解式(15-43)；若$\{\Delta \boldsymbol{r}\}^{(j)}$使目标函数值下降，则更新当前参数估计值

$$\boldsymbol{r}^{(j+1)}=\boldsymbol{r}^{(j)}+\{\Delta \boldsymbol{r}\}^{(j)} \tag{15-45}$$

经过若干个迭代步，当目标函数符合收敛条件后迭代停止，此时的 $\boldsymbol{r}$ 为识别的参数。

15.9 结构损伤识别

结构损伤识别是结构健康监测领域的重要研究课题之一。土木工程结构服役周期长，在长期服役过程中，结构将受到各种环境(如台风、地震、洪水、腐蚀等)的侵蚀，还要受到复杂荷载的长期反复作用，结构会发生损伤并不断累积，这一不利因素最终导致结构刚度和强度退化，不但会引起结构模态参数或者是物理参数改变，甚至造成结构承载力和可靠性大幅下降，导致突发性灾难性事故发生。因此，结构损伤识别成为土木工程领域长期以来具有挑战性和重要意义的研究方向。目前，基于结构健康监测的结构损伤识别已成为土木工程学科十分活跃的研究领域，具有很强的工程背景和重要的实用价值。

一般按照解决问题的难度和深浅程度，可将结构损伤识别分为四个层次：

层次Ⅰ：损伤判断，即判断结构是否发生损伤；

层次Ⅱ：损伤定位，即确定结构发生损伤的位置；

层次Ⅲ：损伤定量，即确定损伤的程度；

层次Ⅳ：损伤预后，即预测损伤后结构的剩余寿命。

层次Ⅰ是损伤识别的首要任务，只有正确地区分出结构正常状态和异常状态，才使后续的损伤定位和定量具有实际意义。层次Ⅱ是损伤识别的关键环节，其目的是识别出结构具体的损伤构件或损伤的大致区域。结构的损伤位置一旦确定，便可大幅缩小层次Ⅲ的计算范围、大幅减低层次Ⅲ的计算误差。层次Ⅲ是在层次Ⅱ确定结构发生损伤位置的基础上，通过相关计算方法或其他手段对结构构件或区域的损伤程度进行定量分析。通常需要结合结构有限元模型或模型试验才能在某些情况下实现层次Ⅲ的损伤识别。层次Ⅳ重点关注损伤发生后的结构状态评估和剩余寿命预测，需要在前述三个层次的基础上，进一步明确损伤机理，合理预测外

界因素(如温度、湿度和荷载等),并结合断裂力学、材料疲劳寿命和可靠度理论等才能实现。

结构损伤识别方法种类繁多,且各类方法之间也相互联系,没有统一的分类标准,本节重点介绍基于振动特征参数的损伤识别方法和基于模型修正的损伤识别方法。

15.9.1 基于振动特征参数的结构损伤识别

由结构动力学可知,整体结构发生损伤时,其刚度和质量也会随之发生变化,从而引起动力特征参数的变化。基于振动特征参数的结构损伤识别是通过结构动力特性的变化对结构的整体性能进行损伤识别的方法,其核心思想是模态参数(频率、模态振型、模态阻尼等)是结构物理特性(质量、刚度等)的函数,只要结构系统的物理特性发生改变,必然导致模态特性的改变,将结构系统的实测模态特性与健康结构的模态特性进行比较来判断结构是否发生损伤。而模态特性变化最大的"峰值点"显然就是损伤位置的所在,所有参数的判别准则。常用的振动特征参数包括固有频率、振型、曲率模态、应变模态、模态应变能、模态保证准则(MAC)、坐标模态保证准则(COMAC)和模态柔度等各种损伤指标。

1)固有频率

由结构动力特征方程可知,频率是结构整体刚度与整体质量的函数。结构某个构件或某一部分发生损伤都会造成结构固有频率的变化,由于土木工程结构发生损伤时质量一般不会损失,所以这种固有频率的变化主要由结构局部刚度的损伤所引起。由于发生在结构不同部位的同样大小的损伤对结构各阶频率的影响程度是不同的,即结构不同部位的变化造成了频率改变的不同组合,这实际上提供了结构损伤的空间信息。

1979 年,Cawley 和 Adams 最早利用频率数据对结构进行损伤识别,作者通过特征值对结构物理参数的灵敏度进行分析,在结构只存在单处损伤的情况下,得出结构损伤前后,任意两阶频率变化的比值,只与损伤位置有关,并给出了相应的证明:

$$\delta\omega_i = f(\delta K, r) \tag{15-46}$$

式中 r——损伤位置向量。

级数展开并忽略高阶项可得

$$\delta\omega_i = f(0,r) + \delta K \frac{\partial f}{\partial(\delta K)}(0,r) \tag{15-47}$$

$$\delta\omega_i = \delta K g_i(0,r) \tag{15-48}$$

同理

$$\delta\omega_j = \delta K g_j(0,r) \tag{15-49}$$

假设刚度的变化独立于频率,则有

$$\frac{\delta\omega_i}{\delta\omega_j} = \frac{g_i(0,r)}{g_j(0,r)} = h(r) \tag{15-50}$$

可见,两阶频率的变化比只与损伤位置有关。

根据一阶动态灵敏度分析,Stubbs 推导了频率关于结构物理参数的一般表达式:

$$[F]\{\alpha\} = \{Z_\mathrm{d}\} + \{Z\}_{\mathrm{max}} + \{Z\}_{\mathrm{damp}} \tag{15-51}$$

式中 $[F]$——特征值相对结构物理参数的灵敏度矩阵;

$\{\alpha\}$——向量,为结构物理参数由于损伤发生的改变量。

右边项则为测得的由于结构物理参数改变而引起的损伤结构频率改变量。

以欧拉—伯努力梁为例作为分析对象,忽略质量和阻尼的改变,利用结构前 7 阶频率计算结构损伤。由于振动公式中忽略二次高阶项的影响,在对多个单元存在损伤的情况进行数值模拟时，识别误差明显增大。但注意观察可以发现，被预测出的损伤大多集中于结构真正的损伤部位附近。

结构发生损伤且各阶频率变化与最大频率变化归一化后，任意 i,j 两阶频率变化的比值是结构损伤位置的函数，即

$$\frac{\Delta\omega_i^2}{\Delta\omega_j^2}=\frac{\dfrac{\varepsilon^{\mathrm{T}}(\phi_i)K\varepsilon(\phi_i)}{\phi_i^{\mathrm{T}}M\phi_i}}{\dfrac{\varepsilon^{\mathrm{T}}(\phi_j)K\varepsilon(\phi_j)}{\phi_j^{\mathrm{T}}M\phi_j}} \tag{15-52}$$

式中 $\varepsilon(\phi_i)$——利用振型计算出的损伤单元变形。

2)模态保证准则与坐标模态保证准则

尽管振型的测试精度低于频率，但振型包含了更多的损伤信息，模态保证准则(MAC)法就是利用振型相关的原理来诊断结构是否受到损伤，可以表示为

$$\mathrm{MAC}(\phi_i,\phi_{\mathrm{j}})=\frac{[(\phi_i^{\mathrm{u}})^{\mathrm{T}}\phi_j^{\mathrm{d}}]^2}{[(\phi_i^{\mathrm{u}})^{\mathrm{T}}\phi_i^{\mathrm{u}}][(\phi_j^{\mathrm{u}})^{\mathrm{T}}\phi_j^{\mathrm{u}}]} \tag{15-53}$$

式中 ϕ——振型向量；

u,d——健康状态和损伤状态；

T——转置；

i,j——分别表示第 i 和第 j 阶模态。

当结构未发生损伤时，$\phi^{\mathrm{u}}=\phi^{\mathrm{d}}$，则 $\mathrm{MAC}(\phi_i,\phi_j)=1$；当 $\phi^{\mathrm{u}}\neq\phi^{\mathrm{d}}$ 时，则 $\mathrm{MAC}(\phi_i,\phi_{\mathrm{j}})\neq 1$，表示结构发生了损伤。

MAC 值在 0～1 之间，当趋近于 1 时表示结构健康，趋近于 0 时表示结构损伤程度严重，即表示结构单元发生破坏。

3)曲率模态

曲率是位移的二阶导数，对应于每一阶位移模态，必有其对应的固有曲率分布状态，这种与位移模态相对应的曲率分布状态，称之为曲率模态。下面以梁为研究对象，对曲率模态进行分析讨论。

一维梁的振动微分方程为

$$\frac{\partial}{\partial x^2}\left[EI(x)\frac{\partial}{\partial x^2}u(x,t)\right]+\overline{m}(x)\frac{\partial}{\partial t^2}u(x,t)+c(x)\frac{\partial}{\partial t}u(x,t)=f(x,t) \tag{15-54}$$

式中 $EI(x)$——梁的抗弯刚度；

$u(x,t)$——梁的弯曲变形；

$\overline{m}(x)$——梁的线质量；

$c(x)$——阻尼系数；

$f(x,t)$——作用在梁上的外力。

设梁横向振动位移 $u(x,t)=\sum\limits_{r=1}^{m}\phi_r(x)q_r(t)$，将其代入式(15-54)得

$$\sum_{r=1}^{m}q_r(t)\frac{\partial}{\partial x^2}\left[EI(x)\frac{\partial}{\partial x^2}\phi_r(x)\right]+\overline{m}(x)\sum_{r=1}^{m}\phi_r(x)\frac{\partial}{\partial t^2}q_r(t)+c(x)\sum_{r=1}^{m}\phi_r(x)\frac{\partial}{\partial t}q_r(t)=f(x,t) \tag{15-55}$$

在方程两边同乘以 $\phi_s(x)$，并沿梁长方向积分，根据振型函数的正交关系可以得出：

$$m_s\ddot{q}_s(t)+c_s\dot{q}_s(t)+k_sq_s(t)=\int_0^1 f(x,t)\phi_s(x)\mathrm{d}x \tag{15-56}$$

式中　m_s,c_s,k_s——对应于 s 阶的广义质量、广义阻尼和广义刚度。

由材料力学知，一维梁弯曲变形的基本公式如下：

$$\frac{1}{\rho(x,t)}=\frac{M(x,t)}{EI(x)} \tag{15-57}$$

式中　$M(x,t)$——梁承受的弯矩；

$\rho(x,t)$——梁轴线变形后的曲率半径；

$1/\rho(x,t)$——曲率。

由式(15-57)可知，当桥梁的某些部位出现裂缝或者发生损伤时，必然导致结构 $EI(x)$ 的变化，从而导致该部位曲率的变化。

由微分学可知，平面曲线上任一点曲率 $1/\rho(x,t)$ 可近似写为

$$\frac{1}{\rho(x,t)}=\frac{\mathrm{d}^2u(x,t)}{\mathrm{d}x^2} \tag{15-58}$$

式中　$u(x,t)$——弯曲变形挠度；

x——沿梁长度方向的坐标。

设 $f(x,t)=F(x)\mathrm{e}^{\mathrm{j}\omega l}$，由式(15-56)和式(15-58)可知

$$u''=\sum_{r=1}^{m}\frac{\phi_r''(x)\int_0^l F(x)\phi_r(x)\mathrm{d}x}{k_r-m_r\omega^2+\mathrm{j}\omega c_r}\mathrm{e}^{\mathrm{j}\omega l} \tag{15-59}$$

式(15-59)中的 $\phi_r''(x)$ 即为曲率模态(对应于第 r 阶位移模态)，离散上式可以得到曲率相应的表示法为

$$\{u''\}=\sum_{r=1}^{m}\frac{\{\phi''_r\}\{\phi_r\}^{\mathrm{T}}\{f\}}{k_r-m_r\omega^2+\mathrm{j}\omega c_r}\mathrm{e}^{\mathrm{j}\omega l} \tag{15-60}$$

将式(15-60)写成矩阵形式：

$$[u'']=[\phi_r''][Y_r][\phi_r]^{\mathrm{T}}\{f\} \tag{15-61}$$

$$[Y_r]=(-\omega^2[m_r]+[k_r]+\mathrm{j}\omega[c_r])^{-1} \tag{15-62}$$

$[u'']$的一阶微分增量为

$$[\Delta u'']=\{[\Delta\phi_r''][Y_r][\phi_r]^{\mathrm{T}}+[\phi_r''][\Delta Y_r][\phi_r]^{\mathrm{T}}+[\phi_r''][Y_r][\Delta\phi_r]^{\mathrm{T}}\}\{f\} \tag{15-63}$$

式(15-63)表明，由损伤而导致的结构曲率变化$[\Delta u'']$主要由结构曲率模态的变化$[\Delta\phi_r'']$、结构自振频率的变化$[\Delta Y_r]$和结构位移模态的变化三者综合而成，且$[\Delta u'']$和$[\Delta\phi_r'']$的变化在位置坐标上存在一致的对应关系。曲率模态不能直接测量得到，但可由弯曲位移模态测量间接得到，即在位移模态测量的基础上，由差分计算可得到曲率模态。

令 $\Phi_{i,j}$ 和 $\phi_{i,j}$ 分别表示梁的曲率模态和位移模态。其中，i 为梁节点号，j 为模态阶次，l_i 为第 i 个梁单元的长度，则曲率模态为

$$\Phi_{i,j}=\frac{\phi_{(i-1),j}-2\phi_{i,j}+\phi_{(i+1),j}}{l_{i-1}l_i} \tag{15-64}$$

通过对曲率模态的测量，可以诊断出结构的损伤情况。曲率模态法具有很高的结构局部损伤定位能力，目前应用得非常广泛。曲率模态是结构损伤识别的敏感标示量，曲率模态是较频率和位移模态对损伤更敏感的量，可以用曲率模态检测桥梁结构损伤的存在与位置，且曲率模态对多处损伤部位敏感，各处损伤部位之间不相互影响，符合实际检测需要。

15.9.2　基于模型修正的结构损伤识别

模型修正方法的提出是为了建立更准确的有限元模型，结构的有限元模型和实际结构存

在误差，必须根据试验模态分析的结果对有限元模型进行修正。基于模型修正的损伤识别方法，其基本原理是将反应损伤情况的参数作为待修正参数，通过迭代修正有限元模型中的待修正参数，使得模型计算值（如结构刚度和质量等物理参数，频率、振型和阻尼比等模态参数或时序响应等）与实际测试值相一致，对比修正模型与基准模型，从而实现对结构损伤的识别。

基于模型修正的损伤识别方法本质是一个约束优化问题，属于数学上的反演问题。由于测量模态较少，方程数少于未知数，是不定问题，需通过增加约束方程来求解。目标方程通常表述为残余力方程，常用的约束条件有矩阵的对称、稀疏以及正定条件等。根据求解方法的不同，基于模型修正的损伤识别方法可分为四类。

1）优化矩阵修正法（Optimal Matrix Updating Method）：基本原理是在一定的约束条件下，直接采用基于最小范数的拉格朗日乘子法、最小范数摄动法和基于最小秩的摄动法等优化算法修正矩阵参数。此类方法的最大缺点是修正结果不再保持原有参数矩阵的物理意义。

2）基于灵敏度的修正法（Sensitivity-based Updating Method）：基本思想是直接以构件的几何参数、材料性能参数或设计参数（如截面面积、惯性矩、弹性模量等）为识别对象，建立待识别参数与模态测量值或物理值之间的灵敏度阵。通过一阶泰勒级数展开，建立模型计算值与相应测量值之间的误差关系，并用优化方法将这种误差最小化，使计算值与测量值最大程度吻合，同时得到构件的性能参数变化信息，实现结构损伤识别。

3）特征结构配置修正法（Eigen-structure Assignment Updating Method）：基本原理为通过控制增益（control gain）调节原结构模型，即对无损结构模型的参数矩阵施加一个小的改变量。调整虚拟控制器改变控制增益进行模型修正后，通过比较结构响应与测试响应间的差别来指示质量和刚度矩阵的变异，经过不断调节，当实测模型与有限元模型一致后，即可进行损伤识别。

4）混合矩阵修正法（Hybrid Matrix Updating Method）：混合法本身并非一类方法，只是综合多种（一般两种）矩阵修正法以提高计算效率，进行准确的模型修正，从而获得更佳的损伤识别效果。

实际上对于土木工程而言，有限元模型修正方法通常分为两类，即非单元修正法和单元修正法。前者以优化矩阵修正法为代表，特点是精度高。但由于修正的是刚度矩阵和质量矩阵，修正量扩散到每个矩阵元素，丧失了修正的物理意义，不适合在结构损伤识别中应用。后者以灵敏度法等为代表，其重要特点是能以单元或结构参数为修正目标，修正量具有物理意义。需要说明的是，模型修正和基于模型修正的损伤识别是有差异的。模型修正是为了获得一个能产生与测试数据相匹配的有限元模型，而损伤识别更注重损伤定位和定量，此时修正结果将导致模型产生明显的局部变化。

相比于第 15.8 节介绍的有限元模型修正方法，基于模型修正的损伤识别方法的主要区别在于待修正参数。通常假定结构损伤前后刚度减小而阻尼和质量不发生变化。由 n 个有限单元模拟的结构，系统刚度矩阵为：

$$\boldsymbol{K} = \sum_{i=1}^{n} \alpha_i \boldsymbol{K}_i \tag{15-65}$$

式中　$\boldsymbol{K}_i$——第 i 个单元的刚度矩阵；

α_i——第 i 个单元的刚度矩阵系数，其取值范围为 $0<\alpha_i\leqslant 1$。α_i 可以用来反映单元的损伤情况。

当结构的第 i 个单元处于未损状态时，$\alpha_i=1$；反之，第 i 个单元的刚度矩阵系数 $\alpha_i<1$。因

此，可以定义如下刚度折减系数（stiffness reduction factor，SRF）向量 $\boldsymbol{S}$ 来反映结构的损伤状况：

$$\boldsymbol{S}=[s_1,s_2,\cdots,s_n]=[\alpha_1-1,\alpha_2-1,\cdots,\alpha_n-1] \tag{15-66}$$

在有限元模型修正中，将 $\boldsymbol{S}$ 作为代修正参数向量。修正结果既能反映损伤的位置，也能反映损伤的程度。一般来说，实际结构通常只有少量单元发生损伤，$\boldsymbol{S}$ 为只对应于损伤区域的单元的部分元素的稀疏向量。

思考题

1. 简述桥梁结构健康监测的基本概念和功能。
2. 桥梁结构健康监测包括哪些主要内容?
3. 基于健康监测的桥梁安全状态评估包括哪些内容?
4. 常用的数据特征筛选标准、数据特征提取方法有哪些?
5. 常用的桥梁有限元模型修正方法和基于振动的损伤识别指标包括哪些?

参考文献

[1] 盛兴旺，乔建东，杨孟刚．桥梁工程[M]．2版．北京：中国铁道出版社有限公司，2020．

[2] 项海帆，潘洪萱，张圣城，等．中国桥梁史纲[M]．上海：同济大学出版社，2009．

[3] 王承礼，徐铭枢．铁路桥梁[M]．北京：中国铁道出版社，1990．

[4] 范立础．桥梁工程[M]．北京：人民交通出版社，1988．

[5] 周建庭，张劲全，刘思孟，等．大型桥梁实用监测评估理论和技术[M]．北京：科学出版社，2014．

[6] 王云江，张海东．桥梁工程养护维修与管理[M]．北京：化学工业出版社，2014．

[7] 万明坤，程庆国，项海帆，等．桥梁漫笔[M]．北京：中国铁道出版社，1997．

[8] 张劲泉，王文涛．桥梁检测与加固手册[M]．北京：人民交通出版社，2007．

[9] 姚玲森．桥梁工程[M]．2版．北京：人民交通出版社股份有限公司，2015．

[10] 邵旭东．桥梁工程[M]．5版．北京：人民交通出版社股份有限公司，2019．

[11] 王丽荣．桥梁工程[M]．北京：科学出版社，2014．

[12] 李亚东．桥梁工程概论[M]．成都：西南交通大学出版社，2014．

[13] 福州大学，武汉理工大学，重庆交通大学，等．高等桥梁结构试验[M]．北京：人民交通出版社股份有限公司，2018．

[14] 聂建国．钢—混凝土组合结构桥梁[M]．北京：人民交通出版社，2011．

[15] 伊廷华．结构健康监测教程[M]．北京：高等教育出版社，2021．

[16] 姜绍飞．结构健康监测导论[M]．北京：科学出版社，2013．

[17] 李爱群，缪长青．桥梁结构健康监测[M]．北京：人民交通出版社，2009．

[18] 冯兆祥，缪长青，钟建驰．大跨桥梁安全监测与评估[M]．北京：人民交通出版社，2010．

[19] XU Y L，XIA Y. Structural health monitoring of long-span suspension bridges [M]. Oxford：CRC Press，2012．

[20] 赫尔穆特·文策尔．桥梁结构健康监测[M]．尹廷华，叶肖伟，译．北京：中国建筑工业出版社，2014．

[21] CHEN H P，NI Y Q. Structural health monitoring of large civil engineering structures [M]. Manhattan：John Wiley & Sons，Ltd.，2018．

[22] 李惠，鲍跃全，李顺龙，等．结构健康监测数据科学与工程[M]．北京：科学出版社，2016．

[23] 单德山，李乔，付春雨，等．智能桥梁健康监测与损伤评估[M]．北京：人民交通出版社，2010．

[24] 孙宗光，陈一飞．桥梁结构健康监测分析与评价[M]．北京：中国建筑工业出版社，2017．

[25] 姜绍飞，吴兆旗．结构健康监测与智能信息处理技术及应用[M]．北京：中国建筑工业出版社，2011．

[26] 张宇峰，李贤琪．桥梁结构健康监测与状态评估[M]．上海：上海科学技术出版社，2018．

[27] 吴智深，张建．结构健康监测先进技术及理论[M]．北京：科学出版社，2015．

[28] 张建，吴刚．长大跨桥梁健康监测与大数据分析：方法与应用[M]．北京：中国建筑工业出版社，2017．

[29] 任伟新，韩建刚，孙增寿．小波分析在土木工程结构中的应用[M]．北京：中国铁道出版社，2006．

[30] 宗周红，任伟新．桥梁有限元模型修正和模型确认[M]．北京：人民交通出版社，2012．

[31] CHARLES R F，KEITH W. Structural health monitoring：A machine Learning perspective [M]. Manhattan：John Wiley & Sons，Ltd.，2013．

[32] BROWNJOHN J M W. Structural health monitoring of civil infrastructure [J]. Philosophical Transactions of the Royal Society A，2007，365：589-622．

[33] KO J M，NI YQ. Technology development in structural health monitoring of large scale bridges[J]. Engineering Structures，2005，27：1715-1725．

[34] LI H，OU J. The state of the art in structural health monitoring of cable-stayed bridges [J]. Journal of Civil Structural Health Monitoring，2015(6)：43-67．

[35] 李爱群，丁幼亮，王浩，等. 桥梁健康监测海量数据分析与评估："结构健康监测"研究进展[J]. 中国科学：技术科学，2012，42(8)：972-984.
[36] 孙利民，尚志强，夏烨. 大数据背景下的桥梁结构健康监测研究现状与展望[J]. 中国公路学报，2019，32(11)：1-20.
[37] 刘自明. 桥梁深水施工[M]. 北京：人民交通出版社，2003.
[38] 满洪高，李君君，赵方钢. 桥梁临时结构工程技术[M]. 北京：人民交通出版社，2012.
[39] 卢文良，季文玉，许克宾. 桥梁施工[M]. 2 版. 北京：中国建筑工业出版社，2018.
[40] 交通部第一公路工程总公司. 公路施工手册：桥涵[M]. 北京：人民交通出版社，2000.
[41] 黄绳子武. 桥梁施工及组织管理[M]. 北京：人民交通出版社，2006.
[42] 魏洋，端茂军，李国芬. 桥梁检测评定与加固技术[M]. 北京：人民交通出版社股份有限公司，2019.
[43] 中铁九桥工程有限公司. 公路桥梁施工系列手册：桥梁钢结构[M]. 北京：人民交通出版社股份有限公司，2014.
[44] 张红心. 大型钢吊箱围堰整体浮运锚墩定位施工技术[D]. 长沙：中南大学，2007.
[45] 谭逸波，谭昱，陈儒发，等. 分节式预制墩身干接缝施工关键技术应用研究[J]. 公路，2015(11)：83-86.